वह चणक का पुत्र होने के नाते चाणक्य था। उसकी चालें शत्रु की पकड़ में नहीं आती थीं, अति कुटिल थीं, इसीलिए उसे लोगों ने नाम दिया था–कौटिल्य।

वह दिखने में जितना कठोर था. उतना ही सहृदय भी था। राजनीति की बिसात पर टेढ़ी-मेढ़ी चालों का खिलाड़ी होने पर भी वह सच्चा महात्मा था। उसके लिए सुख-वैभव, पद आदि महत्वपूर्ण नहीं थे, महत्वपूर्ण था देश का अखंड गौरव। अखंड भारत के उस स्वप्न को साकार करने के लिए वह न कहीं रुका, न कहीं झुका।

तदहं संप्रवक्ष्यामि लोकानां हितकाम्यया।
येन विज्ञानमात्रेण सर्वज्ञत्वं प्रपद्यते।।

"मैं लोगों की भलाई की इच्छा से (राजनीति के) उन गूढ़ रहस्यों का वर्णन कर रहा हूं, जिन्हें जान लेने मात्र से मनुष्य सर्वज्ञ हो जाता है अर्थात् और कुछ जानना उसके लिए शेष नहीं रह जाता।"

अनुक्रम

चाणक्य नीति

चाणक्य नीति

जिस प्रकार विज्ञान में सुनिश्चित सिद्धांतों की खोज की जाती है और उनकी पुष्टि बार-बार किए गए प्रयोगों से एकसमान प्राप्त निष्कर्षों से होती है, उसी प्रकार नीतिशास्त्र की भी एक सुनिश्चित परंपरा है। इसके निष्कर्ष भी प्रत्येक स्थिति-परिस्थिति में एकसमान हैं। इसीलिए आचार्य चाणक्य ने नीतिशास्त्र को विज्ञान कहा है। वे इस ज्ञान के द्वारा 'सर्वज्ञ' होने की बात भी कहते हैं। यहां सर्वज्ञ होने का अर्थ है अतीत, वर्तमान और भविष्य का विश्लेषण करने की क्षमता प्राप्त कर लेना।

मनसा चिन्तितं कार्यं वाचा नैव प्रकाशयेत्।
मन्त्रेण रक्षयेद् गूढं कार्ये चाऽपि नियोजयेत्।।

मन से सोचे हुए कार्य को वाणी द्वारा प्रकट नहीं करना चाहिए, परंतु मननपूर्वक भली प्रकार सोचते हुए उसकी रक्षा करनी चाहिए और चुप रहते हुए उस सोची हुई बात को कार्यरूप में बदलना चाहिए।

इन्द्रियाणि च संयम्य बकवत् पण्डितो नरः।
देशकालबलं ज्ञात्वा सर्वकार्याणि साधयेत्।।

बुद्धिमान व्यक्ति को अपनी इन्द्रियों को वश में करके समय के अनुरूप अपनी क्षमता को तौलकर बगुले के समान अपने कार्य को सिद्ध करना चाहिए

परस्परस्य मर्माणि ये भाषन्ते नराधमाः।
त एवं विलयं यान्ति वल्मीकोदरसर्पवत्।।

जो लोग एक-दूसरे के भेदों को प्रकट करते हैं, वे उसी प्रकार नष्ट हो जाते हैं जैसे बांबी में फंसकर सांप नष्ट हो जाता है।

प्रस्तावना

''क्या कर रहे हो?''

''कुश तो पवित्र हैं, इन पर क्रोध करना अच्छा नहीं।''

''जो कष्ट पहुंचाए, उसे जीने का हक नहीं। उसे नष्ट करना ही पुण्य है।''*

''लेकिन कुश तो नष्ट नहीं होते, अवसर पाकर फिर फैल जाते हैं।''

''नहीं! मैं ऐसा नहीं होने दूंगा। इसकी दोबारा होने की सभी संभावनाओं को जलाकर राख कर दूंगा। शत्रु को निर्मूल करने पर विश्वास करता हूं मैं।''

बालक के पैरों में कुश नामक घास चुभी थी। अतः उसने कुश को ही निर्मूल कर दिया। खोद-खोदकर उसकी जड़ों में मठा डालकर बची-खुची छोटी-छोटी जड़ों को भी जला दिया था उसने।

योग्य आचार्य ने बालक में छिपी संभावनाओं को पहचान लिया था। ऐसा आत्मविश्वास और प्रबल इच्छाशक्ति ही व्यक्तित्व को ऊंचाइयों पर पहुंचाती है। ऐसे में यदि जनसंवेदना का पुट मिल जाए, तो व्यक्ति इतिहास पुरुष ही बनता है और ऐसा ही हुआ भी। लगभग दो हजार वर्ष पूर्व भारत के इतिहास को जिस बालक ने एक स्वर्णिम मोड़ दिया, वही बालक बड़ा होकर चाणक्य बना। उसका असली नाम था-विष्णुगुप्त। उसकी कूटनीतिक विलक्षणता की वजह से लोग उसे कौटिल्य भी कहते थे।

यह घटना तब की है, जब विश्व के मानचित्र पर कुछ देशों का कहीं कोई अता-पता नहीं था, लेकिन भारत की सभ्यता और संस्कृति अपने पूर्ण यौवन पर थी। धर्म, दर्शन और अध्यात्म की ही नहीं, राजनीति तथा अर्थशास्त्र जैसे विषयों की शिक्षा लेने के लिए भी विदेशों से विद्यार्थी भारत भूमि पर आया करते थे। यहां तक्षशिला और नालंदा जैसे विश्वविद्यालय थे। आचार्य चाणक्य तक्षशिला में राजनीति तथा अर्थशास्त्र के आचार्य थे।

भारत की सीमाएं उस समय अफगानिस्तान से लेकर बर्मा (म्यांमार) तक तथा कश्मीर से लेकर कन्याकुमारी तक फैली हुई थीं। उस समय भारत सोने की चिड़िया था।

*** कृते प्रतिकृतं कुर्याद् हिंसने प्रतिहिंसनम्। तत्र दोषो न पतति दुष्टे दुष्टं समाचरेत्॥**

जो जैसा करे, उससे वैसा ही बरतें। कृतज्ञ के प्रति कृतज्ञता भरा, हिंसक से हिंसा युक्त और दुष्टता का व्यवहार करने पर किसी प्रकार का पाप (पातक) नहीं होता।

विदेशी आक्रांताओं को भारत की समृद्धि खटक रही थी लेकिन उनमें हिम्मत नहीं थी कि वे हिंदुस्तान के रणबाकुंरों का सामना कर सकें। अंततः उन्होंने दान और भेद की नीति का सहारा लेकर मगध के शासक धर्मनंद की कमियों को पहचान लिया और उसे अपने पाश में भी कस लिया था। वर्तमान के पटना तथा तत्कालीन पाटलिपुत्र के आसपास फैला पूर्व-उत्तर की सीमाओं को छूता हुआ एक विशाल और शक्तिशाली वैभव संपन्न राज्य था-मगध। मगध के सिंहासन पर आसीन धर्मनंद सुरा-सुंदरी में इतना डूब चुका था कि उसे राजकार्यों को देखने की फुरसत ही नहीं थी। वह अपनी मौजमस्ती के लिए प्रजा पर अत्याचार करता। जो भी आवाज उठाता, उसे कुचल दिया जाता। चणक को भी जनहित के लिए उठाई गई आवाज की सजा मिली थी। उस महान आचार्य को मौत के घाट उतार दिया गया था।

एक-एक करके हुई हृदय विदारक घटनाएं चणक पुत्र चाणक्य के हृदय में फांस की तरह धंसी हुई थीं। एक दिन जब राजसभा में समूचे आर्यावर्त की स्थिति का विवेचन करते हुए चाणक्य ने मगधराज धर्मनंद को उनका कर्तव्य याद दिलाया तो वह झुंझला उठा। उसने चाणक्य को दरबार से धक्के मारकर निकाल फेंकने का आदेश दिया। सैनिकों के चाणक्य को धक्के मारकर दरबार से निकालने की कोशिश के बीच चाणक्य की शिखा खुल गई। यह चाणक्य का ही नहीं, देश की उस आवाज का भी अपमान था, जो अपने राजा के सामने अंधकार में विलीन होते अपने भविष्य को बचाने की गुहार कर रही थी। उसी समय चाणक्य ने प्रतिज्ञा कर ली-'अब यह शिखा तभी बंधेगी, जब नंदवंश का समूल नाश हो जाएगा।'

चाणक्य ने अपने लक्ष्य को पूरा करने के लिए चंद्रगुप्त को चुना। चंद्रगुप्त में छिपी संभावनाओं को चाणक्य ने एक-एक करके तराशा। सोचे हुए कार्य को मूर्त्त रूप देना चाणक्य के लिए आसान नहीं था। मकदूनियां के छोटे से प्रदेश से 'सिकंदर' नामक आंधी की गर्द भारत की सीमाओं पर छाने लगी थी। कंधार के राजकुमार आम्भी ने सिकंदर से गुप्त संधि कर ली थी। पर्वतेश्वर (पोरस) ने सिकंदर की सेनाओं का डटकर सामना किया, लेकिन सिकंदर की रणनीति ने पांसा पलट दिया। सिकंदर की ओर से हुई बाणवर्षा से घबराई पोरस की जुझारू गजसेना ने अपनी ही सेना को रौंदना शुरू कर दिया। पोरस की हार हुई और उसे बंदी बना लिया गया। सिकंदर द्वारा यह पूछने पर कि उसके साथ कैसा व्यवहार किया जाए, पोरस ने निर्भीक होकर कहा कि जैसा एक राजा दूसरे राजा के साथ करता है। सिकंदर ने पोरस को उसकी वीरता से प्रसन्न होकर छोड़ भी

दिया।* इस पराजय के बाद आचार्य चाणक्य की देखरेख में चंद्रगुप्त अपनी सेना को संगठित करने, उसे तैयार करने और युद्ध की रणनीति बनाने में पूरी तरह से लग गया। भारी-भरकम शस्त्रों, शिरस्त्राणों और कवचों आदि की जगह हल्के, परंतु मजबूत हथियारों ने ली। शारीरिक शक्ति के साथ ही बुद्धि-चातुर्य का भी प्रयोग किया गया। चाणक्य की कूटनीति ने इस स्थिति में अमोघ ब्रह्मास्त्र का काम किया। कौटिल्य ने साम, दान, दंड एवं भेद-चारों नीतियों का प्रयोग किया और अपने लक्ष्य को प्राप्त किया। नंदवंश का नाश हुआ। चंद्रगुप्त ने मगध की बागडोर संभाली। सिकंदर के सेनापति सेल्यूकस की बेटी हेलन का चंद्रगुप्त के साथ विवाह हुआ। धर्मनंद का प्रधान अमात्य 'राक्षस' चंद्रगुप्त का महाअमात्य बना। एक बार फिर से भारत बिखरते-बिखरते बच गया। सिकंदर नाम की आंधी शांत होकर वापस अपने देश चली गई। भारत की गरिमा विश्व के सामने फिर से निखरकर सामने आई।

और चाणक्य? उसने निर्जन एकांत में राजनीति के पूर्व ग्रंथों का अवगाहन कर उसमें अपने व्यक्तिगत अनुभवों का पुट दिया और अर्थशास्त्र पर एक महत्वपूर्ण ग्रंथ लिखा। 'कौटिल्य अर्थशास्त्र' नामक यह ग्रंथ राजा, राजकर्मियों तथा प्रजा के संबंधों और राज्य-व्यवस्था के संदर्भ में अनुकरणीय व्यवस्था देता है। कुछ विद्वानों ने चाणक्य की तुलना मैकियाविली से की है लेकिन भारत के प्रथम प्रधानमंत्री पं. जवाहरलाल नेहरू इस बात से सहमत नहीं थे। उनकी दृष्टि में चाणक्य की महानता के मैकियाविली सामने काफी अदने हैं। चाणक्य एक महान अर्थशास्त्री, राजनीति के वेत्ता तथा कूटनीतिज्ञ होते हुए भी महात्मा थे। वे सभी प्रकार की भौतिक उपाधियों से परे थे। इसी कारण 'कामंदकीय नीतिसार' में विष्णुगुप्त के लिए ये पंक्तियां लिखी गईं-

नीतिशास्त्रामृतं धीमानर्थशास्त्र महोदधेः
समुद्दध्रे नमस्तस्मै विष्णुगुप्ताय वेधसे॥

'जिसने अर्थशास्त्र रूपी महासमुद्र से नीतिशास्त्र रूपी अमृत का दोहन किया, उस महा बुद्धिमान आचार्य विष्णुगुप्त को मेरा नमन है।'

जनकल्याण के लिए जो भी जहां से मिला, उसे चाणक्य ने लिया और उसके प्रति कृतज्ञता प्रकट की। वे अपने ग्रंथ का शुभारंभ करते हुए शुक्राचार्य और बृहस्पति दोनों को नमन करते हैं। दोनों गुरु हैं। दोनों की अपनी-अपनी विशिष्ट धाराएं हैं। अपने प्रतिज्ञा वाक्य में वे कहते हैं-

* सिकंदर द्वारा पोरस को मुक्त करना उन राजाओं के गाल पर करारा तमाचा था, जिन्होंने पर्वतेश्वर का साथ नहीं दिया था।

पृथिव्या लाभे पालने च यावन्तार्थ शास्त्राणि पूर्वाचार्यैः प्रस्थापितानि संहृत्यैकमिदमर्थशास्त्रं कृतम्।

पृथ्वी की प्राप्ति और उसकी रक्षा के लिए पुरातन आचार्यों ने जिन अर्थशास्त्र-विषयक ग्रंथों का निर्माण किया, उन सभी का सार-संकलन कर इस अर्थशास्त्र की रचना की गई है।

'चाणक्य नीति' में नीतिसार का निचोड़ है। इसका संकेत आचार्य ने प्रारंभिक श्लोकों में ही कर दिया है।

ऐसा नहीं है कि चाणक्य नीति पर इससे पहले काम न हुआ हो। इसके अनेक अनुवाद प्रकाशित हो चुके हैं। यह पुस्तक उनसे अलग इस मायने में है कि इसमें मूल श्लोक के अर्थ को समझाते हुए उसमें छिपे रहस्यों की ओर भी संकेत करने का प्रयास किया गया है। ऐसा करने के पीछे उद्देश्य है कि पाठक उन निर्दिष्ट सूत्रों को पकड़कर कथ्य की गुत्थियां अपने ढंग से खोलें। इसमें इस बात का विशेष ध्यान रखा गया है कि भाषा-शैली ऐसी हो, ताकि साधारण व्यक्ति भी इस ग्रंथ का लाभ उठा सकें। पुस्तक के अंत में दी गई फलश्रुति संकेत करती है कि विवेकवान् इस ग्रंथ को अवश्य पढ़े, यथा-

अधीत्येदं यथाशास्त्रं नरो जानाति सत्तमः।
धर्मोपदेशविख्यातं कार्याकार्यं शुभाशुभम्।।

इस शास्त्र को विधिपूर्वक अध्ययन करने के बाद व्यक्ति भलीभांति जान लेता है कि शास्त्रों में किसे करने योग्य कहा जाता है और किसका निषेध है, क्या शुभ है और क्या अशुभ?*

यहां पाठकों को एक बात विशेष रूप से समझ लेनी चाहिए कि इस ग्रंथ में कुछ ऐसी मान्यताओं का भी जिक्र किया गया है, जो बदलते परिवेश के साथ या तो बदल रही हैं या फिर उन्होंने अपना अस्तित्व खो दिया है। ग्रंथ की प्रामाणिकता को बनाए रखने के लिए उसके मूलरूप में किसी भी तरह की छेड़खानी करना नैतिक दृष्टि से ठीक नहीं है। मूल को यथारूप देने का अर्थ यह कतई नहीं है कि लेखक या प्रकाशक इन विचारों या मान्यताओं से सहमति रखते हैं। इसलिए पाठकों को सही संदर्भों में ही इस ग्रंथ के कथ्य को समझने की कोशिश करनी चाहिए।

❑❑

* नीतिशास्त्र में कही गई बातों की व्याख्या एकांगी नहीं होनी चाहिए। इसके लिए जरूरी है कि व्याख्याता को लोक और शास्त्र दोनों का ज्ञान हो। 'लोक' में तत्कालीन समाज का स्वरूप आता है, जबकि शास्त्र का अर्थ है-प्रयुक्त शब्दार्थ अर्थात् प्रयुक्त पारिभाषिक शब्दावली का अर्थ स्पष्ट होना।

॥ अथ प्रथमोऽध्यायः ॥

पहला अध्याय

किसी कष्ट अथवा आपत्तिकाल से बचाव के लिए धन की रक्षा करनी चाहिए। धन खर्च करके भी स्त्रियों की रक्षा करनी चाहिए, परंतु स्त्रियों और धन से भी आवश्यक है कि व्यक्ति स्वयं की रक्षा करे।

प्रणम्य शिरसा विष्णुं त्रैलोक्याधिपतिं प्रभुम्।
नानाशास्त्रोद्धृतं वक्ष्ये राजनीतिसमुच्चयम्॥

मैं तीनों लोकों–पृथ्वी, अन्तरिक्ष और पाताल के स्वामी सर्वशक्तिमान, सर्वव्यापक परमेश्वर विष्णु को सिर झुकाकर प्रणाम करता हूं। प्रभु को प्रणाम करने के बाद मैं अनेक शास्त्रों से एकत्रित किए गए राजनीति से संबंधित ज्ञान का वर्णन करूंगा।।।।1।।

प्राचीनकाल से हमारी यह परंपरा रही है कि ग्रंथ की निर्विघ्न समाप्ति के लिए ग्रंथकार अपने आराध्य का स्मरण अवश्य करता है। इसे 'मंगलाचरण' कहा जाता है। आचार्य चाणक्य ने भी सर्वशक्तिमान प्रभु विष्णु को नमन करके इस ग्रंथ की रचना की है।

विदित हो कि श्रीविष्णु पालनकर्ता हैं और 'नीति' का प्रयोजन भी व्यक्ति और समाज की व्यवस्था देना है। चाणक्य ने अपने इस ग्रन्थ को राजनीति से संबंधित ज्ञान का उत्तम संग्रह बताया है। इसी संग्रह को बाद में विद्वानों और जन-सामान्य ने 'चाणक्य नीति' का नाम दिया।

अधीत्येदं यथाशास्त्रं नरो जानाति सत्तमः।
धर्मोपदेशविख्यातं कार्याकार्यं शुभाशुभम्॥

'सत्तमः' अर्थात श्रेष्ठ पुरुष, इस शास्त्र का विधिपूर्वक अध्ययन करके यह बात भली प्रकार जान जाएंगे कि वेद आदि धर्मशास्त्रों में कौन से कार्य करने योग्य बताए गए हैं और कौन से कार्य ऐसे हैं जिन्हें नहीं करना चाहिए। क्या पुण्य है और क्या पाप है तथा धर्म और अधर्म क्या है, इसकी जानकारी भी इस ग्रंथ से हो जाएगी। ।।2।।

मनुष्य के लिए यह आवश्यक है कि कुछ भी करने से पूर्व उसे इस बात का ज्ञान हो कि वह कार्य करने योग्य है या नहीं, उसका परिणाम क्या होगा? पुण्य कार्य और पाप कर्म क्या हैं? श्रेष्ठ मनुष्य ही वेद आदि धर्मशास्त्रों को पढ़कर भले-बुरे का ज्ञान प्राप्त कर सकते हैं।

यहां यह बात जान लेना भी आवश्यक है कि धर्म और अधर्म क्या है? इसके निर्णय में, प्रथम दृष्टि में धर्म की व्याख्या के अनुसार–किसी के प्राण लेना अपराध है और अधर्म भी, परंतु लोकाचार और नीतिशास्त्र के अनुसार विशेष परिस्थितियों में ऐसा किया जाना धर्म के विरुद्ध नहीं माना जाता, पापी का वध और अपराधी को दंड देना इसी श्रेणी में आते हैं। श्रीकृष्ण ने अर्जुन को युद्ध की प्रेरणा दी, उसे इसी विशेष संदर्भ में धर्म कहा जाता है।

तदहं सम्प्रवक्ष्यामि लोकानां हितकाम्यया।
येन विज्ञानमात्रेण सर्वज्ञत्वं प्रपद्यते।।

अब मैं मानवमात्र के कल्याण की कामना से राजनीति के उस ज्ञान का वर्णन करूंगा जिसे जानकर मनुष्य सर्वज्ञ हो जाता है। ।।3।।

चाणक्य कहते हैं कि इस ग्रंथ को पढ़कर कोई भी व्यक्ति दुनियादारी और राजनीति की बारीकियां समझकर सर्वज्ञ हो जाएगा। यहां 'सर्वज्ञ' से चाणक्य का अभिप्राय ऐसी बुद्धि प्राप्त करना है जिससे व्यक्ति में समय के अनुरूप प्रत्येक परिस्थिति में कोई भी निर्णय होने की क्षमता आ आए। जानकार होने पर भी यदि समय पर निर्णय नहीं लिया, तो जानना- समझना सब व्यर्थ है। अपने हितों की रक्षा भी तो तभी सम्भव है।

मूर्खशिष्योपदेशेन दुष्टस्त्रीभरणेन च।
दुःखितैः सम्प्रयोगेण पण्डितोऽप्यवसीदति।।

मूर्ख शिष्य को उपदेश देने, दुष्ट-व्यभिचारिणी स्त्री का पालन-पोषण करने, धन के नष्ट होने तथा दुखी व्यक्ति के साथ व्यवहार रखने से बुद्धिमान व्यक्ति को भी कष्ट उठाना पड़ता है। ।।4।।

चाणक्य कहते हैं कि मूर्ख व्यक्ति को ज्ञान देने से कोई लाभ नहीं होता, अपितु सज्जन और बुद्धिमान लोग उससे हानि ही उठाते हैं। उदाहरण के लिए बया और बंदर की कहानी पाठकों को याद होगी। मूर्ख बंदर को घर बनाने की सलाह देकर बया को अपने घोंसले से ही हाथ धोना पड़ा था। इसी प्रकार दुष्ट और कुलटा स्त्री का पालन-पोषण करने से सज्जन और बुद्धिमान व्यक्तियों को दुख ही प्राप्त होता है।

दुखी व्यक्तियों से व्यवहार रखने से चाणक्य का तात्पर्य है कि जो व्यक्ति अनेक रोगों से पीड़ित हैं और जिनका धन नष्ट हो चुका है, ऐसे व्यक्तियों से किसी प्रकार का संबंध रखना बुद्धिमान मनुष्य के लिए हानिकारक हो सकता है। अनेक रोगों का तात्पर्य संक्रामक रोग से है। बहुत से लोग संक्रामक रोगों से ग्रस्त होते हैं, उनकी संगति से स्वयं रोगी होने का अंदेशा रहता है। जिन लोगों का धन नष्ट हो चुका हो अर्थात जो दिवालिया हो गए हैं, उन पर एकाएक विश्वास करना कठिन होता है। दुखी का अर्थ विषादग्रस्त व्यक्ति से भी है। ऐसे लोगों का दुख से उबरना बहुत कठिन हो जाता है और प्राय: असफलता ही हाथ लगती है। जो वास्तव में दुखी है और उससे उबरना चाहता है, उसका सहयोग करना चाहिए। क्योंकि दुखी से तो स्वार्थी ही बचता है।

दुष्टा भार्या शठं मित्रं भृत्यश्चोत्तरदायकः।
ससर्पे च गृहे वासो मृत्युरेव न संशयः॥

दुष्ट स्वभाव वाली, कठोर वचन बोलने वाली, दुराचारिणी स्त्री और धूर्त, दुष्ट स्वभाव वाला मित्र, सामने बोलने वाला मुंहफट नौकर और ऐसे घर में निवास जहां सांप के होने की संभावना हो, ये सब बातें मृत्यु के समान हैं। ।।5।।

जिस घर में दुष्ट स्त्रियां होती हैं, वहां गृहस्वामी की स्थिति किसी मृतक के समान ही होती है, क्योंकि उसका कोई वश नहीं चलता और भीतर ही भीतर कुढ़ते हुए वह मृत्यु की ओर सरकता रहता है। इसी प्रकार दुष्ट स्वभाव वाला मित्र भी विश्वास के योग्य नहीं होता, न जाने कब धोखा दे दे। जो नौकर अथवा आपके अधीन काम करने वाला कर्मचारी उलटकर आपके सामने जवाब देता है, वह कभी भी आपको असहनीय हानि पहुंचा सकता है, ऐसे सेवक के साथ रहना अविश्वास के घूंट पीने के समान है। इसी प्रकार जहां सांपों का वास हो, वहां रहना भी खतरनाक है। न जाने कब सर्पदंश का शिकार होना पड़ जाए।

आपदर्थे धनं रक्षेद् दारान् रक्षेद्धनैरपि।
आत्मानं सततं रक्षेद् दारैरपि धनैरपि॥

किसी कष्ट अथवा आपत्तिकाल से बचाव के लिए धन की रक्षा करनी चाहिए और धन खर्च करके भी स्त्रियों की रक्षा करनी चाहिए, परंतु स्त्रियों और धन से भी अधिक आवश्यक यह है कि व्यक्ति अपनी रक्षा करे। ।।6।।

बुद्धिमान व्यक्ति को चाहिए कि वह आपत्ति अथवा बुरे दिनों के लिए थोड़ा-थोड़ा धन बचाकर उसकी रक्षा करे अर्थात धन का संग्रह करे। समय पड़ने पर संचित धन से भी अधिक अपनी पत्नी की रक्षा करना आवश्यक है क्योंकि पत्नी जीवनसंगिनी है। बहुत से ऐसे अवसर होते हैं, जहां धन काम नहीं आता, वहां जीवनसाथी काम आता है। इसी संदर्भ में वृद्धावस्था में पत्नी की अहम् भूमिका होती है।

चाणक्य का विचार यह भी है कि धन और स्त्री से भी अधिक व्यक्ति को अपनी रक्षा करनी चाहिए अर्थात व्यक्ति का महत्व इन दोनों से अधिक है। यदि व्यक्ति का अपना ही नाश हो गया तो धन और स्त्री का प्रयोजन ही क्या रह जाएगा, इसलिए व्यक्ति के लिए धन-संग्रह और स्त्री रक्षा की अपेक्षा समय आने पर अपनी रक्षा करना अधिक महत्वपूर्ण है।

देखने में आया है और उपनिषद् के ऋषि भी कहते हैं कि कोई किसी से प्रेम नहीं करता, सब स्वयं से ही प्रेम करते हैं—आत्मनस्तु कामाय सर्वं प्रियं भवति।

आपदर्थे धनं रक्षेच्छ्रीमतां कुत आपदः।
कदाचिच्चलिता लक्ष्मीः सञ्चितोऽपि विनश्यति।।

आपत्तिकाल के लिए धन की रक्षा करनी चाहिए, लेकिन सज्जन पुरुषों के पास विपत्ति का क्या काम। और फिर लक्ष्मी तो चंचला है, वह संचित करने पर भी नष्ट हो जाती है। ।।7।।

चाणक्य का कहना है, मनुष्य को चाहिए कि वह आपत्तिकाल के लिए धन का संग्रह करे। लेकिन धनी व्यक्ति ऐसा मानते हैं कि उनके लिए आपत्तियों का कोई महत्व नहीं है, क्योंकि वे अपने धन से सभी आपत्तियों से बच सकते हैं, परंतु वे यह नहीं जानते कि लक्ष्मी भी चंचल है। किसी भी समय वह मनुष्य को छोड़कर जा सकती है, ऐसी स्थिति में यह इकट्ठा किया हुआ धन भी किसी समय नष्ट हो सकता है।

यस्मिन् देशे न सम्मानो न वृत्तिर्न च बान्धवाः।
न च विद्याऽऽगमः कश्चित् तं देशं परिवर्जयेत्।।

जिस देश में आदर-सम्मान नहीं और न ही आजीविका का कोई साधन है, जहां कोई

बंधु-बांधव, रिश्तेदार भी नहीं तथा किसी प्रकार की विद्या और गुणों की प्राप्ति की संभावना भी नहीं, ऐसे देश को छोड़ ही देना चाहिए। ऐसे स्थान पर रहना उचित नहीं। ॥8॥

किसी अन्य देश अथवा किसी अन्य स्थान पर जाने का एक प्रयोजन यह होता है कि वहां जाकर कोई नयी बात, नयी विद्या, रोजगार और नया गुण सीख सकेंगे, परंतु जहां इनमें से किसी भी बात की संभावना न हो, ऐसे देश या स्थान को तुरंत छोड़ देना चाहिए।

श्रोत्रियो धनिकः राजा नदी वैद्यस्तु पञ्चमः।
पञ्च यत्र न विद्यन्ते न तत्र दिवसं वसेत्॥

जहां श्रोत्रिय अर्थात वेद को जानने वाला ब्राह्मण, धनिक, राजा, नदी और वैद्य ये पांच चीजें न हों, उस स्थान पर मनुष्य को एक दिन भी नहीं रहना चाहिए। ॥9॥

धनवान लोगों से व्यापार की वृद्धि होती है। वेद को जानने वाले ब्राह्मण धर्म की रक्षा करते हैं। राजा न्याय और शासन-व्यवस्था को स्थिर रखता है। जल तथा सिंचाई के लिए नदी आवश्यक है जबकि रोगों से छुटकारा पाने के लिए वैद्य की आवश्यकता होती है। चाणक्य कहते हैं कि जहां पर ये पांचों चीजें न हों, उस स्थान को त्याग देना ही श्रेयस्कर है।

लोकयात्रा भयं लज्जा दाक्षिण्यं त्यागशीलता।
पञ्च यत्र न विद्यन्ते न कुर्यात् तत्र संस्थितिम्॥

जहां लोकयात्रा अर्थात जीवन को चलाने के लिए आजीविका का कोई साधन न हो, व्यापार आदि विकसित न हो, किसी प्रकार के दंड के मिलने का भय न हो, लोकलाज न हो, व्यक्तियों में शिष्टता, उदारता न हो अर्थात उनमें दान देने की प्रवृत्ति न हो, जहां ये पांच चीजें विद्यमान न हों, वहां व्यक्ति को निवास नहीं करना चाहिए। ॥10॥

जानीयात् प्रेषणे भृत्यान् बान्धवान् व्यसनाऽऽगमे।
मित्रं चापत्तिकालेषु भार्यां च विभवक्षये॥

काम लेने पर नौकर-चाकरों की, दुख आने पर बंधु-बांधवों की, कष्ट आने पर मित्र की तथा धन नाश होने पर अपनी पत्नी की वास्तविकता का ज्ञान होता है। ॥11॥

चाणक्य कहते हैं कि जब सेवक (नौकर) को किसी कार्य पर नियुक्त किया जाएगा तभी पता चलेगा कि वह कितना योग्य है। इसी प्रकार जब व्यक्ति किसी मुसीबत में फंस जाता है तो उस समय भाई-बंधु और रिश्तेदारों की परीक्षा होती है। मित्र की पहचान भी विपत्ति के समय ही होती है। इसी प्रकार धनहीन होने पर पत्नी की वास्तविकता का पता चलता है कि उसका प्रेम धन के कारण था या वास्तविक।

आतुरे व्यसने प्राप्ते दुर्भिक्षे शत्रु-संकटे।
राजद्वारे श्मशाने च यस्तिष्ठति स बान्धवः॥

किसी रोग से पीड़ित होने पर, दुख आने पर, अकाल पड़ने पर, शत्रु की ओर से संकट आने पर, राज सभा में, श्मशान अथवा किसी की मृत्यु के समय जो व्यक्ति साथ नहीं छोड़ता, वास्तव में वही सच्चा बन्धु माना जाता है। ॥12॥

व्यक्ति के रोग शय्या पर पड़े होने अथवा दुखी होने, अकाल पड़ने और शत्रु द्वारा किसी भी प्रकार का संकट पैदा होने, किसी मुकदमे आदि में फंस जाने और मरने पर जो व्यक्ति श्मशान घाट तक साथ देता है, वही सच्चा बन्धु (अपना) होता है अर्थात ये अवसर ऐसे होते हैं जब सहायकों की आवश्यकता होती है। प्रायः यह देखा जाता है कि जो किसी की सहायता करता है, उसको ही सहायता मिलती है। जो समय पर किसी के काम नहीं आता, उसका साथ कौन देगा?

यो ध्रुवाणि परित्यज्य अध्रुवं परिसेवते।
ध्रुवाणि तस्य नश्यन्ति अध्रुवं नष्टमेव हि॥

जो मनुष्य निश्चित को छोड़कर अनिश्चित के पीछे भागता है, उसका कार्य या पदार्थ नष्ट हो जाता है। ॥13॥

चाणक्य कहते हैं कि लोभ से ग्रस्त होकर व्यक्ति को हाथ-पांव नहीं मारने चाहिए बल्कि जो भी उपलब्ध हो गया है, उसी में सन्तोष करना चाहिए। जो व्यक्ति आधी छोड़कर पूरी के पीछे भागते हैं, उनके हाथ से आधी भी निकल जाती है।

वरयेत् कुलजां प्राज्ञो विरूपामपि कन्यकाम्।
रूपवतीं न नीचस्य विवाहः सदृशे कुले॥

बुद्धिमान व्यक्ति को चाहिए कि वह श्रेष्ठ कुल में उत्पन्न हुई कुरूप अर्थात् सौंदर्यहीन कन्या से भी विवाह कर ले, परन्तु नीच कुल में उत्पन्न हुई सुंदर कन्या से विवाह न करे। वैसे विवाह अपने समान कुल में ही करना चाहिए। ॥14॥

आचार्य चाणक्य ने यह बहुत सुंदर बात कही है। शादी-विवाह के लिए सुंदर कन्या देखी जाती है। सुंदरता के कारण लोग न कन्या के गुणों को देखते हैं, न उसके कुल को। ऐसी कन्या से विवाह करना सदा ही दुखदायी होता है, क्योंकि नीच कुल की कन्या के संस्कार भी नीच ही होंगे। उसके सोचने, बातचीत करने या उठने-बैठने का स्तर भी निम्न

होगा, जबकि उच्च और श्रेष्ठ कुल की कन्या का आचरण अपने कुल के अनुसार होगा, भले ही वह कन्या कुरूप व सौंदर्यहीन हो। वह जो भी कार्य करेगी, उससे अपने कुल का मान ही बढ़ेगा और नीच कुल की कन्या तो अपने व्यवहार से परिवार की प्रतिष्ठा ही बिगाड़ेगी। वैसे भी विवाह सदा अपने समान कुल में ही करना उचित होता है, अपने से नीच कुल में नहीं। यहां 'कुल' से तात्पर्य धन-संपदा से नहीं, परिवार के चरित्र से है।

नखीनां च नदीनां च शृंगीणां शस्त्रपाणिनाम्।
विश्वासो नैव कर्तव्यो स्त्रीषु राजकुलेषु च॥

'नखीनाम्' अर्थात बड़े-बड़े नाखूनों वाले शेर और चीते आदि प्राणियों, विशाल नदियों, 'शृंगीणाम्' अर्थात बड़े-बड़े सींग वाले सांड़ आदि पशुओं, शस्त्र धारण करने वालों, स्त्रियों तथा राजा से संबंधित कुल वाले व्यक्तियों का विश्वास कभी नहीं करना चाहिए। ॥15॥

बड़े-बड़े नाखूनों वाले हिंसक प्राणी से बचकर रहना चाहिए, न जाने वे कब आपके ऊपर हमला कर दें। जिन नदियों के पुश्ते अथवा तट पक्के नहीं, उन पर इसलिए विश्वास नहीं किया जा सकता कि न जाने उनका वेग कब प्रचंड रूप धारण कर ले और कब उनकी दिशा बदल जाए, न जाने वे और किधर को बहना प्रारंभ कर दें। इसलिए प्रायः नदियों के किनारे रहने वाले लोग सदैव उजड़ते रहते हैं।

बड़े-बड़े सींग वाले सांड़ आदि पशुओं का भी भरोसा नहीं है, कौन जाने उनका मिजाज कब बिगड़ जाए। जिसके पास तलवार आदि कोई हथियार है, उसका भी भरोसा नहीं किया जा सकता क्योंकि वह छोटी-सी बात पर क्रोध में आकर कभी भी आक्रामक हो सकता है। चंचल स्वभाव वाली स्त्रियों पर भी विश्वास नहीं करना चाहिए। वह अपनी चतुरता से कभी भी आपके लिए प्रतिकूल परिस्थितियां पैदा कर सकती हैं। इस तरह के कई उदाहरण प्राचीन ग्रंथों में मिल जाएंगे। राजा से संबंधित राजसेवकों और राजकुल के व्यक्तियों पर भी विश्वास करना उचित नहीं। वे कभी भी राजा के कान भरकर अहित करवा सकते हैं। इसी के साथ वे राज नियमों के प्रति समर्पित और निष्ठावान् होते हैं। राजहित उनके लिए प्रमुख होता है—संबंध नहीं।

विषादप्यमृतं ग्राह्यममेधयादपि काञ्चनम्।
नीचादप्युत्तमा विद्या स्त्रीरत्नं दुष्कुलादपि॥

विष में भी यदि अमृत हो तो उसे ग्रहण कर लेना चाहिए। अपवित्र और अशुद्ध वस्तुओं

में भी यदि सोना अथवा मूल्यवान वस्तु पड़ी हो तो वह भी उठा लेने के योग्य होती है। यदि नीच मनुष्य के पास कोई अच्छी विद्या, कला अथवा गुण है तो उसे सीखने में कोई हानि नहीं। इसी प्रकार दुष्ट कुल में उत्पन्न अच्छे गुणों से युक्त स्त्री रूपी रत्न को ग्रहण कर लेना चाहिए। ।।16।।

इस श्लोक में आचार्य गुण ग्रहण करने की बात कर रहे हैं। यदि किसी नीच व्यक्ति के पास कोई उत्तम गुण अथवा विद्या है तो वह विद्या उससे सीख लेनी चाहिए अर्थात व्यक्ति को सदैव इस बात का प्रयत्न करना चाहिए कि जहां से उसे किसी अच्छी वस्तु की प्राप्ति हो, अच्छे गुणों और कला को सीखने का अवसर प्राप्त हो तो उसे हाथ से जाने नहीं देना चाहिए।

विष में अमृत और गंदगी में सोने से तात्पर्य नीच के पास गुण से है।

स्त्रीणां द्विगुण आहारो बुद्धिस्तासां चतुर्गुणा।
साहसं षड्गुणं चैव कामोऽष्टगुण उच्यते।।

पुरुषों की अपेक्षा स्त्रियों का आहार अर्थात भोजन दोगुना होता है, बुद्धि चौगुनी, साहस छह गुना और कामवासना आठ गुना होती है। ।।17।।

आचार्य ने इस श्लोक द्वारा स्त्री की कई विशेषताओं को उजागर किया है। स्त्री के ये ऐसे पक्ष हैं, जिन पर सामान्य रूप से लोगों की दृष्टि नहीं जाती।

भोजन की आवश्यकता स्त्री को पुरुष की अपेक्षा इसलिए ज्यादा है, क्योंकि उसे पुरुष की तुलना में शारीरिक कार्य ज्यादा करना पड़ता है। यदि इसे प्राचीन संदर्भ में भी देखा जाए, तो उस समय स्त्रियों को घर में कई ऐसे छोटे-मोटे काम करने होते थे, जिनमें ऊर्जा का व्यय होता था। आज के परिवेश में भी स्थिति लगभग वही है। शारीरिक बनावट, उसमें होने वाले परिवर्तन और प्रजनन आदि ऐसे कार्य हैं, जिसमें क्षय हुई ऊर्जा को प्राप्त करने के लिए स्त्री को अतिरिक्त पौष्टिकता की आवश्यकता होती है।

इस सत्य की जानकारी न होने के कारण, बल्कि व्यवहार में इसके विपरीत आचरण होने के कारण, बालिकाओं और स्त्रियों को पुरुषों की अपेक्षा ज्यादा कुपोषण का शिकार होना पड़ता है।

बुद्धि का विकास समस्याओं को सुलझाने से होता है। इस दृष्टि से भी स्त्रियों को परिवार के सदस्यों और उसके अलावा भी कई लोगों से व्यवहार करना पड़ता है। इससे उनकी बुद्धि अधिक पैनी होती है, छोटी-छोटी बातों को समझने की दृष्टि का विकास होता

तथा विविधता का विकास होता है। आज के संदर्भ में इस क्षमता को स्पष्ट रूप से देखा जा सकता है।

भावना प्रधान होने के कारण स्त्री में साहस की उच्च मात्रा का होना स्वाभाविक है। पशु-पक्षियों की मादाओं में भी देखा गया है कि अपनी संतान की रक्षा के लिए वे अपने से कई गुना बलशाली के सामने लड़-मरने के लिए डट जाती हैं।

काम का आठ गुना होना, पढ़ने-सुनने में अटपटा लगता है लेकिन यह संकेत करता है कि हमने काम के रूप-स्वरूप को सही प्रकार से नहीं समझा है। काम पाप नहीं है। सामाजिक कानून के विरुद्ध भी नहीं है। इसका होना अनैतिक या चरित्रहीन होने की पुष्टि भी नहीं करता है। श्रीकृष्ण ने स्वयं को 'धर्मानुकूल काम' कहा है। काम पितृऋण से मुक्त होने का सहज मार्ग है। संतान उत्पन्न करके ही कोई इस ऋण से मुक्त हो सकता है।

स्त्री की कामेच्छा पुरुष से भिन्न होती है। वहां शरीर नहीं भावदशा महत्वपूर्ण है। स्त्री में होने वाले परिवर्तन भी इस मांग को समक्ष लाते हैं—स्वाभाविक रूप में। लेकिन स्त्री उसका परिष्कार कर देती है जैसे पृथ्वी मैले को खाद बनाकर जीवन देती है। इसे पूरी तरह से समझने के लिए आवश्यक है कामशास्त्र का अध्ययन किया जाए।

कुल मिलाकर इस श्लोक द्वारा चाणक्य ने स्त्री के स्वभाव का विश्लेषण किया है।

अध्याय का सार

यह भारतीय परंपरा रही है कि किसी भी शुभ कार्य को प्रारंभ करने से पहले देवी-देवताओं अथवा प्रभु का स्मरण किया जाए ताकि वह कार्य बिना किसी व्यवधान के सरलतापूर्वक सम्पन्न हो। 'चाणक्य नीति' का प्रमुख उद्देश्य यह जानना है कि कौन-सा काम उचित है और कौन-सा अनुचित। आचार्य चाणक्य ने प्राचीन भारतीय नीतिशास्त्र में बताए गए नियमों के अनुसार ही इसे लिखा है। यह पूर्व अनुभवों का सार है। उनका कहना है कि लोग इसे पढ़कर अपने कर्तव्यों और अकर्तव्यों का भली प्रकार ज्ञान प्राप्त कर सकेंगे। सम-सामयिक राजनीति के ज्ञान में मनुष्य अपनी बुद्धि का पुट देकर समय के अनुसार अच्छाई और बुराई में भेद कर सकता है।

सबसे पहले आचार्य चाणक्य ने संग के महत्व पर प्रकाश डालते हुए यह बताया है कि दुष्ट लोगों के संसर्ग से बुद्धिमान मनुष्य को दुख उठाना पड़ता है। चाणक्य ने मनुष्य के जीवन में धन के महत्व को बताया है। उनका कहना है कि व्यक्ति को संकट के समय के लिए धन का संचय करना चाहिए। उस धन से अपने बाल-बच्चों तथा स्त्रियों की रक्षा भी

करनी चाहिए। इसके साथ उनका यह भी कहना है कि व्यक्ति को अपनी रक्षा सर्वोपरि करनी चाहिए। जिन लोगों के पास धन है, वे किसी भी आपत्ति का सामना धन के द्वारा कर सकते हैं, परंतु उन्हें यह बात भी भली प्रकार समझ लेनी चाहिए कि लक्ष्मी चंचल है। वह तभी तक टिक कर रहती है, जब तक उसका सदुपयोग किया जाता है। दुरुपयोग आरंभ करते ही लक्ष्मी चलती बनती है।

चाणक्य कहते हैं कि व्यक्ति को उसी स्थान पर रहना चाहिए जहां उसका सम्मान हो, जहां पर उसके भाई-बंधु हों, आजीविका के साधन हों। इसी संबंध में वह आगे कहते हैं कि जहां धनवान, वेद-शास्त्रों को जानने वाले विद्वान ब्राह्मण, राजा अथवा शासन-व्यवस्था, नदी और वैद्य आदि न हों, वहां भी नहीं रहना चाहिए। नौकरों की कार्यकुशलता का पता तभी चलता है, जब उन्हें कोई कार्य करने के लिए दिया जाता है। अपने संबंधियों और मित्रों की परीक्षा उस समय होती है, जब स्वयं पर कोई आपत्ति आती है। गृहस्थ का सबसे बड़ा सहारा उसकी स्त्री होती है, परंतु स्त्री की वास्तविकता भी उसी समय समझ में आती है, जब व्यक्ति पूरी तरह धनहीन हो जाता है।

मनुष्य को चाहिए कि वह अधिक लालच में न पड़े। उसे वही कार्य करना चाहिए जिसके संबंध में उसे पूरा ज्ञान हो। जिस कार्य के संबंध में उसे ज्ञान न हो, उसे करने से हानि हो सकती है। जिस कार्य का अनुभव न हो, उससे संबंधित निर्णय लेना कठिन होता है। निर्णय यदि ले लिया जाए, तो संशय की स्थिति मन को डगमगाती रहती है। ऐसा निर्णय कभी भी सही नहीं होता—'संशयात्मा विनश्यति।' मन यदि संशय में हो तो वह रास्ते से भटकाता ही नहीं, गहरे और अंधेरे गड्ढे में फेंकता है। यदि आप ऐसे व्यवसायियों का जीवन देखें, जिन्होंने अपने क्षेत्र में ऊंचाइयों को छूआ है, तो आप पाएंगे कि उन्होंने अपने काम को समझने के लिए किसी दूसरे अनुभवी व्यक्ति के नीचे काम किया है। किताबी और व्यावहारिक जानकारी में जमीन-आसमान का अंतर होता है।

विवाह के संदर्भ में, चाणक्य ने कुल के भेदभाव की बात नहीं मानी है। उनका कहना है कि नीच कुल में उत्पन्न कन्या भी यदि अच्छे गुणों से युक्त है तो उससे विवाह करने में कोई हानि नहीं। जिन पर विश्वास नहीं करना चाहिए उनके बारे में आचार्य का कथन है कि सिंह और बाघ आदि तेज पंजों वाले जानवरों से दूर रहना चाहिए, ऐसी नदियों के आसपास भी नहीं रहना चाहिए, जिनके किनारे कच्चे हों और जो बरसात आदि के दिनों में लंबे-चौड़े मैदान में फैल जाती हों। इसी प्रकार लंबे सीगों वाले सांड़ आदि पशुओं से अपना बचाव रखना चाहिए। जिसके पास कोई हथियार है, उसका भी कभी विश्वास नहीं करना चाहिए।
❑❑

॥ अथ द्वितीयोऽध्यायः ॥

दूसरा अध्याय

'मनसा चिंतितं कार्यं' अर्थात मन से सोचे हुए कार्य को वाणी द्वारा प्रकट नहीं करना चाहिए, परंतु मननपूर्वक भली प्रकार सोचते हुए उसकी रक्षा करनी चाहिए और स्वयं चुप रहते हुए उस सोची हुई बात को कार्यरूप में बदलना चाहिए।

अनृतं साहसं माया मूर्खत्वमतिलुब्धता।
अशौचत्वं निर्दयत्वं स्त्रीणां दोषाः स्वभावजाः॥

झूठ बोलना, बिना सोचे-समझे किसी कार्य को प्रारंभ कर देना, दुस्साहस करना, छलकपट करना, मूर्खतापूर्ण कार्य करना, लोभ करना, अपवित्र रहना और निर्दयता–ये स्त्रियों के स्वाभाविक दोष हैं। ॥1॥

स्त्रियों में प्रायः ये दोष पाए जाते हैं–वे सामान्य बात पर भी झूठ बोल सकती हैं, अपनी शक्ति का विचार न करके अधिक साहस दिखाती हैं, छल-कपट पूर्ण कार्य करती हैं, मूर्खता, अधिक लोभ, अपवित्रता तथा निर्दयी होना, ये ऐसी बातें हैं जो प्रायः स्त्रियों के स्वभाव में होती हैं। ये स्त्रियों के स्वाभाविक दोष हैं अर्थात अधिकांश स्त्रियों में ये होते हैं। अब तो स्त्रियां शिक्षित होती जा रही हैं। समय बदल रहा है। लेकिन आज भी अधिकांश अशिक्षित स्त्रियां इन दोषों से युक्त हो सकती हैं। इन दोषों को स्त्री की समाज में स्थिति और उसके परिणामस्वरूप बने उनके मनोविज्ञान के संदर्भ में देखना चाहिए।

भोज्यं भोजनशक्तिश्च रतिशक्तिर्वरांगना।
विभवो दानशक्तिश्च नाऽल्पस्य तपसः फलम्॥

भोजन के लिए अच्छे पदार्थों का प्राप्त होना, उन्हें खाकर पचाने की शक्ति होना, सुंदर स्त्री का मिलना, उसके उपभोग के लिए कामशक्ति होना, धन के साथ-साथ दान देने की इच्छा होना—ये बातें मनुष्य को किसी महान तप के कारण प्राप्त होती हैं। ।।2।।

भोजन में अच्छी वस्तुओं की कामना सभी करते हैं, परंतु उनका प्राप्त होना और उन्हें पचाने की शक्ति होना भी आवश्यक है। प्रत्येक व्यक्ति चाहता है कि उसकी पत्नी सुंदर हो, परंतु उसके उपभोग के लिए व्यक्ति में कामशक्ति भी होनी चाहिए। प्रत्येक व्यक्ति चाहता है कि उसके पास धन हो, परंतु धन प्राप्ति के बाद कितने ऐसे लोग हैं, जो उसका सदुपयोग कर पाते हैं। धन का सदुपयोग दान में ही है। अच्छी जीवन संगिनी, शारीरिक शक्ति, पौरुष एवं निरोगता, धन तथा वक्त– जरूरत पर किसी के काम आने की प्रवृत्ति आदि पूर्वजन्मों में किन्ही शुभ कर्मों द्वारा ही प्राप्त होते हैं। 'तपसः फलम्' का अर्थ है कठोर श्रम और आत्मसंयम।

यस्य पुत्रो वशीभूतो भार्या छन्दाऽनुगामिनी।
विभवे यश्च सन्तुष्टस्तस्य स्वर्ग इहैव हि।।

जिसका बेटा वश में रहता है, पत्नी पति की इच्छा के अनुरूप कार्य करती है और जो व्यक्ति धन के कारण पूरी तरह संतुष्ट है, उसके लिए पृथ्वी ही स्वर्ग के समान है। ।।3।।

प्रत्येक व्यक्ति संसार में सुखी रहना चाहता है, यही तो स्वर्ग है। स्वर्ग में भी सभी प्रकार के सुखों को उपभोग करने की कल्पना की गई है। इस बारे में चाणक्य कहते हैं कि जिसका पुत्र वश में है, स्त्री जिसकी इच्छा के अनुसार कार्य करती है, जो अपने कमाए धन से संतुष्ट है, जिसे लोभ-लालच और अधिक कमाने की चाह नहीं है, ऐसे मनुष्य के लिए किसी अन्य प्रकार के स्वर्ग की कल्पना करना व्यर्थ है। स्वर्ग तो वह जाना चाहेगा, जो यहां दुखी हो।

ते पुत्रा ये पितुर्भक्ताः स पिता यस्तु पोषकः।
तन्मित्रं यस्य विश्वासः सा भार्या यत्र निर्वृतिः।।

पुत्र उन्हें ही कहा जा सकता है जो पिता के भक्त होते हैं, पिता भी वही है जो पुत्रों का पालन-पोषण करता है, इसी प्रकार मित्र भी वही है जिस पर विश्वास किया जा सकता है और भार्या अर्थात पत्नी भी वही है जिससे सुख की प्राप्ति होती है। ।।4।।

चाणक्य का मानना है कि वही गृहस्थ सुखी है, जिसकी संतान उसके वश में है और उसकी आज्ञा का पालन करती है। यदि संतान पिता की आज्ञा का पालन नहीं करती तो घर

में क्लेश और दुख पैदा होता है। चाणक्य के अनुसार पिता का भी कर्तव्य है कि वह अपनी संतान का पालन-पोषण भली प्रकार से करे। जिसने अपने कर्तव्यों से मुंह मोड़ लिया हो, उसे पुत्र से भी भक्ति की आशा नहीं करनी चाहिए। इसी प्रकार मित्र के विषय में चाणक्य का मत है कि ऐसे व्यक्ति को मित्र कैसे कहा जा सकता है, जिस पर विश्वास नहीं किया जा सकता और ऐसी पत्नी किस काम की, जिससे किसी प्रकार का सुख प्राप्त न हो तथा जो सदैव ही क्लेश करके घर में अशान्ति फैलाती हो।

परोक्षे कार्यहन्तारं प्रत्यक्षे प्रियवादिनम्।
वर्जयेत्तादृशं मित्रं विषकुम्भं पयोमुखम्॥

जो पीठ पीछे कार्य को बिगाड़े और सामने होने पर मीठी-मीठी बातें बनाए, ऐसे मित्र को उस घड़े के समान त्याग देना चाहिए जिसके मुंह पर तो दूध भरा हुआ है परंतु अंदर विष हो। ॥5॥

जो मित्र सामने चिकनी-चुपड़ी बातें बनाता हो और पीठ पीछे उसकी बुराई करके कार्य को बिगाड़ देता हो, ऐसे मित्र को त्याग देने में ही भलाई है। चाणक्य कहते हैं कि वह उस बर्तन के समान है, जिसके ऊपर के हिस्से में दूध भरा है परंतु अंदर विष भरा हुआ हो। ऊपर से मीठे और अंदर से दुष्ट व्यक्ति को मित्र नहीं कहा जा सकता। यहां एक बात विशेष रूप से ध्यान देने की है कि ऐसा मित्र आपके व्यक्तिगत और सामाजिक वातावरण को भी आपके प्रतिकूल बना देता है।

न विश्वसेत् कुमित्रे च मित्रे चाऽपि न विश्वसेत्।
कदाचित् कुपितं मित्रं सर्वं गुह्यं प्रकाशयेत्॥

जो मित्र खोटा है, उस पर विश्वास नहीं करना चाहिए और जो मित्र है, उस पर भी अति विश्वास नहीं करना चाहिए क्योंकि ऐसा हो सकता है कि वह मित्र कभी नाराज होकर सारी गुप्त बातें प्रकट कर दे। ॥6॥

चाणक्य मानते हैं कि जो व्यक्ति अच्छा मित्र नहीं है उस पर तो विश्वास करने का प्रश्न ही नहीं उठता, परंतु उनका यह भी कहना उचित है कि अच्छे मित्र के संबंध में भी पूरी तरह विश्वास नहीं करना चाहिए, क्योंकि किसी कारणवश यदि वह नाराज हो गया तो सारे भेद खोल देगा।

आज बड़े-बड़े नगरों में जो अपराध बढ़ रहे हैं, जो कुकर्म हो रहे हैं, उनके पीछे परिचित व्यक्ति ही अधिक पाए जाते हैं। 'घर का भेदी लंका ढाए'-यह कहावत गलत नहीं

है। जो बहुत अच्छा मित्र बन जाता है, वह घर के सदस्य जैसा हो जाता है। व्यक्ति भावुक होकर उसे अपने सारे भेद बता देता है, फिर जब कभी मन-मुटाव उत्पन्न होते हैं तो वह कथित मित्र ही सबसे ज्यादा नुकसान देने वाला सिद्ध होता है। ऐसा मित्र जानता है आपके मर्मस्थल कौन से हैं। घर में काम करने वाले कर्मचारी के बारे में भी इस प्रकार की सावधानी रखना आवश्यक है।

मनसा चिन्तितं कार्यं वाचा नैव प्रकाशयेत्।
मन्त्रेण रक्षयेद् गूढं कार्ये चाऽपि नियोजयेत्॥

मन से सोचे हुए कार्य को वाणी द्वारा प्रकट नहीं करना चाहिए, परंतु मननपूर्वक भली प्रकार सोचते हुए उसकी रक्षा करनी चाहिए और चुप रहते हुए उस सोची हुई बात को कार्यरूप में बदलना चाहिए। ।।7।।

आचार्य का कहना है कि व्यक्ति को कभी किसी को अपने मन का भेद नहीं देना चाहिए। जो भी कार्य करना है, उसे अपने मन में रखें और समय आने पर पूरा करें। कुछ लोग किए जाने वाले कार्य के बारे में गाते रहते हैं। इस प्रकार उनकी बात का महत्व कम हो जाता है और यदि किसी कारणवश वह व्यक्ति उक्त कार्य को पूरा न कर सके तो उसकी हंसी होती है। इससे व्यक्ति का विश्वास भी कम होता है। फिर कुछ समय बाद ऐसा होता है कि लोग उसकी बातों पर ध्यान नहीं देते। उसे बे-सिर-पैर की हांकने वाला समझ लिया जाता है। अतः बुद्धिमान को कहने से अधिक करने के प्रति प्रयत्नशील होना चाहिए।

कष्टं च खलु मूर्खत्वं कष्टं च खलु यौवनम्।
कष्टं तु कष्टतरं चैव परगेहनिवासनम्॥

मूर्खता और जवानी निश्चित रूप से दुखदायक होती है। दूसरे के घर में निवास करना अर्थात किसी पर आश्रित होना तो अत्यन्त कष्टदायक होता है। ।।8।।

मूर्ख होना कष्टदायक है, क्योंकि वह स्वयं को, अपनों को और दूसरों को एक समान हानि पहुंचाता है। मूर्खता के समान यौवन भी दुखदायी इसलिए माना गया है क्योंकि उसमें व्यक्ति काम, क्रोध आदि विकारों के आवेग में उत्तेजित होकर कोई भी मूर्खतापूर्ण कार्य कर सकता है, जिसके कारण उसे उसके अपनों और दूसरे लोगों को अनेक कष्ट उठाने पड़ सकते हैं। चाणक्य कहते हैं कि ये बातें तो कष्टदायक हैं ही परंतु इनसे भी अधिक कष्टदायक है दूसरे के घर में रहना, क्योंकि दूसरे के घर में रहने से व्यक्ति की स्वतंत्रता समाप्त हो जाती है, जिससे व्यक्तित्व का पूर्णरूप से विकास नहीं हो पाता।

शैले शैले न माणिक्यं मौक्तिकं न गजे गजे।
साधवो न हि सर्वत्र चन्दनं न वने वने।।

सभी पहाड़ों पर रत्न और मणियां नहीं मिलतीं। न ही प्रत्येक हाथी के मस्तक में गजमुक्ता नामक मणि होती है। प्रत्येक वन में चंदन भी उत्पन्न नहीं होता। इसी प्रकार सज्जन पुरुष सब स्थानों पर नहीं मिलते। ।।9।।

आचार्य चाणक्य के अनुसार प्रत्येक स्थान पर सब कुछ उपलब्ध नहीं होता। विशिष्ट वस्तुएं विशेष स्थानों पर ही होती हैं। उन्हें वहीं ढूंढ़ना चाहिए और उसी के अनुसार उनका मूल्यांकन भी करना चाहिए।

माणिक्य एक लाल रंग का बहुमूल्य रत्न होता है जो सभी पर्वतों पर अथवा खानों में प्राप्त नहीं हो सकता। ऐसी मान्यता है कि विशिष्ट हाथियों के माथे में एक बहुमूल्य मोती होता है। सब जंगलों और वनों में चंदन के वृक्ष जिस प्रकार नहीं मिलते, उसी प्रकार सज्जन व्यक्ति भी सभी स्थानों पर दिखाई नहीं देते अर्थात श्रेष्ठ वस्तुएं मिलनी दुर्लभ होती हैं।

पुत्राश्च विविधैः शीलैर्नियोज्याः सततं बुधैः।
नीतिज्ञाः शीलसम्पन्ना भवन्ति कुलपूजिताः।।

बुद्धिमान लोगों को चाहिए कि वह अपने पुत्र और पुत्रियों को अनेक प्रकार के अच्छे गुणों से युक्त करें। उन्हें अच्छे कार्यों में लगाएं, क्योंकि नीति जानने वाले और अच्छे गुणों से युक्त सज्जन स्वभाव वाले व्यक्ति ही कुल में पूजनीय होते हैं। ।।10।।

चाणक्य कहते हैं कि बचपन में बच्चों को जैसी शिक्षा दी जाएगी, उनके जीवन का विकास उसी प्रकार का होगा, इसलिए माता-पिता का कर्तव्य है कि वे उन्हें ऐसे मार्ग पर चलाएं, जिससे उनमें चातुर्य के साथ-साथ शील स्वभाव का भी विकास हो। गुणी व्यक्तियों से ही कुल की शोभा होती है।

माता शत्रु पिता वैरी येन बालो न पाठितः।
न शोभते सभामध्ये हंसमध्ये बको यथा।।

वे माता-पिता बच्चों के शत्रु हैं, जिन्होंने बच्चों को पढ़ाया-लिखाया नहीं, क्योंकि अनपढ़ बालक विद्वानों के समूह में शोभा नहीं पाता, उसका सदैव तिरस्कार होता है। विद्वानों के समूह में उसका अपमान उसी प्रकार होता है जैसे हंसों के झुंड में बगुले की स्थिति होती है। ।।11।।

केवल मनुष्य जन्म लेने से ही कोई बुद्धिमान नहीं हो जाता। उसके लिए शिक्षित होना अत्यन्त आवश्यक है। शक्ल-सूरत, आकार-प्रकार तो सभी मनुष्यों का एक जैसा होता है, अंतर केवल उनकी विद्वत्ता से ही प्रकट होता है। जिस प्रकार सफेद बगुला सफेद हंसों में बैठकर हंस नहीं बन सकता, उसी प्रकार अशिक्षित व्यक्ति शिक्षित व्यक्तियों के बीच में बैठकर शोभा नहीं पा सकता। इसलिए माता-पिता का कर्तव्य है कि वे बच्चों को ऐसी शिक्षा दें, जिससे वे समाज की शोभा बन सकें।

लालनाद् बहवो दोषास्ताडनाद् बहवो गुणाः।
तस्मात्पुत्रं च शिष्यं च ताडयेन्न तु लालयेत्॥

लाड़-दुलार से पुत्रों में बहुत से दोष उत्पन्न हो जाते हैं। उनकी ताड़ना करने से अर्थात दंड देने से उनमें गुणों का विकास होता है, इसलिए पुत्रों और शिष्यों को अधिक लाड़-दुलार नहीं करना चाहिए, उनकी ताड़ना करते रहनी चाहिए। ।।12।।

यह ठीक है कि बच्चों को लाड़-प्यार करना चाहिए, किंतु अधिक लाड़-प्यार करने से बच्चों में अनेक दोष भी उत्पन्न हो सकते हैं। माता-पिता का ध्यान प्रेमवश उन दोषों की ओर नहीं जाता। इसलिए बच्चे यदि कोई गलत काम करते हैं तो उन्हें पहले ही समझा-बुझाकर उस गलत काम से दूर रखने का प्रयत्न करना चाहिए। बच्चे के द्वारा गलत काम करने पर, उसे नजरअंदाज करके लाड़-प्यार करना उचित नहीं। बच्चे को डांटना भी चाहिए। किए गए अपराध के लिए दंडित भी करना चाहिए ताकि उसे सही-गलत की समझ आए।

श्लोकेन वा तदर्धेन पादेनैकाक्षरेण वा।
अबन्ध्यं दिवसं कुर्याद् दानाध्ययन कर्मभिः॥

व्यक्ति को एक वेदमंत्र का अध्ययन, चिंतन अथवा मनन करना चाहिए। यदि वह पूरे मंत्र का चिंतन-मनन नहीं कर सकता तो उसके आधे अथवा उसके एक भाग का और यदि एक भाग का भी नहीं तो एक अक्षर का ही प्रतिदिन अध्ययन करे, ऐसा नीतिशास्त्र का आदेश है। अपने दिन को व्यर्थ न जाने दें। अध्ययन आदि अच्छे कार्यों को करते हुए अपने दिन को सार्थक बनाने का प्रयत्न करें। ।।13।।

चाणक्य कहते हैं कि मनुष्य जन्म बड़े भाग्य से मिलता है, इसलिए उसे व्यर्थ नहीं जाने देना चाहिए-व्यक्ति को चाहिए कि वह अपना समय, अपना दिन वेदादि शास्त्रों के अध्ययन में ही बिताए तथा उसके साथ-साथ दान आदि अच्छे कार्य भी करे। महान पुरुषों

की विशेषताओं का वर्णन करते हुए कहा गया है—'व्यसनं श्रुतौ' अर्थात् श्रेष्ठ ग्रंथों का अध्ययन करना उनका व्यसन होता है।

कान्तावियोगः स्वजनापमानः ऋणस्य शेषः कुनृपस्य सेवा।
दरिद्रभावो विषमा सभा च विनाग्निनैते प्रदहन्ति कायम्।।

पत्नी का बिछुड़ना, अपने बंधु-बांधवों से अपमानित होना, कर्ज चढ़े रहना, दुष्ट अथवा बुरे मालिक की सेवा में रहना, निर्धन बने रहना, दुष्ट लोगों और स्वार्थियों की सभा अथवा समाज में रहना, ये सब ऐसी बातें हैं, जो बिना अग्नि के शरीर को हर समय जलाती रहती हैं। ।।14।।

सज्जन लोग अपनी पत्नी के वियोग को सहन नहीं कर सकते। यदि उनके अपने भाई-बन्धु उनका अपमान अथवा निरादर करते हैं तो वह उसे भी नहीं भुला सकते। जो व्यक्ति कर्जे से दबा है, उसे हर समय कर्ज न उतार पाने का दुख रहता है। दुष्ट राजा अथवा मालिक की सेवा में रहने वाला नौकर भी हर समय दुखी रहता है। निर्धनता तो ऐसा अभिशाप है, जिसे मनुष्य सोते और उठते-बैठते कभी नहीं भुला पाता। उसे अपने स्वजनों और समाज में बार-बार अपमानित होना पड़ता है।

अपमान का कष्ट मृत्यु के समान है। ये सब बातें ऐसी हैं, जिनसे बिना आग के ही व्यक्ति अंदर-ही-अंदर जलता रहता है। जीते-जी चिता का अनुभव करने की स्थिति है यह।

नदीतीरे च ये वृक्षाः परगेहेषु कामिनी।
मन्त्रिहीनाश्च राजानः शीघ्रं नश्यन्त्यसंशयम्।।

जो वृक्ष बिलकुल नदी के किनारे पैदा होते हैं, जो स्त्री दूसरों के घर में रहती है और जिस राजा के मंत्री अच्छे नहीं होते वे जल्दी ही नष्ट हो जाते हैं, इसमें कोई संशय नहीं है। ।।15।।

नदी के किनारे के वृक्षों का जीवन कितने दिन का हो सकता है, यह कोई नहीं कह सकता, क्योंकि बाढ़ तथा तूफान के समय नदियां अपने किनारे के पेड़ों को ही क्या, अपने आसपास की फसलों और बस्तियों को भी उजाड़ देती हैं। इसी प्रकार दूसरे घरों में रहने वाली स्त्री कब तक अपने आपको बचा सकती है? जिस राजा के पास अच्छी सलाह देने वाले मंत्री नहीं होते, वह कब तक अपने राज्य की रक्षा कर सकता है? अर्थात ये सब निश्चयपूर्वक जल्दी ही नष्ट हो जाते हैं।

बलं विद्या च विप्राणां राज्ञां सैन्यं बलं तथा।
बलं वित्तं च वैश्यानां शूद्राणां परिचर्यकम्।।

ब्राह्मणों का बल विद्या है, राजाओं का बल उनकी सेना, व्यापारियों का बल उनका धन है और शूद्रों का बल दूसरों की सेवा करना है। ।।16।।

ब्राह्मणों का कर्तव्य है कि विद्या ग्रहण करें। राजाओं का कर्तव्य यह है कि सैनिकों द्वारा वे अपने बल को बढ़ाते रहें। वैश्यों को चाहिए कि वे पशु–पालन और व्यापार द्वारा धन बढ़ाएं, शूद्रों का बल सेवा है।

चाणक्य ने इस श्लोक में चारों वर्णों के कर्तव्यों की ओर संकेत किया है। उनके अनुसार–चारों वर्णों को अपने–अपने कार्यों में निपुण होना चाहिए। समाज में किसी की स्थिति कम नहीं है। समय के अनुसार परिस्थितियां बदलती हैं, संभवतः किसी समय जन्म के अनुसार चारों वर्ण माने जाते रहे हों, परंतु तथ्य यह है कि वर्णों की मान्यता कार्यों पर निर्भर करती है।

इसलिए किसी भी कुल में जन्म लेने वाला व्यक्ति शिक्षा के क्षेत्र में है, तो उसे ब्राह्मण ही माना जाएगा। जो व्यक्ति व्यापार करता है, कृषि कार्य में लगा है, पशु–पालन करता है, उसे वैश्य माना जाएगा। जो सेना में भर्ती हैं अथवा सेना से संबंधित कार्य कर रहा है, उसे क्षत्रिय कहा जाएगा। शेष व्यक्ति शूद्रों की श्रेणी में आते हैं। शूद्र भी शिक्षित हो सकता है। परंतु किसी भी वर्ण में पैदा हुआ व्यक्ति, जो लोगों की सेवा के कार्य में लगा है, उसे शूद्र माना जाएगा–शूद्र का अर्थ नीच नहीं है। आज्ञापालन की भावना शूद्र का विशेष गुण है। प्रायः इस श्रेणी के लोग मानसिक रूप से संतुष्ट होते हैं।

निर्धनं पुरुषं वेश्या प्रजा भग्नं नृपं त्यजेत्।
खगा वीतफलं वृक्षं भुक्त्वा चाऽभ्यागता गृहम्।।

वेश्या निर्धन पुरुष को, प्रजा पराजित राजा को, पक्षी फलहीन वृक्षों को और अचानक आया हुआ अतिथि भोजन करने के बाद घर को त्यागकर चले जाते हैं। ।।17।।

आचार्य ने यहां संबंधों की सार्थकता की ओर संकेत किया है। कोई तभी तक संबंध रखता है, जब तक उसके स्वार्थ की पूर्ति होती है।

वेश्या का धंधा परपुरुषों से धन लूटना होता है। धन के समाप्त होने पर वह मुंह मोड़ लेती है। प्रजा प्रतापी राजा को ही सम्मान देती है। जब वह शक्तिहीन हो जाता है तो प्रजा राजा का साथ छोड़ देती है। इसी प्रकार प्रकृति के सामान्य नियम के अनुसार–वृक्षों पर रहने

वाले पक्षी तभी तक किसी वृक्ष पर बसेरा रखते हैं, जब तक वहां से उन्हें छाया और फल प्राप्त होते रहते हैं। घर में अचानक आने वाले अतिथि का जब भोजन-पान आदि से स्वागत-सत्कार कर दिया जाता है तो वह भी सामाजिक नियम के अनुसार विदा लेकर अपने लक्ष्य की ओर चल पड़ता है। भाव यह है कि व्यक्ति को अपने सम्मान की रक्षा का स्वयं ध्यान रखना चाहिए। उसे अपेक्षा करते समय संबंधों के स्वरूप को सही प्रकार से समझना चाहिए। किसी स्थान, व्यक्ति या वस्तु से आवश्यकता से अधिक लगाव नहीं रखना चाहिए।

गृहीत्वा दक्षिणां विप्रास्त्यजन्ति यजमानकम्।
प्राप्तविद्या गुरुं शिष्या दग्धाऽरण्यं मृगास्तथा।।

ब्राह्मण दक्षिणा प्राप्त करने के बाद यजमान का घर छोड़ देते हैं, विद्या प्राप्त करने के बाद शिष्य गुरु के आश्रम से विदा ले लेता है, वन में आग लग जाने पर वहां रहने वाले हिरण आदि पशु उस जंगल को छोड़कर किसी दूसरे जंगल की ओर चल देते हैं। ।।18।।

यह श्लोक भी उसी बात की पुष्टि करता है, जिसे पहले कहा गया है। यदि कोई व्यक्ति किसी विशेष कार्य के कारण किसी के पास जाता है, तो अपना कार्य सिद्ध हो जाने पर उसे वह स्थान छोड़ देना चाहिए, जिस प्रकार ब्राह्मण लोग यजमान के किसी कार्य की पूर्ति के बाद दक्षिणा प्राप्त हो जाने पर आशीर्वाद देकर वहां से चले जाते हैं। शिष्य भी विद्या की प्राप्ति के बाद गुरुकुल छोड़कर अपने-अपने घर चले जाते हैं। जब किसी जंगल में आग लग जाती है तो वहां रहने वाले पशु भी उस जंगल को छोड़कर किसी दूसरे जंगल की खोज में चल पड़ते हैं अर्थात व्यक्ति को अपना कार्य समाप्त हो जाने पर किसी के यहां डेरा डालने की मंशा नहीं करनी चाहिए।

दुराचारी दुरदृष्टिर्दुराऽऽवासी च दुर्जनः।
यन्मैत्री क्रियते पुम्भिर्नरः शीघ्रं विनश्यति।।

बुरे चरित्र वाले, अकारण दूसरे को हानि पहुंचाने वाले तथा गंदे स्थान पर रहने वाले व्यक्ति के साथ जो पुरुष मित्रता करता है, वह जल्दी ही नष्ट हो जाता है। ।।19।।

सभी साधु-संतों, ऋषि-मुनियों का कहना है कि दुर्जन का संग नरक में वास करने के समान होता है, इसलिए मनुष्य की भलाई इसी में है कि वह जितनी जल्दी हो सके, दुष्ट व्यक्ति का साथ छोड़ दे।

आचार्य ने यहां यह भी संकेत किया है कि मित्रता करते समय यह भली प्रकार से

जांच-परख लेना चाहिए कि जिससे मित्रता की जा रही है, उसमें ये दोष तो नहीं हैं। यदि ऐसा है, तो उससे होने वाली हानि से बच पाना संभव नहीं। इसलिए ज्यादा अच्छा है कि उससे दूर ही रहा जाए।

समाने शोभते प्रीतिः राज्ञि सेवा च शोभते।
वाणिज्यं व्यवहारेषु दिव्या स्त्री शोभते गृहे॥

प्रेम व्यवहार बराबरी वाले व्यक्तियों में ही ठीक रहता है। यदि नौकरी करनी ही हो तो राजा की नौकरी करनी चाहिए। कार्य अथवा व्यवसाय में सबसे अच्छा काम व्यापार करना है। इसी प्रकार उत्तम गुणों वाली स्त्री की शोभा घर में ही है। ॥ 20॥

अपनी बराबरी वाले व्यक्ति से प्रेम-संबंध शोभा देता है। असमानता सामने आए बिना नहीं रहती, तब प्रेम शत्रुता में बदल जाता है। इसलिए क्यों न पहले ही ध्यान रखा जाए। इसी प्रकार यदि व्यक्ति को नौकरी तथा किसी सेवा कार्य में जाना है तो उसे प्रयत्न करना चाहिए कि सरकारी सेवा प्राप्त हो, क्योंकि उसमें एक बार प्रवेश करने पर अवकाश प्राप्त होने तक किसी विशेष प्रकार का झंझट नहीं रहता।

फिर वह निर्दिष्ट नियमों से संचालित होता है, न कि किसी व्यक्ति विशेष के आदेशों से। यदि अन्य कार्य करना पड़े तो व्यक्ति अपना ही कोई रुचि का व्यापार करे। गुणयुक्त स्त्री से घर की शोभा है और घर में अपनी मर्यादाओं और कर्तव्यों का पालन करते हुए स्त्री भी अपने सद्‌गुणों की रक्षा कर सकती है।

अध्याय का सार

इस अध्याय के प्रारंभ में ही स्त्रियों की ओर ध्यान दिलाया गया है। देखा जाए तो दोष तो सभी में होता है। कुछ के पास अनेक पदार्थ होते हैं, परंतु वे या तो उनका उपभोग नहीं जानते अथवा फिर उनमें उपभोग की शक्ति नहीं होती। इस अध्याय में यह भी बताया गया है कि कौन-सा परिवार सुखी रहता है। सुख उसी परिवार को प्राप्त होता है, जहां सब एक-दूसरे का सम्मान करते हैं, एक-दूसरे में श्रद्धा रखते हैं-अर्थात पुत्र को पिता और पिता को पुत्र का ध्यान रखना चाहिए।

यह संसार बड़ा विचित्र है। कुछ लोग ऐसे भी होते हैं, जो सामने तो मीठी बातें करते हैं, परंतु पीठ पीछे बुराइयां करते हैं। ऐसे लोगों से बचना चाहिए। चाणक्य तो यहां तक कहते हैं कि मन से सोची हुई बात का वाणी से भी उल्लेख नहीं करना चाहिए अर्थात अपना रहस्य

अपने मित्र को भी नहीं बताना चाहिए। मूर्खता तो कष्टदायक होती ही है, जवानी और दूसरे के घर में आश्रित होकर रहना भी भारी दुख देने वाला होता है। उसके साथ यह भी ध्यान में रखना चाहिए कि श्रेष्ठ और उत्तम वस्तुएं तथा सज्जन लोग सब स्थानों पर प्राप्त नहीं होते।

चाणक्य ने बार-बार इस बात पर जोर दिया है कि माता-पिता को चाहिए कि वे अपनी संतान को गुणवान बनाएं, उनका ध्यान रखें और उन्हें बिगड़ने न दें। आचार्य कहते हैं कि व्यक्ति को चाहिए कि वह अपना समय सार्थक बनाए, अच्छा कार्य करे। इसके साथ उनका कहना है कि सब लोगों को अपना कार्य अर्थात कर्तव्य पूरा करना चाहिए।

कौटिल्य ने मनुष्य को बार-बार सचेत किया है कि उसे वास्तविकता समझनी चाहिए, गफलत में नहीं रहना चाहिए। उसे यह ज्ञात होना चाहिए कि वेश्या का प्रेम एक धोखा है। इसलिए उसे इस प्रकार की स्त्रियों तथा दुष्ट पुरुषों से बचना चाहिए। उसे चाहिए कि वह प्रेम और मित्रता अपने बराबर वालों से ही रखे।

❑❑

॥ अथ तृतीयोऽध्यायः ॥

तीसरा अध्याय

जहां मूर्खों की पूजा नहीं होती, जहां अन्न आदि काफी मात्रा में इकट्ठे रहते हैं, जहां पति-पत्नी में किसी प्रकार का कलह, लड़ाई-झगड़ा नहीं, ऐसे स्थान पर लक्ष्मी स्वयं आकर निवास करने लगती है।

कस्य दोषः कुले नास्ति व्याधिना को न पीडितः।
व्यसनं केन न सम्प्राप्तं कस्य सौख्यं निरन्तरम्॥

संसार में ऐसा कौन-सा कुल अथवा वंश है, जिसमें कोई-न-कोई दोष अथवा अवगुण न हो, प्रत्येक व्यक्ति को किसी-न-किसी रोग का सामना करना ही पड़ता है, ऐसा मनुष्य कौन-सा है, जो व्यसनों में न पड़ा हो और कौन ऐसा है जो सदा ही सुखी रहता हो, क्योंकि प्रत्येक के जीवन में संकट तो आते ही हैं। ॥1॥

आचार्य चाणक्य ने यह बात ठीक ही कही है कि कोई विरला ही वंश अथवा कुल ऐसा हो, जिसमें किसी प्रकार का दोष न हो। इसी तरह सभी व्यक्ति कभी-न-कभी किसी रोग से पीड़ित होते हैं। जो मनुष्य किसी बुरी लत में पड़ जाता है अथवा जिसे बुरे काम करने की आदत पड़ जाती है, उसे भी दुख उठाने पड़ते हैं। संसार में ऐसा कोई व्यक्ति नहीं है, जिसे सदा सुख ही मिलता रहा हो और संकटों ने उसे कभी न घेरा हो। अर्थात कोई मनुष्य पूर्ण नहीं। कोई न कोई दुख सभी को लगा ही हुआ है।

आचारः कुलमाख्याति देशमाख्याति भाषणम्।
सम्भ्रमः स्नेहमाख्याति वपुराख्याति भोजनम्॥

मनुष्य के व्यवहार से उसके कुल का ज्ञान होता है। मनुष्य की बोल-चाल से इस बात

का पता चलता है कि वह कहां का रहने वाला है, वह जिस प्रकार का मान-सम्मान किसी को देता है, उससे उसका प्रेम प्रकट होता है और उसके शरीर को देखकर उसके भोजन की मात्रा का अनुमान लगाया जा सकता है। ।।2।।

मनुष्य जिस प्रकार का व्यवहार करता है, उससे उसके कुल का ज्ञान भली-प्रकार हो जाता है। इसी प्रकार मनुष्य की भाषा और बोलचाल से उसके देश-प्रदेश अथवा रहने के स्थान का पता चलता है। मनुष्य जिस प्रकार का किसी के प्रति आदर प्रकट करता है, उससे यह स्पष्ट हो जाता है कि उसका स्वभाव कैसा है। इसी प्रकार उसके शरीर की बनावट देखकर उसके खाने की मात्रा का अनुमान होता है।

बनावट और उसका व्यवहार किसी भी मनुष्य के मन की स्थिति को पूरी तरह से बता देता है। लेकिन इसके लिए अनुभव अपेक्षित है।

सुकुले योजयेत्कन्यां पुत्रं विद्यासु योजयेत्।
व्यसने योजयेच्छत्रुं मित्रं धर्मे नियोजयेत्॥

समझदार व्यक्ति का कर्तव्य है कि वह अपनी कन्या का विवाह किसी अच्छे कुल में करे, पुत्र को अच्छी शिक्षा दे। उसे इस प्रकार की शिक्षा दे, जिससे उसका मान-सम्मान बढ़े। शत्रु को किसी ऐसे व्यसन में डाल दे, जिससे उसका बाहर निकलना कठिन हो जाए और अपने मित्र को धर्म के मार्ग में लगाए। ।।3।।

प्रत्येक माता-पिता का कर्तव्य है कि अपनी पुत्री का विवाह किसी अच्छे परिवार में ही करें। 'अच्छा कुल' अर्थात् जो संस्कारित हो और शिक्षित भी। उन्हें चाहिए कि वह अपनी संतान को विद्वान बनाएं, ताकि उनका अपना कुल भी गुण-संपन्न हो।

शत्रु के संबंध में व्यसन की बात चाणक्य ने जिस प्रकार से कही है, उससे प्रकट होता है कि वे कितनी दूर की बात सोचते थे। आज भी देखने में आता है कि बहुत से पड़ोसी देश अपने विकास में लगे हुए देशों को मार्ग से भटकाने के लिए लोगों में धन का लालच पैदा करके उन्हें नशीले पदार्थों के व्यापार में लगाने का प्रयत्न करते हैं। आज पहले सी परिस्थितियां नहीं रह गई हैं, परस्पर युद्ध की संभावना बहुत कम हो गई है। इसीलिए दूसरे देश को कमजोर बनाने के लिए विभिन्न प्रकार के हथकंडे अपनाए जाते हैं। नशे की लत में एक बार फंसने पर निकलना कठिन होता है। व्यसनी व्यक्ति मानसिक रूप से कमजोर हो जाता है और ऐसा शत्रु यदि जीवित भी रहे, तो कोई अंतर नहीं पड़ता। मित्र को सदैव श्रेष्ठ कार्यों की ओर प्रेरित करते रहना चाहिए।

दुर्जनस्य च सर्पस्य वरं सर्पो न दुर्जनः।
सर्पो दंशति कालेन दुर्जनस्तु पदे पदे॥

दुष्ट व्यक्ति और सांप, इन दोनों में से किसी एक को चुनना हो तो दुष्ट व्यक्ति की अपेक्षा सांप को चुनना ठीक होगा, क्योंकि सांप समय आने पर ही काटेगा, जबकि दुष्ट व्यक्ति हर समय हानि पहुंचाता रहेगा। ॥4॥

चाणक्य ने यहां स्पष्ट किया है कि दुष्ट व्यक्ति सांप से भी अधिक हानिकर होता है। सांप तो आत्मरक्षा के लिए आक्रमण करता है, परंतु दुष्ट व्यक्ति अपने स्वभाव के कारण सदैव किसी-न-किसी प्रकार का कष्ट पहुंचाता ही रहता है। इस प्रकार दुष्ट व्यक्ति सांप से भी अधिक घातक होता है।

एतदर्थं कुलीनानां नृपाः कुर्वन्ति संग्रहम्।
आदिमध्याऽवसानेषु न त्यजन्ति च ते नृपम्॥

राजा लोग कुलीन व्यक्तियों को अपने पास इसलिए रखते हैं कि वे राजा की उन्नति के समय, उसका ऐश्वर्य समाप्त हो जाने पर तथा विपत्ति के समय भी उसे नहीं छोड़ते। ॥5॥

राजा लोग अथवा राजपुरुष राज्य के महत्वपूर्ण पदों और स्थानों पर उत्तम कुल वाले व्यक्तियों को ही नियुक्त करते हैं, क्योंकि उनमें उच्च संस्कारों तथा अच्छी शिक्षा के कारण एक विशिष्टता होती है, वे राजा के हर काम में सहायक होते हैं। वे उसकी उन्नति के समय अथवा सामान्य-मध्यम स्थिति में तथा संकट आने के समय भी साथ नहीं छोड़ते। कुलीन व्यक्ति अवसरवादी नहीं, आदर्शवादी होता है।

यदि इस बात को आज के संदर्भ में भी देखा जाए तो स्वार्थी और नीच कुल के व्यक्ति ही अपना स्वार्थ सिद्ध होने पर दल-बदल कर लेते हैं और अपने दल का साथ छोड़ देते हैं। परोक्ष रूप से चाणक्य लोगों को सचेत करना चाहते हैं कि सहयोगियों का चुनाव करते समय कुल और संस्कारों का विचार अवश्य करना चाहिए।

प्रलये भिन्नमर्यादा भवन्ति किल सागराः।
सागरा भेदमिच्छन्ति प्रलयेऽपि न साधवः॥

समुद्र भी प्रलय की स्थिति में अपनी मर्यादा का उल्लंघन कर देते हैं और किनारों को लांघकर सारे प्रदेश में फैल जाते हैं, परंतु सज्जन व्यक्ति प्रलय के समान भयंकर विपत्ति और कष्ट आने पर भी अपनी सीमा में ही रहते हैं, अपनी मर्यादा नहीं छोड़ते। ॥6॥

विशाल सागर बहुत गंभीर रहता है, परंतु चाणक्य धैर्यवान गंभीर व्यक्ति को सागर की अपेक्षा श्रेष्ठ मानते हैं। प्रलय के समय सागर अपनी सारी मर्यादा भूल जाता है, अपनी सभी सीमाएं तोड़ देता है और जल-थल एक हो जाता है, परन्तु श्रेष्ठ व्यक्ति अनेक संकटों को सहन करता है और अपनी मर्यादाएं कभी पार नहीं करता।

मूर्खस्तु परिहर्तव्यः प्रत्यक्षो द्विपदः पशुः।
भिनत्ति वाक्यशल्येन अदृष्टः कण्टको यथा॥

मूर्ख व्यक्ति से दूर ही रहना चाहिए, क्योंकि मनुष्य दिखता हुआ भी वह दो पैरों वाले पशु के समान है। वह सज्जनों को उसी प्रकार कष्ट पहुंचाता रहता है, जैसे शरीर में चुभा हुआ कांटा शरीर को निरंतर पीड़ा देता रहता है। ॥7॥

कांटा छोटा होने के कारण अदृश्य हो जाता है और शरीर में धंस जाता है। मूर्ख की भी यही स्थिति है। वह भी अनजाने में दुख और पीड़ा का कारण बनता है। अकसर लोग मूर्ख की ओर भी ध्यान नहीं देते, वे उसे साधारण मनुष्य ही समझते हैं।

रूपयौवनसम्पन्नाः विशालकुलसम्भवाः।
विद्याहीना न शोभन्ते निर्गन्धा इव किंशुकाः॥

सुंदर रूप वाला, यौवन से युक्त, ऊंचे कुल में उत्पन्न होने पर भी विद्या से हीन मनुष्य सुगंधरहित ढाक अथवा टेसू के फूल की भांति उपेक्षित रहता है, प्रशंसा को प्राप्त नहीं होता। ॥8॥

यदि किसी व्यक्ति ने अच्छे कुल में जन्म लिया है और देखने में भी उसका शरीर सुंदर है, परंतु यदि वह भी विद्या से हीन है तो उसकी स्थिति भी ढाक के उसी फूल के समान होती है, जो गंधरहित होता है। ढाक का फूल देखने में सुंदर और बड़ा होता है, परंतु जब लोग यह देखते हैं कि उसमें किसी प्रकार की सुगंध नहीं है तो वे उसकी उपेक्षा कर देते हैं। न तो वह किसी देवता के पूजन में चढ़ाया जाता है, न ही साज-शृंगार में उसका उपयोग किया जाता है।

कोकिलानां स्वरो रूपं स्त्रीणां रूपं पतिव्रतम्।
विद्या रूपं कुरूपाणां क्षमा रूपं तपस्विनाम्॥

कोयल का सौंदर्य उसके स्वर में है, उसकी मीठी आवाज में है, स्त्रियों का सौंदर्य उनका पतिव्रता होना है, कुरूप लोगों का सौंदर्य उनके विद्यावान होने में और तपस्वियों की सुंदरता उनके क्षमावान होने में है। ॥9॥

भाव यह है कि व्यक्ति का सौंदर्य उसके गुणों में छिपा रहता है। जिस प्रकार कोयल और कौआ दोनों काले होते हैं, परंतु कोयल की मीठी कूक सभी को पसंद होती है, यही मीठा स्वर उसका सौंदर्य है, इसी प्रकार स्त्रियां वे ही सुंदर मानी जाती हैं, जो पतिव्रता होती हैं अर्थात स्त्री का सौंदर्य उसका पातिव्रत धर्म है। समाज में भी पति-परायणा स्त्री को ही सम्मान प्राप्त है, उसी की लोगों द्वारा सराहना की जाती है। शरीर से कुरूप व्यक्ति भी विद्या के कारण आदर का पात्र बन जाता है जैसे सत्यवती पुत्र व्यास। तप करने वाले व्यक्ति की शोभा उसकी क्षमाशीलता के कारण होती है। महर्षि भृगु ने 'क्षमा' करने की विशेषता के कारण ही श्रीविष्णु को देवताओं में श्रेष्ठ घोषित किया था।

त्यजेदेकं कुलस्याऽर्थे ग्रामस्याऽर्थे कुलं त्यजेत्।
ग्रामं जनपदस्याऽर्थे आत्माऽर्थे पृथिवीं त्यजेत्॥

यदि एक व्यक्ति का त्याग करने से कुल की रक्षा होती है, उन्नति होती है, सुख-शांति मिलती है तो उस एक व्यक्ति को छोड़ देना चाहिए, उसका त्याग कर देना चाहिए। ग्राम के हित के लिए कुल छोड़ देना चाहिए। यदि एक गांव को छोड़ने से पूरे जिले का कल्याण हो, तो उस गांव को भी छोड़ देना चाहिए। इसी प्रकार आत्मा की उन्नति के लिए सारे भूमंडल का ही त्याग कर देना चाहिए। ॥10॥

छोटे स्वार्थों के त्याग की ओर संकेत करता है यह श्लोक। इस दृष्टि से 'स्व' ही सर्वश्रेष्ठ है अर्थात् यदि व्यक्ति अपनी उन्नति में किसी चीज को बाधक समझता है तो उसका त्याग कर देने में देर नहीं करनी चाहिए—वह कितनी भी मूल्यवान क्यों न हो।

उद्योगे नास्ति दारिद्र्यं जपतो नास्ति पातकम्।
मौने च कलहो नास्ति नास्ति जागरिते भयम्॥

उद्योग अर्थात पुरुषार्थ करने वाला व्यक्ति दरिद्र नहीं हो सकता, प्रभु का नाम जपते रहने से मनुष्य पाप में लिप्त नहीं होता, मौन रहने पर लड़ाई-झगड़े नहीं होते तथा जो व्यक्ति जागता रहता है अर्थात सतर्क रहता है, उसे किसी प्रकार का भय नहीं रहता। ॥11॥

जो व्यक्ति निरंतर परिश्रम करते रहते हैं, उनकी गरीबी स्वयं दूर हो जाती है। परिश्रम करके भाग्य को भी अपने वश में किया जा सकता है। जो व्यक्ति सदैव प्रभु का स्मरण करता रहता है, अपने हृदय में सदैव उसे विद्यमान समझता है, वह पापकार्य में प्रवृत्त नहीं होता। श्लोक के दूसरे भाग में कहा गया है कि मौन रहने से लड़ाई-झगड़ा नहीं होता अर्थात् विवादों का समाधान है मौन। यह बात जीवन के सभी पक्षों पर लागू होती है। जो व्यक्ति

सावधान रहता है, सतर्क रहकर अपने कार्य करता है, उसे किसी भी प्रकार के भय की आशंका नहीं रहती। जिस व्यक्ति को आलस्य, असावधानी और गफलत में रहने की आदत है, उसे हर स्थान पर हानि उठानी पड़ती है। उसका न तो आज है, न कल।

अतिरूपेण वै सीता अतिगर्वेण रावणः।
अतिदानात् बलिर्बद्धो अति सर्वत्र वर्जयेत्।।

अत्यंत रूपवती होने के कारण ही सीता का अपहरण हुआ, अधिक अभिमान होने के कारण रावण मारा गया, अत्यधिक दान देने के कारण राजा बलि को कष्ट उठाना पड़ा, इसलिए किसी भी कार्य में अति नहीं करनी चाहिए। अति का सर्वत्र त्याग कर देना चाहिए। ।।12।।

चाणक्य ने यहां इतिहास प्रसिद्ध उदाहरण देकर यह समझाने का प्रयत्न किया है कि प्रत्येक कार्य की एक सीमा होती है। जब उसका अतिक्रमण हो जाता है तो व्यक्ति को कष्ट उठाना पड़ता है। सीता अत्यंत रूपवती थीं, इसी कारण उनका अपहरण हुआ। इसी प्रकार रावण यद्यपि अत्यंत बलवान और समृद्ध राजा था, परंतु अभिमान की सभी सीमाएं लांघ गया, परिणामस्वरूप उसे अपने स्वजनों के साथ मौत के घाट उतरना पड़ा। राजा बलि के संबंध में सभी जानते हैं कि वह अत्यंत दानी था। उसके दान के कारण जब उसका यश सारे संसार में फैलने लगा तो देवता लोग भी चिन्तित हो उठे। तब भगवान विष्णु ने वामन का अवतार लेकर उससे तीन पग धरती दान में मांगी। बलि के गुरु शुक्राचार्य ने उसे सावधान भी किया, परंतु बलि ने उनकी बात न मानकर वामन बने विष्णु की बात मान ली और भगवान ने तीन पगों में धरती, स्वर्ग और पाताल—तीनों लोकों को नापकर बलि को भिखारी बना दिया।

इन सब उदाहरणों का भाव यही है कि अच्छाई भी एक सीमा से आगे बढ़ जाती है, तो वह बुराई अर्थात् हानिकर बन जाती है। लोग उसका लाभ उठाते हैं। इसीलिए कहा गया है कि अति न करो।

को हि भारः समर्थानां किं दूरं व्यवसायिनाम्।
को विदेशः सविद्यानां कः परः प्रियवादिनाम्।।

समर्थ अथवा शक्तिशाली लोगों के लिए कोई भी कार्य कठिन नहीं होता, व्यापारियों के लिए भी कोई स्थान दूर नहीं, पढ़े-लिखे विद्वान व्यक्तियों के लिए कोई भी स्थान विदेश नहीं। इसी प्रकार जो मधुरभाषी हैं, उनके लिए कोई पराया नहीं। ।।13।।

जो लोग शक्तिशाली हैं अर्थात जिनमें सामर्थ्य है, उनके लिए कोई भी काम पूरा कर लेना कठिन नहीं होता। वे प्रत्येक कार्य को सरलतापूर्वक कर लेते हैं। व्यापारी अपने व्यापार की वृद्धि के लिए दूर-दूर के देशों में जाते हैं, उनके लिए भी कोई स्थान दूर नहीं। विद्वान व्यक्ति के लिए भी कोई परदेस नहीं। वह जहां भी जाएगा, विद्वत्ता के कारण वहीं सम्मानित होगा। इसी प्रकार मधुर भाषण करने वाला व्यक्ति पराये लोगों को भी अपना बना लेता है। उसके लिए पराया कोई भी नहीं होता, सब उसके अपने हो जाते हैं।

एकेनाऽपि सुवृक्षेण पुष्पितेन सुगन्धिना।
वासितं तद्वनं सर्वं सुपुत्रेण कुलं तथा।।

जिस प्रकार सुगंधित फूलों से लदा हुआ एक ही वृक्ष सारे जंगल को सुगंध से भर देता है, उसी प्रकार सुपुत्र से सारे वंश की शोभा बढ़ती है, प्रशंसा होती है। ।।14।।

बहुत से लोगों के बहुत से पुत्र अथवा संतानें होती हैं, परंतु उनकी अधिकता के कारण परिवार का सम्मान नहीं बढ़ता। कुल का सम्मान बढ़ाने के लिए एक सद्गुणी पुत्र ही काफी होता है। धृतराष्ट्र के सौ पुत्रों में से एक भी ऐसा नहीं निकला जिसे सम्मान से स्मरण किया जाता हो। ऐसे सौ पुत्रों से क्या लाभ? सगर के तो साठ हजार पुत्र थे।

एकेन शुष्कवृक्षेण दह्यमानेन वह्निना।
दह्यते तद्वनं सर्वं कुपुत्रेण कुलं तथा।।

जिस प्रकार एक ही सूखे वृक्ष में आग लगने से सारा जंगल जलकर राख हो जाता है, उसी प्रकार एक मूर्ख और कुपुत्र सारे कुल को नष्ट कर देता है। ।।15।।

जैसे जंगल का एक सूखा पेड़ आग पकड़ ले तो सारा वन जल उठता है, उसी प्रकार कुल में एक कुपुत्र पैदा हो जाए तो वह सारे कुल को नष्ट कर देता है। कुल की प्रतिष्ठा, आदर-सम्मान आदि सब धूल में मिल जाते हैं। दुर्योधन का उदाहरण सभी जानते हैं, जिसके कारण कौरवों का नाश हुआ। लंकापति रावण भी इसी श्रेणी में आता है।

एकेनाऽपि सुपुत्रेण विद्यायुक्तेन साधुना।
आह्लादितं कुलं सर्वं यथा चन्द्रेण शर्वरी।।

एक ही पुत्र यदि विद्वान और अच्छे स्वभाव वाला हो तो उससे परिवार को उसी प्रकार खुशी होती है, जिस प्रकार एक चंद्रमा के उत्पन्न होने पर काली रात चांदनी से खिल उठती है। ।।16।।

यह आवश्यक नहीं है कि परिवार में यदि बहुत-सी संतानें हैं, तो वह परिवार सुखी ही हो। अनेक संतानों के होने पर भी यदि उनमें से कोई विद्वान और सदाचारी नहीं तो परिवार के सुखी होने का प्रश्न ही नहीं उठता। इसलिए चाणक्य कहते हैं कि बहुत से मूर्ख पुत्रों और संतान की अपेक्षा एक ही विद्वान और सदाचारी पुत्र से परिवार को उसी प्रकार प्रसन्नता मिलती है, जैसे चांद के निकलने पर उसके प्रकाश से काली रात जगमगा उठती है।

किं जातैर्बहुभिः पुत्रैः शोकसन्तापकारकैः।
वरमेकः कुलाऽऽलम्बी यत्र विश्राम्यते कुलम्॥

दुख देने वाले, हृदय को जलाने वाले बहुत से पुत्रों के उत्पन्न होने से क्या लाभ? कुल को सहारा देने वाला एक ही पुत्र श्रेष्ठ होता है, उसके आश्रय में पूरा कुल सुख भोगता है। ।।17।।

ऐसे बहुत से पुत्रों से कोई लाभ नहीं, जिनके कार्यों से परिवार को शोक का सामना करना पड़े, हृदय को दुख पहुंचे। ऐसे बहुत से पुत्रों की अपेक्षा परिवार को सहारा देने वाला एक ही पुत्र अधिक उपयोगी होता है, जिसके कारण परिवार को सुख प्राप्त होता है।

लालयेत् पञ्च वर्षाणि दश वर्षाणि ताडयेत्।
प्राप्ते तु षोडशे वर्षे पुत्रं मित्रवदाचरेत्॥

पांच वर्ष की आयु तक पुत्र से प्यार करना चाहिए, इसके बाद दस वर्ष तक उसकी ताड़ना की जा सकती है और उसे दंड दिया जा सकता है, परंतु सोलह वर्ष की आयु में पहुंचने पर उससे मित्र के समान व्यवहार करना चाहिए। ।।18।।

विकासात्मक मनोविज्ञान का सूत्र है यह श्लोक। पांच वर्ष की आयु तक के बच्चे के साथ लाड़-दुलार करना चाहिए, क्योंकि इस समय वह सहज विकास से गुजर रहा होता है। अधिक लाड़-प्यार करने से बच्चा बिगड़ न जाए, इसलिए दस वर्ष की आयु तक उसे दंड देने की बात कही गई है, उसे डराया-धमकाया जा सकता है, परंतु सोलह वर्ष की आयु तक पहुंचने पर उसके साथ इस प्रकार का व्यवहार नहीं किया जा सकता।

उस समय उसके साथ मित्र जैसा व्यवहार करना चाहिए, क्योंकि तब उसका व्यक्तित्व और सामाजिक 'अहं' विकसित हो रहा होता है। मित्रता का अर्थ है, उसे यह महसूस कराना कि उसकी परिवार में महत्वपूर्ण भूमिका है। मित्र पर जैसे आप अपने विचारों को लादते नहीं हैं, वैसा ही आप यहां अपनी संतान के साथ भी करें। यहां भी समझाने-बुझाने में तर्क और व्यावहारिकता हो, न कि अहं की भावना।

उपसर्गेऽन्यचक्रे च दुर्भिक्षे च भयावहे।
असाधुजनसम्पर्के यः पलायति स जीवति।।

प्राकृतिक आपत्तियां–जैसे अधिक वर्षा होना और सूखा पड़ना अथवा दंगे–फसाद आदि होने पर, महामारी के रूप में रोग फैलने, शत्रु के आक्रमण करने पर, भयंकर अकाल पड़ने पर और नीच लोगों का साथ होने पर जो व्यक्ति सब कुछ छोड़–छाड़कर भाग जाता है, वह मौत के मुंह में जाने से बच जाता है। ।।19।।

भावार्थ यह है कि जहां दंगे–फसाद हों, उस जगह से व्यक्ति को दूर रहना चाहिए। यदि किसी शत्रु ने हमला कर दिया हो या फिर अकाल पड़ गया हो और दुष्ट लोग अधिक संपर्क में आ रहे हों, तो व्यक्ति को वह स्थान छोड़ देना चाहिए। जो ऐसा नहीं करता, वह मृत्यु का ग्रास बन जाता है।

धर्मार्थकाममोक्षाणां यस्यैकोऽपि न विद्यते।
जन्म–जन्मनि मर्त्येषु मरणं तस्य केवलम्।।

जिस व्यक्ति के पास धर्म, अर्थ, काम और मोक्ष आदि इन चार पुरुषार्थों में से कोई भी पुरुषार्थ नहीं है, वह बार–बार मनुष्य योनि में जन्म लेकर केवल मरता ही रहता है, इसके अतिरिक्त उसे कोई लाभ नहीं होता। ।।20।।

चाणक्य का भाव यह है कि व्यक्ति मनुष्य जन्म में आकर धर्म, अर्थ और काम के लिए पुरुषार्थ करता हुआ मोक्ष प्राप्त करने का प्रयत्न करे, मानव देह धारण करने का यही लाभ है।

मूर्खा यत्र न पूज्यन्ते धान्यं यत्र सुसञ्चितम्।
दम्पत्येः कलहो नाऽस्ति तत्र श्रीः स्वयमागता।।

जहां मूर्खों की पूजा नहीं होती, जहां अन्न आदि काफी मात्रा में इकट्ठे रहते हैं, जहां पति–पत्नी में किसी प्रकार की कलह, लड़ाई–झगड़ा नहीं, ऐसे स्थान पर लक्ष्मी स्वयं आकर निवास करने लगती है। ।।21।।

इस श्लोक का तात्पर्य यह है कि जो लोग–देश अथवा देशवासी, मूर्ख लोगों की बजाय गुणवानों का आदर–सम्मान करते हैं, अपने गोदामों में भली प्रकार अन्न का संग्रह करके रखते हैं, जहां के लोगों में घर–गृहस्थी में लड़ाई–झगड़े नहीं, मतभेद नहीं, उन लोगों की संपत्ति अपने–आप बढ़ने लगती है। यहां एक बात विशेष रूप से समझने की है कि लक्ष्मी को श्री भी कहते हैं, लेकिन इन दोनों में मूलतः अंतर है। आज जबकि प्रत्येक व्यक्ति

लक्ष्मी का उपासक हो गया है और सोचता है कि समस्त सुख के साधन जुटाए जा सकते हैं, तो उसे इनमें फर्क समझना होगा।

लक्ष्मी का एक नाम चंचला भी है। एक स्थान पर न रुकना इसका स्वभाव है। लेकिन जिस श्री की बात आचार्य चाणक्य ने की है, वह बुद्धि की सखी है। बुद्धि की श्री के साथ गाढ़ी मित्रता है। ये दोनों एक-दूसरे के बिना नहीं रह सकतीं। महर्षि व्यास ने श्री का माहात्म्य भगवान के साथ जोड़कर किया है। उनका कहना है कि जहां श्री है, वहां भगवान को उपस्थित जानो। इस श्लोक में जिन गुणों को बताया गया है उनका होना भगवान की उपस्थिति का संकेत है।

लक्ष्मी चंचला है लेकिन श्री जिसके मन या घर में प्रविष्ट हो जाती है उसे अपनी इच्छा से नहीं छोड़ती। श्री का अर्थ संतोष से भी किया जाता है। संतोष को सर्वश्रेष्ठ संपत्ति माना गया है। इस प्रकार संतोषी व्यक्ति को लक्ष्मी के पीछे-पीछे जाने की आवश्यकता नहीं होती, वह स्वयं उसके घर-परिवार में आकर निवास करती है।

अध्याय का सार

आचार्य ने विशेष रूप से मनुष्य के आचार अर्थात चरित्र के संबंध में कुछ बातें कही हैं। उन्होंने माना है कि अच्छे-से-अच्छे कुल में कहीं-न-कहीं किसी प्रकार का दोष मिल ही जाता है और संसार में ऐसा कौन-सा पुरुष है, जो कभी रोगों का शिकार न हुआ हो। सभी में कोई- न-कोई व्यसन भी होता है। इस संसार में लगातार किसको सुख प्राप्त होता है अर्थात कोई सदा सुखी नहीं रह सकता, कभी-न-कभी वह कष्टों में पड़ता ही है। सुख-दुख का संबंध दिन-रात की तरह है।

महान व्यक्तियों को और धर्मात्माओं को अनेक कष्ट उठाने पड़ते हैं। ऐसा संसार का नियम है। चाणक्य का मानना है कि मनुष्य के आचार-व्यवहार से, बोलचाल से, दूसरों के प्रति मान-सम्मान प्रकट करने से उसके कुल की विशिष्टता का ज्ञान होता है।

आचार्य का मानना है कि पुत्री का विवाह अच्छे आचरणशील परिवार में करना चाहिए और पुत्रों को ऐसी प्रेरणा देनी चाहिए कि वे उच्च शिक्षा प्राप्त करें। शिक्षा ही जीने की कला सिखाती है।

शत्रु को व्यसनों में फंसाने की बात करते हुए आचार्य संकेत करते हैं कि शत्रु का नाश बौद्धिक चातुर्य के साथ किया जाना चाहिए। इसलिए सावधान रहें और लाभ उठाएं। चाणक्य ने शिक्षा और बुद्धिमत्ता पर सब कार्यों की अपेक्षा अधिक जोर दिया है। वे कहते हैं

कि मूर्ख भी सज्जन और बुद्धिमान की तरह दो पैर वाला होता है परंतु वह चार पैर वाले पशु से भी निकृष्ट और गया-गुजरा माना जाता है, क्योंकि उसके कार्य सदैव कष्ट पहुंचाने वाले होते हैं। चाणक्य कहते हैं कि यदि कोई व्यक्ति अच्छे कुल में उत्पन्न हुआ है तथा रूप और यौवन आदि से भी युक्त है, परंतु उसने विद्या ग्रहण नहीं की तो यह सब उसी प्रकार निरर्थक है जिस प्रकार बिना सुगंध के सुंदर फूल। उनका मानना है कि किसी का सम्मान उसके गुणों के कारण होता है, न कि रूप और यौवन के कारण। आचरण से संबंधित एक और महत्वपूर्ण बात चाणक्य ने यह कही है कि यदि किसी एक व्यक्ति के बलिदान से पूरे कुल का कल्याण हो तो उसका बलिदान कर देना चाहिए, परंतु उन्होंने मनुष्य को सर्वोपरि माना है और वे कहते हैं कि यदि व्यक्ति अपने कल्याण के लिए चाहे तो प्रत्येक वस्तु का बलिदान कर सकता है।

उनका मानना है कि व्यक्ति को अपनी निर्धनता दूर करने के लिए उद्यम और पापों से बचने के लिए प्रभु का स्मरण करते रहना चाहिए। उन्होंने बार-बार मनुष्य को सचेत किया है कि वह किस प्रकार कष्टों से बच सकता है। उनका कहना है कि व्यक्ति को सदैव सतर्क रहना चाहिए। आचरण में आचार्य किसी भी तरह की अति के पक्ष में नहीं हैं।

आचार्य के अनुसार मधुर भाषण करने वाला व्यक्ति समूचे संसार को अपना बना सकता है। अनेक कुपुत्र होने के बजाय एक सुपुत्र होना कहीं अच्छा है। चाणक्य ने बाल मनोविज्ञान पर भी प्रकाश डाला है। उनका कहना है कि पांच वर्ष तक की आयु के बच्चे से लाड़-दुलार करना चाहिए। इसके बाद की आयु में अनुशासित करने के लिए डांट-फटकार, ताड़ना करने की आवश्यकता हो, तो वह भी करनी चाहिए, परंतु जब बच्चा सोलह वर्ष की आयु तक पहुंच जाता है तब उसे मित्र के समान समझकर व्यवहार करना चाहिए। श्लोक में 'पुत्र' शब्द का प्रयोग संतान के अर्थ में किया गया है। बेटियों के संदर्भ में भी यही नियम लागू होता है।

आचार्य ने बार-बार मनुष्यों को यह बताने-समझाने का प्रयत्न किया है कि यह मानव शरीर अत्यंत मूल्यवान है। व्यक्ति को अपना दायित्व निभाने के लिए यथाशक्ति धर्माचरण करते रहना चाहिए। चाणक्य इस अध्याय के अंत में समूचे समाज को मूर्खों से बचने का परामर्श देते हैं। अपने अन्न तथा अन्य उत्पाद को ठीक ढंग से संभालकर रखना चाहिए और आपस में प्रेमपूर्वक रहना चाहिए। झगड़े-फसाद में अपना जीवन नष्ट नहीं करना चाहिए। ऐसा करके हम स्वयं को दुख के गर्त में डालते हैं।

❑❑

॥ अथ चतुर्थोऽध्यायः ॥

चौथा अध्याय

व्यक्ति को चाहिए कि वह ऐसे धर्म का त्याग कर दे, जिसमें दया और ममता आदि का अभाव हो। इसी प्रकार विद्या से हीन, सदा क्रोध करने वाली स्त्री और जिन बंधु-बांधवों में प्रेम का अभाव हो, उनका भी त्याग कर देना चाहिए। उनसे भी दूर रहना चाहिए।

आयुः कर्म च वित्तं च विद्या निधनमेव च।
पञ्चैतानि हि सृज्यन्ते गर्भस्थस्यैव देहिनः।।

जीव जब मां के गर्भ में आता है तभी उसकी आयु, कर्म, धन, विद्या और मृत्यु– यह पांचों बातें निश्चित हो जाती हैं। ।।1।।

चाणक्य का विश्वास है कि मनुष्य के जीवन की प्रायः सभी बातें पहले से ही निश्चित हो जाती हैं जैसे कि वह कितने वर्षों तक जीवित रहेगा, किस प्रकार के कर्म करेगा, उसे धन आदि की प्राप्ति कैसे होगी तथा वह कितनी विद्या प्राप्त कर सकेगा।

साथ ही उन्होंने कर्म अर्थात् पुरुषार्थ को कहीं नकारा भी नहीं है। कारण स्पष्ट है–इन सबके मूल में कर्म ही तो है, जिसे प्रारब्ध कहते हैं। माना जाता है कि उसी के अनुसार जीव को शरीर की प्राप्ति होती है, वह भी हमारे कर्मों का ही परिणाम है। शास्त्रों में कहा गया है कि व्यक्ति का प्रथम कर्तव्य कर्म करना है, अतः वह अपनी विद्या और बुद्धि के अनुरूप श्रेष्ठ कर्म करता रहे। देखने में आता है कि संकल्पपूर्वक किए गए कर्म से इन सबमें भी परिवर्तन किया जा सकता है।

साधुभ्यस्ते निवर्तन्ते पुत्रा मित्राणि बान्धवाः।
ये च तैः सह गन्तारस्तद्धर्मात्सुकृतं कुलम्॥

पुत्र, मित्र और बन्धु-बान्धव साधु लोगों से विमुख हो जाते हैं क्योंकि उन्हें ऐसे लोगों का आचरण मूर्खतापूर्ण लगता है, परंतु जो लोग साधुओं के अनुसार अपना जीवन बिताते हैं, उनका संग करते हैं, उनके अनुकूल आचरण करते हैं, उनके इस कार्य से जो पुण्य प्राप्त होता है, उससे सारा वंश-परिवार कृतकृत्य हो जाता है। ।।2।।

दर्शनध्यानसंस्पर्शैर्मत्सी कूर्मी च पक्षिणी।
शिशुं पालयते नित्यं तथा सज्जनसंगतिः॥

जैसे मछली अपने बच्चों को देखकर, मादा कछुआ ध्यान (देखभाल) से और मादा पक्षी स्पर्श से अपने बच्चों का लालन-पालन करते हैं, उसी प्रकार सज्जनों की संगति भी दर्शन, ध्यान और स्पर्श द्वारा संसर्ग में आए व्यक्ति का पालन करती है।।3।।

आचार्य ने इस श्लोक द्वारा सज्जनों के अत्यंत सूक्ष्म प्रभाव की ओर संकेत किया है। मान्यता है कि मछली अपनी दृष्टि से, मादा कछुआ ध्यान से तथा पक्षी स्पर्श से अपनी संतान का लालन-पालन करते हैं। सज्जन भी दर्शन, ध्यान और स्पर्श से अपने आश्रितों को सुरक्षा प्रदान करते हैं और विकास में सहयोगी होते हैं। सज्जनों के दर्शन से आत्मबल में वृद्धि होती है और संकल्प दृढ़ होता है। यदि उनका ध्यान किया जाए और यदि उनके चरणों का स्पर्श कर उनका आशीर्वाद प्राप्त किया जाए, तो सफलता, उन्नति और विकास सहज हो जाता है।

यावत्स्वस्थो ह्ययं देहो यावन्मृत्युश्च दूरतः।
तावदात्महितं कुर्यात् प्राणान्ते किं करिष्यति॥

जब तक यह शरीर स्वस्थ तथा नीरोग है और जब तक मृत्यु नहीं आती तब तक व्यक्ति को अपने कल्याण के लिए धर्मयुक्त आचरण- अर्थात पुण्य कर्म करने चाहिए क्योंकि करने-कराने का संबंध तो जीवन के साथ ही है। जब मृत्यु हो जाएगी, उस समय वह कुछ भी करने में असमर्थ हो जाएगा अर्थात कुछ भी नहीं कर सकेगा। ।।4।।

किसी को इस बात का ज्ञान नहीं कि मनुष्य का शरीर कब रोगों से घिर जाएगा। उसे यह भी मालूम नहीं कि मृत्यु कब होने वाली है। इसलिए मनुष्य को चाहिए कि जब तक वह जीवित है, अधिक-से-अधिक पुण्य कर्म करे, क्योंकि करने-कराने का संबंध तो जीवन से है। जब मृत्यु हो जाती है, तब सारे विधि-निषेध निरर्थक हो जाते हैं।

कामधेनुगुणा विद्या ह्यकाले फलदायिनी।
प्रवासे मातृसदृशी विद्या गुप्तं धनं स्मृतम्।।

विद्या में कामधेनु के गुण होते हैं। उससे असमय में ही फलों की प्राप्ति होती है। विदेश में विद्या ही माता के समान रक्षा और कल्याण करती है, इसलिए विद्या को गुप्तधन कहा गया है। ।।5।।

गुप्तधन वह होता है जिससे मनुष्य संकट के समय लाभ उठा सके। इसलिए चाणक्य ने विद्या को गुप्तधन बताया है और उसकी उपमा कामधेनु से की है। कामधेनु उसे कहा जाता है, जिससे मनुष्य की सभी इच्छाएं पूर्ण होती हैं। उससे उस समय भी फलों की प्राप्ति होती है, जब देशकाल के अनुसार फल प्राप्ति संभव न हो। विद्या के कारण ही विदेश में व्यक्ति का सम्मान होता है। माता जिस प्रकार बच्चे की रक्षा करती है, उसी प्रकार विदेश में विद्या से व्यक्ति की हर प्रकार से रक्षा होती है और सुख प्राप्त होते हैं। नीति वाक्य भी है—विद्वान् सर्वत्र पूज्यते।

वरमेको गुणी पुत्रो निर्गुणैश्च शतैरपि।
एकश्चन्द्रस्तमो हन्ति न च ताराः सहस्त्रशः।।

सैकड़ों गुणरहित और मूर्ख पुत्रों के बजाय एक गुणवान और विद्वान पुत्र का होना अच्छा है, क्योंकि हजारों तारों की अपेक्षा एक चंद्रमा से ही रात्रि प्रकाशित होती है। ।।6।।

सैकड़ों मूर्ख पुत्रों की अपेक्षा एक विद्वान और गुणों से युक्त पुत्र से ही पूरे परिवार का कल्याण होता है। रात्रि के समय जिस प्रकार आकाश में हजारों तारागण दिखाई देते हैं, परंतु उनसे रात्रि का अंधकार दूर होने में सहायता नहीं मिलती। उसे तो चंद्रमा ही दूर कर पाता है।

आचार्य की दृष्टि में संख्या नहीं गुण महत्वपूर्ण हैं।

मूर्खश्चिरायुर्जातोऽपि तस्माज्जातमृतो वरः।
मृतः स चाऽल्पदुःखाय यावज्जीवं जडो दहेत्।।

दीर्घ आयु वाले मूर्ख पुत्र की अपेक्षा पैदा होते ही मर जाने वाला पुत्र अधिक श्रेष्ठ होता है, क्योंकि पैदा होते ही मर जाने वाला पुत्र थोड़े समय के लिए ही दुख का कारण होता है, जबकि लंबी आयु वाला मूर्ख पुत्र मृत्युपर्यन्त दुख देता रहता है। ।।7।।

संतान से माता-पिता की उम्मीदें जुड़ी होती हैं। जब जन्मते ही संतान की मृत्यु हो जाती है, तो माता-पिता निराशा के अंधकार में डूब जाते हैं। भविष्य में इस मृत संतान को लेकर

कोई सुख–दुख की उम्मीद नहीं रहती है। जबकि मूर्ख जीवित पुत्र नित्य–प्रति अपने माता–पिता की आशा के टुकड़े–टुकड़े करता रहता है। इस दुख से पहला दुख ज्यादा ठीक है।

कुग्रामवासः कुलहीनसेवा कुभोजनं क्रोधमुखी च भार्या।
पुत्रश्च मूर्खो विधवा च कन्या विनाऽग्निना षट् प्रदहन्ति कायम्।।

अशिक्षित तथा अनुपयुक्त स्थान या ग्राम में रहना, नीच व्यक्ति की सेवा, अरुचिकर और पौष्टिकता से रहित भोजन करना, झगड़ालू स्त्री, मूर्ख पुत्र और विधवा कन्या, ये छह बातें ऐसी हैं जो बिना अग्नि के ही शरीर को जलाती रहती हैं। ।।8।।

कुछ बातें ऐसी होती हैं जिनसे व्यक्ति जीवनभर दुखी रहता है। उनमें सबसे प्रमुख वह स्थान है, जहां उसे लगातार रहना होता है। यदि वह स्थान ठीक न हो और वहां के निवासियों का आचार–व्यवहार सही न हो तो व्यक्ति सदैव दुखी रहता है। इसी प्रकार यदि किसी को नीच व्यक्ति की नौकरी करनी पड़े, गंदा, बासी और पौष्टिकता से रहित भोजन करना पड़े तो वह भी दुखदायी ही है। यदि स्त्री झगड़ालू हो, छोटी–छोटी बातों पर झगड़ा करती हो तो गृहस्थ का सुख कैसे प्राप्त हो सकता है? पुत्र यदि मूर्ख हो और लड़की विधवा हो तो यह आयुभर का असहनीय क्लेश हो जाता है। ऐसी स्थितियों से बच पाना यदि संभव न हो, तो मानसिक रूप से इससे निपटने के लिए तैयार रहना चाहिए।

किं तया क्रियते धेन्वा या न दोग्ध्री न गर्भिणी।
कोऽर्थः पुत्रेण जातेन यो न विद्वान् न भक्तिमान्।।

जिस तरह दूध न देने वाली और गर्भ न धारण करने वाली गाय से कोई लाभ नहीं, उसी प्रकार यदि पुत्र भी विद्वान और माता–पिता की सेवा करने वाला न हो तो उससे किसी प्रकार का लाभ नहीं हो सकता। ।।9।।

कोई भी व्यक्ति ऐसी गाय को पालना पसंद नहीं करेगा, जो न तो दूध देती हो और न ही गर्भ–धारण करने के योग्य हो, इसी प्रकार ऐसे पुत्र से भी कोई लाभ नहीं, जो न तो पढ़ा–लिखा हो और न ही माता– पिता की सेवा करता हो।

संसार तापदग्धानां त्रयो विश्रान्तिहेतवः।
अपत्यं च कलत्रं च सतां संगतिरेव च।।

इस संसार में दुखी लोगों को तीन बातों से ही शान्ति प्राप्त हो सकती है– अच्छी संतान, पतिव्रता स्त्री और सज्जनों का संग। ।।10।।

अपने कार्यों अथवा व्यापार में लगे हुए व्यक्तियों के लिए घर में आने पर शान्ति मिलनी चाहिए। ऐसा तभी हो सकता है जब उसके पुत्र और पुत्रियां गुणी हों, स्त्री पतिव्रता और नम्र स्वभाव वाली हो तथा व्यक्ति के मित्र भले और सज्जन हों।

सकृज्जल्पन्ति राजानः सकृज्जल्पन्ति पण्डिताः।
सकृत् कन्याः प्रदीयन्ते त्रीण्येतानि सकृत्सकृत्॥

राजा एक ही बार आज्ञा देते हैं, पण्डित लोग भी एक ही बार बोलते हैं। कन्या भी एक ही बार विवाह के समय दान में दी जाती है। ॥11॥

सरकार एक ही बार आज्ञा देती है। उसका आदेश कानून का रूप ले लेता है। प्रजा को उस पर चलना ही होता है। इसी प्रकार पण्डित लोग भी किसी आयोजन में श्लोकादि एक ही बार बोलते हैं। ठीक इसी प्रकार कन्या का विवाह भी एक ही बार होता है। माता-पिता अथवा अन्य संबंध रखने वाले कोई वचन देते हैं, तो उसे निभाने का पूरा प्रयत्न किया जाता है।

चाणक्य का कहना है कि ये कार्य ऐसे हैं, जो केवल एक-एक बार ही होते हैं, इन्हें बार-बार नहीं दोहराया जाता। इनके संबंध में बार-बार निश्चय बदलने से बात हल्की पड़ जाती है और उसका प्रभाव कम हो जाता है। हानि और समाज में अपयश दोनों प्राप्त होते हैं।

एकाकिना तपो द्वाभ्यां पठनं गायनं त्रिभिः।
चतुर्भिर्गमनं क्षेत्रं पञ्चभिर्बहुभिर्रणः॥

तप अथवा किसी प्रकार की साधना का कार्य एक अकेला व्यक्ति ही अच्छा करता है, यदि दो छात्र मिलकर पढ़ें तो अध्ययन अच्छा होता है और गाने के लिए यदि तीन व्यक्ति मिलकर अभ्यास करते हैं, तो अच्छा रहता है। इसी प्रकार यदि यात्रा आदि पर जाना हो तो कम-से- कम चार व्यक्तियों को जाना चाहिए। खेती आदि कार्य ठीक प्रकार से चलाने के लिए पांच व्यक्तियों की आवश्यकता होती है, जबकि युद्ध में यह संख्या जितनी हो उतना अच्छा है। ॥12॥

चाणक्य कहते हैं कि तप अथवा साधना व्यक्ति को अकेले ही करनी चाहिए, एक से अधिक होंगे तो उसमें विघ्न पड़ेगा। अध्ययन दो व्यक्तियों के बीच ठीक रहता है, क्योंकि दोनों एक-दूसरे को कोई बात समझा सकते हैं। गाने के अभ्यास के लिए तीन लोगों का होना इसलिए आवश्यक है क्योंकि उनमें से एक जब अभ्यास करता है, तो दोनों सुनने वाले अपनी प्रतिक्रिया जाहिर कर सकते हैं। कहीं यात्रा पर जाने के समय चार व्यक्ति और खेती

आदि के कार्य के लिए पांच व्यक्तियों की आवश्यकता होती है। युद्ध ऐसा कार्य है जिसमें जितने भी अधिक लोग हों, उनसे सहायता मिलती है।

सा भार्या या शुचिर्दक्षा सा भार्या या पतिव्रता।
सा भार्या या पतिप्रीता सा भार्या सत्यवादिनी॥

पति के लिए वही पत्नी उपयुक्त होती है, जो मन, वचन और कर्म से एक जैसी हो और अपने कार्यों में निपुण हो, इसके साथ ही वह अपने पति से प्रेम रखने वाली तथा सत्य बोलने वाली होनी चाहिए। ऐसी स्त्री को ही श्रेष्ठ पत्नी माना जा सकता है। ॥13॥

आचार्य चाणक्य ने आदर्श पत्नी के गुणों की चर्चा करते हुए यह भी संकेत किया है कि पति को कैसा होना चाहिए। हम यह तो चाहते हैं कि पत्नी पति से कुछ न छिपाए, लेकिन पत्नी से रहस्यों को छिपाना अपना अधिकार मानते हैं। घर को संभालने का कार्य पत्नी कुशलता से करे और पति? पत्नी पति से प्रेम करती है और पति? आज बदलते परिवेश में आचार्य के कथन को व्यावहारिक रूप से देखने-परखने की आवश्यकता है। ये बातें दोनों के लिए एक समान हैं।

अपुत्रस्य गृहं शून्यं दिशः शून्यास्त्वबान्धवाः।
मूर्खस्य हृदयं शून्यं सर्वशून्या दरिद्रता॥

जिस घर में बेटा नहीं होता, वह घर शून्य माना जाता है, जिसके कोई बन्धु-बान्धव नहीं होते उसके लिए सारी दिशाएं, सारा संसार ही शून्य होता है। मूर्ख व्यक्ति का हृदय शून्य होता है और दरिद्र व्यक्ति के लिए तो सभी कुछ शून्य है। ॥14॥

प्रत्येक माता-पिता यह चाहते हैं कि उनकी एक संतान बेटा हो, बेटे के बिना घर सूना मालूम होता है। क्योंकि आज सोच बदली है। कायदे-कानून बदले हैं। जो व्यक्ति इस संसार में अकेला है, जिसके कोई रिश्तेदार अथवा बन्धु-बान्धव नहीं, उसके लिए चारों दिशाएं अथवा सारा संसार ही सूना होता है। वह किसी से अपने मन का दुख प्रकट करने में असमर्थ रहता है। मूर्ख व्यक्ति करुणा, दया और ममता से रहित होता है, इसलिए कहा गया है कि इसका हृदय सूना होता है। दरिद्र अथवा निर्धन व्यक्ति के लिए तो सभी कुछ सूना है क्योंकि कोई भी उसका साथ देने को तैयार नहीं होता। उससे सब कन्नी काटते हैं।

अनभ्यासे विषं शास्त्रमजीर्णे भोजनं विषम्।
दरिद्रस्य विषं गोष्ठी वृद्धस्य तरुणी विषम्॥

अभ्यास के बिना शास्त्र विष होता है, अजीर्ण अर्थात भोजन के ठीक प्रकार से पचे बिना फिर भोजन करना विष के समान होता है, निर्धन और दरिद्र व्यक्ति के लिए समाज में रहना विष के समान होता है और बूढ़े पुरुष के लिए युवती विष के समान होती है। ।।15।।

मनुष्यों को निरंतर अभ्यास द्वारा शास्त्र का ज्ञान प्राप्त करना चाहिए। यदि वह शास्त्र ज्ञान के लिए निरंतर अभ्यास नहीं करता तो वह अधकचरा ज्ञानी बनता है, ऐसा ज्ञान विष के समान दुखदायी होता है। इसी प्रकार पेट में अपच की स्थिति में यदि बढ़िया-से-बढ़िया भोजन किया जाएगा तो वह भी विष के समान कष्ट देगा। दरिद्र यदि किसी सभा, सोसायटी अथवा समाज में जाता है तो वहां उसकी पूछ न होने के कारण उसे विष का घूंट भी पीना पड़ता है।

बूढ़ा आदमी यदि तरुणी के साथ विवाह रचाता है तो उसका जीवन अत्यन्त कष्टमय हो जाता है, क्योंकि विचारों में आयुगत असमानता सदैव क्लेश का कारण बनती है और शारीरिक रूप से निर्बल होने के कारण वह नवयौवना को यौन संतुष्टि भी प्रदान नहीं कर सकता। ऐसी पत्नी पथभ्रष्ट हो सकती है, जो कि सम्मानित व्यक्ति के लिए अत्यंत कष्टदायी स्थिति होती है।

त्यजेद्धर्मं दयाहीनं विद्याहीनं गुरुं त्यजेत्।
त्यजेत्क्रोधमुखीं भार्यां निःस्नेहान् बान्धवांस्त्यजेत्॥

व्यक्ति को चाहिए कि वह ऐसे धर्म का त्याग कर दे जिसमें दया और ममता आदि का अभाव हो, इसी प्रकार विद्या से हीन गुरु का भी त्याग कर देना चाहिए। सदा क्रोध करने वाली स्त्री का त्याग भी श्रेयस्कर है और जिन बन्धु-बान्धवों में प्रेम अथवा स्नेह का अभाव हो, उनका भी त्याग कर देना चाहिए। ।।16।।

प्रत्येक धर्म से आशा की जा सकती है कि वह दया, अहिंसा और प्रेम का संदेश देगा। यदि उसमें ये बातें नहीं हैं तो ऐसे धर्म को छोड़ देना चाहिए। गुरु का कर्तव्य ज्ञान देना है, यदि वह अनपढ़ और मूर्ख है तो उसे गुरु बनाने से कोई लाभ नहीं। स्त्री पति को सुख देने वाली होती है, परंतु यदि वह हर समय गुस्से में भरी रहे और क्रोध करती रहे तो ऐसी पत्नी का भी त्याग कर देना चाहिए। रिश्तेदार, भाई-बन्धु व्यक्ति के दुख में काम आते हैं, परंतु यदि उनमें स्नेह और प्रेम का अभाव है तो ऐसे भाई-बंधुओं का कोई लाभ नहीं। उन्हें त्यागना ही हितकर है।

त्याग भी तभी संभव है, जब उसकी सही दिशा-दशा का ज्ञान हो।

अधवा जरा मनुष्याणां वाजिनां बन्धनं जरा।
अमैथुनं जरा स्त्रीणां वस्त्राणामातपो जरा॥

जो मनुष्य अधिक पैदल चलता अथवा यात्रा में रहता है, वह जल्दी बूढ़ा हो जाता है। यदि घोड़ों को हर समय बांधकर रखा जाएगा तो वे भी जल्दी बूढ़े हो जाते हैं। स्त्रियों से यदि संभोग न किया जाए तो वे जल्दी बूढ़ी हो जाती हैं। इसी प्रकार मनुष्य के कपड़े धूप के कारण जल्दी फट जाते हैं अर्थात धूप उन्हें जल्दी बूढ़ा कर देती है। ॥17॥

जो लोग हमेशा यात्रा में रहते हैं, वे नियमित न रहने के कारण जल्दी बुढ़ापे का शिकार हो जाते हैं। यात्रा की थकान और खान-पान की गड़बड़ी का तन-मन पर विपरीत प्रभाव पड़ता है। जिस घोड़े को हर समय बांधकर रखा जाता है वह भी जल्दी बूढ़ा हो जाता है। ऐसा करना उसकी शारीरिक प्रकृति के प्रतिकूल है।

यह तो मनुष्य ने उसे पालतू बना लिया, असल में तो यह स्वच्छंद विचरण करने वाला प्राणी है। स्त्रियों के बारे में आचार्य ने यहां जो कहा, वह पढ़ने में अटपटा लगेगा, लेकिन है सत्य। शारीरिक रचना की दृष्टि से देखें, तो 'संभोग' स्त्री के शरीर की जैविक आवश्यकता ज्यादा है, मनोवैज्ञानिक कम—जब तक वह मासिक चक्र में है। और फिर ऐसा होना उसके अपने पति से संबंधों के ठीक न होने की ओर भी संकेत करते हैं। इस बात को प्रत्येक बुद्धिमान व्यक्ति स्वीकार करता है कि यदि मन के स्तर पर असंतोष होगा तो बुढ़ापा आएगा ही। कपड़े ज्यादा देर तक धूप में पड़े रहने पर जल्दी फट जाते हैं क्योंकि मिट्टी और सूर्य की तपिश कपड़े के बारीक तंतुओं को जला देती है।

कः कालः कानि मित्राणि को देशः कौ व्ययाऽऽगमौ।
कश्चाऽहं का च मे शक्तिरिति चिन्त्यं मुहुर्मुहुः॥

समझदार व्यक्ति को चाहिए कि इन बातों के संबंध में सदैव सोचता रहे जैसे कि मेरा समय कैसा है? मेरे मित्र कितने हैं? मैं जिस स्थान पर रहता हूं, वह कैसा है? मेरी आय और व्यय कितना है? मैं कौन हूं? मेरी शक्ति क्या है अर्थात मैं क्या करने में समर्थ हूं? ॥18॥

जनिता चोपनेता च यस्तु विद्यां प्रयच्छति।
अन्नदाता भयत्राता पञ्चैते पितरः स्मृताः॥

जन्म देने वाला, यज्ञोपवीत कराने वाला गुरु, विद्या दान देने वाला अध्यापक, अन्न देने वाला और भय से मुक्त रखने वाला, यह पांच व्यक्ति पितर माने गए हैं। ॥19॥

चाणक्य का मत है कि इन पांचों को सदैव संतुष्ट रखना चाहिए, तथा इनका पिता की तरह सम्मान करना चाहिए।

राजपत्नी गुरोः पत्नी मित्रपत्नी तथैव च।
पत्नीमाता स्वमाता च पञ्चैता मातरः स्मृताः॥

राजा की पत्नी, गुरु की पत्नी, मित्र की पत्नी, पत्नी की माता अर्थात सास और जन्म देने वाली अपनी माता, ये पांच माताएं मानी गई हैं, अर्थात् इनका सम्मान माता के समान करना चाहिए। न्याय करते समय भी इन संबंधों को 'मां' की परिभाषा में ही स्वीकार किया जाता है। ॥20॥

अग्निर्देवो द्विजातीनां मुनीनां हृदि दैवतम्।
प्रतिमा स्वल्पबुद्धीनां सर्वत्र समदर्शिनः॥

ब्राह्मण, क्षत्रिय और वैश्य को द्विजाति कहा गया है, इनका देवता यज्ञ है। मुनियों का देवता उनके हृदय में निवास करता है। मंद बुद्धि वालों के लिए मूर्ति ही देवता होती है। जो व्यक्ति समदर्शी हैं, जिनकी समान दृष्टि है, वे परमेश्वर को सर्वत्र विद्यमान मानते हैं। ॥21॥

ब्राह्मण, क्षत्रिय, वैश्य को द्विजाति इसलिए माना जाता है कि जन्म के बाद गुरु उनका उपनयन संस्कार करता है। उनके लिए यज्ञ ही उनका देवता है। मुनियों के हृदय में देवताओं का निवास होता है क्योंकि वह सदैव उनका मनन-चिंतन करते रहते हैं। मूर्ति पूजा को यहां साधना के प्रारंभिक चरण के लिए आवश्यक माना गया है--जैसे वर्णमाला के माध्यम से फल-फूल आदि का ज्ञान विद्यार्थी को कराया जाता है। जो संसार का रहस्य जानते हैं, उनके लिए ईश्वर सर्वव्यापक है। वे संसार के कण-कण में उसे देखते हैं।

अध्याय का सार

चाणक्य का कहना है कि जीव जब गर्भ में होता है, तभी उसकी आयु, कर्म, धन, विद्या और मृत्यु आदि बातें निश्चित हो जाती हैं अर्थात मनुष्य जन्म के साथ ही निश्चित कर्मों के बन्धनों में बंध जाता है। इस संसार में आने के बाद सज्जनों के संसर्ग के फलस्वरूप व्यक्ति सांसारिक बंधनों से मुक्त होता है। अच्छे लोगों का साथ हर तरह से मनुष्य की रक्षा के लिए ही होता है।

आचार्य के अनुसार, मनुष्य जब तक जीवित है, तब तक उसे पुण्य कार्य करने चाहिए, क्योंकि इसी से उसका कल्याण होता है और जब मनुष्य देह त्याग देता है तो वह कुछ भी नहीं कर सकता।

विद्या को चाणक्य ने कामधेनु के समान बताया है। जिस तरह कामधेनु से सभी इच्छाएं पूरी हो जाती हैं, उसी प्रकार विद्या से मनुष्य अपनी सभी मनोकामनाओं को पूर्ण कर सकता है। विद्या को बुद्धिमानों ने गुप्त धन भी कहा है।

चाणक्य कहते हैं कि अनेक मूर्ख पुत्रों की अपेक्षा एक गुणी पुत्र अधिक हितकर होता है। उनका कहना है कि मूर्ख पुत्र यदि दीर्घ आयु वाला होता है तो वह आयुभर कष्ट देता रहता है, इससे तो अच्छा है कि वह जन्म के समय ही मर जाए, क्योंकि ऐसे पुत्र की मृत्यु से दुख थोड़ी देर के लिए होगा।

उनका कहना है कि इस संसार में दुखी लोगों को अच्छे पुत्र, पतिव्रता स्त्री और सज्जनों से ही शांति प्राप्त होती है। सांसारिक नियमों के अनुसार चाणक्य बताते हैं कि राजा एक ही बात को बार-बार नहीं कहते, पण्डित लोग भी (मंत्रों को) बातें बार-बार नहीं दोहराते और कन्या का भी एक ही बार दान किया जाता है। इसलिए इन कर्मों को करते हुए सावधानी बरतनी चाहिए।

व्यक्ति को तपस्या अकेले करनी चाहिए। विद्यार्थी मिलकर पढ़ें तो उन्हें लाभ होता है। इसी प्रकार संगीत, खेती आदि में भी सहायकों की आवश्यकता होती है। युद्ध के लिए तो जितने अधिक सहायक हों उतने ही अच्छे रहते हैं।

चाणक्य कहते हैं कि उसी पत्नी का भरण-पोषण करना चाहिए जो पतिपरायणा हो। जिस मनुष्य के घर में कोई संतान नहीं, वह घर सूना होता है। जिसके कोई रिश्तेदार और बन्धु-बान्धव नहीं, उसके लिए यह संसार ही सूना है। दरिद्र अथवा निर्धन के लिए तो सब कुछ सूना है। विद्या की प्राप्ति के लिए अभ्यास करना पड़ता है, बिना अभ्यास के विद्या विष के समान होती है। जिस प्रकार अपच के समय ग्रहण किया हुआ भोजन विषतुल्य होता है और निर्धन व्यक्ति के लिए सज्जनों की सभा में बैठना मुश्किल होता है, उसी प्रकार बूढ़े व्यक्ति के लिए स्त्री संसर्ग विष के समान होता है।

धर्म उसे कहते हैं, जिसमें दया आदि गुण हों। गुरु उसे कहते हैं जो विद्वान हो। पत्नी वह होती है, जो मधुरभाषिणी हो, बन्धु-बान्धव वह होते हैं, जो प्रेम करें, परंतु यदि इनमें यह बातें न हों अर्थात धर्म दया से हीन हो, गुरु मूर्ख हो, पत्नी क्रोधी स्वभाव की हो और रिश्तेदार बंधु- बांधव प्रेमरहित हों, तो उन्हें त्याग देना चाहिए। अधिक यात्राएं करने से मनुष्य जल्दी

बूढ़ा होता है। स्त्रियों की कामतुष्टि न हो तो वे जल्दी बूढ़ी हो जाती हैं और कपड़े यदि अधिक देर तक धूप में पड़े रहें तो जल्दी फट जाते हैं।

चाणक्य बताते हैं कि मनुष्य को अपनी उन्नति के लिए चिंतन करते रहना चाहिए कि समय किस प्रकार का चल रहा है? मित्र कौन हैं और कितने हैं? कितनी शक्ति है? बारबार किया गया ऐसा चिंतन मनुष्य को उन्नति के मार्ग पर ले जाता है। इस अध्याय के अंत में आचार्य चाणक्य कहते हैं कि ब्राह्मण, क्षत्रिय, वैश्य आदि का देवता अग्नि अर्थात अग्निहोत्र है। ऋषि-मुनियों का देवता उनके हृदय में रहता है, अल्पबुद्धि लोग मूर्ति को अपना देवता मानते हैं और जो सारे संसार के प्राणियों को एक जैसा मानते हैं उनका देवता सर्वव्यापक और सर्वरूप ईश्वर है।

❑❑

॥ अथ पंचमोऽध्यायः ॥

पांचवां अध्याय

धन से धर्म की, योग से विद्या की, मधुरता से राजा की और अच्छी स्त्रियों से घर की रक्षा होती है।

गुरुरग्निर्द्विजातीनां वर्णानां ब्राह्मणो गुरुः।
पतिरेव गुरुः स्त्रीणां सर्वस्याऽभ्यागतो गुरुः॥

ब्राह्मण, क्षत्रिय और वैश्य आदि द्विजों के लिए अग्निहोत्र गुरु के समान आदरणीय है, चारों वर्णों में ब्राह्मण सबसे अधिक श्रेष्ठ और आदरणीय है। स्त्रियों के लिए पति ही गुरु है और घर में आया हुआ अतिथि सभी के आदर-सत्कार के योग्य माना गया है। ॥1॥

द्विजों का कर्तव्य है कि वे अग्निहोत्र आदि कर्म आदरपूर्वक नित्य करते रहें। अग्निहोत्र से वायुमंडल शुद्ध होता है। मनुष्य के स्वास्थ्य और पर्यावरण के सुधार के लिए हवन, यज्ञ आदि करना आवश्यक माना गया है। ब्राह्मण को पूजनीय इसलिए माना गया है क्योंकि वे सभी वर्णों को विद्या देते हैं। स्त्रियों के लिए पति ही उसका आदरणीय गुरु होता है, क्योंकि वही उसका भरण-पोषण करता है और उसे सन्मार्ग पर ले जाने में सहायता करता है। घर में आए हुए अतिथि का आदर-सत्कार सभी लोगों को करना चाहिए क्योंकि वह बहुत थोड़ी देर के लिए किसी के घर आता है। 'अतिथि देवो भव', ऐसा शास्त्र वचन भी है।

यथा चतुर्भिः कनकं परीक्ष्यते निघर्षणच्छेदनतापताडनैः।
तथा चतुर्भिः पुरुषः परीक्ष्यते त्यागेन शीलेन गुणेन कर्मणा॥

जिस प्रकार सोने की परीक्षा चार प्रकार से की जाती है—उसे कसौटी पर घिसा जाता है,

काटकर देखा जाता है, तपाया जाता है और कूटकर उसकी जांच की जाती है, उसी प्रकार मनुष्य कितना श्रेष्ठ है इसकी पहचान भी इन चार बातों से होती है।

चाणक्य के अनुसार, इन चारों प्रकारों से की गई परीक्षा में स्वयं को सही सिद्ध करने वाला व्यक्ति ही 'खरा' है। उसकी सज्जनता, उसका चरित्र, उसके गुण और उसका आचार–व्यवहार उसके खरेपन की पुष्टि करते हैं। ।।2।।

तावद् भयेषु भेतव्यं यावद्भयमनागतम्।
आगतं तु भयं दृष्ट्वा प्रहर्तव्यमशंकया।।

संकट प्रत्येक मनुष्य पर आते हैं, परंतु बुद्धिमान व्यक्तियों को संकटों और आपत्तियों से तभी तक डरना चाहिए जब तक वे सिर पर न आ जाएं। संकट और दुख आने पर तो व्यक्ति को अपनी पूरी शक्ति से उन्हें दूर करने का प्रयत्न करना चाहिए। ।।3।।

एकोदरसमुद्भूता एक नक्षत्रजातकाः।
न भवन्ति समाः शीले यथा बदरिकण्टकाः।।

एक ही माता के पेट और एक ही नक्षत्र में उत्पन्न हुए बालक गुण, कर्म और स्वभाव में एक समान नहीं होते, जैसे बेर–वृक्ष के सभी फल और उनके कांटे एक जैसे नहीं होते, उनमें अंतर होता है। ।।4।।

चाणक्य ने बेर और कांटों की उपमा एक विशेष विचार से दी है। एक ही बेर के वृक्ष पर लगे हुए सभी फल मीठे नहीं होते। बेर वृक्ष पर कांटे भी होते हैं, परंतु वह कांटे भी एक जैसे कठोर नहीं होते।

इसी प्रकार यह आवश्यक नहीं कि एक ही माता–पिता के और एक ही नक्षत्र में पैदा होने वाले बच्चों के गुण, कर्म और स्वभाव एक जैसे हों। उनका भाग्य तथा उनकी रुचियां एक जैसी नहीं होतीं। माता–पिता के एक होने पर भी प्रारब्ध और परिस्थितियों का अंतर तो होता ही है।

निःस्पृहो नाऽधिकारी स्यान्नाकामी मण्डनप्रियः।
नाऽविदग्धः प्रियं ब्रूयात् स्फुटवक्ता न वञ्चकः।।

कोई भी अधिकारी लोभरहित नहीं होता, श्रृंगार प्रेमी में कामवासना की अधिकता होती ही है। जो व्यक्ति चतुर नहीं है, वह मधुरभाषी भी नहीं हो सकता तथा साफ बात कहने वाला व्यक्ति कभी भी धोखेबाज नहीं होता। ।।5।।

प्रायः देखा जाता है कि जिस व्यक्ति में बड़ा बनने की लालसा होती है, वही अधिकार प्राप्त करना चाहता है। जो अपने शरीर को अच्छे वस्त्रों और खुशबू आदि से सजाता है, उसमें कामवासना की अधिकता होती है। मूर्ख और फूहड़ व्यक्ति मधुरभाषी नहीं होता। जो व्यक्ति साफ बात कहता है अर्थात स्पष्ट वक्ता होता है, वह किसी को धोखा नहीं देता। निर्दोष ही सच बोल सकता है।

मूर्खाणां पण्डिता द्वेष्या अधनानां महाधनाः।
वारांगनाः कुलस्त्रीणां सुभगानां च दुर्भगाः॥

मूर्ख विद्वानों से वैर भाव रखते हैं। दरिद्र और निर्धन धनवानों को अपना शत्रु समझते हैं। वेश्याएं कुलीन स्त्रियों से द्वेषभाव रखती हैं और विधवा स्त्रियां सुहागिनों को अपना शत्रु मानती हैं। ॥6॥

यह संसार का नियम है कि विपरीत स्थिति वाले लोग एक-दूसरे को अपना शत्रु समझते हैं। चाहिए तो यह कि मूर्ख पण्डितों का आदर करें, जिससे उन्हें भी कुछ लाभ हो, परंतु वह उनका सम्मान करने के बजाय उनसे दुश्मनी रखते हैं। निर्धन और आलसी लोग मानते हैं कि धनी व्यक्ति दूसरों को लूट-खसोटकर धनवान होता है, परंतु उन्हें यह ज्ञान नहीं होता कि उन व्यक्तियों ने धन एकत्रित करने में कितना परिश्रम किया है। इतना ही नहीं, उसे संभालकर रखने के लिए भी एक विशेष प्रकार के धैर्य की आवश्यकता होती है। वेश्याएं भी कुलीन स्त्रियों से द्वेष करती हैं और विधवा स्त्रियां सुहागिनों को दुर्भावना की दृष्टि से देखती हैं।

संकेत है कि अयोग्य और अभावग्रस्त ही द्वेष करते हैं।

आलस्योपहता विद्या परहस्तगताः स्त्रियः।
अल्पबीजं हतं क्षेत्रं हतं सैन्यमनायकम्॥

आलस्य के कारण विद्या नष्ट हो जाती है, दूसरे के हाथ में गई हुई स्त्रियां नष्ट हो जाती हैं, कम बीज डालने से खेत बेकार हो जाता है और सेनापति के मारे जाने पर सेना नष्ट हो जाती है। ॥7॥

इसका भाव यह है कि विद्या की प्राप्ति और उसकी वृद्धि के लिए व्यक्ति को आलस्य का त्याग कर देना चाहिए। आलसी किसी गुण को प्राप्त नहीं कर सकता। दूसरे के पास जाने वाली स्त्री का धर्म नष्ट हो जाता है अर्थात किसी दूसरे के अधिकार में जाने पर स्त्री का सतीत्व कायम नहीं रह पाता। यदि खेत में बीज बोते समय कंजूसी की जाएगी और बीज

कम डाला जाएगा तो अच्छी फसल नहीं हो सकेगी। सेना का बल सेनापति से ही स्थिर रहता है। जब सेनापति मारा जाता है तो सेना का हार जाना स्वाभाविक ही है।

अभ्यासाद्धार्यते विद्या कुलं शीलेन धार्यते।
गुणेन ज्ञायते त्वार्यः कोपो नेत्रेण गम्यते॥

विद्या की प्राप्ति निरंतर अभ्यास से होती है। अभ्यास से ही विद्या फलवती होती है। उत्तम गुण और स्वभाव से ही कुल का गौरव और यश स्थिर रहता है। श्रेष्ठ पुरुष की पहचान सद्गुणों से होती है। मनुष्य की आंखें देखकर क्रोध का ज्ञान हो जाता है। ॥8॥

जिन व्यक्तियों को उत्तम विद्या प्राप्त करनी है, वे निरंतर प्रयत्न करते हैं। वे यदि बार-बार अभ्यास न करें तो विद्या की प्राप्ति असंभव होती है। किसी कुल का स्थिर होना, उसका यश फैलना, उसका प्रसिद्ध होना, गौरव की दृष्टि से देखा जाना आदि उसके उत्तम गुण, कर्म और स्वभाव के कारण ही होता है। यदि गुण, कर्म और स्वभाव श्रेष्ठ नहीं होंगे तो कुल का गौरव नहीं बढ़ सकता। इसी प्रकार श्रेष्ठ व्यक्ति की पहचान उसके अच्छे गुणों के कारण होती है। किसी व्यक्ति के क्रोधित होने का ज्ञान उसकी आंखें देखकर हो जाता है, क्योंकि क्रोध के कारण व्यक्ति की आंखें लाल हो जाती हैं।

वित्तेन रक्ष्यते धर्मो विद्या योगेन रक्ष्यते।
मृदुना रक्ष्यते भूपः सत्स्त्रिया रक्ष्यते गृहम्॥

धन से धर्म की रक्षा की जाती है। विद्या को योग के द्वारा बचाया जा सकता है। मधुरता के कारण राजा को बचाया जा सकता है और अच्छी स्त्रियां घर की रक्षक होती हैं। ॥9॥

धर्म की रक्षा के लिए भी धन की आवश्यकता होती है। धर्म, कर्म भी धन के द्वारा ही संपन्न हो सकता है। दूसरों का उपकार करना, दान देना, मंदिर आदि का निर्माण आदि कार्य धर्म माने जाते हैं। विद्या को स्थिर रखने के लिए चतुरतापूर्वक उसका अभ्यास करने की आवश्यकता होती है, इसलिए कहा गया है कि 'विद्या योगेन रक्ष्यते।'

राजा की रक्षा उसके मधुर व्यवहार के कारण ही होती है। यदि शासक क्रूर हो जाए तो प्रजा विद्रोह कर सकती है, इसलिए राजा का कर्तव्य है कि वह मधुर और उदार-व्यवहार से अपना राज्य नष्ट होने से बचाता रहे। राजा को अपनी प्रजा के प्रति व्यवहार दयालुतापूर्ण होना ही चाहिए। जब तक स्त्रियों को अपने सतीत्व का ध्यान रहता है, उनके मन में अपने परिवार की प्रतिष्ठा सर्वोपरि रहती है, तब तक घर बचा रहता है अर्थात परिवार नष्ट नहीं होता, परंतु जब वे अपने शील और सतीत्व का परित्याग कर देती हैं तो वह घर नष्ट होता है।

अन्यथा वेदपाण्डित्यं शास्त्रमाचारमन्यथा।
अन्यथा कुवचः शान्तं लोकाः क्लिश्यन्ति चान्यथा॥

विद्वान व्यक्ति के पांडित्य की निंदा करने वाले, शास्त्रों द्वारा कहे गए श्रेष्ठ आचरण को व्यर्थ बताने वाले, धीर, गंभीर और शांत रहने वाले व्यक्ति को ढोंगी और पाखंडी बताने वाले लोग हमेशा दुख उठाते हैं। इस परनिंदा रूप कार्य से कोई लाभ नहीं होता है। ॥10॥

बहुत से लोग अपने स्वभाव के कारण विद्वान पंडितों की विद्वत्ता को व्यर्थ बताते हैं, उनकी निंदा करते हैं। शास्त्रों में बताए गए नियमों के अनुसार आचरण करने वाले व्यक्ति को भी वे व्यर्थ का आचरण करने वाला बताते हैं। विद्वानों को ढोंगी और शास्त्रों को कल्पित बताते हैं। ऐसा करते हुए वे विद्वानों या शास्त्रों की सार्थकता को तो नकार नहीं पाते, अपितु लाभ से वंचित हो जाते हैं, जो उन्हें मिल सकता था।

शांत और चुपचाप रहने वाले की चुप्पी को मूर्खों की भाषा में कमजोरी ही माना जाता है। विद्वान, श्रेष्ठ आचरण करने वाले, धीर, गंभीर और शुद्ध व्यक्ति का निंदा से कुछ भी नहीं बिगड़ता, हां, निंदक सदैव दुखी रहते हैं। यदि कोई नदी का जल नहीं पीता, तो उससे नदी का क्या घटता है?

दारिद्र्यनाशनं दानं शीलं दुर्गतिनाशनम्।
अज्ञाननाशिनी प्रज्ञा भावना भयनाशिनी॥

दान देने से दरिद्रता नष्ट होती है, अच्छे आचरण से कष्ट दूर होते हैं, मनुष्य की दुर्गति समाप्त होती है, बुद्धि से अज्ञान नष्ट होता है अर्थात मूर्खता नष्ट होती है और ईश्वर की भक्ति से भय दूर होता है। ॥11॥

आचार्य चाणक्य कहते हैं कि दान देने से दरिद्रता नष्ट होती है। अनेक शास्त्रों और संतों ने भी कहा है कि 'दान दिए धन ना घटे'। यदि मन के साथ इसे जोड़ा जाए, तो यह कथन और भी स्पष्ट हो जाता है, क्योंकि धनी भी मन से दरिद्र हो सकता है और निर्धन भी श्रीमान्।

व्यक्ति अच्छे गुणों, नम्र व्यवहार और सुशीलता के कारण अपने कष्ट दूर करता है, क्योंकि सभी व्यक्ति सद्गुणी और सुशील व्यक्ति को आगे बढ़ाने की इच्छा रखते हैं।

प्रभु सबकी सहायता करने वाला है। जो व्यक्ति नित्य नियम से ईश्वर की प्रार्थना करते हैं, वे सदैव दुर्गुणों से बचे रहते हैं। उन्हें न तो किसी व्यक्ति से डरने की आवश्यकता होती है और न ही वे संकटों के आने पर भयभीत होते हैं।

नाऽस्ति कामसमो व्याधिर्नाऽस्ति मोहसमो रिपुः।
नाऽस्ति कोपसमो वह्निर्नाऽस्ति ज्ञानात् परं सुखम्।।

कामवासना के समान कोई रोग नहीं। मोह से बड़ा कोई शत्रु नहीं। क्रोध जैसी कोई आग नहीं और ज्ञान से बढ़कर इस संसार में सुख देने वाली कोई वस्तु नहीं। ।।12।।

अधिक कामवासना में लिप्त रहने वाला व्यक्ति शक्तिहीन होकर अनेक रोगों का शिकार हो जाता है। वह कामवासना की पूर्ति के लिए रोगी से संबंध बनाकर किसी रोग की गिरफ्त में भी आ सकता है।

व्यक्ति का क्रोध उसके लिए आग का काम करता है। उसका अपना क्रोध उसे जला डालता है। ज्ञान से बढ़कर संसार में सुख देने वाली कोई भी वस्तु नहीं है, जो व्यक्ति बुद्धि और विवेक से कार्य करता है, वह सदा सुखी रहता है। मोह को सबसे बड़ा शत्रु बताया गया है। मोह का अर्थ है मूर्च्छा अर्थात् अविवेक। यह बुद्धि को नष्ट कर देता है।

जन्ममृत्यु हि यात्येको भुनक्त्येकः शुभाऽशुभम्।
नरकेषु पतत्येक एको याति परां गतिम्।।

जिस प्रकार मनुष्य अकेला ही जन्म लेता है, उसी प्रकार अकेले ही उसे पाप और पुण्य का फल भी भोगना पड़ता है। अकेले ही अनेक प्रकार के कष्ट भोगने पड़ते हैं अर्थात अकेले ही उसे नरक का दुख उठाना पड़ता है और अकेला ही वह मोक्ष को प्राप्त होता है। ।।13।।

मनुष्य के जन्म और मृत्यु के चक्र में उसका कोई साथ नहीं देता। वह जब जन्म लेता है तब भी अकेला होता है। जब उसकी मृत्यु होती है तब भी वह अकेला होता है। अतः बार–बार जन्म लेने और मरने के चक्र में मनुष्य को अकेले ही भागीदारी करनी होती है।

चाणक्य ने मनुष्य के अकेले ही नरक में जाने की बात कही है। नरक और कुछ नहीं है, मनुष्य द्वारा भोगे जाने वाले कष्टों का ही नाम है। व्यक्ति अकेला ही इस कष्ट को भोगने के लिए मजबूर होता है। उसके कष्ट में सहानुभूति तो जताई जा सकती है, परंतु उसका कष्ट बांटा नहीं जा सकता। यदि वह अच्छे कार्य करता है तो इसी जन्म में जीवन्मुक्त की स्थिति को प्राप्त कर लेता है।

आचार्य चाणक्य ने यहां संकेत दिया है कि सब अकेले ही करना है, इसलिए उत्तरदायित्व को निभाने के लिए हमेशा तैयार रहना चाहिए। दूसरों की ओर क्यों देखना? दूसरों का सहारा लेने की आदत से मुक्त हों, यही श्रेयस्कर है।

तृणं ब्रह्मविदः स्वर्गस्तृणं शूरस्य जीवितम्।
जिताऽशस्य तृणं नारी निःस्पृहस्य तृणं जगत्॥

जिसे ब्रह्मज्ञान है, उसके लिए स्वर्ग तिनके के समान अर्थात तुच्छ है। शूरवीर के लिए जीवन तिनके के समान होता है। जितेन्द्रिय अर्थात संयमी व्यक्ति के लिए स्त्री (भोग पदार्थ) तिनके के समान होती है और इच्छारहित मनुष्यों के लिए सारा संसार ही तिनके के समान है। ॥14॥

जिसे ब्रह्मज्ञान है, उसके लिए स्वर्ग का कोई महत्व नहीं, क्योंकि वह जानता है कि स्वर्ग के सुख भी क्षणिक हैं। शूरवीर व्यक्ति जीवन की बलि देने से नहीं डरता, उसके लिए अपना जीवन एक तिनके के समान है, उसे अपने जीवन में किसी से भय नहीं होता। जिस व्यक्ति ने इन्द्रियों को अपने वश में किया है, उसे नारी अपने वश में नहीं कर सकती। यहां नारी शब्द का अर्थ है सभी भोग पदार्थ, नारी तो उसका प्रतीक मात्र है। इसी प्रकार इच्छारहित व्यक्ति के लिए सारा संसार तिनके के समान होता है क्योंकि उसकी किसी वस्तु में आसक्ति नहीं होती। आसक्ति ही व्यक्ति या वस्तु को मूल्य प्रदान करती है।

विद्या मित्रं प्रवासेषु भार्या मित्रं गृहेषु च।
व्याधितस्यौषधं मित्रं धर्मो मित्रं मृतस्य च॥

विदेश में विद्या ही मनुष्य की सच्ची मित्र होती है, घर में अच्छे स्वभाव वाली और गुणवती पत्नी ही मनुष्य की सबसे अच्छी मित्र होती है। रोगी व्यक्ति की मित्र दवाई है और जो मनुष्य मर चुका है उसका धर्म-कर्म ही उसका मित्र होता है। ॥15॥

मित्र की परिभाषा करते हुए कहा गया है—जो सदैव अपने मित्र का हित चिंतन करे तथा विपत्ति में साथ न छोड़े, वही सच्चा मित्र होता है। इस संदर्भ में विद्या, गुणी पत्नी, औषधि और धर्म को देखने की आवश्यकता है। ये चारों मित्र की तरह हित करते हैं। धर्म की श्रेष्ठता की ओर भी आचार्य ने संकेत किया है क्योंकि जब सब साथ छोड़ जाते हैं, उस समय धर्म ही मृतात्मा को सद्गति देता है, उसके मोक्ष का कारण बनता है।

वृथा वृष्टिः समुद्रेषु वृथा तृप्तेषु भोजनम्।
वृथा दानं धनाढ्येषु वृथा दीपो दिवाऽपि च॥

समुद्र में बारिश होना, भोजन से तृप्त हुए मनुष्य को फिर से भोजन कराना, धनी लोगों को दान देना और दिन में दीपक जलाना आदि बातें व्यर्थ और निरर्थक होती हैं। ॥16॥

नाऽस्ति मेघसमं तोयं नाऽस्ति चात्मसमं बलम्।
नाऽस्ति चक्षुःसमं तेजो नाऽस्ति धान्यसमं प्रियम्॥

बादल के जल जैसा दूसरा कोई जल शुद्ध नहीं, आत्मबल के समान दूसरा कोई बल नहीं, नेत्र ज्योति के समान दूसरी कोई ज्योति नहीं और अन्न के समान दूसरा कोई प्रिय पदार्थ नहीं होता। ॥17॥

मेघ के जल को सबसे अधिक पवित्र इसलिए माना जाता है कि वह स्वास्थ्यवर्धक होता है। जिस व्यक्ति में आत्मा का बल है अर्थात जो स्वयं पर विश्वास करता है, उसमें सभी प्रकार के बलों का सहज रूप में समावेश हो जाता है। आत्मबल क्या शरीर और इन्द्रियों के बल से बढ़कर नहीं है? चाणक्य ने नेत्र की ज्योति को सबसे अधिक उपयोगी माना है क्योंकि नेत्र की ज्योति के बिना मनुष्य के लिए सारा संसार अंधकारमय होता है। अन्न को मनुष्य के लिए सबसे अधिक प्रिय पदार्थ कहा गया है क्योंकि जब तक अन्न नहीं मिलता तब तक शरीर मन आदि अपना-अपना कार्य नहीं कर सकते। प्राणियों के अन्नमय कोष अर्थात् शरीर की पुष्टि तो अन्न से ही होती है।

अधना धनमिच्छन्ति वाचं चैव चतुष्पदाः।
मानवाः स्वर्गमिच्छन्ति मोक्षमिच्छन्ति देवताः॥

धनहीन व्यक्ति और अधिक धन पाना चाहता है, चौपाये अर्थात चार पैर वाले पशु चाहते हैं कि वे बोल सकें, मनुष्य स्वर्ग चाहता है और देवता मोक्ष की कामना करते हैं। ॥18॥

व्यक्ति हर समय चाहता है कि उसे धन की प्राप्ति हो परंतु उसे यह पता ही नहीं होता कि उसके लिए लगातार श्रम करना पड़ता है। पशु वाणी चाहते हैं ताकि वे अपने मन की बात किसी दूसरे से कर सकें। मनुष्य यह भी चाहता है कि उसे स्वर्ग मिले, देवता और विद्वान व्यक्ति इस जीवन से मुक्त होने की कामना करते, इसलिए वह जीवन में ऐसे कार्य करते हैं जिनसे जीवन-मरण के बंधन से मुक्त होकर मोक्ष की प्राप्ति होती है। प्राणीमात्र का यह स्वभाव है कि जिसके पास जो नहीं है, वह उसकी कामना करता है।

सत्येन धार्यते पृथिवी सत्येन तपते रविः।
सत्येन वाति वायुश्च सर्वं सत्ये प्रतिष्ठितम्॥

सत्य के कारण पृथ्वी स्थिर है, सूर्य भी सत्य के बल से प्रकाश देता है, सत्य से ही वायु बहती है, सब सत्य में ही स्थिर है। ॥19॥

सत्य का आधार ब्रह्म है। पृथ्वी अथवा यह संसार सत्य के कारण ही टिका हुआ है। इसी सत्य और ब्रह्म से सूर्य का प्रकाश सारे संसार में फैलता है। सत्य अथवा प्रभु की शक्ति से ही इस संसार में वायु का संचार होता है। इस प्रकार सभी कुछ सत्य अथवा ब्रह्म में स्थित है।

चला लक्ष्मीश्चला: प्राणाश्चलं जीवित-यौवनम्।
चलाचले च संसारे धर्म एको हि निश्चल:॥

इस चराचर जगत् में लक्ष्मी (धन) चलायमान है अर्थात लक्ष्मी स्थिर नहीं रहती, नष्ट हो जाती है, प्राण भी नाशवान हैं, जीवन और यौवन भी नष्ट होने वाले हैं, इस चराचर संसार में एकमात्र धर्म ही स्थिर है। ।।20।।

धन-सम्पत्ति मनुष्य के पास सदा नहीं रहती, उसके कर्मों के अनुसार आती-जाती है। जिस मनुष्य ने जीवन धारण किया है, उसका मरना भी आवश्यक है, इसीलिए प्राणों को स्थिर नहीं कहा जा सकता। मनुष्य का यौवन सदा स्थिर रहने वाली वस्तु नहीं, बुढ़ापा यौवन का क्षय है, परंतु धर्म ऐसा तत्त्व है जिसका नाश नहीं होता। मनुष्य की मृत्यु के बाद भी धर्म ही उसका साथ देता है। शास्त्र की भी मान्यता है कि आते भी हम अकेले हैं और जाते भी अकेले ही हैं, लेकिन धर्म हमेशा साथ रहता है। आचार्य के अनुसार जो हमेशा साथ रहने वाला है उसकी ओर मनुष्य को ध्यान देना चाहिए।

नराणां नापितो धूर्त: पक्षिणां चैव वायस:।
चतुष्पदां शृगालस्तु स्त्रीणां धूर्ता च मालिनी॥

मनुष्य में नाई सबसे अधिक चालाक और होशियार होता है। पक्षियों में कौआ, चार पैरों वाले जानवरों में गीदड़ और स्त्रियों में मालिन अत्यधिक चतुर होती है। ।।21।।

यहां जिन जातियों की बात आचार्य चाणक्य ने की है, उसे आपत्तिजनक मानना आचार्य के कथन को सही संदर्भ में न समझने की भूल करना है। जो जाति जितनी अधिक सामाजिक होती है, उसे इस बात का व्यावहारिक अनुभव होता है कि किस व्यक्ति से किस प्रकार कार्य करवाना है।

कुछ बिरादरियों में जो पुरानी परंपराओं का निर्वाह कर रही हैं, आज भी 'नापित' की महत्वपूर्ण भूमिका होती है। पहले शादी-विवाह आदि में महत्वपूर्ण निर्णय भी इनके द्वारा लिए जाते थे। ये मीडिएटर का काम करते थे और अपने यजमान के प्रति वफादार होते थे। इनके सामने लोग अपने मन की बात खोलकर भी रख देते हैं। यही स्थिति फूल का व्यापार

करने वाली जाति की स्त्रियों की भी है। उनका मेल हर तरह के लोगों के साथ होता था। अपनी बात रखने के बारे में तथा किसी के सवाल का तत्काल जवाब देने में आज भी उनकी कोई बराबरी नहीं है।

यहां एक बात विशेष रूप से समझने की है कि इस दुनिया में कुछ भी नकारात्मक नहीं है। बुद्धिमान व्यक्ति प्रत्येक वस्तु का, प्रत्येक स्थिति-परिस्थिति का और प्रत्येक संवेग का सही प्रयोग और उपयोग करना जानता है। यही उसकी सफलता का मूलमंत्र है। इसीलिए वह 'विशेष' कहलाता है। और यह भी कि शब्दों का अर्थ रुढ़ की जगह यदि यौगिक रूप में किया जाए, तो सर्वसाधारण उसे खींचकर उसी ओर ले जाता, जो जनसामान्य में प्रचलित है। इस बारे में तो सभी एकमत से सहमत हैं कि कुछ शब्दों का एक अर्थ नहीं होता। उसके सही अर्थों को संदर्भ के अनुसार लगाना पड़ता है। जब शब्द का अर्थ भाव के विपरीत हो, तो लक्ष्यार्थ को समझने का प्रयास करना चाहिए।

अध्याय का सार

गुरु की महिमा का वर्णन सर्वत्र किया गया है, परंतु चाणक्य ने यह भी स्पष्ट किया है कि सामान्य जीवन में कौन किसका गुरु होता है। उनका कहना है कि स्त्रियों का गुरु उसका पति होता है, गृहस्थ का गुरु अतिथि होता है। ब्राह्मण, क्षत्रिय और वैश्य का गुरु अग्नि अर्थात अग्निहोत्र है और चारों वर्णों का गुरु ब्राह्मण होता है।

जिस प्रकार सोने को कसौटी पर घिसकर, आग में तपाकर उसकी शुद्धता की परख होती है, उसी प्रकार मनुष्य अपने अच्छे कर्मों और गुणों से पहचाना जाता है और प्रतिकूल परिस्थितियों में ये निखरते हैं।

चाणक्य कहते हैं कि मनुष्य को जीवन में भयभीत होने की आवश्यकता नहीं। उसे निडर होकर कार्य करने चाहिए। यदि किसी भय की आशंका हो तो भी घबराना नहीं चाहिए बल्कि संकट आने पर उसका डटकर मुकाबला करना चाहिए।

चाणक्य कहते हैं कि यह आवश्यक नहीं है कि एक ही माता से उत्पन्न होने वाली संतान एक ही प्रकार के स्वभाव वाली हो, सबमें अलग-अलग गुण होते हैं। यह वैयक्तिक भिन्नता तो प्रकृति का विशेष गुण है।

चाणक्य का मानना है कि कोई भी व्यक्ति वह वस्तु प्राप्त नहीं कर सकता, जिसे प्राप्त करने की उसमें इच्छा न हो। जिसे विषय-वासनाओं से प्रेम नहीं, वह शृंगार अथवा सुंदरता बढ़ाने वाली वस्तुओं की मांग नहीं करता। जो व्यक्ति बिना किसी लाग-लपेट के स्पष्ट

बात कहता है, वह कपटी नहीं होता। विद्या अभ्यास से प्राप्त होती है और आलस्य से नष्ट हो जाती है। दूसरे के हाथ में दिया हुआ धन वापस मिलना कठिन होता है और जिस खेत में बीज कम डाला जाता है, वह फसल नष्ट हो जाती है। चाणक्य कहते हैं कि दान देने से धन घटता नहीं वरन् दानदाता की दरिद्रता समाप्त होती है। सद्‌बुद्धि द्वारा मूर्खता नष्ट होती है और मन में सकारात्मक विचारों से भय समाप्त हो जाते हैं।

मनुष्य में अनेक ऐसे दोष होते हैं, जिनसे उसे अनेक कष्ट उठाने पड़ते हैं। चाणक्य कहते हैं कि कामवासना से बढ़कर कोई दूसरा रोग नहीं, मोह और क्रोध के समान स्वयं को नष्ट करने वाला कोई शत्रु नहीं। चाणक्य का कहना है कि क्रोध व्यक्ति को हर समय जलाता रहता है। मनुष्य जो कर्म करता है, अच्छा या बुरा, उसका फल उसे अकेले ही भोगना पड़ता है, वह अकेला ही इस संसार में जन्म लेता है और अकेला ही मरता भी है। स्वर्ग अथवा नरक में भी वह अकेला ही जाता है, केवल कर्म ही उसके साथ जाते हैं।

मनुष्य जब विदेश में जाता है तो उसका ज्ञान और बुद्धि ही साथ देती है। घर में पत्नी ही सच्ची मित्र होती है। औषधि रोगी के लिए हितकर होने के कारण उसकी मित्र है। मृत्यु के, बाद जब संसार की कोई वस्तु या व्यक्ति मनुष्य का साथ नहीं देता उस समय धर्म ही व्यक्ति का मित्र होता है।

चाणक्य का कहना है कि वर्षा के जल से श्रेष्ठ दूसरा जल नहीं और व्यक्ति का आत्मबल ही उसका सबसे बड़ा बल है। मनुष्य का तेज उसकी आंखें हैं और उसकी सबसे प्रिय वस्तु है अन्न। संसार में कोई भी अपनी स्थिति से संतुष्ट नहीं है। जो पास में नहीं है, उसी की चाह प्रत्येक व्यक्ति करता है। निर्धन धन चाहता है। पशु वाणी चाहते हैं। मनुष्य स्वर्ग की और देवत्व को प्राप्त जीव मोक्ष की कामना करते हैं। आचार्य यहां संकेत दे रहे हैं कि देवता भी असुरक्षित हैं। उन्हें भी पुण्य समाप्ति के बाद मृत्युलोक में आना पड़ता है इसीलिए वे देवयोनि से भी मुक्त होना चाहते हैं।

सत्य की महत्ता बताते हुए चाणक्य कहते हैं कि सत्य के कारण ही दुनिया के समस्त कार्य-व्यापार चल रहे हैं। लक्ष्मी, मनुष्य के प्राण और यह संसार सभी नश्वर हैं, केवल धर्म ही शाश्वत है अर्थात मनुष्य को अपनी रुचि धर्म में रखनी चाहिए।

❑❑

॥ अथ षष्ठोऽध्यायः ॥

छठा अध्याय

बुद्धिमान व्यक्ति को अपनी इंद्रियों को वश में करके समय के अनुरूप बगुले के समान अपने कार्य को सिद्ध करना चाहिए। तब तक धैर्य रखना चाहिए जब तक लक्ष्य चलकर पास न आ जाए।

श्रुत्वा धर्मं विजानाति श्रुत्वा त्यजति दुर्मतिम्।
श्रुत्वा ज्ञानमवाप्नोति श्रुत्वा मोक्षमवाप्नुयात्॥

मनुष्य वेद आदि शास्त्रों को सुनकर धर्म के रहस्य को जान लेता है। विद्वानों की बात सुनकर दुष्ट व्यक्ति बुरे ढंग से सोचना छोड़ देता है। गुरु से ज्ञान प्राप्त कर मनुष्य संसार के बंधन से छूट जाता है। ॥1॥

चाणक्य का विश्वास है कि व्यक्ति वेद-शास्त्रों के अध्ययन के अलावा उन्हें सुनकर भी लाभ उठा सकता है। उनका कहना है कि वेद आदि शास्त्रों के सुनने से व्यक्ति धर्म के रहस्य को समझ सकता है और विद्वानों के उपदेश सुनकर अपने बुरे विचारों को त्याग सकता है। सुनने का अर्थ वेद प्रतिपादित ज्ञान को गुरुमुख से श्रवण करना भी है। इस प्रकार ज्ञान की प्राप्ति श्रवण से ही होती है, जिससे मनुष्य संसार के बंधनों से मुक्त हो जाता है।

आचार्य ने इस श्लोक द्वारा श्रवण के महत्व पर प्रकाश डाला है। यह श्रवण विद्वान और अनुभवी गुरु के मुख से होने पर ही फल देता है। 'सुनो, मनन करो और उसे आत्मसात् करो'-यह श्रुतिवाक्य है।

पक्षिणां काकश्चाण्डालः पशूनां चैव कुक्कुरः।
मुनीनां कोपी चाण्डालः सर्वेषां चैव निन्दकः॥

पक्षियों में कौआ, पशुओं में कुत्ता, मुनियों में क्रोध करने वाला और सामान्यजन में दूसरे लोगों की निंदा करने वाला व्यक्ति दुष्ट और चाण्डाल होता है। ।।2।।

भाव यह है कि दुष्ट और चाण्डाल प्राणी सभी स्थानों पर होते हैं परंतु दुष्टता की सीमा कहां होती है, इसकी व्याख्या चाणक्य ने की है। कौआ पक्षियों में इसलिए सबसे अधिक गंदा और दुष्ट माना गया है क्योंकि उसे किसी प्रकार की शुद्धता का कोई भी ज्ञान नहीं होता, वह सदैव गंदगी पर जाकर बैठता है, पशुओं में कुत्ते का भी वही हाल है। आचार्य का कहना है कि ऋषि-मुनियों में भी जो व्यक्ति क्रोध करता है, उसे दुष्ट और चांडाल मानना चाहिए, परंतु सामान्य व्यक्तियों में दुष्ट और चाण्डाल वह है, जो दूसरों की निंदा करता है।

भस्मना शुध्यते कांस्यं ताम्रमम्लेन शुध्यति।
रजसा शुध्यते नारी नदी वेगेन शुध्यति।।

कांसे का बर्तन राख से मांजने पर, तांबा खटाई से, स्त्री रजस्वला होने के बाद तथा नदी का जल तीव्र वेग से शुद्ध होता है। ।।3।।

भ्रमन् सम्पूज्यते राजा भ्रमन् सम्पूज्यते द्विजः।
भ्रमन् सम्पूज्यते योगी स्त्री भ्रमन्ती विनश्यति।।

अपनी प्रजा में घूम-फिरकर उसकी स्थिति को जानने वाले राजा की प्रजा उसकी पूजा करती है। जो द्विज अर्थात विद्वान ब्राह्मण देश- प्रदेश की भूमि पर ज्ञान का प्रचार करता है, उसकी पूजा होती है। जो योगी सदा घूमता रहता है, वह आदर-सत्कार का भागी होता है, परंतु भ्रमण करने वाली स्त्री भ्रष्ट हो जाती है। ।।4।।

राजा का कर्तव्य यह है कि वह स्वयं भी अपने राज्य में घूम- फिरकर प्रजा की वास्तविक स्थिति ज्ञात करने की कोशिश करे। वह अपने ज्ञान के अनुसार उसके दुख दूर करने का प्रयत्न कर सकता है।

ब्राह्मण का कर्तव्य है कि वह घूम-फिरकर लोगों को शास्त्रों का ज्ञान दे। एक स्थान पर रुकने से उस स्थान और वहां संपर्क में आने वाले लोगों से संबंध स्थापित होने के कारण आसक्ति और मोह का हृदय में उठ खड़ा होना स्वाभाविक है। यह स्थिति योगी को बांधती है। इसके लिए योगी का एक स्थान पर 24 घंटों से ज्यादा नहीं रुकना चाहिए। इसके विपरीत इन लोगों के समान इधर-उधर घूमने वाली नारी अपने धर्म से विचलित हो जाती है। स्त्री का इधर-उधर घूमना परिवार के अपमान का कारण होता है और वह समाज की नजरों में गिर जाता है।

तादृशी जायते बुद्धिर्व्यवसायोऽपि तादृशः।
सहायास्तादृशा एव यादृशी भवितव्यता।।

मनुष्य जैसा भाग्य लेकर जन्म लेता है, उसकी बुद्धि उसी के अनुसार प्रवृत्त होती है और वह व्यवसाय अथवा काम-धन्धा भी वैसा ही चुनता है तथा उसके सहायक भी उसी प्रकार के होते हैं। ।।5।।

आचार्य का कहना है कि जो होना है वह तो होकर ही रहता है। मनुष्य काम-धन्धे के लिए अपनी बुद्धि के अनुरूप ही व्यवसाय का चुनाव करता है और उसके काम-धन्धे में सहायता करने वाले भी उसके विचारों के अनुरूप मिल जाते हैं।

कालः पचति भूतानि कालः संहरते प्रजाः।
कालः सुप्तेषु जागर्ति कालो हि दुरतिक्रमः।।

समय सब प्राणियों को अपने पेट में पचा लेता है अर्थात सबको नष्ट कर देता है। काल ही सबकी मृत्यु का कारण होता है। जब सब लोग सो जाते हैं, तो काल ही जागता रहता है। इसमें संदेह नहीं कि काल बड़ा बलवान है। काल से पार पाना अत्यंत कठिन है। ।।6।।

व्यक्ति काल के प्रभाव से नहीं बच सकता है, जीवों सहित सभी वस्तुएं काल के प्रभाव से नष्ट हो जाती हैं। सबके सो जाने पर भी वह काल जागता रहता है। काल चक्र सृष्टि के आरंभ से लेकर प्रलय काल तक चलता रहता है कभी नहीं रुकता। जो उसकी उपेक्षा करता है, काल (समय) उसे पीछे छोड़कर आगे निकल जाता है। काल हम सबके साथ ऐसे खेलता है जैसे शिकार बने चूहे के साथ बिल्ली क्रीड़ा करती है।

न पश्यति च जन्मान्धः कामान्धो नैव पश्यति।
न पश्यति मदोन्मत्तो ह्यर्थी दोषान् न पश्यति।।

जन्म से अंधे को, कामांध को और शराब आदि के नशे में मस्त व्यक्ति को कुछ दिखाई नहीं देता। स्वार्थी व्यक्ति की भी यही स्थिति है क्योंकि वह उस व्यक्ति के दोषों को देख नहीं पाता, जिससे उसके स्वार्थों की पूर्ति होती हो। ।।7।।

स्वयं कर्म करोत्यात्मा स्वयं तत्फलमश्नुते।
स्वयं भ्रमति संसारे स्वयं तस्माद्विमुच्यते।।

जीवात्मा स्वयं कार्य करता है और उसका फल भी स्वयं भोगता है। वह स्वयं ही विभिन्न योनियों में जन्म लेकर संसार में भ्रमण करता है और स्वयं ही अपने पुरुषार्थ से

संसार के बंधनों तथा आवागमन के चक्र से छूटकर मुक्ति को प्राप्त करता है। ।।8।।

आचार्य के अनुसार, व्यक्ति जैसे कर्म करता है, उसके अनुसार ही उसे कर्मों का फल भोगना पड़ता है। कर्मों के फल के अनुरूप ही उसे दुख और सुख मिलता है। वह स्वयं ही अपने कर्मों के अनुसार संसार में विभिन्न योनियों में जन्म लेता है और जन्म-मरण के चक्र में पड़ा रहता है। उसे इस चक्र से मुक्ति भी स्वयं उसके श्रेष्ठ कार्यों से ही मिलती है। आचार्य का कथन है कि बंधन और मुक्ति दोनों तुम्हारे हाथों में हैं। 'स्वयं' शब्द पर जोर दिया है, जो उत्तरदायित्व की ओर संकेत करता है।

राजा राष्ट्रकृतं भुंक्ते राज्ञः पापं पुरोहितः।
भर्ता च स्त्रीकृतं पापं शिष्यपापं गुरुस्तथा।।

राजा को राष्ट्र के पापों का फल भोगना पड़ता है। राजा के पाप पुरोहित भोगता है। पत्नी के पाप उसके पति को भोगने पड़ते हैं और शिष्य के पाप गुरु भोगते हैं। ।।9।।

राजा यदि राष्ट्र को ठीक ढंग से नहीं चलाता अर्थात अपना कर्तव्य पालन नहीं करता तो उससे होने वाली हानि राजा को ही कष्ट पहुंचाती है। यदि पुरोहित अर्थात राजा को परामर्श देने वाला व्यक्ति राजा को ठीक तरह से मंत्रणा नहीं देता तो उसका पाप पुरोहित को भोगना पड़ता है। स्त्री यदि कोई बुरा कार्य करती है तो उसका पति दोषी होता है। इसी प्रकार शिष्य द्वारा किए गए पाप का वहन गुरु को करना पड़ता है। 'अधीन' द्वारा किए गए पाप का भागी स्वामी होता है।

ऋणकर्ता पिता शत्रु माता च व्यभिचारिणी।
भार्या रूपवती शत्रुः पुत्र शत्रुरपण्डितः।।

ऋणी पिता अपनी संतान का शत्रु होता है। यही स्थिति बुरे आचरण वाली माता की भी है। सुन्दर पत्नी अपने पति की और मूर्ख पुत्र अपने माता-पिता का शत्रु होता है। ।।10।।

किसी भी कारण से अपनी संतान पर ऋण छोड़कर मरने वाला पिता शत्रु कहा गया है, क्योंकि उसके ऋण की अदायगी संतान को करनी पड़ती है। व्यभिचारिणी माता भी शत्रु के समान मानी गई है, क्योंकि उससे परिवार कलंकित होता है। इसी प्रकार अत्यधिक सुंदर स्त्री पति के लिए शत्रु के समान है क्योंकि बहुत से लोग उसके रूप से आकृष्ट होकर उसे पथभ्रष्ट करने का प्रयत्न करते हैं। मूर्ख पुत्र के कार्यों की वजह से माता-पिता को नित्य अपमान सहना पड़ता है, इससे परिवार को दुख व हानि होती है। इसीलिए वह परिवार का शत्रु है।

लुब्धमर्थेन गृह्णीयात् स्तब्धमञ्जलिकर्मणा।
मूर्खः छन्दोऽनुवृत्तेन यथार्थत्वेन पण्डितम्॥

लोभी को धन देकर, अभिमानी को हाथ जोड़कर, मूर्ख को उसकी इच्छा के अनुसार कार्य करके और विद्वान को सच्ची बात बताकर वश में करने का प्रयत्न करना चाहिए। ॥11॥

लोभी व्यक्ति अपने स्वार्थ में इतना अंधा होता है कि वह धन प्राप्ति के बिना संतुष्ट नहीं होता। उसे धन देकर वश में किया जा सकता है। जिस व्यक्ति को अभिमान है, अहंकार है, उसे नम्रतापूर्वक व्यवहार करके वश में किया जा सकता है। मूर्ख व्यक्ति सदैव हठी होता है, इसलिए उसकी इच्छा के अनुसार कार्य करके उसे अपने अनुकूल बनाया जा सकता है और विद्वान व्यक्ति को वश में करने का सबसे सही उपाय यह है कि उसे वास्तविकता से परिचित करवाया जाए।

वरं न राज्यं न कुराजराज्यं वरं न मित्रं न कुमित्रमित्रम्।
वरं न शिष्यो न कुशिष्यशिष्यो वरं न दारा न कुदारदाराः॥

बुरे राज्य की अपेक्षा किसी प्रकार का राज्य न होना अच्छा है, दुष्ट मित्रों के बजाय मित्र न होना अच्छा है, दुष्ट शिष्यों की जगह शिष्य न होना अधिक अच्छा है और दुष्ट पत्नी का पति कहलाने से अच्छा है कि पत्नी न हो। ॥12॥

चाणक्य मानते हैं कि शासन-व्यवस्था से संपन्न राज्य में ही रहना चाहिए और मित्र भी सोच-विचारकर ही बनाने चाहिए।

गुरु को भी चाहिए कि परखकर शिष्य बनाए तथा दुष्ट स्त्री को पत्नी बनाने की अपेक्षा अच्छा है कि विवाह ही न किया जाए।

कुराजराज्येन कुतः प्रजासुखं कुमित्रमित्रेण कुतोऽस्ति निर्वृतिः।
कुदारदारैश्च कुतो गृहे रतिः कुशिष्यमध्यापयतः कुतो यशः॥

दुष्ट राजा के शासन में प्रजा को सुख नहीं मिल सकता, धोखेबाज मित्र से सुख की प्राप्ति नहीं हो सकती, दुष्ट स्त्री को पत्नी बनाने से घर में सुख और शांति नहीं रह सकती, इसी प्रकार खोटे शिष्य को विद्या दान देने वाले गुरु को भी अपयश ही मिलता है। ॥13॥

सिंहादेकं बकादेकं शिक्षेच्चत्वारि कुक्कुटात्।
वायसात्पञ्च शिक्षेच्च षट्शुनस्त्रीणि गर्दभात्॥

व्यक्ति को शेर और बगुले से एक-एक, मुर्गे से चार, कौए से पांच, कुत्ते से छह और गधे से तीन गुण सीखने चाहिए। ।।14।।

इस संसार की प्रत्येक वस्तु और प्रत्येक प्राणी हमें कोई न कोई उपदेश दे रहे हैं। इन गुणों को सीखकर जीवन में सफलता, उन्नति और विकास किया जा सकता है। आगामी चार श्लोकों में ऐसे ही कुछ गुणों का वर्णन किया गया है।

प्रभूतं कार्यमल्पं वा यन्नरः कर्तुमिच्छति।
सर्वारम्भेण तत्कार्यं सिंहादेकं प्रचक्षते॥

कार्य छोटा हो या बड़ा व्यक्ति को शुरू से ही उसमें पूरी शक्ति लगा देनी चाहिए, यह शिक्षा हम सिंह से ले सकते हैं। ।।15।।

इसका भाव यह है कि व्यक्ति जो भी कार्य करे, चाहे वह छोटा हो अथवा बड़ा, उसे पूरी शक्ति लगाकर करना चाहिए, तभी उसमें सफलता प्राप्त होती है। सिंह पूरी शक्ति से शिकार पर झपटता है—वह बड़ा हो या छोटा। बड़े को देखकर घबराता नहीं और छोटे की उपेक्षा नहीं करता। सफलता पाने के लिए प्रयास पर विश्वास आवश्यक है।

इन्द्रियाणि च संयम्य बकवत् पण्डितो नरः।
देशकालबलं ज्ञात्वा सर्वकार्याणि साधयेत्॥

बुद्धिमान व्यक्ति को अपनी इन्द्रियों को वश में करके समय के अनुरूप अपनी क्षमता को तौलकर बगुले के समान अपने कार्य को सिद्ध करना चाहिए। ।।16।।

बगुला जब मछली को पकड़ने के लिए एक टांग पर खड़ा होता है तो उसे मछली के शिकार के अतिरिक्त अन्य किसी बात का ध्यान नहीं होता। इसी प्रकार बुद्धिमान व्यक्ति जब किसी कार्य की सिद्धि के लिए प्रयत्न करे तो उसे अपनी इन्द्रियां वश में रखनी चाहिए। मन को चंचल नहीं होने देना चाहिए तथा चित्त एक ही दिशा में, एक ही कार्य की पूर्ति में लगा रहे, ऐसा प्रयास करना चाहिए। शिकार करते समय बगुला इस बात का पूरा अंदाजा लगा लेता है कि किया गया प्रयास निष्फल तो नहीं जाएगा।

प्रत्युत्थानं च युद्धं च संविभागं च बंधुषु।
स्वयमाक्रम्य भुक्तं च शिक्षेच्चत्वारि कुक्कुटात्॥

समय पर उठना, युद्ध के लिए सदा तैयार रहना, अपने बन्धुओं को उनका उचित हिस्सा देना और स्वयं आक्रमण करके भोजन करना मनुष्य को ये चार बातें मुर्गे से सीखनी चाहिए। ।।17।।

गूढमैथुनचरित्वं च काले काले च संग्रहम्।
अप्रमत्तमविश्वासं पञ्च शिक्षेच्च वायसात्॥

छिपकर मैथुन करना, ढीठ होना, समय-समय पर कुछ वस्तुएं इकट्ठी करना, निरंतर सावधान रहना और किसी दूसरे पर पूरी तरह विश्वास नहीं करना, ये पांच बातें कौए से सीखने योग्य है। ।।18।।

बह्वाशी स्वल्पसन्तुष्टः सुनिद्रो लघुचेतनः।
स्वामिभक्तश्च शूरश्च षडेते श्वानतो गुणाः॥

बहुत भोजन करना लेकिन कम में भी संतुष्ट रहना, गहरी नींद लेकिन जल्दी से उठ बैठना, स्वामिभक्ति और बहादुरी ये छह गुण कुत्ते से सीखने चाहिए। ।।19।।

सुश्रान्तोऽपि वहेद् भारं शीतोष्णं न च पश्यति।
सन्तुष्टश्चरते नित्यं त्रीणि शिक्षेच्च गर्दभात्॥

व्यक्ति को ये तीन बातें गधे से सीख लेनी चाहिए—अपने मालिक के लिए बोझ ढोना, सर्दी-गर्मी की चिंता नहीं करना तथा सदा संतोष से अपना जीवन बिताना। ।।20।।

य एतान् विंशतिगुणानाचरिष्यति मानवः।
कार्याऽवस्थासु सर्वासु अजेयः स भविष्यति॥

जो व्यक्ति इन बीस गुणों को सीख लेता है अर्थात इन्हें अपने आचरण में ले आता है, वह सब कार्यों और अवस्थाओं में विजयी होता है अर्थात उसे किसी भी अवस्था में पराजय का मुख नहीं देखना पड़ता। ।।21।।

आचार्य का कथन है कि शास्त्रों में जो ज्ञान दिया गया है, वह सैद्धांतिक है। जिसने भी सफलता और उन्नति के तत्वों को स्वयं में, अपने आसपास या समूची प्रकृति में देखा, उसे उन्होंने जिज्ञासुओं के लिए लिपिबद्ध कर दिया, लेकिन उसे अपने जीवन में उतारने के लिए संदेह रहित होना जरूरी है।

ये गुण पशु-पक्षियों में सहज रूप से देखने को मिलते हैं। इन्हें अपनाकर ही वे अस्तित्व की लड़ाई में स्वयं को बचा पाते हैं। कैसे? उसी की बानगी दी है आचार्य ने। भगवान दत्तात्रेय द्वारा 24 गुरुओं से कुछ-न-कुछ सीखना।

इसी तरह के अन्य उदाहरण हैं। अपनी जांच-पड़ताल के लिए आप यह देखें कि इनमें से आपके पास कौन-से गुण हैं और कौन से नहीं!

अध्याय का सार

श्रवण का जीवन में अत्यंत महत्व है लेकिन उसकी भी एक सुनिश्चित विधि है। गुरुमुख से ही शास्त्र का श्रवण करना चाहिए। गुरु विद्वान और अनुभवी होता है, इसलिए उसके सुने वचनों को जीवन में धारण करने से भटकाव समाप्त होता है, निश्चित दिशा मिलती है।

चाणक्य का कहना है कि मनुष्य जीवन बड़े सौभाग्य से प्राप्त होता है। इसलिए मनुष्य को चाहिए कि वह अपने जीवन को शुभ कार्यों की ओर लगाए, दूसरों की निंदा आदि करना छोड़ दे। वेद आदि शास्त्रों के पढ़ने और शुभ कार्य करने से मनुष्य इस संसार में यश को प्राप्त होता है। चाणक्य कहते हैं, जिस मनुष्य के पास धन है, सभी उसके भाई-बंधु, मित्र बनने को तैयार हो जाते हैं और उसे ही श्रेष्ठ पुरुष मान लिया जाता है। वे यह भी कहते हैं कि जैसी होनी होती है, मनुष्य की बुद्धि और उसके कर्म भी उसी प्रकार के हो जाते हैं। इस संसार में समय ही ऐसी वस्तु है जिसे टाला नहीं जा सकता। चाणक्य के अनुसार जब मनुष्य अपने स्वार्थ में अंधा हो जाता है तो उसे अच्छे-बुरे में अंतर दिखाई नहीं देता। मनुष्य का बंधन और मुक्ति उसके द्वारा किए जाने वाले कर्मों पर ही आश्रित होते हैं, क्योंकि वह जैसा कर्म करता है, उसे वैसा ही फल भोगना पड़ता है।

आचार्य के अनुसार प्रजा के कार्यों का फल राजा को, पत्नी के कार्यों का फल पति को तथा पिता द्वारा छोड़ा गया ऋण पुत्रों को चुकाना पड़ता है। व्यभिचारिणी माता और मूर्ख पुत्र मनुष्य के लिए शत्रु के समान होते हैं। चाणक्य सामान्य जीवन में आने वाली समस्याओं पर प्रकाश डालते हुए कहते हैं कि किसी का लोभी व्यक्ति से पाला पड़ जाए तो उसे धन देकर, विद्वान को अपने मधुर व्यवहार से और मूर्ख तथा दुष्ट को उसके अनुकूल व्यवहार से वश में किया जा सकता है। ऐसे राज्य में रहना उचित नहीं, जहां सुव्यवस्था न हो। इसी प्रकार दुष्ट से मित्रता करने के बजाय मित्ररहित रहकर जीवन गुजार देना ज्यादा हितकर है।

चाणक्य का कहना है कि सिंह से एक गुण सीखना चाहिए-किसी भी कार्य को करते समय उसमें अपनी पूरी शक्ति लगाना। बगुला मछली पकड़ने के लिए आंखें बंद करके एक टांग पर खड़ा होता है, यह इंद्रियों को वश में करने का उदाहरण है। यह बगुले से सीखने योग्य गुण है। प्रयास करना महत्वपूर्ण है, इसलिए उसे करने से पहले अपनी क्षमता को परख लें। बगुला यह निश्चित हो जाने के बाद ही कि अब शिकार बच नहीं सकता, अपना प्रयास करता है। इसी प्रकार मुर्गे से चार बातें सीखनी चाहिए। मनुष्य को ब्रह्ममुहूर्त में

उठना, झगड़े का संकट उत्पन्न होने पर पीछे न हटना और जो कुछ भी प्राप्त हो उसे अपने भाई-बन्धुओं में बांटकर ही उपयोग में लाना। इसी प्रकार कौए में भी पांच गुण होते हैं, छिपकर मैथुन करना, हठी होना, समय-समय पर वस्तुओं को इकट्ठा करना, हमेशा चौकन्ना रहना तथा किसी पर विश्वास न करना। कुत्ते में बहुत अधिक खाने की शक्ति होती है, परंतु जब उसे बहुत कम भोजन मिलता है तब भी वह उसी में संतोष कर लेता है। वह एकदम गहरी नींद में सो जाता है, परंतु अत्यंत सतर्क रहता है और जरा-सी आहट होने पर ही जाग उठता है। उसे अपने मालिक से प्रेम होता है और समय पड़ने पर वह वीरतापूर्वक शत्रु से लड़ता भी है। इसी प्रकार गधा अत्यंत थका होने पर भी अपने काम में लगा रहता है, उसे सर्दी-गर्मी आदि किसी बात का कष्ट नहीं होता और अपने जीवन से पूर्णरूप से संतुष्ट रहता है।

चाणक्य के अनुसार जो व्यक्ति इन गुणों को धारण कर लेता है, उसे जीवन में सफलता प्राप्त होती ही है। सफलता की कामना करने वाले को चाहिए कि वह इन गुणों को अपने जीवन में विशेष स्थान दे। इनके आधार पर हम अपनी संभावनाओं को भी आंक सकते हैं। देखिए, कसौटी पर घिसकर अपने खरेपन को।

❑❑

॥ अथ सप्तमोऽध्याय: ॥

सातवां अध्याय

जिस मनुष्य ने विद्या को ग्रहण नहीं किया, उसका जीवन कुत्ते की उस पूंछ के समान है, जिससे न तो वह अपने गुप्त भागों को ढंक सकता है, न ही काटने वाले मच्छर आदि कीटों को उड़ा सकता है।

अर्थनाशं मनस्तापं गृहे दुश्चरितानि च।
वञ्चनं चाऽपमानं च मतिमान्न प्रकाशयेत्॥

एक बुद्धिमान व्यक्ति को चाहिए कि वह अपने धन के नष्ट होने को, मानसिक दुख को, घर के दोषों को, किसी व्यक्ति द्वारा ठगे जाने और अपना अपमान होने की बात किसी पर भी प्रकट न करे, किसी को भी न बताए।॥1॥

प्रत्येक व्यक्ति को कभी-न-कभी धन की हानि उठानी पड़ती है, उसके मन में किसी प्रकार का दुख या संताप भी हो सकता है। प्रत्येक घर में कोई-न-कोई बुराई भी होती है। कई बार उसे धोखा देकर ठगा जाता है और किसी के द्वारा उसे अपमानित भी होना पड़ सकता है, परंतु समझदार व्यक्ति को चाहिए इन सब बातों को वह अपने मन में ही छिपाकर रखे, इन्हें किसी दूसरे व्यक्ति पर प्रकट न करे। जानकर लोग हंसी ही उड़ाते हैं। ऐसी स्थिति में वह स्वयं उनका मुकाबला करे और सही अवसर की तलाश करता रहे।

धन-धान्यप्रयोगेषु विद्यासंग्रहणेषु च।
आहारे व्यवहारे च त्यक्तलज्जः सुखी भवेत्॥

जो व्यक्ति धन-धान्य के लेन-देन में, विद्या अथवा किसी कला को सीखने में, भोजन

के समय अथवा व्यवहार में लज्जाहीन होता है, अर्थात् संकोच नहीं करता वह सुखी रहता है। ।। 2।।

व्यक्ति को लेन-देन में किसी प्रकार का संकोच नहीं करना चाहिए। अपनी बात स्पष्ट और साफ शब्दों में कहनी चाहिए। विद्या अथवा किसी गुण को सीखते समय संकोच करने से भी हानि होती है।

इसी प्रकार भोजन करते समय जो व्यक्ति संकोच करता है, वह भूखा रह जाता है, इसीलिए भोजन के समय, लोकाचार और व्यवहार के समय व्यक्ति को संकोच न करके अपने विचार स्पष्ट रूप से व्यक्त करने चाहिए। लोग श्लोक के आखिरी वाक्य को उद्धृत कर कहते हैं कि 'निर्लज्ज सुखी होता है।' संदर्भ के अनुसार इसका अर्थ करना चाहिए ताकि अर्थ का अनर्थ न हो।

सन्तोषाऽमृततृप्तानां यत्सुखं शान्तचेतसाम्।
न च तद् धनलुब्धानामितश्चेतश्च धावताम्॥

जो व्यक्ति संतोषरूपी अमृत से तृप्त है, मन से शांत है, उसे जो सुख प्राप्त होता है, वह धन के लिए इधर-उधर दौड़-धूप करने वाले को कभी प्राप्त नहीं होता। ।।3।।

संतोष की बड़ी महिमा है। जो व्यक्ति संतोष से अपना जीवन बिताते हैं और शांत रहते हैं, उन्हें जितना सुख प्राप्त होता है, वह धन के लालच के लिए हर समय दौड़-धूप करने वाले व्यक्ति को प्राप्त नहीं हो सकता। संकेत है कि लोभी से संतोषी श्रेष्ठ है और संतोष जीवनदाता है।

सन्तोषस्त्रिषु कर्तव्यः स्वदारे भोजने धने।
त्रिषु चैव न कर्तव्योऽध्ययने तपदानयोः॥

अपनी पत्नी, भोजन और धन—इन तीनों के प्रति मनुष्य को संतोष रखना चाहिए, परंतु विद्याध्ययन, तप और दान के प्रति कभी संतोष नहीं करना चाहिए। ।।4।।

चाणक्य के अनुसार, व्यक्ति को अपनी पत्नी से ही संतुष्ट रहना चाहिए, अन्य स्त्रियों से संबंध बनाना अपमानित करता है। व्यक्ति को घर में जो भोजन प्राप्त होता है और उसकी जितनी आय है उसमें ही संतोष करना चाहिए लेकिन विद्या के अध्ययन, यम-नियमों आदि के पालन और दान आदि कार्यों से कभी भी संतुष्ट नहीं होना चाहिए अर्थात व्यक्ति जितना अधिक अध्ययन करेगा, जितना अधिक अपने चरित्र को ऊंचा उठाने के लिए तप करेगा तथा दान आदि करता रहेगा, उससे मनुष्य को लाभ होगा। ये तीन चीजें ऐसी हैं, जिनसे

मनुष्य को संतोष नहीं करना चाहिए। संतुष्टि कहां हो और कहां नहीं, जीवन में यह जानना भी जरूरी है।

विप्रयोर्विप्रवह्न्योश्च दम्पत्योः स्वामिभृत्ययोः।
अन्तरेण न गन्तव्यं हलस्य वृषभस्य च॥

दो ब्राह्मणों के बीच से, ब्राह्मण और अग्नि के बीच से, पति-पत्नी के बीच से, सेवक और नौकर के बीच से तथा हल-बैल के बीच से कभी नहीं निकलना चाहिए। ॥5॥

जहां दो ब्राह्मण खड़े हों या बात कर रहे हों, उनके बीच से नहीं निकलना चाहिए। इससे उनका अपमान होता है। इसी प्रकार ब्राह्मण और अग्नि के बीच से निकलकर नहीं जाना चाहिए, हो सकता है कि ब्राह्मण हवन, यज्ञ आदि कर रहा हो।

इसी प्रकार पति-पत्नी जहां कहीं खड़े अथवा बैठे हों, उनके बीच से निकलना भी अनुचित माना गया है। मालिक और नौकर, हल और बैल-इन दोनों के बीच से भी नहीं निकलना चाहिए, हो सकता है कि मालिक और नौकर किसी विशेष बात पर चर्चा कर रहे हों। हल और बैल के बीच में से निकलने का भाव बिलकुल स्पष्ट है कि ऐसे में चोट लग सकती है।

पादाभ्यां न स्पृशेदग्निं गुरुं ब्राह्मणमेव च।
नैव गां न कुमारीं च न वृद्धं न शिशुं तथा॥

अग्नि, गुरु, ब्राह्मण, गाय, कुंवारी कन्या, बूढ़ा आदमी और छोटे बच्चे-इन सबको पैर से कभी नहीं छूना चाहिए। ॥6॥

कुछ कार्य ऐसे भी हैं, जिन्हें करने से हानि होती है और कुछ कार्य आचार-व्यवहार के विपरीत होते हैं, उन्हें करने से समाज में अपयश होता है। अग्नि को पवित्र माना गया है, इसलिए उसे पैर से स्पर्श नहीं करना चाहिए। गुरु, ब्राह्मण और गाय को भी पूज्य होने के कारण पैर से छूना उचित नहीं। कुंवारी लड़की, बूढ़े आदमी और बच्चे भी सम्मान के पात्र होते हैं, इसलिए इन्हें भी पैर से नहीं छूना चाहिए। पूज्य को यथायोग्य सम्मान देने पर यदि आयु, विद्या, यश और बल की प्राप्ति होती है, तो अनादर करने से इनकी हानि भी तो होगी ही। इतिहास में ऐसे कई उदाहरण हैं, जिनसे इस कथन की पुष्टि होती है।

शकटं पञ्चहस्तेन दशहस्तेन वाजिनम्।
हस्ती शतहस्तेन देशत्यागेन दुर्जनम्॥

बैलगाड़ी से पांच हाथ, घोड़े से दस हाथ और हाथी से सौ हाथ दूर रहने में ही मनुष्य की भलाई है। लेकिन दुष्ट से बचने के लिए यदि स्थान विशेष का त्याग भी करना पड़े तो हिचकना नहीं चाहिए। ।।7।।

व्यक्ति को स्वयं इस बात का प्रयत्न करना चाहिए कि किसी कारणवश उसे हानि न पहुंचे। बैलगाड़ी के बिलकुल निकट चलने से कोई दुर्घटना हो सकती है। घोड़ा किसी प्रकार की हानि पहुंचा सकता है। हाथी से भी कुचले जाने का भय रहता है, इसलिए इनसे दूर रहना चाहिए। चाणक्य का मानना है कि दुष्ट व्यक्ति इन सबसे बुरा होता है। इन सबसे बचने का यदि कोई और उपाय न हो तो व्यक्ति को स्वयं वह स्थान विशेष त्याग देना चाहिए।

हस्ती अंकुशमात्रेण वाजी हस्तेन ताड्यते।
श्रृंगी लगुडहस्तेन खड्गहस्तेन दुर्जनः॥

हाथी को अंकुश से वश में किया जाता है। घोड़े को हाथ की थाप से सीधे रास्ते पर लगाया जाता है। सींग वाले पशुओं को डंडा मारकर सीधे रास्ते पर लाया जा सकता है, परंतु दुष्ट व्यक्ति को हाथ में पकड़ी हुई तलवार से मारा जाना चाहिए क्योंकि वह वश में नहीं आता, उसे नष्ट ही करना होता है। ।।8।।

तुष्यन्ति भोजने विप्रा मयूरा घनगर्जिते।
साधवः परसम्पत्तौ खलः परविपत्तिषु॥

ब्राह्मण भोजन से तृप्त हो जाता है, मोर बादलों के गर्जने पर, सज्जन दूसरे को संपन्न और सुखी देखकर परंतु दुष्ट दूसरों को विपत्ति में पड़ा देखकर प्रसन्न होते हैं। ।।9।।

आचार्य चाणक्य ने यहां स्वभाव की ओर संकेत किया है। भोजन करके ब्राह्मण संतुष्ट होता है, क्योंकि इससे उसे खिलाने वाले को पुण्य की प्राप्ति होती है। बादलों को जल से भरा और प्रसन्नता के कारण गर्जना करता देखकर मयूर नृत्य करने लगता है। इसी तरह सज्जन दूसरों को सुखी देखकर हर्ष का अनुभव करते हैं, जबकि दुष्ट दूसरे के दुख में सुखी होते हैं।

आचार्य ने दुष्ट और सज्जन के स्वभाव के अंतर से यह बताना चाहा है कि प्रत्येक को स्वयं में झांककर देखना चाहिए कि वह दूसरों के सुख में सुख का अनुभव कर रहा है या उसे दूसरों को दुख पहुंचाने में या दुखी देखने में सुख की अनुभूति होती है। पहली स्थिति सज्जन की है और दूसरी दुष्ट व्यक्ति की।

अनुलोमेन बलिनं प्रतिलोमेन दुर्जनम्।
आत्मतुल्यबलं शत्रुं विनयेन बलेन वा॥

बलवान शत्रु को अनुकूल तथा दुर्जन शत्रु को प्रतिकूल व्यवहार द्वारा अपने वश में करें। इसी प्रकार अपने समान बल वाले शत्रु को विनम्रता या बल द्वारा, जो भी उस समय उपयुक्त हो, अपने वश में करने का प्रयत्न करना चाहिए। ।।10।।

चाणक्य का कहना है कि समय और स्थिति के अनुसार अपने शत्रु से व्यवहार करना चाहिए। यदि शत्रु बलवान है तो विनयपूर्वक उसे जीतने का प्रयत्न करना चाहिए अथवा अपने अनुकूल बनाने का प्रयत्न करना चाहिए। दुष्ट शत्रु के साथ प्रतिकूल व्यवहार करना चाहिए क्योंकि सज्जनतापूर्वक किए गए व्यवहार को वह कमजोरी समझेगा, इसलिए उसके साथ ऐसा व्यवहार इस प्रकार किया जाना चाहिए ताकि उसकी दुष्टता पर अंकुश लगे।

बाहुवीर्यं बलं राज्ञो ब्राह्मणो ब्रह्मविद् बली।
रूपयौवनमाधुर्यं स्त्रीणां बलमुत्तमम्॥

राजा का बल अथवा शक्ति उसकी भुजाओं का बल है। ब्राह्मण का बल उसका ज्ञान है और स्त्रियों का बल रूप और यौवन के साथ-साथ उनका सुमधुर व्यवहार है। ।।11।।

राजा के भुजबल से चाणक्य का भाव उसकी सशक्त सेना से है, जिस राजा की सेना सशक्त होगी, वह देश की रक्षा कर सकेगा परंतु इसके साथ-साथ शारीरिक रूप से राजा को स्वयं भी बलवान होना चाहिए। वह सेना की प्रेरणा होता है। ब्राह्मण की शक्ति ईश्वर संबंधी ज्ञान है। स्त्रियों का बल रूप और यौवन के साथ-साथ उनका मधुर व्यवहार है। इन दोनों का समन्वय यदि न हो, तो स्त्री उतनी प्रभावशाली नहीं हो पाती जितनी कि उसमें संभावना है।

नाऽत्यन्तं सरलैर्भाव्यं गत्वा पश्य वनस्थलीम्।
छिद्यन्ते सरलास्तत्र कुब्जास्तिष्ठन्ति पादपाः॥

मनुष्य को अत्यन्त सरल और सीधा भी नहीं होना चाहिए। वन में जाकर देखो, सीधे वृक्ष काट दिए जाते हैं और टेढ़े-मेढ़े गांठों वाले वृक्ष खड़े रहते हैं। ।।12।।

आचार्य चाणक्य के अनुसार, मनुष्य को अत्यन्त सरल और सीधे-स्वभाव का भी नहीं होना चाहिए। इससे उसे सब लोग दुर्बल और मूर्ख मानने लगते हैं तथा हर समय कष्ट देने का प्रयत्न करते हैं। सीधा- सादा व्यक्ति प्रत्येक व्यक्ति के के लिए सुगम होता है जबकि टेढ़े व्यक्ति से सब बचने की कोशिश करते हैं। ऐसे में दुरुपयोग तो होगा ही।

यत्रोदकं तत्र वसन्ति हंसाः तथैव शुष्कं परिवर्जयन्ति।
न हंसतुल्येन नरेण भाव्यं पुनस्त्यजन्ते पुनराश्रयन्ते॥

जहां जल रहता है, वहां हंस रहते हैं और जब जल सूख जाता है तो हंस उस स्थान को छोड़ देते हैं। मनुष्य को हंस के समान स्वार्थी नहीं होना चाहिए, क्योंकि वे कभी त्याग करते हैं और कभी आश्रय लेते हैं। ।।13।।

मनुष्य ही नहीं देवता भी स्वार्थी हैं। जब तक कोई स्तुति करता है, संबंध रखते हैं, फिर छोड़ देते हैं। लेकिन चाणक्य इसे ठीक नहीं मानते। उनका मानना है कि सुख में ही नहीं, दुख में भी साथ नहीं छोड़ना चाहिए, यदि किसी ने समय पर आपके लिए कुछ किया है तो। ऐसा नीति की दृष्टि से भी आवश्यक है। संबंधों को तोड़ना बुद्धिमान व्यक्ति का स्वभाव या गुण नहीं है। कभी भी किसी की जरूरत पड़ सकती है। अगर संबंध ही तोड़ दिया, तो आप उसके पास फिर किस मुंह से जाएंगे।

उपार्जितानां वित्तानां त्याग एव हि रक्षणम्।
तडागोदरसंस्थानां परीवाह इवाऽम्भसाम्॥

अर्जित अथवा कमाए हुए धन का त्याग करना अर्थात् उसका ठीक ढंग से व्यय करना, उससे सार्थक लाभ उठाना ही उसकी रक्षा है। जिस प्रकार तालाब में भरे हुए जल को निकालते रहने से ही उस तालाब का पानी शुद्ध और पवित्र रहता है। ।।14।।

मनुष्य द्वारा कमाए गए धन का सही उपयोग यही है कि वह उसे ठीक ढंग से काम में लाए। उसका दान करे, उसका उचित उपभोग करे—सही अर्थों में यही धन की रक्षा है। यदि धन कमाने के बाद उसका सही उपयोग नहीं किया जाएगा तो धन कमाने का लाभ ही क्या है? यह बात उसी प्रकार ठीक है जैसे यदि तालाब में भरे हुए पानी को निकाला नहीं जाएगा तो वह सड़ जाएगा। सड़ने से बचाने के लिए उसका उपयोग आवश्यक है। इसी तरह तालाब की रक्षा हो सकती है। धन की रक्षा का भी उपाय यह है कि उसका सदुपयोग किया जाए।

यस्याऽर्थास्तस्य मित्राणि यस्याऽर्थास्तस्य बान्धवाः।
यस्याऽर्थाः स पुमांल्लोके यस्याऽर्थाः स च जीवति॥

संसार में जिसके पास धन है उसी के सब मित्र होते हैं, उसी के सब भाई-बन्धु और स्वजन होते हैं। धनवान व्यक्ति को ही श्रेष्ठ व्यक्ति माना जाता है। इस प्रकार वह आदरपूर्वक अपना जीवन बिताता है। ।।15।।

आचार्य ने धन के महत्व पर प्रकाश डालते हुए यहां स्पष्ट किया है कि मनुष्य के पास जब तक धन रहता है, तब तक सब उसके मित्र बने रहते हैं। जिसके पास धन होता है, उसके रिश्तेदार भी बहुत होते हैं। धनवान व्यक्ति को ही संसार में श्रेष्ठ माना जाता है और धनवान व्यक्ति का ही जीवन धन्य कहलाने योग्य है। निर्धन व्यक्ति तो निर्जीव के समान है क्योंकि न तो उसकी ओर कोई ध्यान देता है, न ही कोई उसका अपना होता है।

धन में ऐसी शक्ति है कि यह जानते हुए भी कि यह आने-जाने वाला है सब लोग धनवान व्यक्ति को ही अपना मित्र और पारिवारिकजन बनाना उचित समझते हैं, उसे ही श्रेष्ठ व्यक्ति माना जाता है।

स्वर्गस्थितानामिह जीवलोके चत्वारि चिह्नानि वसन्ति देहे।
दानप्रसंगो मधुरा च वाणी देवाऽर्चनं ब्राह्मणतर्पणं च॥

स्वर्ग से इस संसार में आने वाले जीव के शरीर में चार बातें उसके चिह्न रूप में रहती हैं अर्थात् उसके चार प्रमुख गुण होते हैं। उसमें दान देने की प्रवृत्ति होती है। वह मधुरभाषी होता है। देवताओं की पूजा-अर्चना करता है, उनका आदर-सत्कार करता है और विद्वान-ब्राह्मणों को सदैव तृप्त अर्थात् संतुष्ट रखता है। ॥16॥

आचार्य चाणक्य के अनुसार, जिन व्यक्तियों में ये चार गुण होते हैं। वे मानो पृथ्वी पर उतरे हुए देवता ही हैं। वाणी में मिठास, प्रेमपूर्वक बिना अभिमान के बात करना, दान देने की प्रवृत्ति, देवताओं का आदर-सत्कार और उनकी पूजा-अर्चना करना तथा ब्राह्मणों को पूजा तथा आदर-सम्मान द्वारा तृप्त करने का प्रयत्न करना ही तो देवताओं के लक्षण हैं। इसे धर्मग्रंथों में दैवी संपत्ति कहते हैं।

अत्यन्तकोपः कटुका च वाणी दरिद्रता च स्वजनेषु वैरम्।
नीचप्रसंगः कुलहीनसेवा चिह्नानि देहे नरकस्थितानाम्॥

(इसी प्रकार) नरक में रहने वाले जब देह धारण कर इस संसार में आते हैं तो उनमें ऊपर बताए गए चिह्नों के सर्वथा विपरीत चिह्न होते हैं। वे मधुरभाषी होने के बजाय अत्यंत क्रोधी स्वभाव के होते हैं। कड़वी बात कहते हैं। वे निर्धन होते हैं। अपने परिवारजनों तथा मित्रों से वे द्वेष-भाव रखते हैं। उनकी संगति में नीच लोग रहते हैं और वे नीच कुल वालों की सेवा करते हैं। ॥17॥

यह श्लोक पूर्व श्लोक के भाव से संबंधित है। दुष्ट लोग अत्यन्त क्रोधी स्वभाव के होते हैं। मधुर भाषण करने के बजाय कठोर और कड़वी बातें बोलते हैं। वे दरिद्र होते हैं

अर्थात उनके पास धन नहीं होता। जिस प्रकार कुत्ता दूसरे अपरिचित कुत्ते को देखकर उस पर भौंकता है, उसी प्रकार दुष्ट अपनों से भी वैर-भाव रखने लगता है। उसके संगी-साथी नीच होते हैं और वह नीच लोगों की ही सेवा करता है। ऐसे लोग नरक से आते हैं और जहां रहते हैं वहां भी नरक ही बना देते हैं।

गम्यते यदि मृगेन्द्र-मन्दिरं लभ्यते करिकपोलमौक्तिकम्।
जम्बुकाऽऽलयगते च प्राप्यते वत्स-पुच्छ-खर-चर्म-खण्डनम्॥

यदि कोई मनुष्य सिंह की गुफा में पहुंच जाए तो वहां संभव है कि उसे हाथी के मस्तक का मोती (गजमुक्ता) प्राप्त हो जाए लेकिन यदि कोई गीदड़ की गुफा में जाएगा तो वहां उसे किसी बछड़े की पूंछ का अथवा गधे की खाल का टुकड़ा ही प्राप्त होगा। ॥18॥

इस श्लोक से चाणक्य का भाव यह है कि साहसी और शूरवीर व्यक्ति की संगति में यद्यपि भय और खतरा है, फिर भी वहां रत्नों की प्राप्ति हो सकती है, परंतु दुष्ट, कायर और ठग व्यक्ति के पास तो कुछ भी हाथ नहीं लगता, कुछ मिलता भी है, तो वह तुच्छ तथा निकृष्ट होता है।

शुनः पुच्छमिव व्यर्थं जीवितं विद्यया विना।
न गुह्यगोपने शक्तं न च दंशनिवारणे॥

विद्या के बिना मनुष्य का जीवन कुत्ते की उस पूंछ के समान है, जिससे न तो वह अपने शरीर के गुप्त भागों को ढक सकता है और न ही काटने वाले मच्छरों आदि को उड़ा सकता है। ॥19॥

वाचः शौचं च मनसः शौचमिन्द्रियनिग्रहः।
सर्वभूते दया शौचं एतच्छौत्रं पराऽर्थिनाम्॥

वाणी की पवित्रता, मन की शुद्धि, इंद्रियों का संयम, प्राणिमात्र पर दया, धन की पवित्रता, मोक्ष प्राप्त करने वाले के लक्षण होते हैं। ॥20॥

नीति ग्रंथों में अध्यात्म से संबंधित श्लोकों का आना कुछ पाठकों को खटक सकता है। उन्हें ऐसा लगेगा मानो आचार्य अपने लक्ष्य से भटक गए हैं। लेकिन ऐसा समझना आचार्य चाणक्य के व्यक्तित्व को न समझ पाना है। अपनी कूटनीतिक चालों से शत्रु को मात देने वाले आचार्य अपने लक्ष्य क़ो प्राप्त करने में इसीलिए सफल हुए क्योंकि वे अपने अंतरमन से उतने सरल और सहज थे। महान उद्देश्य को प्राप्त करने के लिए लघु स्वार्थों को छोड़ने की उन्होंने शिक्षा ही नहीं दी, उन्हें अपने आचरण में भी विशिष्ट स्थान दिया। अध्यात्म

उनके जीवन का आधार था। बंधन तो लीला मात्र है, असल में तो उनके सारे प्रयास मुक्ति के लिए ही थे।

उन्होंने इन श्लोकों द्वारा बताया कि भगवत्ता और दिव्यता कहीं अन्यत्र नहीं हैं। प्रत्येक में वह रची-बसी है। जरूरत है उसका अनुभव करने की। आचार्य ने उस अनुभव के लिए शुचिता (पवित्रता) को सबसे आवश्यक माना है। जो वाणी और मन से पवित्र होगा और जो दूसरों को दुखी देखकर दुखी होता होगा वही विवेकवान् हो सकता है। परोपकार की भावना हो, लेकिन इंद्रियों पर संयम न हो, तो भी अपने लक्ष्य को पाया नहीं जा सकता। एक स्थिति प्राप्त करने के बाद मार्ग से भटकने का भय बना रहता है। संयमी तो वहां स्वयं को संभाल लेता है, जहां इंद्रिय लोलुप उलझ जाता है। बिना विवेक के सत्य का ज्ञान नहीं होता और उसके बिना बंधनमुक्त भी नहीं हुआ जा सकता।

पुष्पे गन्धं तिले तैलं काष्ठेऽग्निं पयसि घृतम्।
इक्षौ गुडं तथा देहे पश्याऽऽत्मानं विवेकतः॥

जैसे फूल में सुगंध होती है, तिलों में तेल होता है, सूखी लकड़ी में अग्नि होती है, दूध में घी और ईख में गुड़ तथा मिठास होती है, वैसे ही शरीर में आत्मा और परमात्मा विद्यमान है। बुद्धिमान मनुष्य को विवेक का सहारा लेकर आत्मा और परमात्मा को जानने का प्रयत्न करना चाहिए। ॥21॥

आचार्य ने साधन और साध्य दोनों का स्पष्ट कथन किया है यहां।

अध्याय का सार

मनुष्य को कई कारणों से धन की हानि होती है। कई कारणों से वह दुखी रहता है। परिवार में कभी कुछ दोष भी आ जाते हैं तथा कई बार उसे धूर्त लोगों के हाथों से धोखा भी उठाना पड़ता है। चाणक्य का कहना है कि मनुष्य को ऐसी बातों को किसी दूसरे पर प्रकट करने की आवश्यकता नहीं, क्योंकि ऐसा करने से जगहंसाई के अतिरिक्त कुछ हाथ नहीं आता। इससे सामाजिक प्रतिष्ठा पर भी आंच आती है।

जो मनुष्य लेन-देन के संबंध में संकोच करता है, उसे हानि उठानी पड़ती है। किसी विद्या की प्राप्ति अथवा कोई गुण सीखते समय भी मनुष्य को संकोच नहीं करना चाहिए। यहां संकोच न करने का अर्थ यह नहीं है कि मनुष्य अत्यंत लोभी हो जाए। मनुष्य को संतोषी होना चाहिए, परंतु कुछ बातें ऐसी भी हैं जिनके संबंध में संतोष करने से हानि होती है, जैसे—विद्या, प्रभु स्मरण और दान आदि।

यहां आचार्य ने सामान्य आचरण की बातों का भी उल्लेख किया है क्योंकि इनसे व्यक्तिगत रूप से लाभ होता है और सामाजिक प्रतिष्ठा भी प्राप्त होती है। जहां दो मनुष्य बात कर रहे हों, उनके बीच में नहीं पड़ना चाहिए। इसी प्रकार जब कोई ब्राह्मण हवन आदि कर रहा हो तो उसके बीच से गुजरना ठीक नहीं। हल और बैल के बीच में जो अंतर होता है, उसे बनाए रखना चाहिए। यदि उस बीच में आने का कोई प्रयत्न करेगा तो हल के (फाल) अगले तीखे भाग से घायल हो जाएगा। अग्नि, गुरु, ब्राह्मण, गौ, कन्या, वृक्ष और बालक को पैर नहीं लगाना चाहिए। इन्हें पैर लगाने का अर्थ है उनका अपमान करना। उन्होंने यहां पर यह भी बताया है कि ब्राह्मण को यदि सम्मानपूर्वक भोजन आदि करवा दिया जाए तो वह संतुष्ट हो जाता है। आकाश में उमड़ते बादलों को देखकर मोर प्रसन्न होता है। साधु अथवा सज्जन लोग दूसरों का कल्याण होने से प्रसन्न होते हैं, परंतु दुष्ट आदमी दूसरे की भलाई नहीं देख सकता। उसे इससे कष्ट होता है।

चाणक्य ने जहां समय के अनुकूल आचरण करने की बात कही है, वहीं वे यह भी कहते हैं कि अपने से बलवान शत्रु को चतुरतापूर्वक अनुकूल व्यवहार करके प्रसन्न करना चाहिए और अपने से कमजोर दिखाई देने वाले शत्रु को भय दिखाकर वश में कर लेना चाहिए। इस प्रकार राजा में चतुरता, विनम्रता और बल का सम्मिश्रण होना चाहिए। ब्राह्मण को अपनी शक्ति वेद आदि शास्त्रों के ज्ञान से बढ़ानी चाहिए जबकि स्त्रियों की शक्ति उनकी मधुर वाणी है।

चाणक्य कहते हैं कि व्यक्ति को अत्यन्त सरल और सीधे स्वभाव का भी नहीं होना चाहिए। सीधे व्यक्ति को सब अपने उपयोग में लाना चाहते हैं, जिससे उसे अकसर हानि ही होती है, क्योंकि उसके हित की चिंता किसी को नहीं होती।

आचार्य के अनुसार व्यक्ति को सदैव अपना रूप नहीं बदलते रहना चाहिए और न ही अपना स्थान। वे कहते हैं कि केवल उसी धनी व्यक्ति का सम्मान समाज में होता है, जो उस धन का सदुपयोग करता है अर्थात अच्छे धन को कामों में लगाता है, क्योंकि जो अच्छे लोग इस संसार में आते हैं, उनमें दान देने की प्रवृत्ति होती है। जो कटु-भाषण नहीं करते, देवी-देवता तथा ईश्वर की पूजा करते हैं और ब्राह्मणों को भोजन आदि से संतुष्ट रखते हैं—वस्तुतः वे ही श्रेष्ठ पुरुष कहलाते हैं। इसके विपरीत आचरण करने वाले दुष्टों की श्रेणी में आते हैं।

चाणक्य का कहना है कि मनुष्य को सदैव सज्जनों और अपने से उत्तम पुरुषों की ही संगति करनी चाहिए अर्थात मनुष्य का लक्ष्य होना चाहिए कि वह अपने से श्रेष्ठ व्यक्तियों

से संपर्क बनाए, तभी वह संसार में सफल हो सकता है। नीच लोगों के साथ रहने में सदैव हानि होती है।

जिस प्रकार फूलों में सुगंध, तिलों में तेल, लकड़ी में आग, दूध में घी, ईख में गुड़ होने पर भी दिखाई नहीं देता अर्थात ये चीजें इन वस्तुओं में विद्यमान रहती हैं, परंतु उन्हें आंख से देखा नहीं जा सकता, इसी प्रकार मनुष्य के शरीर में आत्मा विद्यमान रहती है। इसे प्रकट करने के लिए विशेष और सुव्यवस्थित प्रयास अर्थात् विशेष प्रकार की निरंतर साधना आवश्यक है।

❑❑

॥ अथ अष्टमोऽध्यायः ॥

आठवां अध्याय

भूमि के अंदर से निकलने वाला पानी शुद्ध माना जाता है। पतिव्रता नारी पवित्र होती है। लोगों का कल्याण करने वाला राजा पवित्र माना जाता है और संतोषी ब्राह्मण को भी पवित्र माना गया है।

अधमाः धनमिच्छन्ति धनं मानं च मध्यमाः।
उत्तमाः मानमिच्छन्ति मानो हि महतां धनम्॥

जो लोग संसार में केवल धन की इच्छा करते हैं, वे अधम अर्थात नीच कोटि के हैं। मध्यम श्रेणी के लोग धन और सम्मान दोनों की इच्छा करते हैं जबकि उत्तम कोटि के मनुष्यों को केवल आदर-सम्मान ही चाहिए होता है। ॥1॥

संसार में धन की इच्छा तो सभी को रहती है, परंतु धन की प्राप्ति के लिए निम्न श्रेणी के लोग अन्य सब बातें भूल जाते हैं। सब कुछ भुलाकर धन के पीछे भागना ठीक नहीं। मध्यम श्रेणी के लोग वे हैं जो धन के साथ मान-सम्मान की भी इच्छा रखते हैं, वे धन की प्राप्ति के लिए अपने मान-सम्मान को दांव पर नहीं लगाते। श्रेष्ठ पुरुष अर्थात उत्तम कोटि के मनुष्य वे हैं, जिनके लिए आदर-सत्कार ही सब कुछ है। उत्तम कोटि के लोगों को महात्मा कहा जाता है, उनके लिए धन का विशेष महत्व नहीं होता। वे धन का प्रयोग जीने के लिए करते हैं, धन के लिए नहीं जीते हैं।

इक्षुरापः पयो मूलं ताम्बूलं फलमौषधम्।
भक्षयित्वाऽपि कर्तव्याः स्नानदानाऽऽदिकाः क्रियाः॥

गन्ना, पानी, दूध, कंदमूल फल, पान तथा दवाइयों का सेवन करने के बाद भी स्नान आदि और धर्म कार्य किए जा सकते हैं। ।।2।।

सामान्य भारतीयों में यह धारणा पाई जाती है कि स्नान-ध्यान आदि करने के बाद ही फल और औषधि आदि का सेवन करना चाहिए, परंतु चाणक्य कहते हैं कि बीमारी की अवस्था में दूध, जल, कंदमूल फल और दवाई आदि का सेवन किया जा सकता है, इसमें कोई पाप नहीं। उसके बाद स्नान आदि करके पूजा-पाठ और धार्मिक कार्य करना अनुचित नहीं है।

दीपो भक्षयते ध्वान्तं कज्जलं च प्रसूयते।
यदन्नं भक्षयेन्नित्यं जायते तादृशी प्रजा।।

दीपक अंधकार को खाता है और उससे काजल की उत्पत्ति होती है। इसी प्रकार मनुष्य जैसा अन्न खाता है, वैसी ही उसकी संतान उत्पन्न होती है। ।।3।।

तात्पर्य बिलकुल स्पष्ट है—यदि व्यक्ति अच्छे कार्यों से अपनी आजीविका चलाएगा तो उसकी संतान भी सद्‌गुणों से युक्त होगी, यदि वह चोरी और मक्कारी से पैदा किए हुए धन से अपनी संतान का पालन-पोषण करता है तो संतान के विचार भी उसी प्रकार के निकृष्ट होंगे। आचार्य यहां संकेत दे रहे हैं कि जैसी संतान चाहते हो, वैसा ही अन्न सेवन करो। संतान यदि फल है, तो अन्न उसका बीज है।

वित्तं देहि गुणान्वितेषु मतिमन्नान्यत्र देहि क्वचित्
प्राप्तं वारिनिधेर्जलं घनमुखे माधुर्ययुक्तं सदा
जीवान्स्थावरजंगमांश्च सकलान् संजीव्य भूमण्डलम्
भूयः पश्य तदेव कोटिगुणितं गच्छन्तमम्भोनिधिम्।।

बुद्धिमान या अच्छे गुणों से युक्त मनुष्य को ही धन दो, गुणहीनों को धन मत दो। समुद्र का खारा पानी बादल के मीठे पानी से मिलकर मीठा हो जाता है और इस संसार में रहने वाले सभी जड़-चेतन, चर और अचर जीवों को जीवन देकर फिर समुद्र में मिल जाता है। ।।4।।

चाणक्य ने बुद्धिमान व्यक्ति को धन देने की उपमा वर्षा के जल से की है अर्थात जिस प्रकार वर्षा का जल जड़-चेतन आदि को जीवन देने के बाद फिर समुद्र में जा मिलता है और फिर समुद्र से करोड़ गुना अधिक बादलों को पुनः प्राप्त हो जाता है, उसी प्रकार गुणी

व्यक्ति को दिया हुआ धन अनेक अच्छे कार्यों में प्रयुक्त होता है। यह श्लोक यह भी संकेत करता है कि यद्यपि धन अनेक दुर्गुणों से युक्त है, फिर भी गुणी व्यक्ति का साथ पाकर वह निर्दोष हो जाता है–जनोपयोगी हो जाता है।

चाण्डालानां सहस्त्रे च सूरिभिस्तत्त्वदर्शिभिः।
एको हि यवनः प्रोक्तो न नीचो यवनात् परः।।

तत्त्व को जानने वाले विद्वानों ने यह कहा है कि हजारों चाण्डालों के समान एक यवन अर्थात म्लेच्छ– धर्मविरोधी होता है। इससे बढ़कर कोई दूसरा नीच नहीं होता। ।।5।।

यहां यवन शब्द का अर्थ किसी सम्प्रदाय विशेष से नहीं है, वरन् अधर्म का आचरण करने वाले दुष्ट व्यक्ति से है। यदि इस शब्द का अर्थ समग्र रूप में लिया जाए, तो वह है तन और मन से अशुद्ध तथा अपवित्र रहने वाला। नीचे दिया गया श्लोक इसी बात की पुष्टि करता है।

तैलाऽभ्यंगे चिताधूमे मैथुने क्षौरकर्मणि।
तावद्भवति चाण्डालो यावत्स्नानं न चाऽऽचरेत्।।

तेल की मालिश करने के बाद, चिता के धुएं के स्पर्श करने के बाद, स्त्री से संभोग करने के बाद और हजामत आदि करवाने के बाद मनुष्य जब तक स्नान नहीं कर लेता, तब तक वह चाण्डाल अर्थात् अशुद्ध होता है। ।।6।।

अजीर्णे भेषजं वारि जीर्णे वारि बलप्रदम्।
भोजने चामृतं वारि भोजनान्ते विषप्रदम्।।

अपच की स्थिति में जल पीना औषधि का काम देता है और भोजन के पच जाने पर जल पीने से शरीर का बल बढ़ता है, भोजन के बीच में जल पीना अमृत के समान है, परंतु भोजन के अंत में जल का सेवन विष के समान हानिकारक होता है। ।।7।।

हतं ज्ञानं क्रियाहीनं हतश्चाऽज्ञानतो नरः।
हतं निर्नायकं सैन्यं स्त्रियो नष्टा ह्यभर्तृकाः।।

आचरण के बिना ज्ञान व्यर्थ है। अज्ञान से मनुष्य नष्ट हो जाता है। सेनापति के अभाव में सेना नष्ट हो जाती है और पति से रहित स्त्रियां भी नष्ट हो जाती हैं। ।।8।।

यदि व्यक्ति को ज्ञान है कि कौन–सा कार्य उचित है और कौन–सा अनुचित, इसके बावजूद वह अपने आचरण में इस बात को नहीं अपनाता, तो ऐसा ज्ञान व्यर्थ है, उसका कोई लाभ नहीं।

मनुष्य का जीवन बड़ी कठिनाई से प्राप्त होता है। ईश्वर ने प्राणी को बुद्धि इसीलिए दी है कि वह ज्ञानवान होकर शुभाचरण करे, किंतु कुछ लोग अपनी अज्ञानता के कारण जीवन संकट में डालकर नष्ट हो जाते हैं अर्थात अज्ञान उन्हें निगल जाता है। इसी प्रकार सेनापति के बिना सेना व्यर्थ होती है और वह नष्ट हो जाती है। स्त्रियां भी पति के बिना दुष्ट लोगों द्वारा सताए जाने के कारण नष्ट हो जाती हैं। पति उसका रक्षक होता है। वही उसकी रक्षा करता है। पति के बिना वह अपने मार्ग से भटक सकती है। इस संदर्भ में आज स्त्रियों की स्थिति में बहुत अंतर आया है। शिक्षा इसका प्रमुख कारण है।

वृद्धकाले मृता भार्या बंधुहस्ते गतं धनम्।
भोजनं च पराधीनं तिस्त्रः पुंसां विडम्बना।।

वृद्धावस्था में पत्नी का देहान्त हो जाना, धन अथवा संपत्ति का भाई-बन्धुओं के हाथ में चले जाना और भोजन के लिए दूसरों पर आश्रित रहना, यह तीनों बातें मनुष्य के लिए मृत्यु समान दुखदायी हैं। ।।9।।

दुख जीवन का एक महत्वपूर्ण हिस्सा है। लेकिन वृद्धावस्था में यदि कोई पुरुष अपनी पत्नी को खो दे, तो वह दारुण स्थिति है। जीवन साथी की जीवन में दो भूमिकाएं हैं—भोग और सहयोग। वृद्धावस्था में एक-दूसरे के सहयोग की अपेक्षा होती है। परंपरा के अनुसार पति अकसर पत्नी से 5-7 वर्ष बड़ा होता था। वृद्धावस्था में इस अंतर का अत्यंत महत्व है। जब पूरे परिवार की अपनी दुनिया हो, वृद्ध एक तरह से निरर्थक हो चुके हों, बूढ़े दंपति ही एक-दूसरे के लिए सार्थक हों, ऐसे में एक का, विशेषकर पत्नी का, चले जाना पति के लिए मृत्यु के समान है। आचार्य ने एक महत्वपूर्ण समस्या की ओर मानो इस श्लोकांश से संकेत किया है। पुरुष के बिना स्त्री अपना समय काट लेती है। सोचिए, पराधीन कौन है?

नाग्निहोत्रं विना वेदा न च दानं विना क्रिया।
न भावेन विना सिद्धिस्तस्माद्भावो हि कारणम्।।

अग्निहोत्र आदि कर्मों के बिना वेदों का अध्ययन व्यर्थ है तथा दान-दक्षिणा के बिना यज्ञ आदि कर्म निष्फल होते हैं। श्रद्धा और भक्ति के बिना किसी भी कार्य में सफलता प्राप्त नहीं होती अर्थात मनुष्य की भावना ही उसके विचार, उसकी सब सिद्धियों और सफलता का कारण मानी गई है। ।।10।।

काष्ठपाषाणधातूनां कृत्वा भावेन सेवनम्।
श्रद्धया च तया सिद्धस्तस्य विष्णुः प्रसीदति।।

लकड़ी, पत्थर अथवा धातु की मूर्ति में प्रभु की भावना और श्रद्धा रखकर उसकी पूजा की जाएगी, तो सिद्धि अवश्य प्राप्त होती है। प्रभु इस भक्त पर अवश्य प्रसन्न होते हैं। ।।11।।

लकड़ी, पत्थर अथवा धातु की मूर्तियों से व्यक्ति को सिद्धि प्राप्त नहीं होती, सिद्धि प्राप्त होती है तपस्या और भावना से अर्थात मनुष्य उनके प्रति जैसी भावना रखता है और श्रद्धापूर्वक सेवा करता है, व्यक्ति को वैसी सिद्धि ही प्राप्ति होती है। उसी भक्त पर विष्णु तथा परमेश्वर प्रसन्न होते हैं। 'जाकी रही भावना जैसी प्रभु मूरत देखी तिन तैसी' अर्थात् पूजा में भावना ही प्रधान है–जैसी भावना, वैसा फल।

न देवो विद्यते काष्ठे न पाषाणे न मृन्मये।
भावे हि विद्यते देवस्तस्माद् भावो हि कारणम्।।

देवता अथवा परमेश्वर, काठ अथवा पत्थर की मूर्ति में नहीं हैं। परमेश्वर तो मनुष्य की भावना में विद्यमान रहते हैं अर्थात जहां मनुष्य भावना द्वारा उसकी पूजा करता है, वहीं वे प्रकट होते हैं। ।।12।।

शान्तितुल्यं तपो नास्ति न सन्तोषात्परं सुखम्।
न तृष्णायाः परो व्याधिर्न च धर्मो दयापरः।।

शांति से बढ़कर कोई तप नहीं, संतोष से बढ़कर कोई सुख नहीं। तृष्णा अथवा चाह से बढ़कर कोई रोग नहीं, दयालुता से बढ़कर कोई धर्म नहीं। ।।13।।

शांत रहने के लिए व्यक्ति को अपनी कामनाओं और इंद्रियों पर नियंत्रण रखना होता है इसीलिए यह तप है। जो व्यक्ति हर समय भागता-दौड़ता रहता है, और और की कामना करता रहता है, उसे सुख नहीं मिल सकता। मनुष्य की तृष्णा उस रोग की तरह है, जिसमें भूख कभी शांत नहीं होती। दया को आचार्य ने सर्वश्रेष्ठ धर्म माना है। दया का अर्थ है संवेदना का विकास, इसमें अन्य का भाव समाप्त हो जाता है।

क्रोधो वैवस्वतो राजा तृष्णा वैतरणी नदी।
विद्या कामदुधा धेनुः सन्तोषो नन्दनं वनम्।।

क्रोध यमराज के समान है। तृष्णा वैतरणी है। विद्या कामधेनु है और संतोष नंदन वन अर्थात इंद्र के उद्यान के समान है। ।।14।।

क्रोध यमराज के समान मृत्युदाता है। मनुष्य की इच्छाएं वैतरणी नदी के समान हैं जिनका पार नहीं पाया जा सकता।

विद्या को सब कामनाओं को पूर्ण करने वाली कामधेनु बताया गया है, अतः विद्वान सरलतापूर्वक धन और मान-सम्मान दोनों को अर्जित कर सकता है। मनुष्य के जीवन में संतोष को इंद्र की वाटिका के समान अत्यन्त सुख देने वाला माना गया है। इसलिए व्यक्ति को चाहिए कि जीवन में सुखी रहने के लिए विद्या का संग्रह करे और अपना समय संतोष के साथ बिताए।

गुणो भूषयते रूपं शीलं भूषयते कुलम्।
सिद्धिर्भूषयते विद्यां भोगो भूषयते धनम्।।

गुणों से मनुष्य के सौन्दर्य की वृद्धि होती है। शील से कुल की शोभा होती है। कार्यों में सफलता से विद्या शोभित होती है और धन के सही उपभोग से धन की शोभा बढ़ती है। ।।15।।

मनुष्य की देह यदि सुंदर है लेकिन उसमें गुणों का अभाव है तो वह सौंदर्य किसी काम का नहीं। अच्छे आचरण के कारण ही कुल की शोभा होती है। यदि उच्च कुल में उत्पन्न हुआ व्यक्ति नीच आचरण करता है तो उसका कुल बदनाम होता है और ऐसी विद्या की भी कोई शोभा नहीं होती, जिससे मनुष्य किसी कार्य को सिद्ध न कर सके अर्थात मनुष्य को अपने कार्यों में सिद्धि विद्या के कारण ही प्राप्त होती है। ऐसी विद्या का कोई लाभ नहीं, जिससे कोई भी कार्य न लिया जाए। धन के उपभोग का अर्थ है कि धन को अच्छे कार्यों में लगाया जाए। धन की शोभा तभी है, जब उसका ठीक से उपयोग किया जाए, उसे अच्छे कार्यों में लगाया जाए।

निर्गुणस्य हतं रूपं दुःशीलस्य हतं कुलम्।
असिद्धस्य हता विद्या अभोगेन हतं धनम्।।

गुणहीन मनुष्यों का सुंदर अथवा रूपवान होना व्यर्थ होता है। जिस व्यक्ति का आचरण शील से युक्त नहीं, उसकी कुल में निंदा होती है। जिस व्यक्ति में किसी कार्य को सिद्ध करने की शक्ति नहीं, ऐसे बुद्धिहीन व्यक्ति की विद्या व्यर्थ है और जिस धन का उपभोग नहीं किया जाता, वह धन भी व्यर्थ है। ।।16।।

शुचिर्भूमिगतं तोयं शुद्धा नारी पतिव्रता।
शुचिः क्षेमकरो राजा सन्तोषी ब्राह्मणः शुचिः।।

भूमि के अंदर से निकलने वाला पानी शुद्ध माना जाता है। पतिव्रता नारी पवित्र होती है।

लोगों का कल्याण करने वाला राजा पवित्र माना जाता है और संतोषी ब्राह्मण को भी पवित्र माना गया है। ।।17।।

चाणक्य का कथन है कि भूमि के नीचे से प्राप्त होने वाला जल शुद्ध माना जाता है। पति के प्रति समर्पित नारी शुद्ध और पवित्र मानी जाती है। जो राजा अपनी प्रजा के कल्याण में लगा रहता है, जो सरकार अपनी जनता का कल्याण करती है, भ्रष्टाचार में नहीं पड़ती, उसे शुद्ध और पवित्र माना जाता है। उसी प्रकार जो ब्राह्मण संतुष्ट रहता है अर्थात जिसमें ध न की लालसा नहीं है, वही पवित्र है।

असन्तुष्टा द्विजा नष्टाः सन्तुष्टाश्च महीभृतः।
सलज्जा गणिका नष्टा निर्लज्जाश्च कुलांगना।।

संतोषरहित ब्राह्मण, संतुष्ट होने वाला राजा, शर्म करने वाली वेश्या और लज्जाहीन कुलीन स्त्रियां नष्ट हो जाती हैं। ।।18।।

असंतुष्ट रहने वाला ब्राह्मण अपने कर्म से भ्रष्ट हो जाता है। वह अपना कर्तव्य भूल जाता है। समाज में उसकी प्रतिष्ठा क्षीण होती है। इसी प्रकार जो राजा अपनी थोड़ी-सी सफलता से संतोष कर लेता है, उसमें महत्वाकांक्षाएं कम हो जाती हैं, वह अपना राज्य का विस्तार न करने के कारण शक्तिहीन होकर नष्ट हो जाता है। वेश्याओं का कार्य लोगों को संतुष्ट करना है। वह बाजार में बैठकर भी यदि संकोच और लज्जा करती रहेगी तो वह भूखी मर जाएगी। इसी प्रकार यदि अच्छे घर की औरतें लज्जा को त्याग देती हैं तो वे भी नष्ट हो जाती हैं। इस श्लोक से स्पष्ट होता है कोई एक कार्य किसी के लिए हितकर है, तो किसी को हानि पहुंचाने वाला होता है। कर्तव्य का निर्णय संदर्भ के अनुसार होता है। उसकी कोई निश्चित गाइडलाइन नहीं है।

किं कुलेन विशालेन विद्याहीनेन देहिनाम्।
दुष्कुलीनोऽपि विद्वांश्च देवैरपि सुपूज्यते।।

यदि कुल विद्याहीन है तो उसके विशाल और बड़े होने से कोई लाभ नहीं, यदि बुरे कुल में उत्पन्न हुआ व्यक्ति विद्वान है तो देवता लोग भी उसकी पूजा करते हैं। ।।19।।

विद्यारहित बड़े कुल में उत्पन्न होने से कोई लाभ नहीं क्योंकि व्यक्ति का सम्मान बड़े कुल में उत्पन्न होने से नहीं होता, बल्कि विद्वान होने और अच्छे गुणों के कारण होता है। इस प्रकार चाणक्य केवल वंश को महत्व नहीं, वे व्यक्ति के विद्वान होने को अधिक महत्व देते हैं। उनका कहना है कि यदि नीच कुल में उत्पन्न हुआ व्यक्ति भी विद्या आदि गुणों से

युक्त है तो सभी लोग उसका सम्मान करते हैं। रावण उच्चकुल में उत्पन्न हुआ, लेकिन दुर्गुणों के कारण प्रत्येक वर्ष जलाया जाता है।

विद्वान् प्रशस्यते लोके विद्वान् गच्छति गौरवम्।
विद्यया लभते सर्वं विद्या सर्वत्र पूज्यते॥

इस संसार में विद्वान की प्रशंसा होती है। विद्वान को ही आदर- सम्मान और धन-धान्य की प्राप्ति होती है। प्रत्येक वस्तु की प्राप्ति विद्या द्वारा ही होती है और विद्या की सब जगह पूजा होती है। ॥20॥

मांसभक्षैः सुरापानैर्मूर्खैश्चाक्षरवर्जितैः।
पशुभिः पुरुषाकारैर्भाराऽऽक्रान्ता च मेदिनी॥

मांस खाने वाले, शराब पीने वाले, मूर्ख और निरक्षर मनुष्य रूपी पशुओं के भार से यह पृथ्वी पीड़ित और दुखी रहती है। ॥21॥

मांस खाने वाले और शराब पीने वाले व्यक्ति यह सोच भी नहीं पाते कि कौन-सी वस्तु खाने के योग्य है और कौन-सी नहीं। इस प्रकार मूर्ख और निरक्षर व्यक्ति रूप-रंग में तो मनुष्य के समान होते हैं, परंतु वह पशु के समान इस पृथ्वी का भार हैं अर्थात उनसे इस संसार का कोई उपकार नहीं होता। ऐसे लोगों को पशु कहना, पशुओं का अपमान है।

अन्नहीनो दहेद् राष्ट्रं मन्त्रहीनश्च ऋत्विजः।
यजमानं दानहीनो नास्ति यज्ञसमो रिपुः॥

जो देश को अन्नहीन करता हो, जिसमें मंत्रों को न जानने वाले ऋत्विज हों, जिसके यजमान दान भावना से रहित हों, ऐसा यज्ञ शत्रु समान है। ॥22॥

आचार्य के अनुसार, यज्ञ जहां मनुष्य के लिए अनेक प्रकार से लाभकारी है, वहीं यदि यज्ञ ठीक प्रकार से सम्पन्न न किया जाए तो उससे बहुत बड़ी हानि भी होती है। यज्ञ से वर्षा होती है और राष्ट्र में अन्न और धन-धान्य की वृद्धि होती है। यह यज्ञ का प्रत्यक्ष फल है। ऋत्विज अर्थात् यज्ञ कराने वाले आचार्यों को मंत्रज्ञ होना चाहिए। इसी प्रकार यज्ञकर्ता अर्थात् यजमान का हृदय भी विशाल होना चाहिए।

उसकी आचार्यों के प्रति निष्ठा और श्रद्धा होगी, तभी वह उन्हें धन-धान्य आदि देकर प्रसन्न करेगा। आचार्य यज्ञ की सार्थकता के लिए ऋत्विज और यजमान के योग्य होने की ओर संकेत कर रहे हैं।

अध्याय का सार

चाणक्य ने इस अध्याय में शरीर की दृष्टि से एक समान दिखने वाले मनुष्यों का गुणों और प्रवृत्ति के अनुसार विभाजन किया है। स्वभाव और प्रवृत्ति ही व्यक्ति को उत्तम, मध्यम और निम्न बनाती है। निम्न श्रेणी के लोग जैसे-तैसे धन इकट्ठा करना चाहते हैं। वे ऐसे उपायों से भी धन प्राप्त करना चाहते हैं जिनसे उनका अपमान होता है। उन्हें मान-अपमान की कोई चिंता नहीं होती। मध्यम श्रेणी के लोग मान-सम्मान के साथ-साथ धन इकट्ठा करना चाहते हैं, परंतु उत्तम श्रेणी के लोग केवल मान-सम्मान को ही महत्व देते हैं, धन उनके लिए गौण होता है, मुख्य नहीं।

चाणक्य कहते हैं कि व्यक्ति जिस प्रकार का भोजन करता है, जैसा अन्न खाता है उसकी संतान भी वैसी ही होती है। यह संकेत है कि भोजन केवल स्वाद या पेट भरने की दृष्टि से ही महत्वपूर्ण नहीं है, यह मानव-जाति के भविष्य को भी निर्धारित करता है।

चाणक्य ने तीन बातें मृत्यु के समान कष्ट देने वाली बताई हैं– वृद्धावस्था में मनुष्य की पत्नी की मृत्यु होना, धन-संपत्ति का दूसरों के हाथों में जाना और खान-पान के लिए दूसरों पर आश्रित रहना। इनमें से दो का अनुभव तो किसी भी अवस्था के व्यक्ति को हो सकता है लेकिन एक का संबंध विशेष अवस्था से है। इस ओर संकेत करके आचार्य ने जीवन के कटु सत्य को उजागर किया है। इससे उस अवस्था में पुरुष की निरीहता भी प्रकट होती है।

चाणक्य ने व्यक्ति के विचारों और उसकी भावना को अधिक महत्वपूर्ण बताया है। उन्होंने कहा है कि लकड़ी, पत्थर और धातु की मूर्तियों की यदि शुद्ध भावना और श्रद्धा से पूजा की जाए तो सब कार्य पूर्ण हो जाते हैं। इन मूर्तियों में भगवान का वास उस रूप में नहीं होता जैसा कि लोग मानते हैं। मनुष्य की उच्च भावनाएं अथवा विचार ही मूर्ति को माध्यम बनाकर पूजक का कल्याण करते हैं।

॥ अथ नवमोऽध्यायः ॥

नौवां अध्याय

जो ब्राह्मण धन की प्राप्ति के विचार से वेदों का अध्ययन करते हैं और जो क्षुद्र अर्थात नीच मनुष्यों का अन्न खाते हैं, वे विषहीन सांप के समान कुछ भी करने में असफल होते हैं।

मुक्तिमिच्छसि चेत्तात विषयान् विषवत् त्यज।
क्षमाऽऽर्जवं दया शौचं सत्यं पीयूषवद् भज॥

यदि तू मुक्ति चाहता है तो बुरे व्यसनों और बुरी आदतों को विष के समान समझकर उनका त्याग कर दे तथा क्षमा, सरलता, दया, पवित्रता और सत्य को अमृत के समान ग्रहण कर। ॥1॥

आचार्य चाणक्य ने मुक्ति चाहने वालों को सलाह दी है कि विषयों को वे विष के समान छोड़ दें क्योंकि जिस तरह विष जीवन को समाप्त कर देता है, उसी तरह विषय भी प्राणी को 'भोग' के रूप में नष्ट करते रहते हैं। यहां विषय शब्द का अर्थ वस्तु नहीं बल्कि उसमें आसक्ति का होना है। इस प्रकार आचार्य की दृष्टि में विषयासक्ति ही मृत्यु है। लोग जिस अमृत की तलाश स्वर्ग में करते हैं, उसे आचार्य ने इन पांच गुणों में बताया है। इस श्लोक का उल्लेख 'अष्टावक्र गीता' में भी इसी रूप में जनक–अष्टावक्र संवाद के रूप में हुआ है। यहां चेत् अर्थात् यदि शब्द अत्यंत महत्वपूर्ण है। ऐसा कहने का तात्पर्य है कि यदि कोई मुक्त होने का संकल्प कर चुका है–वैसे प्रायः हम बंधन में आनंदित होते रहते हैं, बंधन में सुरक्षा महसूस करते हैं।

परस्परस्य मर्माणि ये भाषन्ते नराधमाः।
त एवं विलयं यान्ति वल्मीकोदरसर्पवत्॥

जो लोग एक-दूसरे के भेदों को प्रकट करते हैं, वे उसी प्रकार नष्ट हो जाते हैं जैसे बांबी में फंसकर सांप नष्ट हो जाता है। ।।2।।

अपमानित करने के विचार से अपने मित्रों के रहस्यों को प्रकट करने वाले उसी प्रकार नष्ट हो जाते हैं जिस प्रकार बांबी में घुसा हुआ सांप बाहर नहीं निकल पाता और बांबी के अंदर ही दम घुटने से मर जाता है। ऐसे लोग न घर के रहते हैं, न घाट के।

गन्धः सुवर्णे फलमिक्षुदण्डे
नाऽकारि पुष्पं खलु चन्दनस्य।
विद्वान् धनाढ्यश्च नृपश्चिरायुः
धातुः पुरा कोऽपि न बुद्धिदोऽभूत्॥

ब्रह्मा ने सोने में सुगंध और ईख के पौधे में फल उत्पन्न नहीं किए और निश्चय ही चंदन के वृक्ष में फूल भी पैदा नहीं होते, इसी तरह विद्वान व्यक्ति को अधिक धनी और राजा को अधिक लंबी आयु वाला नहीं बनाया। उससे ऐसा लगता है कि प्राचीनकाल में प्रभु को बुद्धि देने वाला कोई नहीं था। ।।3।।

श्रेष्ठ वस्तु को प्रत्येक व्यक्ति चाहता है। यही चाह उसे उस वस्तु से दूर कराती है, जिसे प्राप्त करने के लिए उसने कठोर श्रम किया है। क्योंकि उसमें भी उसे कमी नजर आने लगती है। ऐसे असमंजस की स्थिति को ही आचार्य ने यहां प्रस्तुत करने का प्रयास किया। यदि सोने में सुगंध भी होती, तो उसका मूल्य और भी बढ़ जाता। इस 'यदि' के संदर्भ में ही लोगों की ओर से आचार्य यहां सृष्टि रचयिता को उलाहना दे रहे हैं, उसकी बुद्धि को कोस रहे हैं। लेकिन यदि ऐसा हो जाता जैसी लोगों की चाह है, तो वैसा न होने की कामना लोग करते, क्या यह सच नहीं है?

सर्वौषधीनाममृता प्रधाना सर्वेषु सौख्येष्वशनं प्रधानम्।
सर्वेन्द्रियाणां नयनं प्रधानं सर्वेषु गात्रेषु शिरः प्रधानम्॥

सभी प्रकार की औषधियों में अमृत सबसे प्रमुख औषधि है। सुख देने वाले सब साधनों में भोजन सबसे प्रमुख है। मनुष्य की सभी इंद्रियों में आंखें सबसे प्रधान और श्रेष्ठ हैं तथा शरीर के सभी अंगों में मनुष्य का सिर सर्वश्रेष्ठ है। ।।4।।

कुछ व्यक्तियों ने इस श्लोक में आए हुए अमृता शब्द का अर्थ गिलोय से भी किया है। गिलोय का उपयोग अनेक रोगों के लिए किया जाता है, परंतु मूल अर्थ अमृत ही उचित है, क्योंकि अमृत भी एक प्रकार की औषधि है और अमृत से सभी को जीवन प्राप्त होता है।

मनुष्य के पास धन आदि सभी सुख के साधन हैं, परंतु जब तक वह भोजन नहीं करता तब तक उसे पूर्ण सुख प्राप्त नहीं होता, इसलिए भोजन को सब सुखों में प्रधान माना गया है। मनुष्य अनेक इंद्रियों से युक्त है—वह सुनता है, स्पर्श करता है, चखता है, अनुभूति करता है परंतु यदि वह देख नहीं सकता तो उसे इंद्रियों से पूर्ण सुख प्राप्त नहीं होता, इसलिए आंखों को सब इंद्रियों में प्रधान बताया गया है। इसी प्रकार शरीर के सभी अंगों में मनुष्य का सिर प्रधान है, उसी को सभी अंगों में श्रेष्ठ माना गया है। मस्तिष्क का महत्व सर्वविदित है।

दूतो न सञ्चरति खे न चलेच्च वार्ता
पूर्वं न जल्पितमिदं न च संगमोऽस्ति।
व्योम्नि स्थितं रविशशिग्रहणं प्रशस्तं
जानाति यो द्विजवरः स कथं न विद्वान्॥

आकाश में किसी दूत का जाना संभव नहीं और वहां किसी से किसी प्रकार की बातचीत भी नहीं हो सकती, परंतु जिस श्रेष्ठ ब्राह्मण ने आकाश में सूर्य और चंद्रमा के ग्रहण की बात बताई है, उसे विद्वान क्यों न माना जाए। ।।5।।

विद्यार्थी सेवकः पान्थः क्षुधाऽऽर्तो भयकातरः।
भाण्डारी प्रतिहारी च सप्त सुप्तान् प्रबोधयेत्॥

विद्यार्थी, सेवक, मार्ग में चलने वाला पथिक, यात्री, भूख से पीड़ित, डरा हुआ व्यक्ति और भण्डार की रक्षा करने वाला द्वारपाल यदि अपने कार्यकाल में सो रहे हों, तो इन्हें जगा देना चाहिए। ।।6।।

यदि विद्यार्थी सोता रहेगा तो विद्या का अभ्यास कैसे करेगा। मालिक यदि सेवक को सोता देख लेगा तो उसे नौकरी से पृथक कर देगा। यदि यात्री रास्ते में सो जाएगा तो या तो उसकी चोरी हो जाएगी अथवा उसकी हत्या कर दी जाएगी। स्वप्न में यदि कोई प्यास या भूख से व्याकुल है, तो उसे जगाना ही उसकी समस्या का समाधान है। यही बात स्वप्न में डरे हुए व्यक्ति पर भी लागू होती है।

भण्डार के रक्षक तथा द्वारपाल सो रहे हों तो इन्हें जगा देना ठीक रहता है, क्योंकि इनके सोने से इनकी ही नहीं अनेक लोगों की हानि होती है। आचार्य के इस कथन को शास्त्र के उन आदेशों से जोड़कर देखना चाहिए, जिनमें यह कहा गया है कि सोते हुए व्यक्ति को उठाना नहीं चाहिए। निंद्रा शारीरिक और मानसिक विश्राम की वह अवस्था है जो प्राणी को संतुलन की समुचित व्यवस्था देती है।

इसी संदर्भ में पशु और वृक्षों को सोते हुए से न जगाने और रात्रि के समय स्पर्श न करने का निर्देश किया गया है।

अहिं नृपं च शार्दूलं किटिं च बालकं तथा।
परश्वानं च मूर्खं च सप्त सुप्तान् न बोधयेत्।।

सांप, राजा, बाघ, सूअर, बालक, दूसरे के कुत्ते और मूर्ख व्यक्ति को सोते में जगाना नहीं चाहिए। ।।7।।

यदि सोए हुए सांप को जगाएंगे तो वह काट खाएगा, इसी प्रकार सोते हुए राजा को जगाने पर वह क्रोधित होकर हत्या का आदेश दे सकता है। बाघ आदि हिंसक पशुओं को जगाने का क्या परिणाम हो सकता है, यह सब जानते हैं। सोते हुए बालक को जगाएंगे तो वह भी मुसीबत खड़ी कर देगा। इसी प्रकार दूसरे व्यक्ति के कुत्ते और मूर्ख मनुष्य को जगाना नहीं चाहिए। उनके सोते रहने में ही भला है।

अर्थाऽधीताश्च यैर्वेदास्तथा शूद्रान्नभोजिनाः।
ते द्विजाः किं करिष्यन्ति निर्विषा इव पन्नगाः।।

जो ब्राह्मण धन की प्राप्ति के विचार से वेदों का अध्ययन करते हैं और जो शूद्रों अर्थात नीच मनुष्यों का अन्न खाते हैं, वे विषहीन सांप के समान कुछ भी करने में असमर्थ होते हैं। ।।8।।

जो ब्राह्मण वेदों का अध्ययन कर उससे धन कमाते हैं अर्थात उस ज्ञान से पैसा बटोरते हैं और वे ब्राह्मण भी जो अपना पेट भरने के लिए शूद्रों के अधीन रहते हैं अर्थात नीच लोगों का अन्न खाते हैं, वे विषरहित सर्प के समान निरर्थक हैं। तेजहीन हो जाने के कारण ऐसे विद्वान ब्राह्मणों को संसार में किसी प्रकार का यश और सम्मान प्राप्त नहीं होता।

यस्मिन् रुष्टे भयं नास्ति तुष्टे नैव धनाऽऽगमः।
निग्रहोऽनुग्रहो नास्ति स रुष्टः किं करिष्यति।।

जिसके नाराज होने पर किसी प्रकार का डर नहीं होता और जिसके प्रसन्न होने पर धन प्राप्ति की आशा नहीं होती, जो न दण्ड दे सकता है और न ही किसी प्रकार की दया प्रकट कर सकता है उसके नाराज होने पर किसी का कुछ नहीं बिगड़ता। ।।9।।

निर्विषेणाऽपि सर्पेण कर्तव्या महती फणा।
विषमस्तु न चाप्यस्तु घटाटोपो भयंकरः।।

विषहीन सांप को भी अपना फन फैलाना चाहिए, उसमें विष है या नहीं, इस बात को कोई नहीं जानता? हां, उसके इस आडंबर से अथवा दिखावे से लोग भयभीत अवश्य हो सकते हैं। ।।10।।

प्रातर्द्यूतप्रसंगेन मध्याह्ने स्त्रीप्रसंगतः।
रात्रौ चौर्यप्रसंगेन कालो गच्छत्यधीमताम्।।

मूर्ख लोग अपना प्रातःकाल का समय जुआ खेलने में, दोपहर का समय स्त्री प्रसंग में और रात्रि का समय चोरी आदि में व्यर्थ करते हैं। ।।11।।

चाणक्य द्वारा प्रयुक्त मूर्ख और व्यर्थ शब्द यहां महत्वपूर्ण हैं। मूर्खों के बारे में ऐसा कहकर आचार्य ने संकेत किया है कि विद्वान अपना समय सद्कार्यों में व्यतीत करते हैं।

स्वहस्तग्रथिता माला स्वहस्तघृष्टचन्दनम्।
स्वहस्तलिखितं स्तोत्रं शक्रस्यापि श्रियं हरेत्।।

अपने ही हाथ से गुंथी हुई माला, अपने हाथ से घिसा हुआ चंदन और अपने ही हाथ से लिखी हुई भगवान की स्तुति करने से मनुष्य इंद्र की धन-सम्पत्ति को भी वश में कर सकता है। ।।12।।

चाणक्य का भाव यह है कि धनवान व्यक्ति को भगवान की स्तुति करने के लिए किए जाने वाले उपायों को स्वयं अपने हाथ से करना चाहिए। दूसरों से करवाने से कोई लाभ नहीं होता।

इक्षुदण्डास्तिलाः क्षुद्राः कान्ता हेम च मेदिनी।
चन्दनं दधि ताम्बूलं मर्दनं गुणवर्धनम्।।

ईख, तिल, मूर्ख, छोटे आदमी, स्त्री, सोना, भूमि, चंदन और दही तथा पान इन्हें जितना मला जाएगा उतने ही इनके गुण बढ़ेंगे। ।।13।।

ईख और तिल आदि को जितना अधिक दबाएंगे उतना ही अधिक तेल और रस निकलेगा। सोने को भी जितना तपाया अथवा शुद्ध किया जाएगा, उसमें चमक और निखार आएगा। भूमि में जितना अधिक हल चलाया जाएगा उतना ही अधिक उससे अन्न की उत्पत्ति होगी। इसी प्रकार चंदन और दही आदि को जितना रगड़ेंगे और मथेंगे उतना ही उनके गुण में वृद्धि होती है। इसी प्रकार मूर्ख के मस्तिष्क पर भी जब जोर पड़ेगा तभी वह कुछ गुणों को ग्रहण कर सकेगा। यह बात उन जातियों और राष्ट्रों पर भी लागू होती है जो

प्रमाद में डूबी हुई हैं तथा निकम्मी हो गई हैं। जिन्होंने संघर्ष किया, वो उन्नत और विकसित हैं।

दरिद्रता धीरतया विराजते कुवस्त्रता शुभ्रतया विराजते।
कदन्नता चोष्णतया विराजते कुरूपता शीलतया विराजते।।

दरिद्र अवस्था में यदि व्यक्ति धैर्य नहीं छोड़ता, तो निर्धनता कष्ट नहीं देती। साधारण वस्त्र को यदि साफ रखा जाए तो वह भी अच्छा लगता है। यदि सामान्य भोजन, जिसे पुष्टिकारक न माना जाए, भी ताजा और गर्म-गर्म खाया जाए तो अच्छा लगता है। इसी प्रकार सुशीलता आदि गुणों के होने पर कुरूपता बुरी नहीं लगती। ।।14।।

आचार्य के अनुसार व्यक्ति में यदि गुण हैं तो उसके दोषों की ओर कोई ध्यान नहीं देता। वस्त्र भले ही सस्ता हो, लेकिन स्वच्छ होना चाहिए। भोजन भले ही साधारण हो, किन्तु उचित ढंग से उसे यदि पकाया और परोसा जाए तो वह भी रुचिकर लगता है। अर्थ यह है कि व्यक्ति में गुणों की प्रधानता होनी चाहिए, दिखावे की नहीं।

अध्याय का सार

चाणक्य ने मनुष्य को जीवन का लक्ष्य बताते हुए कहा है कि जो व्यक्ति संसार से मुक्त होना चाहते हैं, उन्हें विषय-वासनाओं का त्याग विष के समान कर देना चाहिए अर्थात् बेहिचक। जो नीच मनुष्य दूसरों के प्रति घृणा के कारण कठोर बात बोलते हैं, वे नष्ट हो जाते हैं। कोई भी उनका सम्मान नहीं करता।

चाणक्य संसार की विचित्र धारणा को व्यक्त करते हुए बताते हैं कि सोने में सुगंध नहीं होती, ईख पर फल नहीं लगता, चंदन के वृक्ष पर फूल नहीं लगते, विद्वान व्यक्ति के पास धन नहीं होता और राजा को प्रायः अधिक आयु नहीं मिलती-ये बातें देखकर ऐसा लगता है कि परमेश्वर ने यह काम करते हुए बुद्धि का सहारा नहीं लिया। अर्थात् भूल तो किसी से भी हो सकती है। काश! परमात्मा ने ऐसा किया होता।

चाणक्य कहते हैं कि अमृत सबसे उत्तम औषधि होती है क्योंकि इससे मृत्यु, रोग से मुक्ति मिल जाती है। सबसे बड़ा सुख भोजन की प्राप्ति है, ज्ञानेंद्रियों में सबसे उत्तम आंख है और शरीर के अंगों में सबसे श्रेष्ठ मनुष्य का सिर है।

ब्राह्मण की विद्वत्ता बताते हुए चाणक्य का कथन है कि आकाश में कोई गया नहीं, सूर्य, चंद्रमा तक कोई पहुंचा नहीं, परंतु जिस विद्वान ब्राह्मण ने उनकी गति, उनके ग्रहण से

संबंधित ज्ञान दिया है और भविष्यवाणी की है, उसे विद्वान मानने में संकोच नहीं करना चाहिए। अर्थात् पृथ्वी पर बैठे-बैठे जिसने इन आकाशीय घटनाओं का पूरी तरह से सही आकलन कर लिया, वह अवश्य सराहना के योग्य है।

चाणक्य ने अनेक स्थानों पर कहा है कि व्यक्ति को संसार में सतर्क होकर जीवन बिताना चाहिए। विद्यार्थी, नौकर, यात्री और भूख से दुखी, डरा हुआ व्यक्ति और द्वाररक्षक—इन्हें सदा जागते रहना चाहिए, यदि इन्हें सोता देखें तो इन्हें जगा दें लेकिन राजा, सांप, बाघ, जंगली सूअर और दूसरे का कुत्ता तथा मूर्ख व्यक्ति यदि सोए पड़े हों तो इन्हें जगाना नहीं चाहिए। ये सोए ही हितकारी हैं।

इस अध्याय में आचार्य चाणक्य ने ब्राह्मणों के संबंध में कहा है कि उन्हें पतित लोगों से किसी प्रकार की सहायता नहीं लेनी चाहिए क्योंकि ऐसे लोगों के स्वार्थ भी तुच्छ ही होते हैं। समय आने पर उनकी पूर्ति में सहयोग करना और न करना दोनों ही स्थितियां दुविधावाली हैं। सहयोग करने पर नैतिकता की हानि होती है तथा न करने पर कृतघ्न होने का आभास होता है। आचार्य का कहना है कि मनुष्य को अपना वास्तविक स्वभाव नहीं छोड़ना चाहिए अर्थात यदि सांप विषरहित है तो भी उसे अपने पर आक्रमण करने वाले को डराने के लिए फन फैलाते रहना चाहिए। इसका अर्थ यह है कि आडम्बर से भी दूसरे व्यक्तियों को प्रभावित किया जा सकता है। किसी संत द्वारा सर्प को दिया गया यह उपदेश सभी ने पढ़ा-सुना होगा कि फुफकारना जरूर चाहिए, भले ही डंसने का मन न हो।

मूर्खों को इस बात का ज्ञान नहीं होता कि किस समय कौन-सा कार्य किया जाए, वह प्रातःकाल ही जुआ आदि खेलने लगते हैं, दोपहर का समय भोग-विलास और रात्रि का समय चोरी आदि बुरे कामों में बिताते हैं। ये तीनों कार्य धर्म और कानून दोनों दृष्टि से निषिद्ध हैं। इनसे धन और सम्मान की हानि होती है। सबसे बढ़कर इनसे आत्मा का पतन होता है। चाणक्य का कहना है कि प्रभु की उपासना व्यक्ति को स्वयं करनी चाहिए। जिस प्रकार भूख-प्यास तभी शांत होती है, जब आप स्वयं भोजन खाते और पानी पीते हैं, उसी प्रकार आपके द्वारा किए गए शुभ कर्म-ईश्वर उपासना आदि तभी पूरी तरह से फल देता है, जब आप उसे स्वयं करें। व्यक्ति को कष्टों में धैर्य रखना चाहिए। धैर्य से कष्ट उतने दुखदायी प्रतीत नहीं होते जितने धैर्य न होने पर। अनुभव में तो यह भी आया है कि धैर्य दुख को कम ही नहीं करता बल्कि सुख को भी साथ के साथ उजागर कर देता है। ऐसे में दुख दुख रहता ही नहीं है। श्रीकृष्ण ने गीता में धैर्यशील को अमृतत्व का अधिकारी माना है—*यो धीरः सः अमृतत्वाय कल्पते।* इस प्रकार मनुष्य का सबसे सर्वाधिक महत्वपूर्ण गुण है धैर्य।

□□

॥ अथ दशमोऽध्यायः ॥

दसवां अध्याय

भाग्य अथवा प्रभु की महिमा अपरम्पार है, उसके कारण एक निर्धन भिखारी पल में राजा बन सकता है और राजा को कंगाल होना पड़ता है।

धनहीनो न हीनश्च धनिकः स सुनिश्चयः।
विद्यारत्नेन यो हीनः स हीनः सर्ववस्तुषु॥

धन से हीन मनुष्य दीन-हीन नहीं होता, यदि वह विद्या धन से युक्त हो तो, परंतु जिस मनुष्य के पास विद्या रूपी रत्न नहीं है, वह सभी चीजों से हीन माना जाता है। ॥1॥

दृष्टिपूतं न्यसेत् पादं वस्त्रपूतं पिबेज्जलम्।
शास्त्रपूतं वदेत् वाक्यं मनः पूतं समाचरेत्॥

भली-प्रकार आंख से देखकर मनुष्य को आगे कदम रखना चाहिए, कपड़े से छानकर जल पीना चाहिए, शास्त्र के अनुसार कोई बात कहनी चाहिए और कोई भी कार्य मन से भली प्रकार सोच-समझकर करना चाहिए। ॥2॥

आचार्य के अनुसार, मनुष्य को सोच-समझकर उचित कार्य करना चाहिए। किसी कार्य को करने से पहले यह भली प्रकार जांच-परख लें कि वह व्यवहार और शास्त्र से विरुद्ध तो नहीं है। सदैव सावधान और सचेत रहकर प्रत्येक कार्य को करने की सलाह यहां दी गई है। जल के प्रति की गई असावधानी अनेक रोगों की उत्पत्ति कर सकती है।

सुखार्थी वा त्यजेद्विद्यां विद्यार्थी वा त्यजेत् सुखम्।
सुखार्थिनः कुतो विद्या विद्यार्थिनः कुतो सुखम्॥

यदि सुख की इच्छा हो तो विद्या अध्ययन का विचार छोड़ देना चाहिए और यदि विद्यार्थी विद्या सीखने की इच्छा रखता है तो उसे सुख और आराम का त्याग कर देना चाहिए, क्योंकि सुख चाहने वाले को विद्या प्राप्त नहीं हो सकती और जो विद्या प्राप्त करना चाहता है, उसे सुख नहीं मिल सकता। ।।3।।

चाणक्य का विश्वास है कि विद्या प्राप्ति के समय विद्यार्थी को सुख-सुविधाओं की आशा नहीं करनी चाहिए। कठोर तप से ही विद्या की प्राप्ति हो सकती है। यदि विद्यार्थी विद्या में पारंगत होना चाहता है तो उसे निरंतर अभ्यास करना पड़ता है, जो सुख से नहीं हो सकता है। क्या कठिनता से मिलने वाली कोई भी वस्तु मूल्यवान नहीं होती? अतः विद्यार्थी को सुख की आशा ही छोड़ देनी चाहिए अन्यथा उसे विद्या प्राप्त नहीं हो सकती। भोग और ज्ञान परस्पर विरोधी हैं।

कवयः किं न पश्यन्ति किं न कुर्वन्ति योषितः।
मद्यपाः किं न जल्पन्ति किं न भक्षन्ति वायसाः।।

कवि अपनी कल्पना से क्या नहीं देख सकते? अर्थात् सभी कुछ देख सकते हैं और स्त्रियां क्या नहीं कर सकतीं? वे सभी प्रकार की मनमानी कर सकती हैं। नशे में चूर व्यक्ति क्या नहीं बोल सकता? अर्थात् कुछ भी बोल सकता है और कौआ क्या नहीं खाता? ।।4।।

आचार्य ने कवि शब्द का प्रयोग यहां ऋषि और कवि दोनों अर्थों में किया है। कहा जाता है-'जहां न पहुंचे रवि, वहां पहुंचे कवि।' और ऋषि उसे कहते हैं, जो मंत्रों का साक्षात्कार करता है- *ऋषयो मंत्र द्रष्टारः।*

स्त्रियां अपने दुस्साहस के कारण ऐसे कार्य कर सकती हैं जिन्हें करने से पूर्व पुरुष कई बार सोचेगा। नशे में चूर व्यक्ति के जो कुछ भी मन में आता है, बक देता है। उस समय उसे भले-बुरे का ज्ञान नहीं होता। इसी प्रकार कौआ भी अपने स्वभाव के कारण कहीं भी जा बैठता है।

रंकं करोति राजानं राजानं रंकमेव च।
धनिनं निर्धनं चैव निर्धनं धनिनं विधिः।।

भाग्य की महिमा अपरम्पार है क्योंकि वह निर्धन अर्थात भिखारी को पल में राजा बना सकता है और राजा को कंगाल। इसी तरह भाग्य के ही कारण धनवान व्यक्ति निर्धन बन जाता है और निर्धन धनवान। ।।5।।

लुब्धानां याचकः शत्रुर्मूर्खाणां बोधकः रिपुः।
जारस्त्रीणां पतिः शत्रुश्चोराणां चन्द्रमा रिपुः।।

मांगने वाला लोभी मनुष्य का शत्रु होता है। मूर्खों का शत्रु उन्हें सदुपदेश देने वाला होता है। व्यभिचारिणी स्त्रियों का शत्रु पति होता है और चोरों का शत्रु है चंद्रमा। ।।6।।

लोभी अथवा लालची व्यक्ति उसको अपना शत्रु मानता है, जो उससे किसी चीज को लेने की आशा रखता है अथवा कुछ मांगता है, मूर्खों को सदुपदेश देने वाला अथवा उन्हें सन्मार्ग पर चलाने वाला उनका सबसे बड़ा शत्रु होता है, क्योंकि मूर्ख व्यक्ति की यह विशेषता होती है कि किसी की अच्छी बात को वह नहीं मानता और अपने कार्यों को ही सही ठहराता है। जो स्त्री व्यभिचारिणी है, पति उसे इस काम से रोकने का प्रयत्न करता है, इसलिए उसे वह अपना शत्रु मानती है। चोर- उचक्के लोग रात्रि के समय अंधकार में अपना कार्य करते हैं, चांदनी रात में उनके लिए चोरी करना असंभव होता है, इसलिए चंद्रमा उनका सबसे बड़ा शत्रु होता है। इस प्रकार जो किसी के कार्य में रुकावट डालता है, वही उसका शत्रु है।

येषां न विद्या न तपो दानं न ज्ञानं न शीलं न गुणो न धर्मः।
ते मर्त्यलोके भुवि भारभूता मनुष्यरूपेण मृगाश्चरन्ति।।

जिन मनुष्यों के पास न विद्या है न ही जिन्होंने किसी प्रकार का तप किया है, जिनमें न दान देने की प्रवृत्ति है, न ज्ञान है, दया और नम्रता आदि भी नहीं है, गुण और धर्माचरण की भावना नहीं है, ऐसे मनुष्य पशु के रूप में इस संसार में विचरते हैं। ।।7।।

धर्म ही मनुष्य को मनुष्य बनाता है।

अन्तःसारविहीनानामुपदेशो न जायते।
मलयाचलसंसर्गात् न वेणुश्चन्दनायते।।

जिन व्यक्तियों में किसी प्रकार की भीतरी योग्यता नहीं अर्थात जो अंदर से खोखले हैं, बुद्धिहीन हैं, ऐसे व्यक्तियों को किसी भी प्रकार का उपदेश देना उसी प्रकार व्यर्थ होता है जिस प्रकार मलयाचल पर्वत से आने वाले सुगंधित हवा के झोंकों का बांस से स्पर्श। ।।8।।

जिस व्यक्ति में किसी प्रकार की भीतरी योग्यता नहीं और जिसका हृदय भी साफ नहीं, उसमें बुरे विचार भरे हैं, उसे किसी भी प्रकार का उपदेश देना व्यर्थ है। उस पर उपदेश का कोई प्रभाव नहीं पड़ेगा। ऐसा होना उसी प्रकार व्यर्थ है जैसे चंदन वन से आने वाली सुगंधित वायु के स्पर्श से बांस में न तो सुगंध ही आती है और न ही वह चंदन बन पाता है।

यस्य नास्ति स्वयं प्रज्ञा शास्त्रं तस्य करोति किम्।
लोचनाभ्यां विहीनस्य दर्पणः किं करिष्यति।।

जिस व्यक्ति के पास अपनी बुद्धि नहीं, शास्त्र उसका क्या कर सकेगा, आंखों से रहित को दर्पण का कोई लाभ नहीं हो सकता है। ।।9।।

आचार्य का यह कथन संकेत करता है कि केवल बाहरी साधनों से कोई ज्ञानवान नहीं हो सकता। मनुष्य के भीतर निहित संस्कारों को ही बाहरी साधनों से उभारा और निखारा जा सकता है।

खेत में बीज ही न हो तो खाद आदि देने से फसल नहीं उगती। कभी-कभी तो उलटा ही होता है। इच्छित फसल को पाने के लिए किए गए उर्वरकों के प्रयोग से ऐसी हानिकर फसल लहलहाने लगती है, जिसकी किसी ने कभी कल्पना ही नहीं की होती।

दुर्जनं सज्जनं कर्तुमुपायो न हि भूतले।
अपानं शतधा धौतं न श्रेष्ठमिन्द्रियं भवेत्।।

इस संसार में ऐसा कोई उपाय नहीं, जिससे दुर्जन व्यक्ति को सज्जन बनाया जा सके, बिलकुल उसी तरह जिस प्रकार गुदा को चाहे सैकड़ों प्रकार से और सैकड़ों बार धोया जाए फिर भी वह श्रेष्ठ अंग नहीं बन सकती ।।10।।

आत्मद्वेषात् भवेन्मृत्युः परद्वेषात् धनक्षयः।
राजद्वेषात् भवेन्नाशो ब्रह्मद्वेषात् कुलक्षयः।।

जो मनुष्य अपनी ही आत्मा से द्वेष रखता है वह स्वयं को नष्ट कर लेता है। दूसरों से द्वेष रखने से अपना धन नष्ट होता है। राजा से वैर-भाव रखने से मनुष्य अपना नाश करता है और ब्राह्मणों से द्वेष रखने से कुल का नाश हो जाता है। ।।11।।

'आत्मद्वेषात्' की जगह कहीं 'आप्तद्वेषात्' शब्द का भी प्रयोग किया गया है। इसे पाठभेद कहते हैं। 'आप्त' का अर्थ है विद्वान, ऋषि, मुनि और सिद्ध पुरुष-'आप्तस्तु यथार्थवक्ता।' जो सत्य बोले, वह आप्त है। जो आत्मा के नजदीक है, वही आप्त है।

इस दृष्टि से इस श्लोक के दोनों रूप सही हैं। जो बिना किसी लाग-लपेट के निष्पक्ष भाव से बोले वह आप्त है। आत्मा की आवाज और आप्तवाक्य एक ही बात तो है। क्योंकि शास्त्रों में कहा गया है कि मनुष्य अपना ही सबसे बड़ा मित्र है और शत्रु भी। इसी प्रकार आप्त अर्थात विद्वानों और सिद्ध पुरुषों से द्वेष रखने वाला व्यक्ति भी नष्ट हो जाता है।

वरं वनं व्याघ्रगजेन्द्रसेवितं द्रुमालयं पत्रफलाम्बुभोजनम्।
तृणेषु शय्या शतजीर्णवल्कलं न बंधुमध्ये धनहीनजीवनम्।।

भले ही मनुष्य सिंह और बाघ आदि हिंसक जानवरों से युक्त वन में निवास करे, किसी पेड़ पर अपना घर बना ले, वृक्षों के पत्ते और फल खाकर तथा पानी पीकर गुजारा कर ले, तिनकों की शय्या पर सो ले, फटे-पुराने वृक्षों की छाल के कपड़े पहन ले, परंतु अपने भाई-बंधुओं में धन से रहित अर्थात दरिद्र बनकर जीवन न बिताए। ।।12।।

इस श्लोक से यह बात भली प्रकार स्पष्ट होती है कि निर्धनता एक प्रकार का अभिशाप है। चाणक्य का मानना है कि व्यक्ति अन्य सभी प्रकार के कष्ट सहन कर सकता है परंतु निर्धनता के कारण अपने सगे-संबंधियों द्वारा किए जाने वाले अपमान को सहन नहीं कर सकता। निर्धन को कौन अपना मानता है?

विप्रो वृक्षस्तस्य मूलं च संध्या वेदाः शाखा धर्मकर्माणि पत्रम्।
तस्मान्मूलं यत्नतो रक्षणीयं छिन्ने मूले नैव शाखा न पत्रम्।।

ब्राह्मण एक वृक्ष के समान है और संध्या अर्थात प्रभु की उपासना और आराधना उसकी जड़ है, वेद उसकी शाखाएं हैं और धर्म-कर्म उसके पत्ते हैं, इसलिए यत्नपूर्वक जड़ की रक्षा करनी चाहिए क्योंकि जड़ के नष्ट हो जाने पर न शाखाएं रहेंगी, न ही पत्ते। ।।13।।

ब्राह्मण एक वृक्ष के समान है। प्रातः और सायं दो कालों के बीच में जो समय पड़ता है उसे संधिवेला कहते हैं, उस समय ब्राह्मण प्रभु की पूजा व उपासना करता है। यह उसका आवश्यक कर्म है। यह ब्राह्मण रूपी वृक्ष के फलने-फूलने की जड़ें हैं अथवा आधार हैं। वेद का ज्ञान उस वृक्ष की शाखाएं हैं। उसके धर्मानुकूल अच्छे कार्य, उसके पत्ते के समान हैं। इसलिए यत्नपूर्वक उस वृक्ष के मूल की रक्षा करनी चाहिए। मूल की रक्षा से ही वृक्ष फलता-फूलता है। यदि जड़ ही नष्ट हो जाएगी तो वृक्ष कैसे बचेगा? आचार्य यहां कहते हैं कि प्रत्येक ब्राह्मण को संध्या करनी ही चाहिए। इसी से वह ब्रह्म बल को प्राप्त करता है।

माता च कमलादेवी पिता देवो जनार्दनः।
बान्धवाः विष्णुभक्ताश्च स्वदेशो भुवनत्रयम्।।

कमला देवी अर्थात लक्ष्मी जिसकी माता हैं और सर्वव्यापक श्री विष्णु जिसके पिता हैं, प्रभु के भक्त जिसके भाई-बंधु हैं ऐसे पुरुष के लिए तीनों लोक अपने ही देश के समान हैं। ।।14।।

एकवृक्षसमारूढा नाना वर्णा विहंगमाः।
प्रभाते दशसु दिक्षु तत्र का परिवेदना।।

रात्रि के समय अनेक रंग-रूप वाले पक्षी एक वृक्ष पर आकर बैठते हैं। प्रातःकाल के समय वे सभी दसों दिशाओं में उड़ जाते हैं। ऐसे में क्या शोक करना। ।।15।।

इस संसार रूपी परिवार में अनेक बंधु-बांधव और रिश्तेदार उसी तरह आकर मिलते हैं जिस प्रकार सायंकाल होते ही अनेक तरह के पक्षी बसेरा लेने के लिए एक पेड़ पर आ बैठते हैं और समय आने पर अर्थात सूर्य उदय होने पर वे विभिन्न दिशाओं में चल देते हैं। इसी प्रकार एक परिवार में इकट्ठे हुए बन्धु-बान्धव भी समय आने पर बिछुड़ जाते हैं, इसलिए उनके संबंध में किसी प्रकार का शोक करना उचित नहीं है।

बुद्धिर्यस्य बलं तस्य निर्बुद्धेस्तु कुतो बलम्।
वने सिंहो मदोन्मत्तः शशकेन निपातितः।।

जिसके पास बुद्धि अर्थात ज्ञान है, उसके पास ही बल होता है, बुद्धिहीन व्यक्ति के पास बल कहां। जंगल में अपनी शक्ति के मद में मस्त सिंह को एक खरगोश ने मार डाला (यह इसी का प्रमाण है)। ।।16।।

पंचतंत्र में भी इस कथा का उल्लेख है, जिसमें छोटे से खरगोश ने अपनी बुद्धि के बल से बलवान सिंह को भी मरने को विवश कर दिया। बुद्धिमान व्यक्ति अपने बल का तो सही उपयोग करता ही है, वह दूसरे के बल को भी अपने अनुसार प्रयोग करने में सफल हो जाता है।

का चिन्ता मम जीवने यदि हरिर्विश्वम्भरो गीयते
नो चेदर्भकजीवनाय जननीस्तन्यं कथं निर्मयेत्।
इत्यालोच्य मुहुर्मुहुर्यदुपते लक्ष्मीपते केवलं
त्वत्पादाम्बुजसेवनेन सततं कालो मया नीयते।।

यदि भगवान विष्णु को सारे संसार का पालन-पोषण करने वाला कहा गया है तो मुझे इस जीवन में किसी बात की चिंता करने की आवश्यकता नहीं। यदि भगवान विष्णु न होते तो गर्भ में स्थित बालक के जीवन के लिए माता के स्तनों में दूध कहां से आता? बार-बार इस तरह का विचार करके हे तीनों लोकों के स्वामी! मैं आपके चरण- कमलों की सेवा करते हुए अपना जीवन व्यतीत कर रहा हूं। ।।17।।

भाव यह है कि सृष्टिकर्ता परमेश्वर ही सबका भरण-पोषण करता है, ऐसी स्थिति में मनुष्यों को किसी बात की चिंता नहीं करनी चाहिए, क्योंकि जो बालक गर्भ में है उसके

पालन-पोषण के लिए माता के स्तनों में दूध पहले ही उत्पन्न हो जाता है। यदि ऐसा है, तो चिंता किस बात की। हां, परमेश्वर का स्मरण करते हुए उसके प्रति अपनी कृतज्ञता का भाव अवश्य प्रकट करना चाहिए।

गीर्वाणवाणीषु विशिष्टबुद्धिस्तथापि भाषान्तरलोलुपोऽहम्।
यथा सुराणाममृते स्थितेऽपि स्वर्गांगनानामधरासवे रुचिः॥

संस्कृत के अतिरिक्त मैं दूसरी भाषाओं का भी लोभी हूं, जैसे स्वर्ग में विद्यमान देवताओं को अमृत की प्राप्ति के बाद भी स्वर्ग की अप्सराओं के होंठों के रस का पान करने में रुचि रहती है। ॥18॥

चाणक्य ने इस श्लोक में संस्कृत भाषा का विशेष आदर करते हुए यह संकेत दिया है कि अन्य भाषाओं को भी सीखना चाहिए। उनका मानना है कि यद्यपि संस्कृत में समस्त रसों का स्वाद है, लेकिन अन्य भाषाओं का स्वाद भी विद्वान को चखना चाहिए, क्योंकि उनका भी अपना एक स्वाद है। उसमें तत्संबंधी संस्कृति और चिंतन की झलक और खुशबू मिलती है।

अन्नाद्दशगुणं पिष्टं पिष्टाद्दशगुणं पयः।
पयसोऽष्टगुणं मांसं मांसाद्दशगुणं घृतम्॥

अन्न से दस गुणा अधिक शक्ति उसके आटे में है। आटे से दस गुणा अधिक शक्ति दूध में है, दूध से आठ गुणा अधिक शक्ति मांस में है और मांस से दस गुणा अधिक शक्ति घी में है। ॥19॥

शाकेन रोगा वर्धन्ते पयसा वर्धते तनुः।
घृतेन वर्धते वीर्यं मांसान्मांसं प्रवर्धते॥

साग खाने से रोग बढ़ते हैं, दूध से शरीर मोटा होता है, घी से वीर्य की वृद्धि होती है और मांस से मांस बढ़ता है। ॥20॥

साग से रोग बढ़ना संकेत करता है कि अधिकांश लोग उसे भली प्रकार धोकर प्रयोग में नहीं लाते। इसलिए निरंतर उनका सेवन करने से रोगों की वृद्धि होती है। दूध से शरीर बढ़ता है। बालकों और किशोरों को दूध का सेवन करना चाहिए। घी का अधिक सेवन करने से वीर्य की वृद्धि होती है—कम मात्रा से ज्यादा ऊर्जा। मांस खाने से शरीर का मांस बढ़ता है। मोटापे से पीड़ित व्यक्ति को इसके सेवन से बचना चाहिए। इस प्रकार चाणक्य के अनुसार घी इन सब वस्तुओं में श्रेष्ठ माना गया है, जिससे बल और वीर्य दोनों की वृद्धि होती है।

अध्याय का सार

चाणक्य ने विद्या रूपी धन को सब धनों में श्रेष्ठ माना है। उनका कहना है कि जिस मनुष्य के पास विद्या रूपी धन नहीं, वह सब कुछ होते हुए भी 'हीन' है। 'पहले सोचें, फिर करें', चाणक्य ऐसा करने की सलाह देते हैं। करने के बाद सोचने का तो कोई अर्थ ही नहीं है। विद्यार्थी के कर्तव्य की ओर ध्यान दिलाते हुए आचार्य फिर कहते हैं कि जो विद्यार्थी विद्या प्राप्त करना चाहता है, उसे सुख की अभिलाषा छोड़ देनी चाहिए।

चाणक्य का मानना है कि व्यक्ति पुरुषार्थ के बावजूद भाग्य से ही निर्धन से धनी होता है। इस प्रकार जीवन में भाग्य की महत्वपूर्ण भूमिका है। नियति की गति को समझना ही बुद्धिमत्ता है।

चाणक्य यहां फिर कहते हैं कि मनुष्य को विद्या रूपी धन प्राप्त करना चाहिए, दानशील होना चाहिए, धर्म से युक्त होना चाहिए परंतु जिस मनुष्य में ऐसी कोई भी बात नहीं, वह पृथ्वी पर पशु के समान है और भाररूप है। व्यक्ति को अपनी भीतरी योग्यता का ज्ञान होना चाहिए। जिसमें भीतरी योग्यता नहीं और जो बुद्धिहीन है, वेद आदि शास्त्रों से भी उसका कल्याण नहीं हो सकता। चाणक्य कहते हैं कि दुष्ट व्यक्ति सदा दुष्ट ही रहता है, वह अपना स्वभाव कभी नहीं छोड़ता।

अपने बन्धु-बान्धवों, रिश्तेदारों में मनुष्य को निर्धन होकर अपना जीवन नहीं बिताना चाहिए। उसे चाहिए कि वह अपनी निर्धनता दूर करने का प्रयत्न करे। चाणक्य ने इस संसार के रंग-ढंग का वर्णन करते हुए कहा है कि जिस प्रकार सायंकाल के समय अनेक पक्षी एक वृक्ष पर आकर बसेरा लेते हैं और प्रातःकाल अपनी दिशाओं में उड़ जाते हैं, उसी प्रकार बन्धु-बान्धव भी मनुष्य को संयोग से ही मिलते हैं, इसलिए उनके बिछुड़ने का मनुष्य को शोक नहीं करना चाहिए। यह तो प्रकृति का नियम है। चाणक्य मनुष्य की बुद्धि को ही उसका सबसे बड़ा सहायक मानते हैं। उनका मानना है कि जब परमेश्वर ही संसार का पालन करने वाला है तो जीविका की चिंता क्यों?

❑❑

॥ अथ एकादशोऽध्यायः ॥

ग्यारहवां अध्याय

जो दूसरों के कार्य को बिगाड़ता है, ढोंगी है, अपना ही स्वार्थ सिद्ध करने में लगा रहता है, दूसरों को धोखा देता है, सबसे द्वेष करता है, दिखने में अत्यन्त नम्र और अन्दर से पैनी छुरी के समान है, ऐसे ब्राह्मण को बिलाव समझना चाहिए।

दातृत्वं प्रियवक्तृत्वं धीरत्वमुचितज्ञता।
अभ्यासेन न लभ्यन्ते चत्वारः सहजा गुणाः॥

दान देने की इच्छा, मधुर भाषण, धैर्य और उचित अथवा अनुचित का ज्ञान, ये चार गुण मनुष्य में सहज-स्वभाव से ही होते हैं, अभ्यास से इन्हें प्राप्त नहीं किया जा सकता। ॥1॥

सहज का अर्थ है—साथ में उत्पन्न अर्थात् जन्म के साथ। व्यवहार में इसे कहते हैं, 'खून में होना'। इन गुणों में विकास किया जा सकता है, लेकिन इन्हें अभ्यास द्वारा पैदा नहीं किया जा सकता।

आज की भाषा में यदि कहें, तो ये गुण आनुवंशिक हैं—जींस में हैं। परिवेश इन्हें विकसित कर सकता है बस। इन्हें थोड़ा-बहुत तराश सकता है वातावरण। सहज और अभ्यास द्वारा प्राप्त गुणों में अंतर होता है। सहज गुण नष्ट नहीं होते, जबकि अभ्यास द्वारा जिन्हें प्राप्त किया जाता है, अनभ्यास द्वारा वे समाप्त हो जाते हैं।

हां, ऐसा देखने में आया है कि कभी-कभी सहज गुण उचित वातावरण न मिलने के कारण सामने नहीं आ पाते।

आत्मवर्गं परित्यज्य परवर्गं समाश्रयेत्।
स्वयमेव लयं याति यथा राजाऽन्यधर्मतः॥

जो मनुष्य अपने समुदाय के लोगों को छोड़कर दूसरों के समुदाय का सहारा लेता है, वह उसी प्रकार नष्ट हो जाता है जैसे दूसरे के धर्म का आश्रय लेने वाला राजा। ।।2।।

राजा का कर्तव्य होता है कि वह अपनी प्रजा की रक्षा करे, यही उसका धर्म है। यदि वह अपने इस धर्म को छोड़ देता है तो वह स्वयं ही नष्ट हो जाता है, जिस प्रकार अपने वर्ग के लोगों का परित्याग करके दूसरे वर्ग के लोगों का आश्रय लेने से व्यक्ति नष्ट हो जाता है। इसीलिए व्यक्ति को चाहिए वह अपने धर्म में स्थित रहे। यहां धर्म का अर्थ 'स्व+भाव' भी लिया जा सकता है। श्रीकृष्ण ने भी 'स्वधर्मे निधनं श्रेयः' कहकर इसी बात की ओर संकेत किया है।

हस्ती स्थूलतनुः स चांकुशवशः किं हस्तिमात्रोकुशो
दीपे प्रज्वलिते प्रणश्यति तमः किं दीपमात्रं तमः।
वज्रेणापि हताः पतन्ति गिरयः किं वज्रमात्रो गिरिम्
तेजो यस्य विराजते स बलवान् स्थूलेषु कः प्रत्ययः।।

हाथी लंबे-चौड़े शरीर वाला होता है परंतु उसे बहुत छोटे से अंकुश द्वारा वश में किया जाता है। दीपक जलने पर अंधकार नष्ट हो जाता है तो क्या अंधकार दीपक के आकार का होता है? हथौड़े की चोट करने से बड़े-बड़े पर्वत गिर पड़ते हैं, तो क्या पर्वत का आकार-प्रकार हथौड़े से छोटा होता है? प्रत्येक वस्तु अपने तेज के कारण ही बलवान होती है, लंबा-चौड़ा शरीर कोई मायने नहीं रखता है। ।।3।।

कलौ दशसहस्त्रेषु हरिस्त्यजति मेदिनीम्।
तदर्धं जाह्नवीतोयं तदर्धं ग्रामदेवता।।

लोग ऐसा मानते हैं कि कलियुग के दस हजार वर्ष समाप्त होने के बाद परमात्मा पृथ्वी का त्याग कर देते हैं। उससे आधे अर्थात पांच हजार वर्ष समाप्त होने पर गंगा का जल पृथ्वी को छोड़ देता है और उसके आधे वर्ष समाप्त होने पर गांव का देवता गांव छोड़कर चला जाता है। ।।4।।

कुछ लोगों ने इसका अर्थ इस प्रकार भी किया है कि जब कलियुग की समाप्ति में दस हजार वर्ष रह जाएंगे तब भगवान इस संसार को छोड़कर चले जाएंगे। पांच हजार वर्ष शेष रहने तक गंगा का जल समाप्त हो जाएगा और ढाई हजार वर्ष शेष रहने तक गांव का देवता, गांव छोड़कर चला जाएगा। कुछ लोगों का ऐसा विचार है कि कलियुग में अधर्म बढ़ जाने से इस प्रकार की स्थिति पैदा होती है।

कुछ विद्वानों का मानना है कि चाणक्य जैसा बुद्धिमान व्यक्ति इस प्रकार की बातें नहीं कह सकता, इसलिए यह श्लोक बाद में जोड़ा गया है। अर्थात् प्रक्षिप्त है यह श्लोक।

गृहाऽऽसक्तस्य नो विद्या नो दया मांसभोजिनः।
द्रव्यलुब्धस्य नो सत्यं स्त्रैणस्य न पवित्रता॥

जिस व्यक्ति की घर में अधिक आसक्ति है, घर में अधिक मोह और लगाव है, उसे विद्या की प्राप्ति नहीं हो सकती। जो लोग मांस खाते हैं उनमें दया नहीं, जो धन के लोभी होते हैं, उनमें सत्य नहीं होता तथा दुराचारी, व्यभिचारी और भोगविलास में लगे रहने वाले मनुष्य में पवित्रता का अभाव रहता है। ॥5॥

न दुर्जनः साधुदशामुपैति बहुप्रकारैरपि शिक्ष्यमाणः।
आमूलसिक्तः पयसा घृतेन न निम्बवृक्षो मधुरत्वमेति॥

जिस प्रकार नीम के वृक्ष को दूध और घी से सींचने पर भी उसमें मिठास पैदा नहीं होती, उसी प्रकार दुर्जन व्यक्ति अनेक प्रकार से समझाने-बुझाने पर भी सज्जन नहीं हो पाता। ॥6॥

जिस तरह कुछ शारीरिक क्रियाएं मनुष्य के नियंत्रण से बाहर होती हैं, इसी प्रकार लंबे अभ्यास के परिणाम स्वरूप पड़े संस्कारों के कारण कुछ मानसिक क्रियाएं भी मनुष्य के वश से बाहर हो जाती हैं, जिसे सिगमंड फ्रायड ने 'अवचेतन मन' कहा है। सज्जनता और दुष्टता का संबंध इसी मनोस्तर पर बैठे मनुष्य की क्रियाओं को नियंत्रित करने वाले संस्कारों से है। इसीलिए जब तक वहां परिवर्तन न हो, किसी के मूल स्वभाव को बदलना अत्यंत कठिन होता है।

अन्तर्गतमलो दुष्टस्तीर्थस्नानशतैरपि।
न शुध्यति यथा भाण्डं सुराया दाहितं च यत्॥

जिस दुष्ट का अंतःकरण कामवासना आदि मलों से भरा हुआ है, ऐसा मनुष्य यदि सैकड़ों बार भी तीर्थ-स्नान करे तो भी पवित्र नहीं हो सकता, बिलकुल उसी तरह जिस प्रकार शराब रखने का बर्तन आग पर जलाने से भी शुद्ध नहीं हो सकता। ॥7॥

जिस व्यक्ति के मन, विचार और अन्तःकरण पवित्र नहीं, यदि वह सैकड़ों तीर्थों में भी स्नान क्यों न कर ले, वह पवित्र और निष्पाप नहीं हो सकता। 'पाप' का संबंध शरीर से नहीं अंतःकरण से है।

न वेत्ति यो यस्य गुणप्रकर्षं स तं सदा निन्दति नाऽत्र चित्रम्।
यथा किराती करिकुम्भजाता मुक्ताः परित्यज्य बिभर्ति गुञ्जाः।।

जिसे किसी के गुणों की श्रेष्ठता का ज्ञान नहीं, वह सदा उनकी निंदा करता रहता है। उसके ऐसा करने से किसी को आश्चर्य नहीं होता, जैसे भीलनी हाथी के मस्तक में उत्पन्न होने वाली गजमुक्ता को छोड़कर घुंघचियों की माला ही धारण करती है। ।।8।।

जिसमें किसी की विशेषताओं अथवा गुणों को परखने का ज्ञान ही नहीं, वह उसकी कद्र किस प्रकार करेगा? गुणों के महत्व को न जानने वाला व्यक्ति यदि उनकी उपेक्षा करता है अथवा निंदा करता है तो उससे किसी को भी आश्चर्य नहीं करना चाहिए, वह तो जंगल में रहने वाली उस भीलनी की तरह है, जो हाथी के मस्तक से उत्पन्न होने वाले मोतियों को छोड़कर घुंघचियों की ही माला धारण करती है। उसे इस बात का ज्ञान ही नहीं होता कि हाथी के मस्तक में उत्पन्न होने वाले (गजमुक्ता) मोती कितने मूल्यवान होते हैं। गुणों का मूल्य गुणी ही लगा पाता है।

ये तु संवत्सरं पूर्णं नित्यं मौनेन भुञ्जते।
युगकोटिसहस्त्रं तु स्वर्गलोके महीयते।।

जो व्यक्ति पूरे वर्ष तक मौन रहकर चुपचाप भोजन करता है, वह एक करोड़ वर्ष तक स्वर्ग में आदर-सम्मान प्राप्त करता है। ।।9।।

अर्थ यह है कि जो व्यक्ति अपने धर्म का पालन करते हुए सदाचारपूर्वक श्रम करता है और जो कुछ भी अर्जित करता है उससे संतुष्ट रहता है, उससे सभी देवी-देवता प्रसन्न रहते हैं अर्थात उसे किसी प्रकार के कष्टों का मुख नहीं देखना पड़ता। उसका सभी जगह सम्मान होता है। यहां मौन का अर्थ प्राप्त की सहज स्वीकृति है—चुप रहना नहीं।

कामं क्रोधं तथा लोभं स्वादं श्रृंगारकौतुके।
अतिनिद्राऽतिसेवे च विद्यार्थी ह्यष्ट वर्जयेत्।।

विद्यार्थी के लिए आवश्यक है कि वह काम, क्रोध, लोभ, स्वादिष्ट पदार्थों की इच्छा, श्रृंगार, खेल-तमाशे, अधिक सोना और चापलूसी करना आदि इन आठ बातों का त्याग कर दे। ।।10।।

अकृष्टफलमूलेन वनवासरतः सदा।
कुरुतेऽहरहः श्राद्धमृषिर्विप्रः स उच्यते।।

जो बिना खेती की हुई भूमि से उत्पन्न होने वाले फल और कंदमूल आदि को खाकर निर्वाह करता है और सदा जंगल में रहकर ही प्रसन्न रहता है और जो प्रतिदिन श्राद्ध करता है, ऐसा ब्राह्मण ऋषि कहलाता है। ॥11॥

ऐसे ब्राह्मण को ऋषि इसलिए कहा जाता है क्योंकि उसका जीवन सर्वथा प्रकृति के अनुकूल है। वह वन में बिना किसी प्रयत्न के उत्पन्न होने वाले फलों और कंदमूल आदि को खाकर अपना जीवन निर्वाह करता है। अन्न पैदा करने से होने वाले दोषों का भी उस पर प्रभाव नहीं होता। महर्षि कणाद के बारे में प्रचलित है कि वे फसल के कट जाने के कुछ दिन बाद पृथ्वी पर गिरे अन्न कणों को एकत्रित करके अपनी भूख को शांत किया करते थे। फसल कटने के कुछ दिन बाद इसलिए क्योंकि उस अन्न पर पक्षियों का अधिकार होता है। ऐसा व्यक्ति कभी सत्वगुण में स्थित हो ही नहीं सकता जो दूसरे के अधिकारों को छीनने वाला हो। जिसे वन में रहना ही अच्छा लगता है। प्रतिदिन श्राद्ध आदि वैदिक अनुष्ठान कर, जो अपने पितरों को तृप्त करता है, ऐसे ब्राह्मण को ही ऋषि कहा गया है। ऐसा जीवन सात्विक कहलाता है।

एकाहारेण सन्तुष्टः षट्कर्मनिरतः सदा।
ऋतुकालाभिगामी च स विप्रो द्विज उच्यते॥

एक समय भोजन करने से जो संतुष्ट है, जो नित्य अपने कर्तव्यों को पूरा करता रहता है, स्त्री का संग ऋतुकाल में, केवल संतान की उत्पत्ति करने के लिए ही करता है, उपभोग के लिए नहीं, ऐसे ब्राह्मण को ही द्विज कहा जाता है। ॥12॥

चाणक्य ने यहां प्रत्येक वर्ण के लोगों का कर्तव्य बताने का प्रयत्न किया है। यदि प्रत्येक वर्ण का व्यक्ति अपने कर्तव्यों का भली प्रकार पालन करता रहे तो देश में शांति और सुख बना रहे। जब लोग अपना कर्तव्य भूलकर गलत आचरण करने लगते हैं, अनधिकार चेष्टा करते हैं तो दुराचार के साथ–साथ समाज में अशांति भी फैलती है।

लौकिके कर्मणि रतः पशूनां परिपालकः।
वाणिज्यकृषिकर्ता यः स विप्रो वैश्य उच्यते॥

सदा सांसारिक कार्यों में संलग्न, पशुओं के पालक, व्यापार और खेती आदि करने वाले ब्राह्मण को वैश्य कहा जाता है। ॥13॥

लाक्षादितैलनीलानां कुसुम्भमधुसर्पिषाम्।
विक्रेता मद्यमांसानां स विप्रः शूद्र उच्यते॥

जो ब्राह्मण वृक्षों की लाख, तेल, नील, कपड़े आदि रंगने का रंग, शहद, घी, शराब, मांस आदि चीजों का व्यापार करता है, उसे शूद्र कहते हैं। ।।14।।

यहां स्पष्ट है कि चाणक्य जन्म से किसी को उच्च कुल का अथवा ब्राह्मण नहीं मानते। वे कर्म के अनुसार ही वर्णों के विभाजन में विश्वास रखते हैं। ऐसी स्थिति में कर्म के परिवर्तन से उसके वर्ण-जाति की संभावनाओं को खुला रखा जा सकता है। लेकिन सामाजिक स्तर पर ऐसा हो पाना उतना आसान नहीं है, क्योंकि पूर्वस्थिति में बनाए गए संबंधों को तोड़ पाने या उन्हें निभाने में आने वाली कठिनाइयों का व्यावहारिक हल ढूंढ़ पाने में अक्सर चूक हो जाती है। इसे कैसे आसान और सहज बनाया जाए, यह अपने आप में एक विचारणीय विषय है।

परकार्यविहन्ता च दाम्भिकः स्वार्थसाधकः।
छली द्वेषी मृदुः क्रूरो विप्रो मार्जार उच्यते।।

जो दूसरों के कार्य को बिगाड़ता है, ढोंगी है, अपना ही स्वार्थ सिद्ध करने में लगा रहता है, दूसरों को धोखा देता है, सबसे द्वेष करता है, ऊपर से देखने में अत्यंत नम्र और अंदर से पैनी छुरी के समान है, ऐसे ब्राह्मण को बिलाव कहा गया है। ।।15।।

जिस व्यक्ति का ध्यान सदा दूसरों के कार्य बिगाड़ने में लगा रहता है, जो सदा ही अपने स्वार्थ की सिद्धि में लगा रहता है, लोगों को धोखा देता है, बिना कारण के ही उनसे शत्रुता रखता है, जो ऊपर से कोमल और अन्दर से क्रूर है, उस ब्राह्मण को बिलाव के समान निकृष्ट पशु माना गया है।

वापी कूप तडागानामाराम सुर वेश्मनाम्
उच्छेदने निराऽऽशंकः स विप्रो म्लेच्छ उच्यते।।

जो ब्राह्मण पानी के स्थानों, बावड़ी, कुआं, तालाब, बाग-बगीचों और मंदिरों में तोड़-फोड़ करने में किसी प्रकार का भय न अनुभव करते हों, उन्हें म्लेच्छ कहा जाता है। ।।16।।

पीने के जल वाले स्थानों, उद्यानों और मंदिरों आदि के निर्माण का धर्मग्रंथों में अत्यधिक महत्व है। ऐसे कार्य करना बताता है कि उन्हें करने वाला केवल अपने बारे में ही नहीं औरों के बारे में भी सोचता है।

जो अपने से श्रेष्ठ दूसरों को माने। जनहित के चिंतन में लीन रहे, वही ब्राह्मण है।

परोपकार की भावना ही ब्राह्मण की परिचायिका है और जो इन्हें नष्ट करने वाला हो, करुणाविहीन और क्रूर हो वह ब्राह्मण कैसे हो सकता है। ऐसे व्यक्ति को तो तुच्छ या म्लेच्छ ही कहना चाहिए।

देवद्रव्यं गुरुद्रव्यं परदाराऽभिमर्शनम्।
निर्वाहः सर्वभूतेषु विप्रश्चाण्डाल उच्यते॥

जो देवताओं और गुरु के धन को चुरा लेता है, दूसरों की स्त्रियों के साथ सहवास करता है और जो सभी तरह के प्राणियों के साथ अपना जीवन गुजार लेता है, उस ब्राह्मण को चाण्डाल कहा जाता है। ॥17॥

देयं भोज्यधनं सदा सुकृतिभिर्नो सञ्चितव्यं कदा
श्रीकर्णस्य बलेश्च विक्रमपतेरद्यापि कीर्तिः स्थिता
अस्माकं मधु दानभोगरहितं नष्टं चिरात्सञ्चितं
निर्वाणादिति पाणिपादयुगले घर्षन्त्यहो मक्षिकाः॥

शहद का संग्रह करने में आदर्श मधुमक्खियों को भी पश्चात्ताप करना पड़ता है, क्योंकि शहद का दान न करने से शहद नष्ट हो जाता है। इसी प्रकार कुछ लोग धन का दान नहीं करते और जब वह नष्ट होने लगता है तो पश्चात्ताप करते हैं, जबकि कुछ लोग अपने धन का दान के रूप में उचित प्रयोग करते रहते हैं। राजा बलि, कर्ण और विक्रमादित्य दान करने के कारण ही आज तक समाज में सम्मान के पात्र हैं। ॥18॥

आचार्य चाणक्य ने इस श्लोक में दान का माहात्म्य बताया है। आम लोगों की धारणा है कि दान देकर वे लोगों पर उपकार करते हैं। यह प्रथम दृष्टि में सही भी है लेकिन यथार्थ इससे हटकर है। यदि दान न किया जाए, तो क्या होगा? आचार्य के अनुसार इसका उत्तर है धन का विनाश। त्याग से दी गई वस्तु नष्ट नहीं होती, बल्कि बढ़ती है। जबकि संकोच से वह सड़-गल जाती है, नष्ट हो जाती है। इस नियम के अनुसार दान द्वारा दानकर्ता अपने धन की वृद्धि का मार्ग प्रशस्त करता है। इतना ही नहीं, ऐसा करने से उसके यश में भी वृद्धि होती है। इससे श्रेष्ठ सौदा और क्या हो सकता है?

दान को अकसर लोग धन से जोड़कर देखते हैं, वास्तविकता ऐसी नहीं है। अन्न का दान, विद्या का दान, स्वास्थ्य का दान आदि अन्य भी दान के रूप हैं। सज्जन व्यक्तियों का धन सदा दान करने के लिए ही होता है। वे कभी उसका संचय नहीं करते, क्योंकि दान करने के कारण ही दानवीर कर्ण, महाराज बलि और विक्रमादित्य का यश आज भी संसार

में फैला हुआ है। चाणक्य ने वर्णों के अनुसार कर्मों की व्याख्या की है और यह स्पष्ट किया है कि व्यक्ति अपने कुछ गुणों के कारण ही सदा याद किया जाता है।

अध्याय का सार

चाणक्य कहते हैं कि कुछ बातें मनुष्य में स्वाभाविक रूप से होती हैं, उन्हें केवल अभ्यास से प्राप्त नहीं किया जा सकता। दान में रुचि, मधुर भाषण की इच्छा, मधुरता, वीरता ये गुण मनुष्य को स्वभाव से ही प्राप्त होते हैं, अभ्यास से केवल इनमें वृद्धि की सकती है, तराशा जा सकता है बस। चाणक्य कहते हैं कि मनुष्य को अपना स्वभाव नहीं छोड़ना चाहिए क्योंकि जो अपने स्वभाव और कर्म को छोड़कर दूसरे के आश्रय में जाता है, वह नष्ट हो जाता है।

चाणक्य कहते हैं कि मोटे शरीर को देखकर ऐसा नहीं मानना चाहिए कि वह बहुत बलवान हो सकता है। लंबे-चौड़े शरीर वाला हाथी छोटे से अंकुश से वश में कर लिया जाता है। इसी प्रकार दीपक की छोटी-सी लौ वर्षों के अंधकार को पलभर में नष्ट कर देती है। इतना ही नहीं अपने से कई गुना लंबाई-चौड़ाई में वह प्रकाश फैलाती है। बड़े- बड़े पहाड़ों और शिलाओं को हथौड़े की चोट से तोड़ा जा सकता है जबकि हथौड़े का आकार-भार पहाड़ों और शिलाओं से बहुत कम होता है। इसलिए लंबे-चौड़े शरीर को देखकर यह नहीं मान लेना चाहिए कि वह बलवान है।

चाणक्य के अनुसार विद्यार्थी को विद्या की प्राप्ति के समय घर से मोह नहीं रखना चाहिए। यदि वह घर के मोह में फंसा रहेगा तो उसे विद्या प्राप्त नहीं होगी। उनका कहना है कि दुष्ट व्यक्ति को जितना भी समझाया जाए, वह दुष्ट ही रहता है, उसका सज्जन बनना उसी प्रकार असंभव है, जैसे नीम के पेड़ को दूध, घी, चीनी आदि से सींचने पर भी उसमें मिठास पैदा नहीं की जा सकती। इसी संबंध में वे आगे कहते हैं कि जिस मनुष्य का अंतःकरण शुद्ध नहीं, यदि वह अनेक बार तीर्थयात्रा भी करता है तो भी वह पवित्र नहीं हो सकता।

आचार्य का मानना है कि गुणों की श्रेष्ठता को समझना प्रत्येक व्यक्ति के बस की बात नहीं है। जो उसके गुणों को नहीं समझता, वह उसकी निंदा करने लगता है। विद्यार्थी के लिए कुछ और हिदायत देते हुए चाणक्य कहते हैं कि विद्यार्थी को काम, क्रोध, लोभ, मोह, खेल-तमाशे और श्रृंगार तथा अधिक सोने से बचना चाहिए। क्योंकि ये दुर्गुण हैं और इनसे उसके मन में विक्षेप पैदा होता है। इनसे उसकी ऊर्जा का व्यय होता है, जिससे एकाग्रता पर

असर पड़ता है। ब्राह्मण, क्षत्रिय आदि वर्णों के संबंध में बताते हुए चाणक्य कहते हैं कि जो व्यक्ति कंदमूल फल खाकर अपना जीवन बिताता है, जो प्रतिदिन पितरों का श्राद्ध करता है, ऐसे ब्राह्मण को ऋषि कहा जाता है। इस प्रकार ऋषि वह है जो संयमी है और अपने पूर्वजों के प्रति जिसके मन में सम्मान का भाव है। जो व्यक्ति एक समय के भोजन से संतुष्ट रहता है तथा अध्ययन–अध्यापन का काम करता है, उसे द्विज कहते हैं। जो ब्राह्मण संसार के कामों में लगा हुआ है और पशुपालन, खेती आदि करता है, उसे वैश्य कहा जाता है। जो ब्राह्मण की सेवा करता है और शराब, मांस आदि बेचकर अपनी जीविका चलाता है, उसे शूद्र कहते हैं। उनका कहना है कि ब्राह्मण का कर्तव्य यह है कि वह अन्य लोगों के कार्य की सिद्धि में उनकी सहायता करे, दूसरों से छल–कपट न करे। जो ब्राह्मण सार्वजनिक स्थलों, जैसे–बावड़ी, कुआं, तालाब, मंदिर और पार्क आदि को अपवित्र करता है, वह म्लेच्छ है।

जो ब्राह्मण और विद्वानों के धन को चुरा लेता है, दूसरों की स्त्रियों का सम्मान नहीं करता और सभी प्रकार के लोगों के साथ जीवन बिता लेता है, वह ब्राह्मण न होकर चाण्डाल है।

अंत में, चाणक्य कहते हैं कि सज्जन और महात्मा व्यक्ति धन को कभी इकट्ठा नहीं करते, वे उसे दान देने की वस्तु समझते हैं, वे इसका प्रयोग धर्म द्वारा यश प्राप्ति के लिए करते हैं जबकि कंजूस धन का प्रयोग अपनों पर और स्वयं पर भी नहीं करते। ऐसा धन नष्ट हो जाता है। तब कंजूस के पास पछतावा करने के अलावा कुछ नहीं बचता। दुष्ट के धन की गति भी विषयों के भोग में होती है। विषय भोग क्षणिक होने के कारण अपना फल भी उसी रूप में देते हैं। वह सुख–दुख देते हैं।

❑❑

॥ अथ द्वादशोऽध्यायः ॥

बारहवां अध्याय

बुद्धिमान मनुष्य को भोजन प्राप्ति के संबंध में चिंता नहीं करनी चाहिए, उसे केवल धर्म-कर्म के संबंध में चिंतन करना चाहिए, क्योंकि मनुष्य के जन्म के समय ही भोजन का प्रबंध हो जाता है।

सानन्दं सदनं सुताश्च सुधियः कान्ता प्रियालापिनी
इच्छापूर्तिधनं स्वयोषितिरतिः स्वाऽऽज्ञापराः सेवकाः
आतिथ्यं शिवपूजनं प्रतिदिनं मिष्टान्नपानं गृहे
साधोः संगमुपासते च सततं धन्यो गृहस्थाऽऽश्रमः॥

उसी का घर सुखी हो सकता है, जिसके पुत्र और पुत्रियां अच्छी बुद्धि से युक्त हों, जिसकी पत्नी मृदुभाषिणी हो, जिसके पास परिश्रम हो, ईमानदारी से पैदा किया हुआ धन हो, अच्छे मित्र हों, अपनी पत्नी के प्रति प्रेम और अनुराग हो, नौकर-चाकर आज्ञा का पालन करने वाले हों। जिस घर में अतिथियों का आदर-सम्मान होता है, कल्याणकारी परमेश्वर की उपासना होती है, घर में प्रतिदिन अच्छे मीठे भोजन और मधुर पेयों की व्यवस्था होती है, सदा सज्जन पुरुषों का संग अथवा संगति करने का अवसर मिलता है, ऐसा गृहस्थ आश्रम धन्य है, प्रशंसा के योग्य है। ॥1॥

आदर्श गृहस्थ का रूप-स्वरूप कैसा होना चाहिए, इस ओर आचार्य ने इस श्लोक में स्पष्ट रूप से इशारा किया है।

आर्तेषु विप्रेषु दयान्वितश्च यत् श्रद्धया स्वल्पमुपैति दानम्।
अनन्तपारं समुपैति राजन् यद्दीयते तन्न लभेद् द्विजेभ्यः॥

दयालु और करुणा से युक्त मनुष्य दुखी ब्राह्मणों को श्रद्धा से जो कुछ भी दान देता है। हे राजन्! वह दान देने वाले को उतना ही प्राप्त नहीं होता है, प्रभु की कृपा से उसमें काफी वृद्धि होती है और वह दान देने वालों को भली-प्रकार मिलता जाता है। ।।2।।

कबीर आदि अनेक संतों ने भी इस बात की पुष्टि की है कि 'दान दिए धन न घटे', अर्थात दान करने से दान देने वाले के धन में कमी नहीं आती बल्कि उसमें पुण्य के रूप में वृद्धि ही होती है।

दाक्षिण्यं स्वजने दया परजने शाठ्यं सदा दुर्जने
प्रीतिः साधुजने स्मयः खलजने विद्वज्जने चार्जवम्।
शौर्यं शत्रुजने क्षमा गुरुजने नारीजने धृष्टता
इत्थं ये पुरुषाः कलासु कुशलास्तेष्वेवलोकस्थितिः।।

अपने बन्धु-बान्धवों के साथ वही व्यक्ति सुख से रह सकता है, जो उनके साथ सज्जनता और नम्रता का व्यवहार करता है, दूसरे लोगों पर दया और दुर्जनों के प्रति भी उनके अनुकूल व्यवहार करता है, सज्जन लोगों से जो प्रेम रखता है, दुष्टों के प्रति जो कठोर होता है और विद्वानों के साथ सरलता से पेश आता है। जो शक्तिशाली लोगों के साथ शूरवीरता और पराक्रम से काम लेता है, गुरु, माता-पिता और आचार्य के प्रति जो सहनशीलतापूर्ण व्यवहार रखता है तथा स्त्रियों के प्रति अधिक विश्वास न करके जो उनके प्रति चतुराईपूर्ण व्यवहार करता है, वही कुशलतापूर्वक इस संसार में रह सकता है। ।।3।।

हस्तौ दानविवर्जितौ श्रुतिपुटौ सारस्वतद्रोहिणौ
नेत्रे साधुविलोकनेन रहिते पादौ न तीर्थं गतौ।
अन्यायार्जितवित्तपूर्णमुदरं गर्वेण तुंगं शिरो
रे रे जम्बुक मुञ्च मुञ्च सहसा निन्द्यं सुनिन्द्यं वपुः।।

जिसके दोनों हाथ कभी दान आदि के कार्य में नहीं लगे अर्थात जिसने जीवन में कभी दान न दिया हो, कानों से वेद आदि शास्त्रों का श्रवण नहीं किया अर्थात उनसे द्वेष करता रहा हो, अपने दोनों नेत्रों से सज्जन पुरुषों के दर्शन नहीं किए, पैरों से तीर्थयात्रा नहीं की, माता-पिता तथा आचार्य की सेवा के लिए जो उनके पास कभी नहीं गया, जिसने अन्याय से धन इकट्ठा करके अपनी आजीविका चलाई, इतने पर भी जो आदमी अभिमान से सिर ऊंचा उठाकर चलता है, ऐसे व्यक्ति के लिए चाणक्य कहते हैं कि हे गीदड़ के समान नीच मनुष्य! तू तो नीच लोगों से भी नीच है, तू अत्यंत निंदनीय है, इसलिए जितनी जल्दी हो

सके, इस नीच शरीर को त्याग दे अर्थात तेरे इस प्रकार के जीवन से तेरा मर जाना अति उत्तम है। ।।4।।

पत्रं नैव यदा करीरविटपे दोषो वसन्तस्य किं
नोलूकोऽप्यवलोकते यदि दिवा सूर्यस्य किं दूषणम्।
वर्षा नैव पतन्ति चातकमुखे मेघस्य किं दूषणं
यत्पूर्वं विधिना ललाटलिखितं तन्मार्जितुं कः क्षमः।।

यदि करील नामक पौधे पर पत्ते नहीं निकलते, तो इसमें वसंत ऋतु का क्या दोष है? यदि उल्लू को दिन में दिखाई नहीं देता तो इसमें सूर्य का क्या दोष है? यदि चातक की चोंच में वर्षा का पानी नहीं टिकता तो इसमें बादल का क्या दोष है? संसार को बनाने वाले ब्रह्मा ने मनुष्य के भाग्य में जो कुछ लिख दिया है, उसे कोई भी नहीं मिटा सकता, वह उसे अवश्य भोगना पड़ता है। ।।5।।

चाणक्य यहां कहते हैं कि जिसके भाग्य में जो कुछ लिखा है, उसे कोई नहीं मिटा सकता। लेकिन आचार्य भाग्यवादी भी नहीं हैं!

सत्संगाद्भवति हि साधुता खलानां साधूनां न हि खलसंगमात्खलत्वम्।
आमोदं कुसुम-भवं मृदेव धत्ते मृद्गन्धं न हि कुसुमानि धारयन्ति।।

सज्जनों के सत्संग से दुर्जन मनुष्य भी सज्जन हो सकता है, परंतु सज्जन पुरुषों में दुष्टों की संगति से दुष्टता वैसे ही नहीं आती जैसे फूल से उत्पन्न होने वाली सुगंध मिट्टी में तो आ जाती है, परंतु मिट्टी की गंध फूल में नहीं आ पाती है। ।।6।।

इसका अर्थ यह है कि जिसका जो वास्तविक स्वभाव है, उसमें परिवर्तन नहीं होता अर्थात ऐसा स्वभाव जो परिवर्तनशील नहीं है, श्रेष्ठ माना जाता है। दुष्ट का सज्जन के संग से सज्जन बन जाना और दुष्ट के संग से सज्जन का सज्जन ही बने रहना इस बात की पुष्टि करता है कि सज्जनता मनुष्य का सच्चा स्वभाव है।

साधूनां दर्शनं पुण्यं तीर्थभूता हि साधवः।
कालेन फलते तीर्थं सद्यः साधुसमागमः।।

सज्जन पुरुष के दर्शन से पुण्य प्राप्त होता है, क्योंकि साधु पुरुष अपने आपमें साक्षात् तीर्थस्वरूप होते हैं। तीर्थ तो अपने समय के अनुसार ही फल देता है, परंतु साधुओं का संग करने से जल्दी ही मन की आशाएं पूर्ण हो जाती हैं। ।।7।।

विप्राऽस्मिन्नगरे महान् कथय कस्तालद्रुमाणां गणः
को दाता रजको ददाति वसनं प्रातर्गृहीत्वा निशि।
को दक्षः परदारवित्तहरणे सर्वेऽपि दक्षो जनः
कस्माज्जीवसि हे सखे विषकृमिन्यायेन जीवाम्यहम्।।

कोई राही अथवा यात्री किसी नगर में पहुंचकर किसी ब्राह्मण से पूछता है कि हे ब्राह्मण! मुझे बताओ कि इस नगर में कौन सबसे अधिक महान है? उस ब्राह्मण ने उत्तर दिया, ताड़ के वृक्षों का झुंड। यात्री ने फिर प्रश्न किया कि इस नगर में दाता कौन है? उसे उत्तर मिला, धोबी ही यहां का सबसे बड़ा दाता है, जो प्रातःकाल कपड़े धोने अथवा रंगने के लिए ले जाता है और सायंकाल के समय लौटा देता है। यात्री ने फिर पूछा कि इस नगर में चतुर व्यक्ति कौन है? तो ब्राह्मण ने उत्तर दिया कि इस नगर के सभी व्यक्ति दूसरों का धन और उनकी स्त्री का हरण करने में चतुर हैं। यात्री ने फिर पूछा कि ऐसी अवस्था में तुम्हारा जीवन यहां कैसे बीतता है? ब्राह्मण ने उत्तर दिया कि मैं विष में पैदा होने वाले कीड़े के समान हूं, जो उसी में उत्पन्न होता है लेकिन फिर भी विष के प्रभाव से मुक्त रहता है। विष का उस पर कोई असर नहीं होता। मैं उसी प्रकार इन लोगों के साथ अपना जीवन बिता रहा हूं।।8।।

प्रतिकूल परिस्थितियों में जीने का सूत्र है यह विष कृमिन्याय।

न विप्रपादोदककर्दमानि न वेदशास्त्रध्वनिगर्जितानि।
स्वाहा-स्वधाकार-विवर्जितानि श्मशानतुल्यानि गृहाणि तानि।।

जिन घरों में ब्राह्मणों के पांव धोने वाले जल से कीचड़ न हुआ हो, जहां वेद आदि शास्त्रों के पाठ न होते हों, जिसमें स्वाहा और स्वधा इन शब्दों का उच्चारण न होता हो, वे घर श्मशान के समान हैं। ।।9।।

जिन घरों में ब्राह्मणों का आदर-सत्कार नहीं होता, जहां वेद आदि शास्त्रों की ध्वनि नहीं गूंजती, जिस घर में अग्निहोत्र अर्थात् होम आदि शुभकर्म नहीं होते हैं, उसे श्मशान के समान समझना चाहिए। वह घर मुर्दों का निवास स्थान ही माना जाएगा। वहां जीवनी शक्ति नहीं होती।

सत्यं माता ज्ञानं धर्मो भ्राता दया स्वसा।
शान्तिः पत क्षमा पुत्रः षडेते मम बान्धवाः।।

किसी सांसारिक पुरुष ने किसी संत–महात्मा को अत्यंत आनंद की स्थिति में देखकर उनसे उनके बंधु–बांधवों के बारे में पूछा, तो संत ने उत्तर दिया–सत्य ही मेरी माता है और ज्ञान मेरा पिता है, धर्म ही मेरा भाई है और दया मेरी बहन है, शांति मेरी पत्नी है और क्षमा और सहनशीलता मेरे पुत्र हैं, यह छह ही मेरे परिवार के सदस्य हैं, मेरे बन्धु–बान्धव हैं, मेरे रिश्तेदार हैं। ।।10।।

अनित्यानि शरीराणि विभवो नैव शाश्वतः।
नित्यं सन्निहितो मृत्युः कर्तव्यो धर्मसंग्रहः।।

यह शरीर अनित्य है अर्थात नाशवान है, धन–सम्पत्ति भी सदा किसी के पास स्थिर नहीं रहती, मृत्यु सदैव प्रत्येक के पास रहती है, इसलिए प्रत्येक व्यक्ति को धर्माचरण करना चाहिए। ।।11।।

मनुष्य जानता है कि जिसने इस संसार में जन्म लिया है, वह मरेगा अवश्य। धन भी किसी के पास सदा स्थिर नहीं रहता। सबको इस संसार से एक दिन विदा लेनी है, इसलिए उसका कर्तव्य है कि वह इस संसार में धर्माचरण द्वारा धर्म का संचय करे, क्योंकि धर्म ही मनुष्य की मृत्यु के बाद उसका साथ देता है। अपने अच्छे आचरण के कारण संसार में उसे याद किया जाता है।

आमन्त्रणोत्सवा विप्रा गावो नवतृणोत्सवाः।
पत्युत्साहयुता नार्यः अहं कृष्णरसोत्सवः।।

किसी ब्राह्मण के लिए भोजन का निमंत्रण मिलना ही उत्सव है। गौओं के लिए ताजी नई घास प्राप्त होना ही उत्सव के समान है। पति में उत्साह की वृद्धि होते रहना ही स्त्रियों के लिए उत्सव के समान है। और मेरे लिए? मेरे लिए तो श्रीकृष्ण के चरणों में अनुराग ही उत्सव के समान है। ।।12।।

मातृवत् परदारांश्च परद्रव्याणि लोष्ठवत्।
आत्मवत् सर्वभूतानि यः पश्यति स पश्यति।।

जो व्यक्ति दूसरी स्त्रियों को माता के समान देखता है, दूसरों के धन को मिट्टी के ढेले के समान समझता है और संसार के सभी प्राणियों को अपनी आत्मा के समान देखता है, वास्तव में वही यथार्थ को देखता है। ।।13।।

जो व्यक्ति दूसरों की स्त्रियों को अपनी माता के समान आदर देता है, दूसरों के धन

अथवा उनके हिस्से को हड़पने की इच्छा नहीं करता और सभी प्राणियों के साथ वह उसी प्रकार का व्यवहार करता है जैसा अपने साथ व्यवहार किए जाने की इच्छा रखता है, ऐसा व्यक्ति ही बुद्धिमान है अर्थात उसका इस प्रकार का आचरण ही उसे श्रेष्ठ बनाता है। आचार्य के अनुसार, किसे कैसे देखना है, इसे वह जानता है।

धर्मे तत्परता मुखे मधुरता दाने समुत्साहता
मित्रेऽवञ्चकता गुरौ विनयता चित्तेऽति गम्भीरता।
आचारे शुचिता गुणे रसिकता शास्त्रेषु विज्ञानता
रूपे सुन्दरता शिवे भजनता सत्स्वेव संदृश्यते॥

धर्म में निरंतर लगे रहना, मुख से मीठे वचन बोलना, दान देने में सदैव उत्सुक रहना, मित्र के प्रति कोई भेद-भाव न रखना, गुरु के प्रति नम्रता और अपने हृदय में गंभीरता, अपने आचरण में पवित्रता, गुणों के ग्रहण करने में रुचि, शास्त्रों का विशेष ज्ञान, रूप में सौंदर्य और प्रभु में भक्ति आदि का होना-ये गुण सज्जन पुरुषों में ही दिखाई देते हैं। ।।14।।

काष्ठं कल्पतरुः सुमेरुरचलश्चिन्तामणिः प्रस्तरः
सूर्यस्तीव्रकरः शशी क्षयकरः क्षारो हि वारान्निधिः।
कामो नष्टतनुर्बलिर्दितिसुतो नित्यं पशुः कामगौ-
र्नैतांस्ते तुलयामि भो रघुपते कस्योपमा दीयते॥

सबकी कामनाओं की पूर्ति करने वाला कल्पवृक्ष लकड़ी है, सुमेरु एक पर्वत है, चिंताओं को दूर करने वाली मणि-चिंतामणि एक पत्थर है, सूर्य भयंकर रूप से प्रचंड किरणों वाला है, चंद्रमा की कलाएं क्षीण होती रहती हैं, समुद्र खारा है, कामदेव का कोई शरीर नहीं, दानशील बलि दैत्य हैं, कामधेनु अर्थात सबकी इच्छा पूर्ण करने वाली गाय एक पशु है, मैं इन सबको आपके समान अर्थात आपके बराबर नहीं समझता। हे प्रभु राम! आपकी तुलना किसके साथ की जाए? अर्थात् आप अतुलनीय हैं। ।।15।।

विनयं राजपुत्रेभ्यः पण्डितेभ्यः सुभाषितम्।
अनृतं द्यूतकारेभ्यः स्त्रीभ्यः शिक्षेत् कैतवम्॥

व्यक्ति सभी स्थानों से कुछ न कुछ सीख सकता है। उसे राजपुत्रों से नम्रता और सुशीलता, विद्वानों से प्रिय वचन बोलना, जुआरियों से मिथ्या-भाषण अर्थात सही स्थिति का पता न लगने देना और स्त्रियों से छल करना सीखना चाहिए। ।।16।।

इस संसार में कुछ भी ऐसा नहीं है, जो उपयोगी न हो। बस उसका सही समय पर, सही तरह से उपयोग आना चाहिए। मिथ्या भाषण और छल भी जीवन में उपयोगी होते हैं। इनका उपयोग उन्हीं के प्रति करें, जो आपको इनमें उलझाएं। लोहे को लोहा ही काटता है।

अनालोक्य व्ययं कर्ता ह्यनाथः कलहप्रियः।
आतुरः सर्वक्षेत्रेषु नरः शीघ्रं विनश्यति॥

जो व्यक्ति बिना विचारे और बिना देखे शक्ति से अधिक खर्च करता है, निर्बल होने पर भी जो लड़ाई-झगड़े में रुचि रखता है, सभी वर्णों की स्त्रियों से जो संभोग के लिए उतावला रहता है, वह जल्दी ही नष्ट हो जाता है। ॥17॥

नाहारं चिन्तयेत् प्राज्ञो धर्ममेकं हि चिन्तयेत्।
आहारो हि मनुष्याणां जन्मना सह जायते॥

बुद्धिमान मनुष्य को भोजन प्राप्ति के संबंध में चिंता नहीं करनी चाहिए, उसे केवल धर्म-कर्म के संबंध में चिंतन करना चाहिए, क्योंकि मनुष्य के जन्म के समय ही भोजन का प्रबंध हो जाता है, प्रारब्ध द्वारा कर दिया जाता है। ॥18॥

बुद्धिमान व्यक्ति खानपान की चिंता किए बिना धर्म-कार्य में लगे रहते हैं। कर्तव्यों का निर्वाह करने वाले की इच्छाएं प्रकृति पूरी करती है।

आचार्य के इस कथन से उन्हें भाग्यवादी मानने की भूल नहीं करनी चाहिए। यहां आचार्य यह कहना चाह रहे हैं कि व्यक्ति को अपने कर्तव्यों का करना चाहिए। कर्तव्यों की दिशा यदि सही हो, तो उसकी कामनाओं की पूर्ति सहज में होने लगती है। कई संतों-महापुरुषों का जीवन इस कथन की पुष्टि करता है।

जलबिन्दुनिपातेन क्रमशः पूर्यते घटः।
स हेतुः सर्वविद्यानां धर्मस्य च धनस्य च॥

जैसे बूंद-बूंद से घड़ा भर जाता है, उसी प्रकार निरंतर इकट्ठा करते रहने से धन, विद्या और धर्म की प्राप्ति होती है। ॥19॥

वयसः परिणामेऽपि यः खलः खल एव सः।
सुपक्वमपि माधुर्यं नोपयातीन्द्रवारुणम्॥

जो व्यक्ति दुष्ट है, वह परिपक्व अवस्था का हो जाने पर भी दुष्ट ही बना रहता है, जैसे इंद्रायण का फल पक जाने पर भी मीठा नहीं होता, कड़वा ही बना रहता है। ॥20॥

यह आवश्यक नहीं है कि व्यक्ति आयु के बढ़ने के साथ-साथ अपने स्वभाव में भी परिवर्तन कर सके। अधिकांश व्यक्ति, जो दुष्ट और दुर्जन होते हैं, अपने जीवन की अंतिम स्थिति तक दुष्ट ही बने रहते हैं। उनके जीवन में कोई विशेष परिवर्तन नहीं आता। जिस प्रकार इंद्रायण नामक फल पूरी तरह पक जाने पर भी कड़वा ही रहता है, उसी प्रकार मनुष्य अपने स्वभाव को छोड़ने में असमर्थ रहता है।

अध्याय का सार

अध्याय के प्रारंभ में चाणक्य उस गृहस्थ को सुखी बताते हैं, जिसके घर में मंगल कार्य होते रहते हैं। जिसकी संतान बुद्धिमान हो, पत्नी मधुरभाषिणी हो, जिसने सत्कर्मों से धन की प्राप्ति की हो, जिसके मित्र समय पर उसका साथ देने वाले हों, नौकर आदि उसकी आज्ञा का पालन करने वाले हों, जहां अतिथियों का स्वागत-सत्कार होता हो, जो गृहस्थ नित-नियम से प्रभु की उपासना करता हो और जिस घर में प्रतिदिन श्रेष्ठ, स्वादिष्ट भोजन बनता हो, ऐसी गृहस्थी ही प्रशंसनीय होती है अर्थात ऐसा गृहस्थ सदैव सुखी रहता है।

दान का महत्व बताते हुए चाणक्य ने अनेक स्थानों पर कहा है कि दान देने से धन की कमी नहीं होती। हां, योग्य और विद्वान ब्राह्मणों को ही दान देना चाहिए, क्योंकि ऐसे व्यक्ति को दिया हुआ दान कई गुना होकर मिलता है। असल में देखा जाए तो धन का दान करना तो इसलिए भी लाभप्रद है क्योंकि ऐसा करके व्यक्ति यश और पुण्य की प्राप्ति करता है, जो धन की अपेक्षा बहुत ज्यादा समय तक रहने वाली है।

इस संसार में नित्य ऐसे दुष्कर्म होते हैं, जिनसे किसी के नष्ट होने का भय-सा बना रहता है। जिस व्यक्ति ने अपने हाथों से कभी दान नहीं दिया, कानों से कभी शास्त्र वचन नहीं सुने, आंखों से कभी सज्जन व्यक्तियों के दर्शन नहीं किए और जो कभी तीर्थों पर भी नहीं गया, चाणक्य कहते हैं कि ऐसा जीवन व्यर्थ है।

होनी बड़ी प्रबल होती है, यह बात सभी जानते हैं। अपनी होनी अथवा भाग्य के कारण करील के वृक्ष पर पत्ते नहीं होते तो इसके लिए वसंत को दोषी नहीं माना जा सकता, यदि उल्लू को दिन में दिखाई नहीं देता तो उसमें सूर्य का क्या अपराध है, इसलिए जो कुछ भाग्य में लिखा है, उसके प्रति किसी को दोष देना उचित नहीं। एक बहुत ही उपयुक्त उदाहरण देकर आचार्य चाणक्य ने कहा है कि दुष्ट व्यक्ति के पास रहने से भी सज्जन व्यक्ति अपनी सज्जनता का त्याग नहीं करता, जबकि सज्जन की संगति में आकर दुष्ट सज्जन बन सकता है। सज्जनों के संबंध में आचार्य का कहना है कि उनके दर्शनमात्र से पुण्य फल की प्राप्ति

होती है, परंतु जहां कोई सज्जन पुरुष नहीं होता, वहां का जीवन भी विष के उस कीड़े के समान होता है, जो विष में ही उत्पन्न होता है और विष में ही मरता है। इस श्लोक का आशय यह भी हो सकता है कि जिस प्रकार विष का कीड़ा विष से अप्रभावी रहता है, उसी प्रकार दुष्टों में रहने पर भी सज्जन व्यक्ति दुर्गुणों से कोसों मील दूर रहता है।

चाणक्य ने आदर्श घर उसे माना है, जहां ब्राह्मणों का सम्मान होता है, उनकी सेवा होती है, जहां वेद मंत्रों और शास्त्रों की ध्वनि गूंजती रहती है और अग्निहोत्र से वातावरण सुगंधित रहता है। जहां यह सब नहीं होता, ऐसा धर्म-कर्म रहित घर श्मशान के समान होता है। ऐसे घर में नकारात्मक ऊर्जा का निवास हो जाता है। चाणक्य कहते हैं कि मनुष्य को चाहिए अन्य बातों की ओर से ध्यान हटाकर अपना मन धर्म के कार्यों में लगाए।

आचार्य के अनुसार, जो व्यक्ति दूसरों की स्त्री को माता के समान देखता है, दूसरे के धन को तुच्छ समझता है और सब प्राणियों को अपने समान मानता है, सदैव धर्म में लगा रहता है, कटु वचन नहीं बोलता, जिसमें दान की प्रवृत्ति होती है, मित्रों से जो किसी प्रकार का छल-कपट नहीं करता, गुरु के प्रति जो नम्र रहता है, जिसका अंतःकरण समुद्र के समान गंभीर है, जो आचरण में पवित्र, शास्त्रों को जानने वाला और हर समय प्रभु को याद रखने वाला है, वही सज्जन है।

भगवान राम के संबंध में चाणक्य कहते हैं कि वे कल्पवृक्ष से भी श्रेष्ठ हैं, सुमेरु पर्वत से भी अधिक धनी हैं, उनका तेज सूर्य से भी अधिक है, वे कामधेनु से भी अधिक मनोकामनाएं पूरी करने वाले हैं, इसलिए उनकी उपासना करनी चाहिए।

इन श्लोकों से लगता है कि आचार्य चाणक्य भगवान श्रीराम के मर्यादा पूर्ण जीवन तथा नीतियों से प्रभावित थे।

❑❑

॥ अथ त्रयोदशोऽध्यायः ॥

तेरहवां अध्याय

जिस प्रकार हजारों गायों में बछड़ा केवल अपनी मां के ही पास आता है, उसी प्रकार जो कर्म किया जाता है, वह कर्म करने वाले के पीछे-पीछे चलता है।

मुहूर्तमपि जीवेच्च नरः शुक्लेन कर्मणा।
न कल्पमपि कष्टेन लोकद्वयविरोधिना॥

मनुष्य को यदि एक मुहूर्त अर्थात 48 मिनट का जीवन भी मिले तो उसे उत्तम और पुण्य कार्य करते हुए जीवित रहना चाहिए, क्योंकि ऐसा ही जीवन उत्तम है, परंतु इस लोक और परलोक में दुष्ट कर्म करते हुए हजारों वर्ष जीना भी व्यर्थ है। ॥1॥

चाणक्य का भाव यह है कि मनुष्य का जीवन बहुत भाग्य से मिलता है। यदि जीवन बहुत छोटा भी हो तो भी उसे अच्छे कर्म करते हुए जीवित रहना चाहिए। बुरे काम करते हुए हजारों साल का जीवन भी व्यर्थ है। मनुष्य का धर्म है कि अच्छे कर्म करता हुआ अपने जीवन को बिताए। आयु की सार्थकता शुभ कर्मों से है।

गते शोको न कर्तव्यो भविष्यं नैव चिन्तयेत्।
वर्तमानेन कालेन प्रवर्तन्ते विचक्षणाः॥

जो बातें बीत चुकी हैं, उन पर शोक नहीं करना चाहिए और भविष्य की भी चिंता नहीं करनी चाहिए। बुद्धिमान लोग वर्तमान समय के अनुसार कार्य में लगे रहते हैं। ॥2॥

व्यक्ति को चाहिए वह बीती हुई बातों पर शोक करने में व्यर्थ समय न गंवाए। उसे इस बात की भी चिंता नहीं करनी चाहिए कि आगे क्या होने वाला है। अतीत हाथ से निकल

चुका है, तो भविष्य की केवल कल्पना की जा सकती है। इसलिए बुद्धिमान व्यक्ति को वर्तमान स्थितियों के अनुरूप अपने काम में लगे रहना चाहिए। इससे बीते कल में हुई भूलों को ठीक किया जा सकता है और आने वाले कल को एक उत्तम आधार दिया जा सकता है।

स्वभावेन हि तुष्यन्ति देवाः सत्पुरुषाः पिता।
ज्ञातयः स्नानपानाभ्यां वाक्यदानेन पण्डिताः।।

देवता, सज्जन और पिता स्वभाव से संतुष्ट होते हैं, बन्धु-बान्धव अच्छे खानपान से जबकि पंडित (विवेकशील) मधुर भाषण से ही प्रसन्न हो जाते हैं। ।।3।।

देवता, सज्जन व्यक्ति और पिता केवल व्यक्ति के स्वभाव को देखते हैं। पिता अपने पुत्र के स्वभाव से ही प्रसन्न होता है। रिश्तेदार, बन्धु-बान्धव अच्छे खानपान से खुश रहते हैं अर्थात यदि उनकी खानपान से अच्छी आवभगत की जाए तो वह प्रसन्न रहते हैं और विद्वान मीठी बाता से ही प्रसन्न हो जाते हैं। इसी बात को कुछ इस तरह भी कहा जा सकता है। देवता, सज्जन और पिता अपने पूजक और संतति से सदा ही संतुष्ट रहते हैं।

अहो बत विचित्राणि चरितानि महाऽऽत्मनाम्।
लक्ष्मीं तृणाय मन्यन्ते तद्भारेण नमन्ति च।।

महात्माओं और सज्जनों का चरित्र बड़ा विचित्र होता है। वे धन को तिनके के समान समझते हैं, परंतु तब उसके भार से वह झुक जाते हैं, अर्थात विनम्र बन जाते हैं जब वह आता है। ।।4।।

सज्जन धन को तिनके के समान अर्थात् अर्थहीन समझते हैं, परंतु यदि इनके पास धन आ जाए तो वे और भी नम्र हो जाते हैं अर्थात धन के आने पर भी उन्हें अभिमान नहीं होता। वे उसी प्रकार झुक जाते हैं, जिस प्रकार फलों से लदे हुए वृक्ष की टहनियां नम हो जाती हैं।

यस्य स्नेहो भयं तस्य स्नेहो दुःखस्य भाजनम्।
स्नेहमूलानि दुःखानि तानि त्यक्त्वा वसेत्सुखम्।।

जिसका किसी के प्रति स्नेह अथवा प्रेम होता है, उसी से उसको भय भी होता है। स्नेह अथवा प्रेम ही दुख का आधार है। स्नेह ही सारे दुखों का मूल कारण है। इसलिए उन स्नेह बन्धनों को त्यागकर सुखपूर्वक रहने का प्रयत्न करना चाहिए। ।।5।।

अनागतविधाता च प्रत्युत्पन्नमतिस्तथा।
द्वावेतौ सुखमेधेते यद्भविष्यो विनश्यति।।

आने वाले कष्ट को दूर करने के लिए जो पहले से ही तैयार रहता है और जो विपत्ति आने पर उसे दूर करने का उपाय सोच लेता है, ये दोनों प्रकार के व्यक्ति अपने सुख की वृद्धि करते हैं अर्थात सुखी रहते हैं तथा जो यह सोचता है कि जो भाग्य में लिखा है वही होगा, ऐसा व्यक्ति नष्ट हो जाता है। ।।6।।

चाणक्य ने कहा है कि संकट आने से पूर्व जो व्यक्ति बचाव का उपाय कर लेता है और जो संकट आने पर तत्काल आत्मरक्षा का उपाय कर लेता है—ये दोनों सुख से जीवन बिताते हैं, परंतु जो भाग्य के लिखे के अनुसार सोचता है कि देखा जाएगा, वह नष्ट हो जाता है।

राज्ञि धर्मिणि धर्मिष्ठाः पापे पापाः समे समाः।
राजानमनुवर्तन्ते यथा राजा तथा प्रजाः।।

राजा के धर्मात्मा होने पर प्रजा भी धार्मिक आचरण करती है। राजा के पापी होने पर प्रजा भी पाप में लग जाती है। राजा उदासीन रहता है, तो प्रजा भी उदासीन रहने लगती है, क्योंकि प्रजा वैसा ही आचरण करती है, जैसा राजा करता है। ।।7।।

जीवन्तं मृतवन्मन्ये देहिनं धर्मवर्जितम्।
मृतो धर्मेण संयुक्तो दीर्घजीवी न संशयः।।

चाणक्य कहते हैं कि मैं धर्म से रहित अधर्मी व्यक्ति को जीवित रहने पर भी मरे हुए के समान समझता हूं। जबकि धर्मयुक्त मनुष्य मृत्यु के बाद भी जीवित रहता है, इस बात में किसी प्रकार का सन्देह नहीं। ।।8।।

मृत्यु के बाद धार्मिक व्यक्ति के जीने का अर्थ यह है कि व्यक्ति की कीर्ति, उसका यश, उसके अच्छे कार्यों के कारण अमर रहते हैं। अधार्मिक व्यक्ति तो जीवित रहता हुआ भी मरे के समान है क्योंकि न तो उसे कोई पूछता है और न ही उसका समाज में कोई सम्मान होता है।

धर्मार्थकाममोक्षाणां यस्यैकोऽपि न विद्यते।
अजागलस्तनस्येव तस्य जन्म निरर्थकम्।।

जिस मनुष्य के पास धर्म, अर्थ, काम और मोक्ष इन चारों में से एक चीज भी नहीं है, उसका जन्म बकरी के गले में लटकते हुए स्तनों के समान निरर्थक होता है। ।।9।।

दह्यमानाः सुतीव्रेण नीचाः परयशोऽग्निना।
अशक्तास्तत्पदं गन्तुं ततो निन्दां प्रकुर्वते।।

नीच मनुष्य दूसरे व्यक्ति के यश को बढ़ता हुआ देखकर उसकी यशरूपी कीर्ति से जलते हैं और जब उस पद को प्राप्त करने में असमर्थ रहते हैं, तब उस व्यक्ति की निंदा करने लगते हैं। ।।10।।

दुष्ट व्यक्ति दूसरे को तरक्की करता देखकर उससे जलने लगते हैं। उसकी कीर्तिरूपी आग उन्हें जलाती रहती है। जब वे उस कीर्ति को प्राप्त करने में असमर्थ रहते हैं, तब उस व्यक्ति की निंदा करने लगते हैं।

बन्धाय विषयाऽऽसक्तं मुक्त्यै निर्विषयं मनः।
मन एवं मनुष्याणां कारणं बन्धमोक्षयोः।।

मनुष्य अपने विचारों के कारण ही अपने आपको बन्धनों में फंसा हुआ मानता है और अपने विचारों के कारण ही अपने आपको बंधनों से मुक्त समझता है। विषय-वासनाएं ही मनुष्य के बंधन के कारण हैं और विषय-वासनाओं से मुक्त होकर ही मनुष्यों को मोक्ष प्राप्त होता है। ।।11।।

देहाभिमाने गलिते विज्ञाते परमात्मनि।
यत्र यत्र मनो याति तत्र तत्र समाधयः।।

अपने शरीर के अभिमान से नष्ट हो जाने पर, अपने आपको परमात्मा से युक्त जान लेने पर मन जहां-जहां जाता है, वहां-वहां ही उसे समाधि से युक्त समझना चाहिए। ।।12।।

मनुष्य की आत्मा और देह दोनों अलग हैं—जब व्यक्ति को इस बात का ज्ञान हो जाता है तब उसका शरीर संबंधी अभिमान नष्ट हो जाता है, यही उसकी समाधि अवस्था है।

ईप्सितं मनसः सर्वं कस्य सम्पद्यते सुखम्।
दैवाऽऽयत्तं यतः सर्वं तस्मात्सन्तोषमाश्रयेत्।।

मनुष्य के मन की सभी इच्छाएं कभी भी पूर्ण नहीं होतीं, क्योंकि वे सभी भाग्य के अधीन हैं, इसलिए मनुष्य को अपने जीवन में संतोष धारण करना चाहिए। ।।13।।

यथा धेनुसहस्त्रेषु वत्सो गच्छति मातरम्।
तथा यच्च कृतं कर्म कर्तारमनुगच्छति।।

जिस प्रकार हजारों गायों में बछड़ा केवल अपनी मां के ही पास जाता है, उसी प्रकार जो कर्म किया जाता है, वह कर्म करने वाले के पीछे-पीछे चलता है। ।।14।।

अनवस्थितकार्यस्य न जने न वने सुखम्।
जने दहति संसर्गो वने संगविवर्जनम्॥

बेढंगे काम करने वाले को न समाज में सुख मिलता है, न ही जंगल में। ऐसे व्यक्ति को समाज में मनुष्यों का संसर्ग दुखी करता है जबकि जंगल में अकेलापन। ॥15॥

अव्यवस्थित जीवन वाला व्यक्ति कभी भी सुखी नहीं हो सकता।

यथा खात्वा खनित्रेण भूतले वारि विन्दति।
तथा गुरुगतां विद्यां शुश्रूषुरधिगच्छति॥

जैसे फावड़े से खोदने पर पृथ्वी से जल प्राप्त होता है, वैसे ही गुरु की सेवा करने वाला विद्यार्थी विद्या को प्राप्त करता है। ॥16॥

कर्मायत्तं फलं पुंसां बुद्धिः कर्मानुसारिणी।
तथापि सुधियश्चाऽऽर्याः सुविचार्यैव कुर्वते॥

मनुष्य को कर्मों के अनुसार ही फल मिलता है और मनुष्य की बुद्धि भी कर्मों के अनुसार ही कार्य करती है। इतने पर भी बुद्धिमान और सज्जन भली-भांति सोच-विचार कर ही कार्य करते हैं। ॥17॥

मनुष्य जिस प्रकार का कर्म करता है, उसी के अनुसार उसे फल मिलता है। गीता में भी कहा गया है कि मनुष्य को कर्म करना चाहिए उसके फल की चिंता छोड़ देनी चाहिए। इसलिए यह और भी आवश्यक हो जाता है कि मनुष्य सोच-विचार कर ही कर्म करे, बिना सोचे-विचारे कार्य करने से कार्य सिद्धि नहीं होती और फल प्राप्ति की तो आशा ही नहीं की जा सकती।

एकाक्षरप्रदातारं यो गुरुं नाभिवन्दति।
श्वानयोनिशतं भुक्त्वा चाण्डालेष्वभिजायते॥

एकाक्षर मंत्र देने वाले गुरु की जो वंदना नहीं करता, वह कुत्ते की योनि में सौ बार जन्म लेकर फिर चाण्डाल के घर उत्पन्न होता है। ॥18॥

एक अक्षर का अर्थ यहां दो प्रकार से हो सकता है। एक अक्षर का ज्ञान देने वाला भी इसका अर्थ किया जा सकता है। शास्त्रों में ॐ को एकाक्षर ब्रह्म कहा गया है। इन्हें प्रदान करने वाला ही गुरु है। गुरु का जो आदर नहीं करता, वह चाण्डाल के समान है। शास्त्रों में कृतघ्नता को ऐसा पाप माना गया है जिसका कोई प्रायश्चित्त नहीं होता।

युगान्ते प्रचलते मेरुः कल्पान्ते सप्त सागराः।
साधवः प्रतिपन्नार्थान् न चलन्ति कदाचन॥

एक युग के अंत में सुमेरु पर्वत भी अपने स्थान पर स्थिर नहीं रहता, कल्प के अंत में समुद्र भी अपनी सीमाएं लांघकर इस संसार को कष्ट में डाल देता है, परंतु श्रेष्ठ पुरुष अपने हाथ में लिए हुए कार्य को पूरा करने की प्रतिज्ञा से विचलित नहीं होते। ॥19॥

इसका भाव यह है कि प्रकृति के नियम भले ही बदल जाएं, पर्वत और समुद्र भले ही अपना स्थान छोड़ दें, परंतु सज्जन व्यक्तियों ने जिस किसी कार्य की पूर्ति के लिए वचन दिया है, वह अवश्य उसे पूरा करते हैं। वे अपने दिए गए वचन से टलते नहीं, भले ही उन्हें इसके लिए अपने प्राण गंवाने पड़ें। राजा दशरथ ने अपने वचनों का निर्वाह करने के लिए ही तो अपने प्राण त्याग दिए थे। वे जानते थे कि राम के बिना जीवित रहना संभव नहीं, फिर भी उन्होंने राम को वन में भेजा।

अध्याय का सार

चाणक्य ने अनेक बार 'मनुष्य' की श्रेष्ठता को स्वीकार किया है। उनका कहना है कि यदि मनुष्य-जीवन एक क्षण के लिए भी प्राप्त होता है तो उस काल में भी मनुष्य को श्रेष्ठ कर्म करने चाहिए और यदि उसका जीवन एक युग से भी अधिक हो तो भी उसे बुरे कर्मों में लिप्त नहीं होना चाहिए।

चाणक्य कहते हैं कि मनुष्य को चाहिए कि वह जो समय बीत चुका है, या जो आगे आने वाला है, इसकी चिंता छोड़कर वर्तमान की ओर ही ध्यान दे। समस्याओं का समाधान उसी में निहित है।

मनुष्य की सफलता उसके स्वभाव पर निर्भर करती है। वह स्वभाव से ही सज्जन पुरुषों और अपने माता-पिता को प्रसन्न कर सकता है। महात्माओं का स्वभाव ही ऐसा होता है कि वे धन को तिनके के समान तुच्छ समझते हैं, यदि उनके पास अधिकाधिक धन हो जाए तो भी वे अभिमान नहीं करते, वे उसी प्रकार नम्र होकर झुक जाते हैं, जिस प्रकार फल से लदी हुई वृक्ष की शाखा। आचार्य का कहना है कि अपने बन्धु-बान्धवों के प्रति कर्तव्य पूरे करते हुए उनसे इतना अधिक लगाव नहीं बढ़ाना चाहिए कि उनके बिछड़ने से कष्ट अनुभव हो।

जो व्यक्ति सदैव सतर्क रहते हैं और समय आने से पूर्व ही आने वाले कष्टों को रोकने

के उपाय कर लेते हैं, ऐसे व्यक्ति अपना जीवन सुख से बिता देते हैं, परंतु जो भाग्य के भरोसे रहता है, उसे कष्ट उठाना पड़ता है।

जैसा राजा वैसी प्रजा, एक बहुत पुरानी कहावत है। यह आचार्य चाणक्य के समय से ही प्रसिद्ध हुई दिखाई देती है। चाणक्य कहते हैं कि जिस मनुष्य के जीवन में धर्म का अभाव है, मैं उसको मृत व्यक्ति के समान समझता हूं और धर्माचरण करने वाला व्यक्ति मरने के बाद भी जीवित रहता है।

इसी संबंध में आचार्य कहते हैं कि जिस व्यक्ति ने धर्म, अर्थ, काम और मोक्ष इन चारों में से एक के लिए भी पुरुषार्थ नहीं किया तो समझो कि उसका जीवन व्यर्थ है। शास्त्र धर्म, अर्थ और काम को पुरुषार्थ मानते हैं—मोक्ष उनकी दृष्टि में परमपुरुषार्थ है। यह संकेत है कि इन तीनों की सार्थकता तभी है, जब समस्त बंधनों से जीव मुक्त हो जाएगा।

दुष्ट व्यक्ति जब किसी के बढ़ते हुए यश को देखता है तो वह उसकी निंदा करने लगता है। भगवान श्रीकृष्ण ने भी मनुष्य के मन को ही मनुष्य का सबसे बड़ा मित्र और सबसे बड़ा शत्रु बताया है, क्योंकि उसके विचार ही उसे संसार के मोह-माया में फंसाए रखते हैं, जो उसके लिए बंधन के समान हैं। योगी मन को वश में करके उसके सभी बंधनों को काट फेंकते हैं।

मनुष्य के कर्मों के संबंध में वे कहते हैं कि जिस प्रकार बहुत-सी गौओं में भी बछड़ा अपनी मां को पहचान लेता है और उसी के पीछे-पीछे चलता है, उसी प्रकार मनुष्य के कर्म ही मनुष्य का साथ देते हैं अर्थात वह जैसा कार्य करता है, उसके अनुसार ही उसको फल भोगना पड़ता है।

कर्म के संबंध में चाणक्य आगे यह कहते हैं कि मनुष्य को कर्मों के अनुसार ही फल मिलता है और उसकी बुद्धि भी उसके द्वारा किए जाने वाले कर्मों के अनुसार ही कार्य करती है। इतने पर भी विद्वान और सज्जन व्यक्ति सोच-विचार कर कार्य करते हैं क्योंकि वे जानते हैं कि कुछ ऐसा भी है, जिसे बुद्धि द्वारा नई दिशा दी जा सकती है।

चाणक्य अंत में मनुष्य के स्वभाव का वर्णन करते हुए कहते हैं कि सज्जन पुरुष अपने कर्तव्य अथवा अपने वचन से कभी भी विमुख नहीं होते, जबकि संकट आने पर बड़ी से बड़ी प्राकृतिक शक्तियां भी मनुष्य का साथ छोड़ देती हैं।

❑❑

॥ अथ चतुर्दशोऽध्यायः ॥

चौदहवां अध्याय

देखने वाले एक ही वस्तु को तीन प्रकार से देखते हैं। योगी उसे अति-निंदित शव के रूप में देखते हैं। कामी लोग सुंदर नारी के रूप में देखते हैं और कुत्ता उसे एक मांस के लोथड़े के रूप में देखता है।

पृथिव्यां त्रीणि रत्नानि जलमन्नं सुभाषितम्।
मूढैः पाषाणखण्डेषु रत्नसंज्ञा विधीयते॥

इस पृथ्वी पर तीन ही रत्न हैं– जल, अन्न और हितकारी वचन, परंतु मूर्ख लोग पत्थर के टुकड़े को रत्न कहते हैं। ॥1॥

आत्माऽपराधवृक्षस्य फलान्येतानि देहिनाम्।
दारिद्र्यरोगदुःखानि बन्धनव्यसनानि च॥

दरिद्रता, रोग, दुख, बंधन तथा आपत्तियां– ये सब मनुष्य के अधर्म रूपी वृक्ष के फल हैं। ॥2॥

मनुष्य जैसे कर्म करता है, उसे वैसे ही फलों की प्राप्ति होती है। मनुष्य की दरिद्रता, दुखी होना, रोगों से युक्त रहना, सांसारिक बंधनों में फंसे रहना और इसके साथ अनेक प्रकार की आपत्तियां आदि आना, ये मनुष्य के दुष्कर्मों के ही फल हैं। इसलिए मनुष्य का कर्तव्य यह है कि वह शुभ कर्म करे, ताकि उसका जीवन सुखपूर्वक बीते।

आचार्य ने यहां कर्म के सिद्धांत का विवेचन करते हुए शुभ कार्य करने की प्रेरणा दी है क्योंकि यही सुख का साधन है।

पुनर्वित्तं पुनर्मित्रं पुनर्भार्या पुनर्मही।
एतत्सर्वं पुनर्लभ्यं न शरीरं पुनः पुनः।।

धन भी पुनः प्राप्त हो सकता है, मित्र भी मिल सकते हैं, पत्नी भी फिर से मिल सकती है। ये सब वस्तुएं मनुष्य को बार-बार प्राप्त हो सकती हैं, परंतु यह शरीर बार-बार प्राप्त नहीं हो सकता। ।।3।।

बहूनां चैव सत्त्वानां समवायो रिपुञ्जयः।
वर्षाधाराधरो मेघस्तृणैरपि निवार्यते।।

निश्चित रूप से बहुत से मनुष्य मिलकर शत्रु को जीत सकते हैं। मनुष्यों का समुदाय अर्थात उनका संगठन शत्रु को जीतने में उसी प्रकार सफल रहता है, जिस प्रकार इकट्ठे किए हुए तिनके जल की धारा को रोक देते हैं अर्थात घास-फूस का छप्पर वर्षा के पानी से रक्षा करता है। ।।4।।

यह बात देखने-सुनने में बहुत सामान्य प्रतीत होती है, परंतु यह है अत्यंत महत्वपूर्ण। जिस परिवार में मतभेद होते हैं, आपस में एकता नहीं होती, वह परिवार नष्ट हो जाता है। इसी तरह जिन परिवारों में अथवा देश के लोगों में एकता है, मिलकर काम करने की इच्छा है, वे भयंकर- से-भयंकर शत्रु को पराजित करने में समर्थ होते हैं। वृक्ष की एक शाखा को कोई एक बच्चा भी तोड़ सकता है, परंतु जब पतली-पतली शाखाएं इकट्ठी हो जाती हैं तो इन्हें शक्तिशाली हाथी के लिए तोड़ना भी कठिन हो जाता है—संघे शक्तिः कलौ युगे।

जले तैलं खले गुह्यं पात्रे दानं मनागपि।
प्राज्ञे शास्त्रं स्वयं याति विस्तारं वस्तुशक्तितः।।

जल पर तेल, दुष्ट व्यक्ति के पास गुप्त वार्ता, सुपात्र व्यक्ति को दिया गया दान, बुद्धिमान का शास्त्रज्ञान ये सभी बातें ऐसी हैं, जो पूरी होने पर वस्तु की शक्ति अर्थात विशेषता से बिना किसी प्रयास के स्वयं फैल जाती हैं, इनका विस्तार हो जाता है। ।।5।।

पानी पर यदि तेल की बूंद डाली जाएगी तो वह बूंद के रूप में न रहकर उस पर फैल जाएगी, इसी प्रकार दुष्ट व्यक्ति के पास कोई रहस्य गुप्त नहीं रह सकता। सुपात्र व्यक्ति को दिया हुआ दान और बुद्धिमान व्यक्ति को दिया गया शास्त्रज्ञान, ये सब अपने आप अपनी विशेषता के कारण चारों ओर फैल जाते हैं।

धर्माऽऽख्याने श्मशाने च रोगिणां या मतिर्भवेत्।
सा सर्वदैव तिष्ठेच्चेत् को न मुच्येत बन्धनात्।।

धार्मिक कथा आदि के सुनने के समय, श्मशान भूमि में और रोगी होने पर मनुष्य के मन में जो सद्‌बुद्धि उत्पन्न होती है, यदि वह सदैव स्थिर रहे तो मनुष्य संसार के बंधनों से छूट सकता है। ।।6।।

जब मनुष्य धर्म संबंधी उपदेश सुनता है तो उसके मन में अच्छे विचारों का उदय होता है। इसी प्रकार जब मनुष्य किसी मृत व्यक्ति के साथ श्मशान भूमि में जाता है तो वह समझता है कि यह शरीर नश्वर है, उस समय उसके मन में पापों से मुक्त होने की सद्‌भावना उत्पन्न होती है। ऐसे ही जब मनुष्य रोगग्रस्त होता है तो वह प्रभु को याद करता है और उस समय सोचता है कि वह ऐसा कोई कार्य नहीं करेगा, जिससे उसे फिर बीमार होना पड़े। चाणक्य कहते हैं कि यदि व्यक्ति सदैव इसी प्रकार सोचता रहे तो वह संसार के बन्धनों से छूट सकता है। परंतु होता यह है कि जब मनुष्य धर्म सभा से उठ जाता है, श्मशान भूमि से लौट आता है और रोग से मुक्त हो जाता है तो वह फिर से संसार के उसी मोह–मायाजाल में फंस जाता है। यही माया है।

उत्पन्नपश्चात्तापस्य बुद्धिर्भवति यादृशी।
तादृशी यदि पूर्वं स्यात् कस्य न स्यान्महोदयः॥

दुष्कर्म करने के बाद पश्चात्ताप करने वाले मनुष्य की बुद्धि जिस प्रकार की होती है, वैसी बुद्धि यदि पाप करने से पहले भी हो जाए तो सभी को मुक्ति प्राप्त हो सकती है। ।।7।।

मनुष्य बुरा कार्य करने के बाद पछताता है, उसे अपने किए हुए कार्य पर पछतावा होता है। वह जानता है कि उसने वह किया है, जो उसे नहीं करना चाहिए। चाणक्य कहते हैं कि यदि दुष्कर्म करने से पहले ही मनुष्य के विचार वैसे ही हो जाएं जैसे पश्चात्ताप के समय होते हैं, तो कोई भी दुष्कर्म न हो।

दाने तपसि शौर्ये वा विज्ञाने विनये नये।
विस्मयो न हि कर्तव्यो बहुरत्ना वसुन्धरा॥

दान, तपस्या, वीरता, विज्ञान, विनम्रता और नीतिवान होने में मनुष्य को सबसे बड़ा होने का अभिमान नहीं करना चाहिए, क्योंकि पृथ्वी अनेक अमूल्य रत्नों से भरी हुई है। ।।8।।

दूरस्थोऽपि न दूरस्थो यो यस्य मनसि स्थितः।
यो यस्य हृदये नास्ति समीपस्थोऽपि दूरतः॥

जो जिसके हृदय में बसा हुआ है, वह यदि बहुत दूर है तो भी उसे दूर नहीं कहा जा सकता और जो जिसके हृदय में समाया हुआ नहीं है, वह बहुत निकट रहने पर भी दूर प्रतीत होता है। ।।9।।

जिन लोगों में सच्चा प्रेम है, वे यदि एक-दूसरे से बहुत दूर रहते हैं, तो भी उन्हें दूर नहीं मानना चाहिए, परंतु जिसने किसी के दिल में घर नहीं किया, वह पास रहने से भी दूर रहता है। आचार्य के अनुसार, सच्चे प्रेम में दूरी का कोई महत्व नहीं है।

यस्य चाप्रियमिच्छेत तस्य ब्रूयात् सदा प्रियम्।
व्याधो मृगवधं कर्तुं गीतं गायति सुस्वरम्॥

जिसका बुरा करने की इच्छा हो, उससे सदा मीठी बात करनी चाहिए, जैसे शिकारी हिरण को पकड़ने से पहले मीठी आवाज में गीत गाता है। ॥10॥

इस श्लोक में एक सामान्य सांसारिक बात कही गई है। जो मन अपने पाप के कारण किसी का अहित चाहता है, वह पहले सदा मीठी-मीठी बातें करता है। जिस प्रकार हिरण आदि का शिकार करने से पहले शिकारी मधुर आवाज में गीत गाता है, सांप को पकड़ने वाला मस्त होकर बीन बजाता है। इस प्रकार ये दोनों मधुर स्वर के आकर्षण में बंधकर शिकारी के पास खुद आ जाते हैं तो शिकारी उन्हें पकड़ लेता है। जब तक दूसरे में असुरक्षा की भावना है, उसके मर्मस्थल पर आघात नहीं किया जा सकता।

चाणक्य कहते हैं कि दुष्ट व्यक्ति अहित करने की इच्छा से मीठी-मीठी बातें करते हैं, ऐसा करके वे पहले रिझाते हैं फिर हानि पहुंचाते हैं। जुआरी पहले लाभ होने का लालच दिखाता है, जिससे भोलाभाला व्यक्ति उसके जाल में फंसकर बड़ी-सी रकम दांव में लगा देता है और अपनी हानि कर बैठता है।

अत्यासन्ना विनाशाय दूरस्था न फलप्रदाः।
सेवितव्यं मध्यभागेन राजा वह्निर्गुरुः स्त्रियः॥

राजा, अग्नि, गुरु और स्त्री इनके पास हर समय नहीं रहना चाहिए। ऐसा करने से मनुष्य को हानि हो सकती है। परंतु इनसे दूर रहने से भी मनुष्य को कोई लाभ नहीं होता। इसलिए इनसे व्यवहार करते समय व्यक्ति को बहुत सोच-समझकर बीच का रास्ता अपनाना चाहिए—इसी को मध्यम मार्ग कहते हैं। ॥11॥

मध्यम मार्ग का अर्थ है कि व्यक्ति को किसी वस्तु अथवा विचार में न तो अधिक लिप्त होना चाहिए और न ही उसका सर्वथा परित्याग करना चाहिए। मध्यम मार्ग में दोनों छोरों का परित्याग करना पड़ता है और एक बीच का रास्ता अपनाना पड़ता है। गौतम बुद्ध ने इसी मार्ग को अपनाने पर बल दिया था। श्रीकृष्ण इसे 'समत्व' कहते हैं। इसमें अति वर्जित है।

अग्निरापः स्त्रियो मूर्खाः सर्पा राजकुलानि च।
नित्यं यत्नेन सेव्यानि सद्यः प्राणहराणि षट्॥

अग्नि, जल, स्त्रियां, मूर्ख, सांप और राजपरिवार का सेवन करते समय मनुष्य को सदैव सावधान रहना चाहिए, क्योंकि ये छह कभी भी मृत्यु का कारण हो सकते हैं। ॥12॥

स जीवति गुणा यस्य यस्य धर्मः स जीवति।
गुणधर्मविहीनस्य जीवितं निष्प्रयोजनम्॥

संसार में वही जीवित रहता है, जिसमें गुण और धर्म जीवित रहता है। गुणों और धर्म से रहित मनुष्य का जीवन व्यर्थ है। ॥13॥

इस संसार में गुणी व्यक्तियों के जीवन को श्रेष्ठ माना गया है इस प्रकार धर्मात्मा व्यक्तियों का जीवन ही जीवन है, परंतु जिस व्यक्ति में न तो कोई गुण है और न ही धर्म, उसका जीवन बिलकुल व्यर्थ है।

यदीच्छसि वशीकर्तुं जगदेकेन कर्मणा।
परापवादसस्येभ्यो गां चरन्तीं निवारय॥

हे मनुष्य! यदि तू किसी एक ही कर्म द्वारा सारे संसार को अपने वश में करना चाहता है तो तू दूसरों की निंदा करने वाली अपनी वाणी को वश में कर ले अर्थात दूसरों की निंदा करना छोड़ दे। ॥14॥

दूसरों की निंदा छोड़ने का अर्थ है अपनी आलोचना और दूसरों के गुणों को ग्रहण करना। ऐसा करने वाला सहज रूप से विश्व को जीत लेगा।

प्रस्तावसदृशं वाक्यं प्रभावसदृशं प्रियम्।
आत्मशक्तिसमं कोपं यो जानाति स पण्डितः॥

जो अवसर के अनुकूल बात करना जानता है, जो अपने यश और गरिमा के अनुकूल मधुर-भाषण कर सकता है और जो अपनी शक्ति के अनुसार क्रोध करता है, उसी को वास्तव में विद्वान कहा जाता है। ॥15॥

व्यक्ति को अवसर के अनुकूल ही वाक्यों का प्रयोग करना चाहिए और उस समय इस बात का सदैव ध्यान रखना चाहिए कि इससे प्रतिष्ठा बढ़ेगी अथवा घटेगी। जो व्यक्ति समय के अनुकूल बात नहीं करता, जिसे अपने मान-अपमान का कोई ज्ञान नहीं या जो प्रिय भाषण अथवा मधुर-भाषण करना नहीं जानता, वह मूर्ख है। जो व्यक्ति समय के अनुरूप

बात करता है, अपनी शक्ति के अनुसार क्रोध करता है, वही पण्डित अथवा सब कुछ जानने वाला विद्वान है।

एक एवं पदार्थस्तु त्रिधा भवति वीक्षितः।
कुणपः कामिनी मांसं योगिभिः कामिभिः श्वभिः॥

एक ही चीज को देखने वाले प्राणी तीन प्रकार से देखते हैं। योगी उसे अति-निंदित शव के रूप में देखते हैं, कामी लोग सुंदर नारी के रूप में देखते हैं और कुत्ता उसे एक मांस के लोथड़े के रूप में देखता है। भेद दृष्टि का है, वस्तु तो एक ही है। ।।16।।

'जैसी दृष्टि, वैसी सृष्टि' यह एक व्यावहारिक और दार्शनिक सिद्धांत है। आचार्य ने सुंदर उदाहरण से इसकी पुष्टि की है।

सुसिद्धमौषधं धर्मं गृहच्छिद्रं च मैथुनम्।
कुभुक्तं कुश्रुतं चैव मतिमान्न प्रकाशयेत्॥

बुद्धिमान व्यक्ति को चाहिए कि सिद्ध की हुई औषधि, अपने द्वारा किए जाने वाले धर्माचरण, घर के दोष, स्त्री के साथ संभोग, कुभोजन तथा सुने हुए निंदित वचन किसी के सामने प्रकट न करे। ।।17।।

तावन्मौनेन नीयन्ते कोकिलैश्चैव वासराः।
यावत्सर्वजनानन्ददायिनी वाक्प्रवर्तते॥

जब तक सभी को आनंद देने वाली बसंत ऋतु आरंभ नहीं होती, तब तक कोयल मौन रहकर अपने दिन बिता देती है अर्थात बसंत ऋतु के आने पर ही कोयल की कूक सुनाई देती है। ।।18।।

इसका भावार्थ है कि व्यक्ति को बड़े धैर्य से सही समय की प्रतीक्षा करनी चाहिए। सही समय पर कही गई सही बात ही असरदार होती है।

धर्मं धनं च धान्यं च गुरोर्वचनमौषधम्।
सुगृहीतं च कर्तव्यमन्यथा तु न जीवति॥

जीवन को सही से बिताने के लिए धर्म का आचरण, धन पैदा करना, अन्नों का संचय, गुरु के वचनों का पालन, अनेक प्रकार की औषधियों का संग्रह विधिपूर्वक और यत्न से करना चाहिए। ।।19।।

मनुष्य को चाहिए कि धन, धर्म, अन्न, गुरु की कही हुई बातें और अनेक प्रकार की उपयोगी औषधियां का संग्रह करता रहे। जो मनुष्य ऐसा नहीं करता, उसे जीवन में तरह-तरह की कठिनाइयों का सामना करना पड़ता है।

त्यज दुर्जनसंसर्गं भज साधुसमागमम्।
कुरु पुण्यमहोरात्रं स्मर नित्यमनित्यताम्॥

हे मनुष्य! दुष्टों के संग को त्याग दे और सज्जन पुरुषों का संग कर। दिन-रात अच्छे कार्य किया कर, सदैव संसार को नाशवान समझकर परमेश्वर का ध्यान किया कर। ।।20।।

मनुष्य को जीवन में क्या करना चाहिए और क्या नहीं, इसी का सूत्र है मानो यह श्लोक। नैतिकता का सार-संक्षेप निहित है इस श्लोक में।

अध्याय का सार

इस अध्याय में सामान्य लोगों के लिए चाणक्य ने कुछ महत्वपूर्ण बातों की ओर ध्यान आकृष्ट किया है। वे कहते हैं कि इस पृथ्वी पर अन्न, जल और नीतियुक्त बातें-इन तीन को ही महत्वपूर्ण मानना चाहिए। उनके अनुसार, ये तीन चीजें ही मनुष्य के लिए रत्न के समान हैं अर्थात मनुष्य का इस संसार में इनके बिना कार्य-व्यापार करना कठिन है। धनी से धनी व्यक्ति के लिए और अत्यंत निर्धन के लिए अन्न और जल एक जैसा महत्व रखते हैं। इसके साथ नीतियुक्त मधुरवाणी इसलिए आवश्यक है कि इससे मनुष्य का कल्याण होता है। आचार्य ने आगे कहा है कि यदि व्यक्ति दरिद्र है, रोगी है, दुखी है और बंधनों तथा कष्टों में पड़ा है तो यह सब उसके अधर्म रूपी कार्यों का फल है। उनका कहना है कि इस संसार में जिन वस्तुओं को हम बहुत उपयोगी मानते हैं, उनमें से धन, मित्र, स्त्री, भूमि तथा मकान आदि मनुष्य को बार-बार मिल सकते हैं, परंतु मनुष्य जीवन ऐसा है जो बड़ी कठिनाइयों से प्राप्त होता है। इसलिए मनुष्य को चाहिए कि वह अपने जीवन को सफल बनाने का प्रयत्न करे, धर्माचरण करे, न कि हर समय संसार के भोगों में फंसा रहकर अपने जीवन को व्यर्थ गंवा दे।

प्रायः हर देश के निवासियों के लिए संगठित रहना, प्राचीनकाल से ही महत्वपूर्ण आवश्यकता रही है, इसलिए वे कहते हैं कि यदि निर्बल से निर्बल राष्ट्र संगठित रहेंगे तो अत्यंत बलवान शत्रु को भी पराजित करना उनके लिए संभव होगा। इसी संदर्भ में वे आगे कहते हैं कि जीवन में कोई समय ऐसा भी आता है, जब मनुष्य जीवन की वास्तविकता के

बारे में सोचने लगता है। मनुष्य जब किसी धर्मोपदेश को सुनता है तो उसके मन में धर्माचरण की प्रवृत्ति जाग्रत होती है। जब मनुष्य किसी को अपने कंधे पर लादकर श्मशान भूमि में जाता है तो उसे ऐसा प्रतीत होता है कि यह जीवन नश्वर है और जब मनुष्य किसी रोग से पीड़ित होता है तो प्राय: हाय-हाय करता हुआ प्रभु को याद करता है। चाणक्य कहते हैं कि यदि मनुष्य सदा इसी प्रकार के विचार मन में रखे तो वह संसार के बंधनों से छूट सकता है। इसी संदर्भ में वे आगे कहते हैं कि मनुष्य जब कोई दुष्कर्म करता है तो उसके बाद वह पछताने लगता है अर्थात उसकी बुद्धि में एक परिवर्तन होता है। यदि दुष्कर्म करने से पूर्व मनुष्य की बुद्धि उस दिशा में कार्य करे तो वह संसार के बंधनों से छूट सकता है।

मोक्ष प्राप्ति में बाधक कार्यों की ओर संकेत करते हुए आचार्य का कहना है कि अभिमान मनुष्य को ले डूबता है। यदि कोई व्यक्ति यह समझता है कि उसके जैसा तपस्वी, दानी, शूरवीर और ज्ञानवान कोई दूसरा नहीं है तो यह उसका भ्रम है, क्योंकि संसार इतना विशाल है कि उसमें एक से बढ़कर एक गुणी व्यक्ति हैं।

यहां एक सामान्य-सी बात की ओर इशारा करते हुए आचार्य ने कहा है कि समीपता और दूरी का संबंध हृदय से है न कि स्थान से।

चाणक्य ने यहां ऐसी कूटनीतिपूर्ण बात कही है, जो किसी भी राज्य के लिए उपयुक्त हो सकती है। उनका कहना है कि जो राज्य आपको हानि पहुंचाता है, यदि आपमें शक्ति से उसका निवारण करने की योग्यता नहीं है तो उससे मित्रता गांठकर, मधुर व्यवहार का दिखावा करते हुए बुद्धिपूर्वक शक्तिहीन कर देना चाहिए।

वे आगे कहते हैं कि राजा, अग्नि, गुरु और स्त्री आदि के न तो अत्यन्त निकट जाना चाहिए और न ही इनसे अत्यंत दूरी रखनी चाहिए। उदाहरण के लिए सामान्य-सी बात है कि यदि व्यक्ति अग्नि के अधिक समीप जाएगा तो वह जलकर भस्म हो जाएगा। इसीलिए उन्होंने कहा है कि इन सब वस्तुओं का उपयोग मध्यम दूरी अथवा मध्यम अवस्था में करना चाहिए, क्योंकि यदि इनके सेवन में सावधानी नहीं बरती जाएगी तो नष्ट होना निश्चित है। वे कहते हैं कि जो व्यक्ति गुणी है, उसी का जीवन सफल है, जिसमें किसी प्रकार का गुण नहीं, कोई विशेष बुद्धि नहीं, उसका जीवन व्यर्थ है।

इसी संदर्भ में वे आगे कहते हैं कि मनुष्य यदि संसार को अपने वश में करना चाहता है तो उसे दूसरों की निंदा करना छोड़ देना चाहिए। समझदार व्यक्ति वही है, जो समय के अनुकूल बात करता है, अपने मान-सम्मान के अनुरूप मधुर और प्रिय वचन बोलता है

और क्रोध करते समय इस बात का अनुमान कर लेता है कि वह उसकी शक्ति के अनुरूप है या नहीं। इसी के साथ ही वे कहते हैं कि संसार की प्रत्येक वस्तु को मनुष्य विभिन्न दृष्टिकोणों से देखते हैं। स्त्री का उदाहरण देते हुए वे कहते हैं कि योगी स्त्री के स्वरूप को घृणा की दृष्टि से एक लाश के समान देखता है। कामी व्यक्ति उसे हर प्रकार से सुंदर समझता है और कुत्ते की दृष्टि में वह एक मांस के लोथड़े अलावा कुछ नहीं है। सभी अपने भावों के अनुसार उसका दर्शन करते हैं, इसीलिए इस प्रकार की परस्पर विभिन्नता देखने में आती है। आगे चलकर चाणक्य बताते हैं कि बुद्धिमान मनुष्य को चाहिए वह अच्छे कर्म, घर के दोष, स्त्री से सहवास और अपने संबंध में सुने हुए निंदित वचनों को कभी किसी दूसरे व्यक्ति के समक्ष प्रकट न करे।

चाणक्य का कहना है कि मनुष्य को कष्ट के समय मौन रहना चाहिए। चीखने-चिल्लाने से कोई लाभ नहीं होता। उसे चाहिए कि वह सदैव धार्मिक कार्यों में लगा रहे। यथाशक्ति अच्छे कार्यों से धन का संग्रह करता रहे। धन का संग्रह भी समय के अनुकूल समझा गया है। गुरु के कल्याणकारी वचनों को संजोकर रखना अत्यंत आवश्यक है। यदि व्यक्ति इन चीजों का संग्रह नहीं करता तो उसका जीवन संकट में पड़ सकता है।

अंत में, वे मनुष्य को सुखी जीवन बिताने के लिए मार्गदर्शन करते हुए कहते हैं कि मनुष्य को दुष्टों की संगति छोड़ देनी चाहिए, उसको सज्जनों के पास उठना-बैठना चाहिए। दिन-रात उसे अच्छे कर्म करते रहने चाहिए और उसे यह बात ध्यान में रखनी चाहिए कि यह संसार अनित्य है, इसलिए उसे सदैव अपना मन प्रभु के चिंतन में लगाए रखना चाहिए।

❑❑

॥ अथ पंचदशोऽध्यायः ॥

पंद्रहवां अध्याय

अन्याय से कमाया हुआ धन अधिक से अधिक दस वर्ष तक किसी व्यक्ति के पास ठहरता है और ग्यारहवां वर्ष प्रारंभ होते ही ब्याज और मूल सहित नष्ट हो जाता है।

यस्य चित्तं द्रवीभूतं कृपया सर्वजन्तुषु।
तस्य ज्ञानेन मोक्षेण किं जटाभस्मलेपनैः॥

जिसका हृदय प्राणिमात्र पर दया से पिघल जाता है, उसे ज्ञान और मोक्ष प्राप्त करने, तथा जटाधारण और शरीर पर भस्म लगाने की क्या आवश्यकता है? ॥1॥

जिस व्यक्ति के मन में प्राणियों के कष्टों को देखकर दया के भाव आते हैं, उसे ज्ञान प्राप्त करने और मोक्ष प्राप्त करने के लिए तप करने की आवश्यकता नहीं है। चाणक्य ने मनुष्य के मन में दया के भाव को सभी धर्मों से ऊंचा स्थान दिया है।

एकमेवाक्षरं यस्तु गुरुः शिष्यं प्रबोधयेत्।
पृथिव्यां नास्ति तद्द्रव्यं यद्दत्वा चाऽनृणी भवेत्॥

जो गुरु अपने शिष्य को एक अक्षर ॐ अर्थात परमेश्वर का ठीक से ज्ञान करवा देता है, उस गुरु के ऋण से शिष्य मुक्त नहीं हो पाते। संसार में ऐसा कोई पदार्थ नहीं, जिसे गुरु को समर्पित करके शिष्य गुरु के ऋण से मुक्त हो सके। ॥2॥

खलानां कण्टकानां च द्विविधैव प्रतिक्रिया।
उपानन्मुखभंगो वा दूरतो वा विसर्जनम्॥

दुर्जन और कांटे इन दो चीजों से बचने के दो ही उपाय हैं, या तो जूतों से इनका मुंह कुचल दिया जाए, उसके अस्तित्व को ही समाप्त कर दिया जाए अथवा उनको दूर से ही त्याग दिया जाए।।3।।

चाणक्य कांटे और दुष्ट व्यक्ति को एक ही श्रेणी में रखते हैं। इनसे व्यवहार करने के भी वे दो मार्ग बताते हैं। यदि शक्ति है, तो उसे कुचल दें, अन्यथा उससे बचकर निकल जाएं।

कुचैलिनं दन्तमलोपसृष्टं बह्वाशिनं निष्ठुरभाषिणं च।
सूर्योदये चास्तमिते शयानं विमुञ्चति श्रीर्यदि चक्रपाणिः।।

गंदे कपड़े पहनने वाले, गंदे दांतों वाले अर्थात दांतों की सफाई न करने वाले, अधिक भोजन करने वाले, कठोर वचन बोलने वाले, सूर्य उदय होने तथा सूर्यास्त के समय सोने वाले व्यक्ति को लक्ष्मी–स्वास्थ्य, सौंदर्य और शोभा त्याग देती है, भले ही विष्णु क्यों न हो। ।।4।।

त्यजन्ति मित्राणि धनैर्विहीनं दाराश्च भृत्याश्च सुहृज्जनाश्च।
तं चार्थवन्तं पुनराश्रयन्ते अर्थो हि लोके पुरुषस्य बंधुः।।

जब मनुष्य के पास धन नहीं रहता तो उसके मित्र, स्त्री, नौकर- चाकर और भाई–बंधु सब उसे छोड़कर चले जाते हैं। यदि उसके पास फिर से धन–संपत्ति आ जाए तो वे फिर उसका आश्रय ले लेते हैं। संसार में धन ही मनुष्य का बन्धु है। ।।5।।

आचार्य ने धन के व्यावहारिक पक्ष को बताते हुए कहा है कि इसी के इर्द–गिर्द सारे संबंधों का ताना–बाना हुआ करता है। इसमें कोई आश्चर्य नहीं!

अन्यायोपार्जितं द्रव्यं दश वर्षाणि तिष्ठति।
प्राप्ते चैकादशे वर्षे समूलं तद् विनश्यति।।

अन्याय से कमाया हुआ धन अधिक से अधिक दस वर्ष तक आदमी के पास ठहरता है और ग्यारहवां वर्ष प्रारंभ होते ही ब्याज और मूल सहित नष्ट हो जाता है। ।।6।।

अयुक्तं स्वामिनो युक्तं युक्तं नीचस्य दूषणम्।
अमृतं राहवे मृत्युर्विषं शंकरभूषणम्।।

समर्थ और शक्तिवान पुरुष यदि कोई अनुचित कार्य भी करता है तो उसे उचित समझा

जाता है, जबकि नीच पुरुष द्वारा किया उचित कार्य भी अनुचित कहलाता है। उदाहरण के लिए राहु नामक दैत्य के लिए अमृत भी मृत्यु का कारण बन गया और शिव के लिए विष भी उनके कंठ का आभूषण माना गया। विषपान के कारण उनकी मृत्यु नहीं हुई, बल्कि उन्हें नीलकंठ कहा जाने लगा। ।।7।।

तद्भोजनं यद् द्विजभुक्तशेषं तत्सौहृदं यत्क्रियते परस्मिन्।
सा प्राज्ञता या न करोति पापं दम्भं विना यः क्रियते स धर्मः।।

वास्तविक भोजन वह है जो ब्राह्मण आदि को खिला देने के बाद बचता है, अर्थात गृहस्थ को चाहिए कि वह स्वयं भोजन करने से पहले ब्राह्मण को भोजन कराए, इसी प्रकार प्रेम और स्नेह उसे ही कहा जा सकता है जो परायों से किया जाता है, अपने बन्धु-बान्धवों से तो सभी प्रेम करते हैं। बुद्धिमत्ता यह है कि मनुष्य पाप कर्म करने से बचा रहे। धर्म वह है जिसमें छल-कपट न हो। ।।8।।

अपनों से किया जाने वाला प्रेम पूर्णतया व्यावहारिक होता है। इसीलिए वह ढोया जाता है। जबकि पराये जिससे अपने बन जाएं और बने भी रहें, वही सही अर्थों में प्रेम है।

मणिर्लुण्ठति पादाग्रे काचः शिरसि धार्यते।
क्रयविक्रयवेलायां काचः काचो मणिर्मणिः।।

किसी विशेष स्थिति में रत्न चाहे पैरों में लुढ़कता रहे और कांच को सिर पर धारण किया जाए, परंतु जब बेचने अथवा लेने का समय आता है तो कांच को कांच और रत्न को रत्न ही कहा जाता है। ।।9।।

इसका भाव यह है कि किसी अयोग्य वस्तु अथवा व्यक्ति को उचित स्थान पर रखने अथवा नियुक्त करने से उसके मूल्य में किसी प्रकार का परिवर्तन नहीं होता, परंतु जब मूल्यांकन का समय आता है तो उनकी वास्तविक स्थिति का पता लग ही जाता है।

अनन्तशास्त्रं बहुलाश्च विद्याः अल्पश्च कालो बहुविघ्नता च।
यत्सारभूतं तदुपासनीयं हंसो यथा क्षीरमिवाम्बुमध्यात्।।

वेद आदि शास्त्र अत्यंत विशाल हैं, वे ज्ञान के समुद्र हैं, विद्याएं भी बहुत सी हैं, परंतु मनुष्य की आयु सीमित है और उसके मार्ग में कठिनाइयां भी बहुत-सी आती हैं, इसलिए उसके लिए उचित है कि वह शास्त्रों से सारभूत बातों को उसी प्रकार ग्रहण कर ले, जिस प्रकार हंस पानी मिले दूध से दूध ग्रहण कर लेता है। ।।10।।

दूरागतं पथि श्रान्तं वृथा च गृहमागतम्।
अनर्चयित्वा यो भुंक्ते स वै चाण्डाल उच्यते।।

दूर से चलकर आने वाला यात्री थका हुआ होता है, बिना किसी स्वार्थ के घर में आए हुए अतिथि की पूजा किए बिना जो घर का स्वामी स्वयं भोजन कर लेता है, उसे निश्चय ही चाण्डाल कहा जाता है। ।।11।।

वेद आज्ञा देते हैं कि अतिथि देवता है–अतिथि देवो भव! गृहस्थ को चाहिए कि दूर से चलकर आने वाले अतिथि का वह आदर-सत्कार करे। अतिथि की उपेक्षा करना पाप कर्म है। शास्त्रों में अतिथि की सेवा का विधान है। अतिथि सेवा द्वारा अनजाने व्यक्ति को भी सज्जन सम्मान और श्रद्धा का पात्र बना लेते हैं।

पठन्ति चतुरो वेदान् धर्मशास्त्राण्यनेकशः।
आत्मानं नैव जानन्ति दर्वी पाकरसं यथा।।

जो लोग वेद आदि शास्त्रों का अध्ययन करने के बाद भी आत्मा- परमात्मा के संबंध में कुछ नहीं जानते, वे आत्मज्ञान से रहित उस कलछी की तरह हैं, जो स्वादिष्ट साग सब्जी में तो घूमती है, परंतु उसे उसके स्वाद का बिलकुल भी ज्ञान नहीं होता। ।।12।।

शास्त्रों के अध्ययन की सार्थकता इसी बात में है कि जो कुछ पढ़ा जाए, उसका सार ग्रहण करके मनुष्य उसे अपने जीवन में उतारे। यदि मनुष्य ऐसा नहीं करता तो उसका जीवन व्यर्थ है। शास्त्र उन उपायों को भी बताते हैं जिनसे आदर्श को जीवन में उतारने का कार्य आसान हो जाता है।

धन्या द्विजमयी नौका विपरीता भवार्णवे।
तरन्त्यधोगताः सर्वे उपरिस्थाः पतन्त्यधः।।

इस संसार-सागर में ब्राह्मणरूपी नौका धन्य है, जो उल्टी गति से चलती है। यह उल्टी गति क्या है? जो इस नाव के नीचे रहते हैं, वे सब तो भवसागर से पार उतर जाते हैं और जो नाव के ऊपर चढ़ते हैं, उनका पतन हो होता है। ।।13।।

तात्पर्य यह है कि जो व्यक्ति अथवा गृहस्थ लोग ब्राह्मणों के साथ नम्र रहकर उनकी सेवा करते रहते हैं, उनका तो उद्धार हो जाता है और जो अभिमान में चूर रहकर उनका अपमान करते हैं, उनकी सदैव अधोगति ही होती है।

अयममृतनिधानं नायकोऽप्यौषधीनां
अमृतमयशरीरः कान्तियुक्तोऽपि चन्द्रः।

भवति विगतरश्मिर्मण्डलं प्राप्य भानोः
परसदननिविष्टः को लघुत्वं न याति॥

दूसरे के घर में जाने से व्यक्ति का सम्मान घटता है, वह छोटा होता है। जैसे चंद्रमा को अमृत का भण्डार कहा जाता है, यह गुणकारी औषधियों का स्वामी भी है, इसकी छवि अथवा इसकी किरणों को अमृत के समान माना जाता है, इसमें कांति भी है अर्थात यह प्रकाश से युक्त है, परंतु जब यही चंद्रमा सूर्यमण्डल पर जाता है तो तेजरहित हो जाता है, वहां उसकी सारी चमक-दमक समाप्त हो जाती है। ।।14।।

जो व्यक्ति निजी स्वार्थ की पूर्ति के उद्देश्य से दूसरे के घर में जाता है, उसका बड़प्पन स्थिर नहीं रह पाता। आचार्य का यह कथन है कि व्यक्ति को कभी भी अपने मार्ग का परित्याग नहीं करना चाहिए।

अलिरयं नलिनीदलमध्यगः कमलिनीमकरन्दमदालसः।
विधिवशात्परदेशमुपागतः कुटजपुष्परसं बहु मन्यते॥

भौंरा कमलिनी के फूल की पंखुड़ियों में बैठा रहता है, उसके पराग का रस चूसता रहता है और उसके मध्य में मस्त बना रहता है, परंतु दैवयोग से जब उसे एक स्थान से किसी दूसरे स्थान को जाना पड़ता है, तो वहां उसे करील आदि वृक्षों के फूलों से रस तो मिल जाता है, किंतु कांटों के कारण काफी कष्ट भी उठाना पड़ता है। ।।15।।

इसका भाव यह है कि विदेश में जाने से व्यक्ति अनेक बार धन की प्राप्ति तो करता है, परंतु उसे अनेक प्रकार के कष्ट भी उठाने पड़ते हैं, इसलिए उसे चाहिए कि वह स्वयं को समय के अनुसार ढाले, अर्थात कष्ट आने पर उसे दुखी नहीं होना चाहिए।

पीतः क्रुद्धेन तातश्चरणतलहतो वल्लभो येन रोषाद्
आबाल्याद्विप्रवर्यैः स्ववदनविवरे धार्यते वैरिणी मे।
गेहं मे छेदयन्ति प्रतिदिवसमुमाकान्तपूजानिमित्तं
तस्मात्खिन्ना सदाहं द्विजकुलनिलयं नाथ युक्तं त्यजामि॥

विष्णु लक्ष्मी से पूछते हैं कि वह ब्राह्मणों से नाराज क्यों रहती हैं तो उत्तर देती हुई लक्ष्मी कहती हैं– अगस्त्य ऋषि ने नाराज होकर मेरे पिता समुद्र को ही पी लिया था, ब्राह्मण भृगु ने क्रोध में आकर आपकी छाती पर लात मारी थी और ये ब्राह्मण लोग बचपन से ही मेरी सौत सरस्वती को प्रसन्न करने का प्रयत्न करते रहते हैं, प्रतिदिन शिव की पूजा के लिए

मेरे निवास स्थान से कमल पुष्पों को उजाड़ देते हैं। हे स्वामी! यही कारण है, जिससे मैं ब्राह्मणों से सदा दूर रहती हूं। ।।16।।

इस श्लोक का सामान्य भाव यह है कि ब्राह्मण अधिक लोभी नहीं होते और वे प्रारंभ से ही धन कमाने की प्रवृत्ति से रहित होकर विद्या अध्ययन में लगे रहते हैं। धन-संपत्ति जुटाने पर उनका विशेष ध्यान नहीं होता। इसीलिए वे विद्वान तो होते हैं, धनवान नहीं।

बन्धनानि खलु सन्ति बहूनि प्रेमरज्जुदृढबन्धनमन्यत्।
दारुभेदनिपुणोऽपि षडंघ्रिर्निष्क्रियो भवति पंकजकोशे।।

इस संसार में बहुत से बंधन हैं, परंतु प्रेमरूपी रस्सी का बंधन कुछ विचित्र होता है। लकड़ी को छेदने की शक्ति रखने वाला भौंरा भी कमल के फूल में बंद होकर निष्क्रिय हो जाता है। कमल की पंखुड़ियों को काटने की उसमें शक्ति होती है, परंतु उनके प्रति अतिरेक प्रेम- भावना होने के कारण वह ऐसा नहीं करता। ।।17।।

संसार में मनुष्य अनेक प्रकार के बंधनों में बंधा हुआ है, परंतु सबसे मजबूत बंधन प्रेम का होता है, जिस प्रकार कमल की कोमल पंखुड़ियों में बंद हो जाने पर भौंरा प्रेमवश उन्हें काट नहीं पाता, इसी प्रकार मनुष्य प्रेम के पाश में बंधा हुआ सब कष्ट उठाने के लिए तैयार हो जाता है अर्थात वह प्रेम के बंधन से मुक्त नहीं हो पाता।

छिन्नोऽपि चन्दनतरुर्न जहाति गन्धं
वृद्धोऽपि वारणपतिर्न जहाति लीलाम्।
यन्त्रार्पितो मधुरतां न जहाति चेक्षुः
क्षीणोऽपि न त्यजति शीलगुणान् कुलीनः।।

चंदन का वृक्ष कट जाने पर भी अपनी सुगंध नहीं छोड़ता, बूढ़ा हो जाने पर भी हाथी अपनी क्रीड़ाएं नहीं छोड़ता, कोल्हू पर पेर (पेल) दिए जाने के बाद भी ईख अपनी मिठास को नहीं छोड़ता, इसी प्रकार कुलीन मनुष्य निर्धन हो जाने पर भी अपनी शालीनता को नहीं छोड़ता। ।।18।।

स्वभाव किसी भी परिस्थिति में बदलता नहीं है। इससे पूर्व भी कई स्थानों पर आचार्य ने दुष्टों की चर्चा की है।

स्वभाव पर जोर देने का आचार्य का तात्पर्य व्यवहार की दिशा को निर्धारित करना है। इसी आधार पर विश्वास की सीमा का निर्धारण भी किया जा सकता है। स्वभाव में यदि सज्जनता है, तो विश्वास की संभावना का प्रतिशत बढ़ जाता है।

आचार्य ने अपने जीवन में भी इस मनोविज्ञान का व्यावहारिक प्रयोग किया है। धर्मनंद के विश्वस्त और मगध के निष्ठावान प्रधान अमात्य राक्षस को चंद्रगुप्त का अमात्य बनाना इसी उपरोक्त कथन का सशक्त उदाहरण है।

'कुलीन' शब्द का प्रयोग कर आचार्य ने वंश-परंपरा की ओर भी संकेत किया। परंपरा या प्राप्त होने वाले संस्कारों का जीवन में अत्यधिक महत्व है। पारिवारिक पृष्ठभूमि व्यक्तित्व का अत्यधिक सशक्त रूप से निर्धारण करती है।

अध्याय का सार

इस अध्याय के प्रारंभ में आचार्य ने दया के महत्व को स्पष्ट किया है। उनका कहना है कि जो व्यक्ति इस संसार के प्राणिमात्र पर दया करता है, उसे न तो मोक्ष प्राप्त करने के लिए जप-तप आदि साधन की आवश्यकता है और न ही जटाजूट धारण करके साधु-संन्यासी बनने की। दया सभी धर्मों का सार है।

गुरु के महत्व को बताते हुए आचार्य चाणक्य बताते हैं कि यदि शिष्य गुरु को अपना सर्वस्व समर्पित कर दे तो भी गुरु का ऋण शिष्य से नहीं उतरता। गुरु ही शिष्य को वास्तविक ज्ञान देता है, जिससे उऋण होना संभव ही नहीं है।

दुष्ट व्यक्ति से बचने का उपाय बताते हुए चाणक्य कहते हैं कि या तो उसे मसलकर नष्ट कर देना चाहिए अथवा ऐसा प्रयत्न करना चाहिए कि वह आपके कार्य में किसी प्रकार की रुकावट न डाल सके।

चाणक्य का कहना है कि जो व्यक्ति मैले कपड़े पहने रहता है, जिसके दांतों पर मैल जमा हुआ दिखाई देता है, जो हर समय कड़वी बातें करता रहता है तथा जो सूर्योदय और सूर्यास्त के समय सोया रहता है, उसे न तो लक्ष्मी प्राप्त होती है, न ही उसका स्वास्थ्य ठीक रहता है। इसीलिए व्यक्ति को अपने जीवन को सुखी बनाने के लिए प्रकृति के नियमों के अनुसार चलना चाहिए।

आचार्य के अनुसार धन मनुष्य का बंधु और सखा है, इसलिए मनुष्य को धन संग्रह करते रहना चाहिए। उनका यह भी कहना है कि धन को धर्मपूर्वक ही कमाना चाहिए। अन्याय से पैदा किया हुआ धन दस वर्षों से ज्यादा नहीं ठहरता।

अनेक विद्वानों का कहना है कि समर्थ व्यक्ति जो कुछ करता है, लोग उसके लिए उसे दोषी नहीं ठहराते-"समरथ को नहिं दोष गोसाईं।" असमर्थ द्वारा किया गया अच्छा काम भी दोषयुक्त माना जाता है। इसका कारण भय और स्वार्थ है, न कि सत्य दृष्टि।

आचार्य ने दान की महिमा का बखान किया है। वे कहते हैं कि ब्राह्मणों को भोजन करवाने के बाद ही गृहस्थ को भोजन करना चाहिए। उनके अनुसार प्रेम और स्नेह उसे ही कहा जाता है, जो दूसरों से किया जाए। अपने संबंधियों तथा मित्रों आदि से तो सभी प्रेम करते हैं। आचार्य ने बुद्धिमान उसे कहा है जो पाप कर्मों की ओर आकृष्ट न हो।

चाणक्य मनुष्यों को यह बताना चाहते हैं कि ज्ञान का कोई अंत नहीं है, जबकि मनुष्य का जीवन बहुत छोटा है। उनका कहना है कि वेद आदि शास्त्रों के पढ़ने पर भी जिसे उनमें वर्णित आत्मा और परमात्मा का ज्ञान नहीं हुआ, उसका जीवन व्यर्थ है। उसका जीवन बिलकुल उसी प्रकार है, जैसे धातु की कलछी स्वादिष्ट भोज्य पदार्थ में घूमती हुई भी उसका स्वाद नहीं ले पाती।

चाणक्य कहते हैं कि व्यक्ति जब दूसरों के घर में जाता है अर्थात अपना घर छोड़ता है तो उसे छोटा माना जाता है। चंद्रमा को अमृत का भण्डार कहा जाता है, परंतु जब वह सूर्य की सीध में आता है तो एक प्रकार से उसका अस्तित्व समाप्त हो जाता है, क्योंकि उस समय वह सूर्य से ही प्रकाश ग्रहण करता है।

चाणक्य ने यह बात स्पष्ट करने का प्रयत्न किया है कि ब्राह्मणों के पास धन क्यों नहीं होता? उनका कहना है कि वे सदैव सरस्वती की उपासना में लगे रहते हैं इसलिए धन इकट्ठा करने की उनकी प्रवृत्ति ही नहीं होती। इस संसार में प्रेम का बंधन ही सबसे दृढ़ होता है। चाणक्य उदाहरण देते हुए कहते हैं कि भौंरे में इतनी शक्ति होती है कि वह लकड़ियों में भी छेद कर सकता है, परंतु कमल के अनुराग में बंध जाने के कारण उसकी शक्ति व्यर्थ हो जाती है। इसी प्रकार मनुष्य के जो स्वाभाविक गुण हैं, वे कभी भी समाप्त नहीं होते। जिस प्रकार चंदन का वृक्ष छोटे-छोटे टुकड़ों में काट दिए जाने पर भी अपनी सुगंध नहीं छोड़ता, उसी प्रकार श्रेष्ठ कुलीन मनुष्य निर्धन होने पर भी अपने गुणों का त्याग नहीं करता।

❑❑

॥ अथ षोडशोऽध्यायः ॥

सोलहवां अध्याय

संसार एक कड़वा वृक्ष है लेकिन आश्चर्य है कि इस पर अमृत सरीखे मीठे और जीवन देने वाले दो फल लगते हैं, एक मधुर वाणी और दूसरी सज्जनों की संगति।

न ध्यातं पदमीश्वरस्य विधिवत्संसारविच्छित्तये
स्वर्गद्वारकपाटपाटनपटुर्धर्मोऽपि नोपार्जितः।
नारीपीनपयोधरोरुयुगलं स्वप्नेऽपि नालिंगितं
मातुः केवलमेव यौवनवनच्छेदे कुठारा वयम्॥

जिस मनुष्य ने संसाररूपी जाल को काटने के लिए प्रभु के स्वरूप का ध्यान नहीं किया, जिसने स्वर्ग के द्वार खोलने के लिए धर्मरूपी धन का संग्रह नहीं किया, जिसने स्वप्न में भी नारी के सुंदर स्तनों और जंघाओं का आलिंगन नहीं किया, वह माता के यौवनरूपी वृक्ष को काटने वाले कुल्हाड़े का काम करता है। ॥1॥

चाणक्य कहते हैं कि जिस व्यक्ति ने न तो प्रभु का ध्यान किया, न ही कोई धर्म-कर्म किया और न ही सहवास का सुख प्राप्त किया, ऐसे व्यक्ति का जीवन एक प्रकार से निरर्थक है। इस श्लोक के द्वारा आचार्य ने उन तीन जीवन धाराओं को बताने का प्रयास किया, जिनमें जन-सामान्य उलझा हुआ है। धर्म, अर्थ, काम-इन तीनों पुरुषार्थों के लिए ही तो प्रयास किया जा रहा है। आचार्य ने ईश-स्मरण को प्रथम स्थान दिया है।

जल्पन्ति सार्धमन्येन पश्यन्त्यन्यं सविभ्रमाः।
हृदये चिन्तयन्त्यन्यं न स्त्रीणामेकतो रतिः॥

वेश्याओं की किसी एक से प्रीति नहीं होती। वे बातचीत तो किसी अन्य व्यक्ति से करती हैं, परंतु हाव-भाव पूर्वक देखती किसी अन्य व्यक्ति को हैं और अपने हृदय में चिंतन किसी अन्य व्यक्ति का करती हैं। इस प्रकार वेश्याओं का प्रेम किसी एक व्यक्ति से नहीं होता, यह उनका स्वभाव है। जो कोई व्यक्ति यह समझता है कि कोई वेश्या उससे प्रेम करती है, वह उसकी मूर्खता है। ।।2।।

यो मोहान्मन्यते मूढो रक्तेयं मयि कामिनी।
स तस्य वशगो भूत्वा नृत्येत् क्रीडा-शकुन्तवत्।।

जो मूर्ख यह समझता है कि कामुक स्त्री केवल उसी से प्रेम करती है, वह उसके वश में होकर कठपुतली के समान उसके इशारों पर नाचता रहता है। ।।3।।

वास्तविकता यह है कि मनुष्य कामुक स्त्री के छल-कपट को नहीं समझ पाता। स्त्री अपने चातुर्य से व्यक्ति के मन में यह विश्वास पैदा कर देती है कि वह उसी से प्रेम करती है। जो उस पर विश्वास कर लेता है, वह व्यक्ति मूर्ख है। वह उसके इशारों पर कठपुतली के समान नाचता रहता है। उसका व्यक्तित्व और अस्तित्व दोनों ही समाप्त हो जाते हैं।

कोऽर्थान् प्राप्य न गर्वितो विषयिणः कस्यापदोऽस्तं गताः
स्त्रीभिः कस्य न खण्डितं भुवि मनः को नाम राज्ञां प्रियः।
कः कालस्य न गोचरत्वमगमत्कोऽर्थी गतो गौरवं
को वा दुर्जनवागुरासु पतितः क्षेमेण यातः पथि।।

इस संसार में ऐसा कोई व्यक्ति नहीं, जिसे धन और ऐश्वर्य की प्राप्ति होने पर अभिमान न हुआ हो? कोई भी विषय भोगों में लिप्त व्यक्ति ऐसा नहीं हुआ, जिसे कष्ट न भोगने पड़े हों। संसार में ऐसा कौन-सा व्यक्ति है, जो सुंदर स्त्रियों के वश में न हुआ हो? मांगने वाले व्यक्ति को कब सम्मान मिला है और कौन व्यक्ति ऐसा है, जो दुष्ट लोगों के चक्कर में फंसकर कुशलतापूर्वक संसार में रह सकता हो। ।।4।।

संसार में ऐसे व्यक्ति बहुत कम होते हैं, जो धनवान होने पर भी अभिमानरहित और नम्र बने रहते हैं। संसार में ऐसा कोई व्यक्ति नहीं है, जो विषय भोगों में लिप्त होने के बाद कष्टों में न फंसा हो और संसार में ऐसे व्यक्तियों का भी अभाव है, जो स्त्रियों के मोह-जाल में न फंसे हों। जो सदा याचना करता रहता है, उसे सम्मान कैसे मिल सकता है।

न निर्मितः केन न दृष्टपूर्वः न श्रूयते हेममयः कुरंगः।
तथाऽपि तृष्णा रघुनन्दनस्य विनाशकाले विपरीतबुद्धिः।।

आज तक न तो सोने के मृग की रचना हुई है और न ही किसी ने सोने का मृग देखा है, फिर भी श्रीरामचन्द्र स्वर्ण मृग को पकड़ने के लिए उतावले हो गए। यह बात ठीक ही है कि जब मनुष्य के बुरे दिन आते हैं, तो उसकी बुद्धि उल्टी बातें सोचने लगती है। ।।5।।

गुणैरुत्तमतां याति नोच्चैरासनसंस्थिताः।
प्रासादशिखरस्थोऽपि काकः किं गरुडायते।।

मनुष्य अपने अच्छे गुणों के कारण ही श्रेष्ठता को प्राप्त होता है, ऊंचे आसन पर बैठने के कारण नहीं। राजभवन की सबसे ऊंची चोटी पर बैठने पर भी कौआ कभी गरुड़ नहीं बन सकता। ।।6।।

गुणाः सर्वत्र पूज्यन्ते न महत्योऽपि सम्पदः।
पूर्णेन्दु किं तथा वन्द्यो निष्कलंको यथा कृशः।।

सभी स्थानों पर मनुष्य का आदर-सत्कार उसके गुणों के कारण ही होता है। गुणहीन मनुष्य के पास यदि धन के भण्डार भी हों तो भी उसका सम्मान नहीं होता। बहुत थोड़े से प्रकाश वाला, परंतु दाग-धब्बों से रहित दूज का चांद जिस प्रकार पूजा जाता है अथवा शुभ समझा जाता है, पूर्णिमा के चंद्रमा को वैसा सम्मान प्राप्त नहीं होता। ।।7।।

इसका भाव यह है कि मनुष्य का आदर-सत्कार उसके गुणों के कारण होता है। पूर्णिमा के चांद में अनेक दाग-धब्बे दिखाई देते हैं, परंतु दूज का चांद एक पतली-सी लकीर के समान होता है, उसमें कोई दाग-धब्बा नहीं होता, इसलिए वह पूरे चांद की अपेक्षा अधिक सुंदर दिखाई देता है। भगवान शिव ने इसीलिए तो उसे अपने शिरोभाग में स्थान दिया है।

पर-प्रोक्तगुणो यस्तु निर्गुणोऽपि गुणी भवेत्।
इन्द्रोऽपि लघुतां याति स्वयं प्रख्यापितैर्गुणैः।।

जिस मनुष्य के गुणों की तारीफ दूसरे लोग करते हैं, वह गुणों से रहित होने पर भी गुणी मान लिया जाता है, परंतु यदि इंद्र भी अपने मुख से अपनी प्रशंसा करे तो उन्हें छोटा ही माना जाएगा। ।।8।।

गुणी वह होता है जो अपने से ज्यादा गुणवान की ओर देखे। इसीलिए वह स्वयं को गुणरहित मानता है। जबकि गुणहीन व्यक्ति अपनी कमियों को छिपाने के लिए अपने मुंह मियां मिट्ठू बनता है।

विवेकिनमनुप्राप्ता गुणा यान्ति मनोज्ञताम्।
सुतरां रत्नमाभाति चामीकरनियोजितम्।।

जिस प्रकार सोने के आभूषण में जड़ा हुआ रत्न और भी सुंदर दिखाई देता है, उसी प्रकार व्यक्ति को चाहिए कि विवेकपूर्वक अपने में गुणों का विकास करके अपने व्यक्तित्व को और भी अधिक सुंदर बनाए तथा सदैव गुणों को ग्रहण करे। ।।9।।

गुणैः सर्वज्ञतुल्योऽपि सीदत्येको निराश्रयः।
अनर्घ्यमपि माणिक्यं हेमाश्रयमपेक्षते।।

गुणों में सर्वज्ञ-परमात्मा के समान होने पर भी निराश्रित व्यक्ति दुखी होता रहता है, जैसे अत्यन्त मूल्यवान हीरा भी सोने में जड़े जाने की आशा करता है, उसी प्रकार गुणी मनुष्यों को भी किसी सहारे की अपेक्षा रहती है अर्थात गुणी व्यक्ति भी आश्रय के बिना समाज में वह सम्मान प्राप्त नहीं कर पाता, जिसकी उसको अपेक्षा होती है। ।।10।।

अतिक्लेशेन ये चार्था धर्मस्यातिक्रमेण तु।
शत्रूणां प्रणिपातेन ते ह्यर्था मा भवन्तु मे।।

जो धन दूसरों को हानि और पीड़ा पहुंचाकर, धर्म विरुद्ध कार्य करके, शत्रु के सामने गिड़गिड़ा कर प्राप्त होता हो, वह धन मुझे नहीं चाहिए। ऐसा धन मेरे पास न आए तो अच्छा है। ।।11।।

चाणक्य कहते हैं कि मनुष्यों को ऐसे धन की कामना नहीं करनी चाहिए, जो दूसरों को हानि पहुंचाकर एकत्रित किया जाए। धर्म विरुद्ध कार्य करके और शत्रु के सामने गिड़गिड़ाने से प्राप्त किया हुआ धन अकल्याणकारी और अपमान देने वाला होता है। मनुष्य को ऐसा धन प्राप्त करने की चेष्टा नहीं करनी चाहिए। उसे सदैव परिश्रम और अच्छे उपायों से ही धन का संग्रह करना चाहिए। शुभ धन ही शुभत्व देता है।

किं तया क्रियते लक्ष्म्या या वधूरिव केवला।
या तु वेश्येव सा मान्या पथिकैरपि भुज्यते।।

ऐसे धन का भी कोई लाभ नहीं, जो कुलवधू के समान केवल एक ही मनुष्य के लिए उपभोग की वस्तु हो। धन-संपत्ति तो वही श्रेष्ठ है, जिसका लाभ राह चलते लोग भी उठाते हैं अर्थात धन-संपत्ति वही श्रेष्ठ है, जो वेश्या के समान अन्य लोगों के भी काम आती है। ।।12।।

इस श्लोक का भाव है कि उत्तम धन वही है, जो परोपकार के काम में लगाया जाता है, जिस धन को कोई एक व्यक्ति समेटकर बैठ जाता है, न तो उसे उपयोगी माना जाता है और न ही उससे किसी का लाभ होता है, समाज कल्याण के उपयोग में लाया गया धन ही श्रेष्ठ धन है। धन की गति रुकनी नहीं चाहिए।

धनेषु जीवितव्येषु स्त्रीषु चाहारकर्मसु।
अतृप्ताः प्राणिनः सर्वे याता यास्यन्ति यान्ति च॥

इस संसार में कोई भी प्राणी ऐसा नहीं है जो धन का विभिन्न प्रकार से उपभोग करने पर तृप्त हुआ हो। इस धन का उपभोग इस जीवन के कार्यों, स्त्रियों के सेवन और विभिन्न प्रकार के भोजन आदि पर करने से भी मनुष्य अतृप्त रहेगा और अतृप्त रहते हुए ही इस संसार से चला जाएगा अर्थात धन को किसी भी प्रकार से उपभोग में लाया जाए, मनुष्य तृप्त नहीं होता। ॥13॥

सामान्य धारणा से विपरीत यह श्लोक सत्य की ओर संकेत करता है। धन से संतुष्टि मिलेगी, ऐसा माना जाता है, लेकिन आचार्य चाणक्य का कथन है कि यह सत्य नहीं है—चाहो तो देख लो। हां, यदि धन संतुष्टि देगा तो केवल परोपकार में लगकर। ऐसा धन मनुष्य को संतोष और तृप्ति दोनों प्रदान करता है।

क्षीयन्ते सर्वदानानि यज्ञहोमबलिक्रियाः।
न क्षीयते पात्रदानमभयं सर्वदेहिनाम्॥

सभी प्रकार के अन्न, जल, वस्त्र, भूमिदान आदि, सभी प्रकार के ब्रह्म यज्ञ, देव-यज्ञ और बलि यज्ञ आदि—सभी कर्म नष्ट हो जाते हैं अर्थात यह सभी वस्तुएं नष्ट होने वाली हैं, परंतु सुपात्र व्यक्ति को दिया हुआ दान और प्राणिमात्र को दिया गया अभयदान कभी भी नष्ट नहीं होता। ॥14॥

तृणं लघु तृणात्तूलं तूलादपि च याचकः।
वायुना किं न नीतोऽसौ मामयं याचयिष्यति॥

संसार में एक तिनका अत्यंत हल्का होता है। तिनके से भी अधिक हल्की रुई होती है, परंतु याचक को तो सबसे अधिक हल्का माना गया है अर्थात व्यक्ति जब कोई चीज किसी से मांग बैठता है, तो वह सभी चीजों से हल्का अर्थात तुच्छ माना जाता है। ॥15॥

वरं प्र। ऽत्यागो मानभंगेन जीवनात्।
प्राणत्य । क्षणं दुःखं मानभंगे दिने दिने॥

अपमानित होकर जीने के बजाय मर जाना अधिक अच्छा है, क्योंकि मृत्यु से तो क्षणभर का ही कष्ट होता है, जबकि अपमानित होने पर व्यक्ति दिन-प्रतिदिन मरता रहता है। ॥16॥

भाव यह है कि व्यक्ति को अपना जीवन सम्मानपूर्वक बिताना चाहिए। अपमानित होने की अपेक्षा मर जाना इसलिए श्रेष्ठ माना गया है, क्योंकि मरते समय क्षणभर का कष्ट होता है, जबकि अपमानित व्यक्ति पग-पग पर दुख झेलता रहता है।

प्रियवाक्यप्रदानेन सर्वे तुष्यन्ति जन्तवः।
तस्मात्तदेव वक्तव्यं वचने का दरिद्रता॥

मधुर बोली वाले से सभी प्राणी प्रसन्न रहते हैं, अतः व्यक्ति को सदैव प्रिय वचन ही बोलने चाहिए, उसे चाहिए कि वह वाणी में अमृतरूपी मधुरता घोलकर बोले। व्यक्ति को वाणी से दरिद्र नहीं होना चाहिए। ॥17॥

मधुर-भाषण के लिए कहा गया है कि जो व्यक्ति मीठी बातें बोलता है, प्रेमपूर्वक व्यवहार करता है, वह सबको अपना बना लेता है अर्थात मनुष्यों को मधुर भाषण करने में बिलकुल भी कंजूसी नहीं दिखानी चाहिए।

संसारविषवृक्षस्य द्वे फले अमृतोपमे।
सुभाषितं च सुस्वादु संगतिः सुजने जने॥

संसार एक कड़वा वृक्ष है, इसके दो फल ही अमृत जैसे मीठे होते हैं। एक मधुर वाणी और दूसरी सज्जनों की संगति। ॥18॥

जो व्यक्ति मधुर वाणी का प्रयोग करता है वह शत्रुओं को भी जीत लेता है और दूसरी है मधुर संगति, सज्जनों की संगति अर्थात मनुष्यों को मधुर प्रिय वचन बोलने और सज्जनों की संगति करने में कभी हिचकिचाना नहीं चाहिए। संसार में शेष सब तो कड़वा ही है।

जन्म-जन्मन्यभ्यस्तं दानमध्ययनं तपः।
तेनैवाऽभ्यासयोगेन तदेवाभ्यस्यते पुनः॥

अनेक जन्मों में मनुष्य ने दान, अध्ययन और तप आदि जिन बातों का अभ्यास किया, उसी अभ्यास के कारण वह बार-बार उन्हें दोहराया करता है। ॥19॥

इस श्लोक का भाव यह है कि मनुष्य को अपना भावी जीवन सुधारने के लिए इस जन्म में अच्छे कार्य करने का अभ्यास करना चाहिए। पहले के अभ्यास का ही परिणाम है हमारा आज और भविष्य में जो हम होंगे वह होगा आज के अभ्यास का प्रतिफल।

पुस्तकेषु च या विद्या परहस्तेषु यद्धनम्।
उत्पन्नेषु च कार्येषु न सा विद्या न तद्धनम्॥

जो विद्या पुस्तकों तक ही सीमित है और जो धन दूसरों के पास पड़ा है, आवश्यकता पड़ने पर न तो वह विद्या काम आती है और न ही वह धन उपयोगी हो पाता है। ।।20।।

आचार्य कहना चाहते हैं कि विद्या कण्ठाग्र होनी चाहिए तथा धन सदैव अपने हाथ में होना चाहिए, तभी इनकी सार्थकता है।

अध्याय का सार

अध्याय के आरंभ में ही चाणक्य ऐसे व्यक्ति के जन्म लेने को निरर्थक बताते हैं जिसने इस संसार में आकर न तो संसार के किसी सुख का उपभोग किया है और न प्रभु की प्राप्ति के लिए कोई यत्न किया है।

विशेष रूप से वेश्याओं के संबंध में चाणक्य ने अनेक स्थानों पर इस बात पर जोर दिया है कि उनका किसी व्यक्ति विशेष से प्रेम नहीं होता, उनका प्रेम केवल व्यक्ति के धन से होता है, परंतु जो व्यक्ति हमेशा यह समझते हैं कि वेश्या उनसे प्रेम करती है, वे मूर्ख ही हैं। और उसी बहकावे में वे कठपुतली के समान उसके इशारों पर नाचते रहते हैं।

मनुष्य के स्वभाव के संबंध में आचार्य का कहना है कि अधिकांश व्यक्ति धन-संपत्ति और सांसारिक सुख प्राप्त करने के बाद अभिमान करने लगते हैं। जो व्यक्ति इन्द्रिय भोग की तृप्ति में लगा रहता है, उसके कष्ट कभी समाप्त नहीं होते और यदि स्त्रियां चाहें तो बड़े-से-बड़े तपस्वी व्यक्ति के तप को खंडित कर सकती हैं। इसी प्रकार जो व्यक्ति सदैव हाथ पसार कर मांगता रहता है, उसका कभी सम्मान नहीं हो सकता और जो एक बार दुष्ट व्यक्ति के संपर्क में आ जाता है, उसका जीवन भी सुखी नहीं हो सकता।

मर्यादा पुरुषोत्तम श्रीराम का उदाहरण देते हुए चाणक्य कहते हैं कि जब व्यक्ति के विनाश का समय आता है तो उसकी बुद्धि ठीक से काम नहीं करती। वह भ्रमित हो जाता है, जिस प्रकार श्रीराम सोने के मृग को पकड़ने के लिए उसके पीछे भागे, जबकि सभी जानते हैं कि सोने का मृग नहीं होता। श्रीराम भी इस सत्य को भलीभांति जानते थे। फिर भी स्वर्णमृग के पीछे भागे।

मनुष्य की श्रेष्ठता किसी ऊंचे पद पर बैठने के कारण नहीं होती, वरन् उसके गुणों के कारण होती है। यदि व्यक्ति में कोई गुण नहीं है, तो अत्यंत धनी होने पर भी उसका सम्मान

नहीं होता। मनुष्य के गुणों के संबंध में आचार्य ने एक और महत्वपूर्ण बात कही है। उनका कहना है कि गुणी वस्तुतः उसी को समझना चाहिए जिसके गुणों की प्रशंसा दूसरे लोग करते हों, अपनी स्वयं प्रशंसा करने से मनुष्य बड़ा नहीं बनता। गुणों के संबंध में यह बात और भी महत्व रखती है कि यदि ज्ञानवान व्यक्ति गुणी है तो उसके गुण उसी प्रकार विकसित हो जाते हैं जैसे सोने के आभूषण में जड़ा हुआ रत्न, परंतु उनका यह भी मानना है कि गुणवान व्यक्ति सर्वदा अकेला रहता है, उसे दुख भी उठाने पड़ सकते हैं।

धन संग्रह करना आचार्य की दृष्टि में बुरा काम नहीं है, परंतु दूसरों को दुखी करके और अधर्माचरण से अथवा अपनी दीनता दिखाकर धन इकट्ठा करना उचित नहीं। धन का लाभ तभी है, जब उसका ठीक से उपयोग किया जाए। धन एक ऐसी वस्तु है, जिसकी कामना व्यक्ति हर समय करता रहता है। धन के संबंध में उसकी इच्छा कभी पूर्ण नहीं होती। धन का सही उपयोग यही है कि उसे परोपकार में लगाया जाए।

धन के ही संबंध में आगे चलकर चाणक्य एक और महत्वपूर्ण बात कहते हैं कि संसार में तिनका एक अत्यंत हल्की वस्तु है, परंतु तिनके से भी रुई अधिक हल्की होती है। रुई से भी हल्का दूसरों से धन की याचना करने वाला व्यक्ति होता है। वायु तिनके और रुई को उड़ाकर ले जाती है परंतु याचक को क्यों नहीं उड़ाती, इसका कारण संभवतः यह है कि वायु को डर लगता है कि याचक उससे कुछ मांग न बैठे, इस प्रकार उन्होंने याचक को सबसे अधिक अपमानित व्यक्ति माना है। कुछ लोग हर समय हर स्थान पर अपने दरिद्र होने का प्रमाण देते रहते हैं। इस प्रकार के स्वभाव वाले व्यक्ति किसी से दो मीठी बातें करने से भी कतराते रहते हैं। जबकि मीठी बात कहने में किसी प्रकार का मूल्य चुकाना नहीं पड़ता। इस संसार में मनुष्य को अनेक कटु अनुभव होते हैं। प्रिय वचन और सज्जनों की संगति ही दो ऐसी बातें हैं जिससे इस जीवन में कुछ शांति प्राप्त हो सकती है।

आचार्य चाणक्य का कहना है कि विद्या मनुष्य के कंठ में रहनी चाहिए, पुस्तकों में लिखी विद्या से काम नहीं चलता। इस प्रकार वह धन भी काम नहीं आता जो दूसरों के पास होता है।

❑❑

॥ अथ सप्तदशोऽध्यायः ॥

सत्रहवां अध्याय

घर में सुंदर, सती और पतिव्रता पत्नी, धन-संपत्ति, विनयशील पुत्र और पौत्र-पौत्री आदि हों तो स्वर्गलोक में भी इससे अधिक सुख नहीं मिलता।

पुस्तकप्रत्ययाधीतं नाधीतं गुरुसन्निधौ।
सभामध्ये न शोभन्ते जारगर्भा इव स्त्रियः॥

जिन व्यक्तियों ने गुरु के पास बैठकर विद्या का अध्ययन नहीं किया वरन् पुस्तकों से ही ज्ञान प्राप्त किया है, वह विद्वान लोगों की सभा में उसी तरह सम्मान प्राप्त नहीं करते, जिस प्रकार दुष्कर्म से गर्भ धारण करने वाली स्त्री का समाज में सम्मान नहीं होता। ॥1॥

इस श्लोक का भाव यह है कि गुरु के पास बैठकर ही सही अर्थों में विद्या का अध्ययन किया जा सकता है। गुरु से ही ज्ञान की प्राप्ति होती है। मनुष्य अपने प्रयत्न से जो ज्ञान प्राप्त करता है, वह कई प्रकार से अधूरा रहता है, इसीलिए ऐसा व्यक्ति विद्वानों की सभा में उपहास का पात्र होता है जिसने गुरुमुख से विद्या प्राप्त नहीं की है।

गुरु से विद्या प्राप्त करने का महत्व इसलिए है कि गुरु ग्रहण करने योग्य सब बातें शिष्य पर प्रकट कर देता है। ज्ञान के सब रहस्य उसके समक्ष खुल जाते हैं। अपने प्रयत्न से विद्या प्राप्त करने पर कुछ न कुछ अनजाना रह ही जाता है। ऐसी स्थिति में क्या करना चाहिए, इसकी जानकारी भी गुरुमुख से ही प्राप्त होती है। तभी तो व्यक्ति प्रत्येक स्थिति का सामना करने के लिए स्वयं को तैयार कर पाता है।

इस श्लोक से चाणक्य का भाव गुरु के महत्व को प्रकट करना है।

कृते प्रतिकृतं कुर्याद् हिंसने प्रतिहिंसनम्।
तत्र दोषो न पतति दुष्टे दुष्टं समाचरेत्।।

जो जैसा करे, उससे वैसा बरतें। कृतज्ञ के प्रति कृतज्ञता भरा, हिंसक (दुष्ट) के साथ हिंसायुक्त और दुष्ट से दुष्टताभरा व्यवहार करने में किसी प्रकार का पाप (पातक) नहीं है। ।।2।।

यद्दूरं यद्दुराराध्यं यच्च दूरे व्यवस्थितम्।
तत्सर्वं तपसा साध्यं तपो हि दुरतिक्रमम्।।

जो वस्तु अत्यंत दूर है, जिसकी आराधना करना अत्यंत कठिन है और जो अत्यंत ऊंचे स्थान पर स्थित है, ऐसी चीजों को तप द्वारा ही सिद्ध किया जा सकता है। सिद्धि का प्रयोग यह प्राप्त करना भी है। ।।3।।

जो चीज जितनी दूर दिखाई देती है, ऐसा प्रतीत होता है कि उसको पाना असंभव है, उसे भी प्रयत्नरूपी तपस्या द्वारा प्राप्त किया जा सकता है। तप अथवा परिश्रम द्वारा असंभव कार्यों को भी संभव बनाया जा सकता है। तप से ही मनुष्यों को अनेक सिद्धियां प्राप्त हो सकती हैं।

लोभश्चेदगुणेन किं पिशुनता यद्यस्ति किं पातकैः
सत्यं चेत्तपसा च किं शुचि मनो यद्यस्ति तीर्थेन किम्।
सौजन्यं यदि किं गुणैः सुमहिमा यद्यस्ति किं मण्डनैः
सद्विद्या यदि किं धनैरपयशो यद्यस्ति किं मृत्युना।।

यदि मनुष्य में लोभ है तो उसे किसी अन्य बुराई की आवश्यकता नहीं। यदि व्यक्ति चुगलखोर है तो इससे बढ़कर और क्या पाप हो सकता है? यदि उसके जीवन में सत्यवादिता, सत्याचरण आदि गुण हैं तो उसे तप करने की क्या आवश्यकता है? यदि मनुष्य का मन पवित्र है तो विभिन्न तीर्थों पर जाकर वहां स्नान करने से क्या लाभ? यदि मनुष्य में प्रेम है तो उसे अन्य गुणों की क्या आवश्यकता है? यदि संसार में उसका यश फैल रहा है तो उसे अन्य किसी आभूषण की क्या आवश्यकता है? अर्थात उसे अपने शरीर को सजाने के लिए आभूषण की आवश्यकता नहीं है, यदि उसके पास उत्तम विद्या है तो उसे किसी अन्य धन की क्या आवश्यकता है और यदि उसका अपयश फैल रहा है तो उसे मृत्यु से क्या लेना-देना? वह जीते जी मृत के समान है। ।।4।।

पिता रत्नाकरो यस्य लक्ष्मीर्यस्य सहोदरा।
शंखो भिक्षाटनं कुर्यान्नाऽदत्तमुपतिष्ठते।।

समुद्र शंख का पिता है। लक्ष्मी का जन्म भी समुद्र में हुआ है अर्थात वह शंख की बहन है। शंख चंद्रमा के समान चमकता है, इतने पर भी यदि कोई शंख बजाकर भीख मांगता है तो यही समझना चाहिए कि दान दिए बिना मान–सम्मान नहीं होता। ।।5।।

बहुत से साधु लोग शंख बजाते हुए भिक्षा मांगते फिरते हैं, इससे यही प्रतीत होता है कि शंख ने दान देने जैसा सत्कर्म नहीं किया। अर्थात् व्यक्ति अच्छे कुल में उत्पन्न होने और अनेक गुणों से संपन्न होने पर भी दान आदि अच्छे कर्म यदि नहीं करता, तो उसे भी यश और सुख की प्राप्ति नहीं होती, इसीलिए प्रत्येक व्यक्ति का कर्तव्य है कि वह अच्छे कुल में उत्पन्न होने पर भी दान आदि शुभकर्म करता रहे।

अशक्तस्तु भवेत्साधुर्ब्रह्मचारी च निर्धनः।
व्याधिष्ठो देवभक्तश्च वृद्धा नारी पतिव्रता।।

शक्तिहीन व्यक्ति सज्जन, निर्धन ब्रह्मचारी, रोगी देवार्चन करने वाला और बूढ़ी स्त्री पतिव्रता बन जाती है। ।।6।।

चाणक्य का भाव यह है कि व्यक्ति विवशता के कारण भी अपना स्वरूप बदल लेता है, वस्तुतः वह वैसा होता नहीं है। बलवान व्यक्ति को सज्जनता का व्यवहार करना चाहिए। प्रभु की भक्ति तो मनुष्य का स्वाभाविक कर्तव्य है परंतु जब कोई रोगी होने पर ही प्रभु का नाम लेता है तो यह उसकी विवशता है। इसी प्रकार यदि सुंदर रूपवती यौवन से भरपूर स्त्री पतिव्रता धर्म का पालन करती है तो यह उसकी विशेषता मानी जाएगी। वृद्धा स्त्री पतिव्रता होने के अलावा कर भी क्या सकती है? यह उसकी विवशता होती है, विशेषता नहीं।

नाऽन्नोदकसमं दानं न तिथिर्द्वादशी समा।
न गायत्र्याः परो मन्त्रो न मातुः पर दैवतम्।।

अन्न और जल के समान कोई श्रेष्ठ दान नहीं, द्वादशी के समान कोई श्रेष्ठ तिथि नहीं, गायत्री से बढ़कर कोई मंत्र नहीं और माता से बढ़कर कोई देवता नहीं। ।।7।।

चाणक्य का कहना है कि भूखे व्यक्ति को भोजन और प्यासे को जल पिलाने के समान श्रेष्ठ दान कोई नहीं। उनका विचार है कि द्वादशी को किया हुआ पुण्य कर्म अधिक फल देने वाला होता है। गायत्री को सर्वश्रेष्ठ मंत्र माना गया है। गायत्री को सिद्ध कर लेने पर

व्यक्ति के सभी मनोरथ पूर्ण हो जाते हैं। इसी प्रकार सबसे बढ़कर माता सम्मान की पात्र है। उसका स्थान देवताओं से भी ऊंचा है, क्योंकि वह मनुष्य को जन्म देने वाली है। माता ही संतान को प्रत्यक्ष और परोक्षरूप से संस्कारित करती है। संस्कार ही मनुष्य के जीवन का आधार है।

तक्षकस्य विषं दन्ते मक्षिकायास्तु मस्तके।
वृश्चिकस्य विषं पुच्छे सर्वांगे दुर्जने विषम्॥

सांप का विष उसके दांत में होता है, मक्खी का विष उसके सिर में रहता है, बिच्छू का विष उसकी पूंछ में होता है अर्थात इन सभी विषैले प्राणियों के एक-एक अंग में ही विष होता है, लेकिन दुर्जन मनुष्य के सभी अंग विष से भरे हुए होते हैं। ।।8।।

आचार्य का कथन है कि विषैले प्राणियों को विष का प्रयोग करने के लिए समय चाहिए। वे विशेष परिस्थितियों में ही, जैसे कि शिकार करने या अपने बचाव के लिए ही अपने विष का प्रयोग करते हैं, जबकि दुष्ट तो सदैव विषदंश करता रहता है।

पत्युराज्ञां विना नारी उपोष्य व्रतचारिणी।
आयुष्यं हरते भर्तुः सा नारी नरकं व्रजेत्॥

पति की आज्ञा के बिना जो स्त्री उपवास रूपी व्रत करती है, वह अपने पति की आयु को कम करने वाली होती है। वह स्त्री नरक में जाती है, उसे महान कष्ट भोगने पड़ते हैं। ।।9।।

न दानैः शुध्यते नारी नोपवासशतैरपि।
न तीर्थसेवया तद्वद् भर्तुः पादोदकैर्यथा॥

स्त्री अनेक प्रकार के दान करने से शुद्ध नहीं होती अर्थात मोक्ष प्राप्त नहीं कर सकती, सैकड़ों उपवास करने से भी वह शुद्ध नहीं होती, अनेक तीर्थों की यात्रा करने के बाद भी वह शुद्ध नहीं होती, वह तो केवल पति चरणों की सेवा से ही शुद्ध हो सकती है अर्थात मोक्ष प्राप्त कर सकती है। ।।10।।

आचार्य के अनुसार स्त्री का सबसे प्रथम कर्तव्य अपने पति की सेवा है। जो स्त्री अपने पति की सेवा न करती हो। तथा अन्य धार्मिक कार्यों में अपना समय बिताने का प्रयत्न करती है, उसे कोई विशेष लाभ नहीं होता। उसका सर्वप्रथम कर्तव्य पति की सेवा करना है, उसी से उसे मोक्ष मिलता है। परोक्ष रूप से संदेश यह है कि स्त्री पहले अपने पारिवारिक कर्तव्यों का निर्वाह करे। सेवा ही उसकी मुक्ति का साधन है।

दानेन पाणिर्न तु कंकणेन स्नानेन शुद्धिर्न तु चन्दनेन।
मानेन तृप्तिर्न तु भोजनेन ज्ञानेन मुक्तिर्न तु मण्डनेन॥

हाथ की शोभा कंगन पहनने से नहीं वरन् दान आदि देने से होती है। शरीर की शुद्धि स्नान करने से होती है, चंदन लगाने से नहीं। मनुष्य की तृप्ति आदर-सम्मान से होती है, भोजन से नहीं और मनुष्य को मोक्ष ज्ञान से होता है, चंदन आदि के तिलक लगाने से नहीं। ॥11॥

आचार्य ने यहां पर बाहरी साधनों की निरर्थकता बतलाते हुए आंतरिक श्रेष्ठता और संतुष्टि पर जोर दिया है। बाह्य साधनों को ही असल मान लेना मनुष्य की सबसे बड़ी भूल है। यह भूल अकसर लोग करते ही रहते हैं।

सद्यः प्रज्ञाहरा तुण्डी सद्यः प्रज्ञाकरी वचा।
सद्यः शक्तिहरा नारी सद्यः शक्तिकरं पयः॥

कुंदरु खाने से तत्काल मनुष्य की बुद्धि नष्ट होती है, वच खाने से तत्काल बुद्धि बढ़ती है, नारी शीघ्र ही शक्ति का हरण करती है और दूध पीने से उसी क्षण बल प्राप्त होता है। ॥13॥

परोपकरणं येषां जागर्ति हृदये सताम्।
नश्यन्ति विपदस्तेषां सम्पदः स्युः पदे पदे॥

जिन सज्जन लोगों के दिल में दूसरों का उपकार करने की भावना जाग्रत रहती है, उनकी विपत्तियां नष्ट हो जाती हैं और पग-पग पर उन्हें धन-संपत्ति की प्राप्ति होती है। ॥14॥

आहारनिद्राभयमैथुनं च सामान्यमेतत् पशुभिर्नराणाम्।
धर्मो हि तेषामधिको विशेषो धर्मेण हीनाः पशुभिः समानाः॥

भोजन करना, नींद लेना, भयभीत होना और मैथुन अर्थात संतान की उत्पत्ति करना, ये सब बातें मनुष्य और पशु में एक जैसी होती हैं। मनुष्य में पशुओं की अपेक्षा धर्म ही ऐसी विशेष वस्तु है जो उनसे अधिक होती है। यदि मनुष्य में धर्म न हो तो वह पशु के समान है। ॥15॥

दानार्थिनो मधुकरा यदि कर्णतालैर् दूरीकृताः करिवरेण मदान्धबुद्ध्या।
तस्यैव गण्डयुगमण्डनहानिरेषा भृंगाः पुनर्विकचपद्मवने वसन्ति॥

यदि मद में अंधा हाथी अपनी मंदबुद्धि के कारण अपने मस्तक पर बैठे हुए मद पीने के इच्छुक भौंरों को अपने कान फड़फड़ाकर दूर भगा देता है तो इसमें भौंरों की कोई हानि नहीं होती। वे जाकर खिले हुए कमलों पर जा बैठते हैं, उन्हें वहां से रस मिल जाता है, परंतु ऐसा करने से हाथी के गण्डस्थल की ही शोभा नष्ट होती है। ।।16।।

आचार्य का अभिप्राय है कि कुछ मांगने आए हुए याचक को लौटाने से याचक की हानि नहीं होती अपितु दाता की हानि होती है। याचक को निराश नहीं लौटाना चाहिए, उसका सम्मान करके उसको दान-दक्षिणा दें, ताकि वह लोगों के सामने दाता के गुणों का बखान करे।

राजा वेश्या यमो ह्यग्निस्तस्करो बालयाचकौ।
परदुःखं न जानन्ति अष्टमो ग्रामकण्टकः।।

राजा, वेश्या, यमराज, अग्नि, चोर, बालक, याचक और ग्रामीणों को सताने वाले-ये आठों बड़े ही कठोर होते हैं। ये दूसरों के कष्टों को नहीं समझते। ।।17।।

संकेत है कि इनसे बचकर रहें।

अधः पश्यसि किं वृद्धे पतितं तव किं भुवि।
रे रे मूर्ख न जानासि गतं तारुण्यमौक्तिकम्।।

किसी अत्यंत बूढ़ी स्त्री को, जिसकी कमर बुढ़ापे के कारण झुक गई थी, देखकर कोई युवक व्यंग्य करते हुए पूछने लगा-हे वृद्धे! नीचे क्या ढूंढ़ रही हो? क्या पृथ्वी पर तुम्हारी कोई चीज गिरी पड़ी है? तुम्हारा कुछ खो तो नहीं गया? उस व्यंग्य को सुनकर बूढ़ी औरत ने कहा कि अरे मूर्ख! तू नहीं जानता कि मेरा यौवनरूपी मोती खो गया है। मैं उसी को ढूंढ़ रही हूं। ।।18।।

वृद्धा का संकेत है कि इस संसार में जिसने जन्म लिया है, वह बचपन, किशोर और युवावस्था के बाद वृद्धावस्था को प्राप्त होता है, इससे कोई भी नहीं बच सकता। तू भी यहां पहुंचेगा। इसलिए मुझ पर न हंस! जिसका सामना करना हो, उस पर क्यों हंसना?

यह श्लोक वृद्धों की उपेक्षा की ओर भी ध्यान दिलाता है। हर पीढ़ी अपनी पिछली पीढ़ी का मजाक ही उड़ाती है। एक विचारक ने सही कहा है कि वृक्ष की शाखाएं, पत्ते और फूल यह भूल जाते हैं कि उन्हें जीवन उन जड़ों से मिल रहा है, जो कुरूप, परोक्ष और निष्क्रिय हैं।

व्यालाश्रयाऽपि विफलापि सकण्टकाऽपि।
वक्राऽपि पंकिल-भवाऽपि दुरासदाऽपि।
गन्धेन बंधुरसि केतकि सर्वजन्तोर्
एको गुणः खलु निहन्ति समस्तदोषान्।।

हे केतकी! तुझसे सांप लिपटे रहते हैं, फल भी नहीं लगते, कांटे भी हैं और वक्रता भी है। इसके अतिरिक्त तेरा जन्म कीचड़ में होता है और तू सरलता से प्राप्त भी नहीं होती। इतना सब कुछ होने पर भी तेरे में जो गंध है, वह सब प्राणियों को मोह लेती है। ।।19।।

आचार्य के अनुसार, व्यक्ति में यदि एक भी श्रेष्ठ गुण हो तो उसमें सारे दोष सहज ही छुप जाते हैं।

अध्याय का सार

आचार्य चाणक्य का कहना है कि विद्या गुरु से ही प्राप्त करनी चाहिए, स्वयं विद्या का अभ्यास करने से वह लाभ नहीं होता जैसा गुरु द्वारा प्राप्त की गई विद्या से।

उनका कहना है कि जो व्यक्ति आपसे जैसा व्यवहार करता है, उससे उसी प्रकार का व्यवहार करना चाहिए। जिसने आपके प्रति हिंसा का व्यवहार किया है, उसके प्रति हिंसक व्यवहार ही ठीक रहेगा। कुछ महान पुरुष ऐसे भी हुए हैं, जिनका यह कहना था कि हिंसा का उत्तर अहिंसा से दिया जा सकता है। व्यवहार की दृष्टि से एक सामान्य व्यक्ति द्वारा ऐसा कर पाना संभव नहीं हो पाता। ऐसी संत-महात्मा की दृष्टि हो सकती है। चाणक्य ने यह सिद्धांत कूटनीति की दृष्टि से बताया है। देश के संदर्भ में तो 'जैसे को तैसा' की नीति ज्यादा उपयुक्त है।

आचार्य ने इस अध्याय में तप के महत्व को भी स्पष्ट किया है। उनका कहना है कि यदि मनुष्य में तप का अभाव है और वह लोभ में फंसा हुआ है तो उसे और किसी बुराई की क्या आवश्यकता है। यदि मनुष्य का स्वभाव दूसरों की निंदा करना है तो चाणक्य इसे महान पापों की श्रेणी में रखते हैं। उन्होंने सत्य को ही तप बताया है अर्थात जो व्यक्ति सत्याचरण करता है, उसे किसी अन्य तप की आवश्यकता नहीं है।

चाणक्य ने इस अध्याय में दान का महत्व बताते हुए कहा है कि जो व्यक्ति दान नहीं करता, उसे धन की प्राप्ति नहीं हो सकती।

चाणक्य कहते हैं कि मनुष्य का जो वास्तविक स्वरूप है, उसको ही स्थिर रखना

चाहिए, उसे प्राप्त करने के लिए किसी प्रकार के ढोंग की आवश्यकता नहीं है। इसी प्रकार उनका यह कहना पूर्णरूप से व्यावहारिक है कि इस संसार में जो व्यक्ति शक्तिहीन होता है, वह ऐसा प्रकट करने लगता है कि उससे बढ़कर कोई सज्जन नहीं, परंतु इस प्रकार के ढोंग को आचार्य चाणक्य नकारते हैं। विवशता में किया जा रहा कार्य स्वभाव की सत्यता को नहीं दर्शाता।

आचार्य चाणक्य कहते हैं कि अन्न और जल से बढ़कर कोई श्रेष्ठ दान नहीं। भूखे व्यक्ति को सोने-चांदी की अपेक्षा भोजन की आवश्यकता होती है। उन्होंने गायत्री को सबसे श्रेष्ठ मंत्र बताया है। उनका यह भी कहना है कि सभी देवी-देवताओं में सबसे श्रेष्ठ स्थान माता का है।

दुष्ट व्यक्ति के संबंध में तो अनेक स्थानों पर उसकी दुष्टता का वर्णन किया गया है। दुर्जन अर्थात दुष्ट व्यक्ति सज्जनों को हर समय दुख देता रहता है। उसके शरीर का कोई स्थान ऐसा नहीं, जो दुर्जनता से रहित हो। उसका संग किसी भी तरह से क्यों न हो, हानिकारक ही है।

स्त्री के संबंध में आचार्य चाणक्य का मानना है कि उसका कल्याण पति की सेवा से ही होता है। यदि वह पति की सेवा न करके उपवास, दान आदि ही करती रहे तो भी उसका कल्याण नहीं हो सकता। उनके ये विचार व्यवहार की कसौटी पर खरे हैं। पति-पत्नी का यह संबंध गृहस्थ की उन्नति का आधार है। इसी से परिवार में शांति बनी रहती है। दोनों के लिए परिवार ही श्रेष्ठ है।

आचार्य ने जहां दान के महत्व को बताया है, वहां उन्होंने यह भी कहा है कि व्यक्ति की शोभा दान से ही होती है, साज-श्रृंगार करने से उसकी शोभा नहीं बढ़ती। सज्जनों के संबंध में उनका कहना है कि वे आपत्तियों से इसलिए दूर रहते हैं क्योंकि उनके मन में सर्वसाधारण के प्रति परोपकार करने की भावना रहती है। इससे उनके कष्ट अपने आप दूर हो जाते हैं और उन्हें किसी भी प्रकार की कमी भी नहीं रहती।

सामान्य गृहस्थ के लिए आचार्य का कहना है कि यदि उसकी स्त्री पतिव्रता है, कटु-भाषण नहीं करती और उसके घर में किसी प्रकार की कोई कमी नहीं, उसकी संतान शालीन और विनय आदि गुणों से युक्त है, तो उसका घर ही स्वर्ग के समान है।

यह तो सभी जानते हैं कि बहुत-सी बातें पशु और मनुष्यों में एक समान होती हैं। भेद उनमें केवल धर्म के कारण ही होता है। मनुष्य भी पशुओं के समान खाता, पीता, सोता और संतान उत्पन्न करता है, यदि उसमें धर्म का अभाव है, तो उसका जीवन भी पशु के समान

समझा जाना चाहिए। बल्कि पशु से भी बदतर, क्योंकि पशु प्रकृति के कुछ निश्चित नियमों में बंधा हुआ है।

मनुष्य का जीवन अनेक परिस्थितियों से गुजरता है। माता के गर्भ से जन्म लेने के बाद बच्चे के रूप में उसका विकास होता है। किशोरावस्था के बाद युवावस्था आती है और दिन ढलने के समान मनुष्य का शरीर भी अस्त होने लगता है। उसकी कमर में बल पड़ जाते हैं। उस स्थिति को देखकर अज्ञानी पुरुष ही उसका उपहास कर सकता है, क्योंकि युवावस्था के बाद शरीर का दुर्बल होना अवश्यंभावी है। जो युवा वृद्ध का उपहास करते हैं, वे मूर्ख हैं। वे भूल जाते हैं कि एक दिन उन्हें भी इस अवस्था को प्राप्त होना है।

आचार्य ने इस अध्याय के अंत में एक बहुत ही महत्वपूर्ण बात कही है। उनका मानना है कि यदि किसी चीज में कोई ऐसा गुण है, जिससे अधिकांश लोगों को लाभ होता है तो उसके अवगुण महत्वहीन हो जाते हैं। प्रत्येक व्यक्ति का कर्तव्य है कि वह अपने में लोगों का उपकार करने के गुण का विकास करे। यदि उसमें लोगों के उपकार करने का गुण है तो उसके अन्य दोषों की ओर किसी का ध्यान नहीं जाएगा। इस विशेष गुण के सामने अन्य अवगुण गौण हो जाएंगे।

❑❑

राजा को चाहिए कि वह किसी भी स्थिति में विषय-भोगों में न डूबे। इससे उसकी शक्ति का ह्रास होता है। भंवरा रस चखने के लोभ में कमल के पुष्प में रातभर बंद रहता है, उसके कोमल पत्तों को नहीं काटता, जबकि वह बांस को काटने में सक्षम है। यह स्थिति सदैव आपत्तियों और विपत्तियों को निमंत्रण देने वाली हुआ करती है।

चाणक्य सूत्र

दर्शन–साहित्य में अपनी बात को सूत्रों में कहने की अत्यंत प्राचीन परंपरा है। इन सूत्रों को कंठस्थ करना सरल होता है। आत्मचिंतन के लिए ये अत्यंत उपयोगी होते हैं। ये उन बीजों की तरह हैं, जो देखने में तो छोटे होते हैं, लेकिन जिनके गर्भ में विशाल वृक्ष की संभावना छिपी होती है। आचार्य चाणक्य ने नीति शास्त्र के सार को सूत्र रूप में इसीलिए प्रस्तुत किया है, ताकि उन्हें समझकर व्यवहार में उनसे लाभ उठाया जा सके।

॥ अर्थतोषिणं श्रीः परित्यजति ॥

जो राजा थोड़े-से धन से संतुष्ट हो जाता है, राज्य लक्ष्मी उसे त्याग देती है।

॥ यो यस्मिन् कर्मणि कुशलः तं तस्मिन्नेव योजयेत् ॥

जो व्यक्ति जिस काम को करने में कुशल हो, उसे वही कार्य करने का भार सौंपना चाहिए।

॥ आत्मच्छिद्रं न प्रकाशयेत् ॥

शत्रु को अपनी दुर्बलताओं का परिचय नहीं देना चाहिए अर्थात् ऐसा प्रयत्न करना चाहिए कि अपनी दुर्बलताएं शत्रु पर प्रकट न हों।

॥ गुणे न मत्सरः कर्त्तव्यः ॥

दूसरे के अच्छे गुणों से ईर्ष्या नहीं करनी चाहिए।

॥ सर्वावस्थासु माता भर्तव्या ॥

प्रत्येक अवस्था में माता का भरण-पोषण करना चाहिए।

॥ अथ चाणक्य सूत्रं प्रारभ्यते ॥

॥ नमः शुक्रबृहस्पतिभ्याम्॥

शुक्राचार्य और बृहस्पति को नमस्कार है! ।1।

पृथिव्या लाभे पालने च यावन्त्यर्थशास्त्रणि पूर्वाचार्यैः प्रस्थापितानि संहृत्यैकमिदमर्थशास्त्रं कृतम्।

पृथिवी की प्राप्ति और उसकी रक्षा के लिए पुरातन आचार्यों ने जितने भी अर्थशास्त्र-विषयक ग्रंथों का निर्माण किया, उन सभी का सार-संकलन कर 'अर्थशास्त्र' (प्रस्तुत) की रचना की गई है। चाणक्य की दृष्टि में 'अर्थ' का तात्पर्य भूमि से है। इस प्रकार भूमि का संरक्षण और संवर्धन नीति शास्त्र का उद्देश्य है। 'कोष' इस अर्थ का एक आयाम है। *।2।*

॥ सुखस्य मूलं धर्मः॥

सुख धर्म से प्राप्त होता है अर्थात् धर्म मानवोचित कर्त्तव्यों का पालन ही सुख का मूल है।

संसार में प्रत्येक मनुष्य सुख चाहता है परंतु प्रत्येक व्यक्ति की सुख की अवधारणा पृथक् होती है। कोई व्यक्ति सुख केवल इसी बात में मानता है कि उसके पास धन हो जिससे वह अपनी इच्छाएं पूरी कर सके, सुख से रह सके, अच्छा मकान बना सके, कार रख सके और स्त्री का भोग कर सके आदि। किसी को सुख लिखने-पढ़ने में मिलता है। कोई अपनी संतान को अच्छा बनाने में ही सुख समझता है।

बहुत कम लोग जानते हैं कि वास्तविक सुख क्या है।

इस संबंध में भी मान्यताएं भिन्न हैं।

कोई शराब-मांस से बचता है, वेश्या के पास नहीं जाता। कोई अपना काम नियम से करता

रहता है और इसी तरह जीवन बिता देता है। कोई बच्चों के पोषण में लगा रहता है और कोई देश-सेवा में सुख समझता है। कुछ लोग धार्मिक कृत्यों में ही सुख का अनुभव करते हैं। वह धार्मिक कार्यों में खूब बढ़-चढ़कर हिस्सा लेते हैं।

यह सब बातें सुख नहीं हैं, सुख का आभास मात्र हैं। मानवोचित कर्त्तव्यों का पालन करने से ही मनुष्य के धर्म का पालन होता है और यही धर्म-पालन सुख है। *। 3।*

॥ धर्मस्य मूलमर्थः ॥

धर्म का मूल है अर्थ। धर्म अर्थात् नीतिपूर्वक मानवोचित कार्यों को करते रहने से ही अर्थ की प्राप्ति होती है। अर्थ को सुरक्षित रखने के लिए राज्य-व्यवस्था का महत्त्वपूर्ण सहयोग होता है।

आचार्य चाणक्य ने अनेक स्थानों पर अर्थ की महत्ता को स्पष्ट किया है। उनका कहना है कि धन के बिना धर्म का पालन भी असंभव होता है। अर्थात् धन के बिना न तो मनुष्य किसी प्रकार की उन्नति कर सकता है और न किसी प्रकार के कल्याणकारी कार्य। उन्होंने निर्धन व्यक्ति को संसार में सबसे निरीह बताया है। निर्धन व्यक्ति को किसी प्रकार का भी सुख प्राप्त नहीं होता और न ही वह अपने कर्त्तव्यों का पालन कर पाता है। इसलिए मनुष्य को चाहिए कि धर्म कार्यों के लिए धन का संग्रह करें।

धन तो पापी व्यक्ति के पास भी हो सकता है परंतु उसके पास धन होने से न तो उसे कोई लाभ हो सकता है और न ही संसार का किसी प्रकार का कल्याण। जिस धन का प्रयोग धर्म की रक्षा और मानव-कल्याण के लिए होता है, वास्तव में वही धन है, बाकी मिट्टी है। *। 4।*

॥ अर्थस्य मूलं राज्यम् ॥

अर्थ का मूल है राज्य। अर्थात् राज्य की सहायता अथवा व्यवस्था के बिना धन संग्रह करना कठिन है। धन संग्रह के लिए राज्य में स्थिरता और शांति स्थापित होना अत्यंत आवश्यक होता है। जब तक राज्य में अशान्ति रहती है तब तक राज्य संपन्न नहीं हो सकता।

जिन देशों अथवा राज्यों ने अपने प्रयत्नों द्वारा देश को विकसित और सम्पन्न बनाया है, उसमें वहां की सरकारों की प्रमुख भूमिका रही है। इसके अतिरिक्त प्रत्येक राज्य अथवा सरकार व्यापारियों को अनेक प्रकार की सुविधाएं प्रदान करती है, जिससे राज्य संपन्न होता है। आज के विकसित राष्ट्र इस बात का प्रमाण हैं कि उन्होंने अपने व्यापारियों अथवा उद्योगपतियों को किस प्रकार प्रोत्साहन दिया अर्थात् यह बात स्पष्ट है कि किसी देश के लोगों का संपन्न होना उस देश की शासन-व्यवस्था पर निर्भर होता है। *। 5।*

॥ राज्यमूलमिन्द्रियजयः॥

राज्य का मूल इंद्रियों को अपने वश में रखना है।

प्रत्येक राष्ट्र जो उन्नति करता है, वहां के सर्वोच्च पदाधिकारियों का कर्त्तव्य है कि वे अपनी इंद्रियों को वश में रखें। उनके संयम के कारण ही राज्य की समृद्धि स्थिर रह सकती है। यदि वहां के अधिकारी अथवा सर्वोच्च नेता किसी प्रकार का संयम नहीं रख सकेंगे तो जनता भी उनका अनुसरण करती हुई वैसा ही आचरण करेगी।

इंद्रियों पर संयम रखने का अर्थ काफी व्यापक है। अधिकारी सत्ता के नशे में निरंकुश होकर कार्य करने लगेंगे तो राज्य में विद्रोह पैदा हो जाएगा, इससे राज्य की हानि होगी।

आज भी हमारे सामने अनेक देशों के उदाहरण हैं, जहां के शासकों ने अपनी निरंकुशता के कारण राष्ट्रों को हानि पहुंचायी है। अनेक देशों में वहां के सर्वोच्च सत्ता पुरुष ने जनता पर इतने अत्याचार किए और स्वयं तथा अपने सगे-संबंधियों को राज्य में मनमाना कार्य करने की आजादी दी, जिससे राष्ट्र को क्षति उठानी पड़ी। बहुत से राजनेता भोग-विलास के कारण जनाक्रोश का निशाना बने। बहुत से भ्रष्टाचार व स्वार्थपरता के कारण अपमानित हुए।

इंद्रियों पर विजय का अर्थ यही है कि व्यक्ति अपनी इच्छाओं को सीमित रखे। इसे आत्मनियंत्रण भी कह सकते हैं। 'यथा राजा तथा प्रजा' वाली बात है। राजपुरुष असंयमी, भ्रष्टाचारी व अकर्मण्य होंगे तो भला प्रजा इन दुराचरणों से अछूती कहां रह सकती है। *। 6 ।*

॥ इन्द्रियजयस्य मूलं विनयः॥

इंद्रियों को जीतने का सबसे मुख्य कारण नम्रता है।

मनुष्य विनयशील रहकर ही इंद्रियों को जीत सकता है। विनयशील रहने के लिए मनुष्य को सज्जन लोगों की संगति में रहना चाहिए। वस्तुतः गुणी मनुष्य ही विनयशील होते हैं। जिस प्रकार फलों से लदी हुई वृक्ष की शाखाएं नीचे की ओर झुक जाती हैं उसी प्रकार गुणवान व्यक्ति नम्र स्वभाव का होता है।

विनयशील व्यक्ति ही शिष्टाचार का प्रतीक हो सकता है। *। 7 ।*

॥ विनयस्य मूलं वृद्धोपसेवा॥

ज्ञान-वृद्धों की सेवा विनय का मूल है।

यहां वृद्ध का अर्थ आयु में बड़ा होना नहीं है परंतु ज्ञान की अधिकता से है। जो लोग विद्वान् हैं, जिन्हें संसार के महत्त्वपूर्ण विषयों का ज्ञान है, उन लोगों को ज्ञान-वृद्ध कहा जाता है। यह

आवश्यक नहीं कि ज्ञान-वृद्ध व्यक्ति की आयु बहुत अधिक हो। बहुत से छोटी आयु में ही अपने प्रयत्न से अनेक विषयों और विद्याओं का ज्ञान प्राप्त कर लेते हैं। जो लोग ऐसे व्यक्तियों की सेवा में रहते हैं, वे ही विनयशील हो सकते हैं। विनयशील व्यक्ति विद्वानों, अपने माता-पिता आदि सभी का मान-सम्मान करता है। विद्वानों के पास जो ज्ञान-रूपी धन है उसे प्राप्त करने के लिए व्यक्ति को नम्र होकर कुशलतापूर्वक उसे प्राप्त करने का प्रयत्न करना चाहिए। राज अथवा राज्य के अधिकारियों को भी विद्वान् लोगों के प्रति विनयशील रहते हुए उनकी सेवा करते हुए, उनसे ज्ञान प्राप्त करने का प्रयत्न करना चाहिए। *। 8।*

॥ वृद्धसेवया विज्ञानम् ॥

मनुष्य वृद्धों की सेवा से ही व्यवहारकुशल होता है और उसे अपने कर्त्तव्य की पहचान होती है।

वृद्धों की सेवा से व्यक्ति को इस बात का पता चलता है कि कौन-सा कार्य करने योग्य है और कौन-सा न करने के योग्य। इसका भाव यह है कि वृद्ध व्यक्ति ने अपने जीवनकाल में बहुत कुछ सीखा है, उसने बहुत मामलों में अनुभव प्राप्त किया होता है। यदि कोई व्यक्ति सांसारिक कार्य-व्यवहार में कुशलता प्राप्त करना चाहता है तो उसे बूढ़े व्यक्तियों की सेवा करनी चाहिए। उनके अनुभवों से लाभ उठाना चाहिए। जो मनुष्य ज्ञान-वृद्ध लोगों के पास निरंतर उठता-बैठता है और उनमें श्रद्धा रखता है, वह ऐसे गुण सीख लेता है कि उसे समाज में अपने आचार-व्यवहार से सम्मान प्राप्त होता है। वह धोखेबाज और पाखंडी लोगों के चक्रव्यूह में नहीं फंसता।

इस सूत्र में जो 'विज्ञानम्' शब्द आया है उसका अर्थ केवल व्यवहारकुशल होना ही नहीं वरन् संसार की अनेक ऐसी बातें हैं जिनका ज्ञान वृद्ध लोगों के पास आने-जाने, उनके उपदेशों और उनकी संगति करने से प्राप्त होता है। वे अपने अनुभव से उनका जीवन सरल बनाने में सहायक होते हैं। इस प्रकार विज्ञान का अर्थ एक व्यापक जानकारी से है। जिसकी प्राप्ति केवल पुस्तकों से ही संभव नहीं। क्योंकि उन्हें पढ़ने, समझने और ज्ञान प्राप्त करने में काफी समय लगता है। वृद्ध पुरुषों के पास जीवन का निचोड़ होता है, इसलिए वृद्धों की सेवा श्रद्धा और भक्तिपूर्वक करने से मनुष्य संसार के अनेक महत्त्वपूर्ण ज्ञान सरलतापूर्वक ग्रहण कर सकता है। *। 9।*

॥ विज्ञानेनात्मानं सम्पादयेत् ॥

राज्याभिलाषी लोग विज्ञान, व्यवहार-कुशलता या कर्त्तव्य का परिचय प्राप्त करके अपने आपको योग्य शासक बनाएं।

मनुष्य को चाहिए कि वह अपने आपको उन्नति के मार्ग में ले जाने के लिए ज्ञान-विज्ञान से संबंध बनाए। उसकी प्राप्ति का यत्न करे।

चाणक्य सूत्र की व्याख्या करने वाले अनेक व्यक्तियों ने इस सूत्र का अर्थ योग्य शासक बनाने की दिशा में किया है, परंतु यह सूत्र केवल शासकों के लिए ही नहीं, जनसामान्य के लिए भी है क्योंकि प्रत्येक व्यक्ति ज्ञान-विज्ञान प्राप्त करने के बाद ही अपने को योग्य बना सकता है। यहां ज्ञान-विज्ञान का अर्थ व्यवहार-कुशलता से है, जो सभी के लिए है। किसी भी क्षेत्र में सर्वोच्च शिखर तक पहुंचने के लिए व्यक्ति को व्यवहार-कुशल होना चाहिए। *। 10 ।*

॥ सम्पादितात्मा जितात्मा भवति ॥

जो पुरुष ज्ञान-विज्ञान से संपन्न होता है, वह स्वयं को भी जीत सकता है, अर्थात् वही संसार में सफल होता है।

इस सूत्र के भी आधुनिक संदर्भ में दो अर्थ होते हैं—अर्थात् जो शासक सत्य के अनुसार आचरण करना सीख लेता है, वह अपनी इंद्रियों को जीत सकता है।

दूसरा अर्थ यह है कि जो सामान्यजन सत्य व्यवहार से परिचित हो जाता है, जिसे सत्य और असत्य का ज्ञान हो जाता है, वह अपनी इंद्रियों को जीत सकता है और आत्मविजयी हो सकता है। अज्ञानी मनुष्य अपने आप पर विजयी नहीं हो सकते, क्योंकि उसको सत्य और असत्य का ज्ञान नहीं होता, इसलिए मनुष्य का कर्त्तव्य यह है कि अपने आप पर विजयी होने का प्रयत्न करे। अपने आप पर वही व्यक्ति नियंत्रण रख सकता है जिसे सांसारिक वास्तविकताओं का ज्ञान हो। जो स्वयं को जीत लेता है, वह संसार को जीत सकता है। सम्भवतः चाणक्य के कहने का यही तात्पर्य है। *। 11 ।*

॥ जितात्मा सर्वार्थैः संयुज्येत् ॥

अपने ऊपर काबू पाने वाला मनुष्य सच्चे अर्थों से संपन्न होता है अर्थात् नीति जानने वाले और अपने ऊपर नियंत्रण रखने- वाले लोग अपने आप को समस्त संपत्तियों से संपन्न समझें।

जो व्यक्ति अपने आप को जीत लेता है अर्थात् अपने ऊपर नियंत्रण कर लेता है, उसकी यह विशेषता होती है कि वह जो कार्य अपने हाथ में लेता है उसे सम्पूर्ण करके ही छोड़ता है। ऐसे व्यक्ति ही धन-धान्य और संपत्तियों के स्वामी होते हैं। लक्ष्मी और सिद्धियां ऐसे व्यक्ति के वश में रहती हैं, जो जितेंद्रिय होता है। अर्थात् उसी व्यक्ति के पास धन इकट्ठा होता है,

वही व्यक्ति संपत्तिशाली होता है जो अपने पर विजय प्राप्त कर लेता है। जो व्यक्ति, अपने पर नियत्रंण नहीं रखता वह संपत्तियों को प्राप्त नहीं कर सकता। अर्थात् धनवान बनने के लिए व्यक्ति को अपने पर नियंत्रण रखना सीखना चाहिए। *। 12 ।*

॥ अर्थसम्पत् प्रकृतिसम्पदं करोति ॥

राज्य की संपदा से स्वभाववश प्रजा की संपत्तियों में भी वृद्धि होती है।

राजाओं के संपन्न होने से प्रजा के धन-धान्य में भी वृद्धि होती है, ऐसा स्वाभाविक है। यदि राजा ही संपन्न नहीं होगा तो प्रजा कैसे संपन्न हो सकती है। दरिद्र राष्ट्र की प्रजा भी दरिद्र ही होती है।

यदि राज्य में अच्छी व्यवस्था स्थापित होती है तो राजा व प्रजा दोनों का ही संपन्न होना सरल हो जाता है। अव्यवस्था अथवा अशांति में किसी भी राष्ट्र अथवा व्यक्ति के संपन्न होने की संभावनाएं समाप्त हो जाती हैं। अतः राष्ट्र को संपन्न बनाने के लिए वहां सुव्यवस्था का होना जरूरी है। इस संबन्ध में राजा अथवा प्रजा, प्रजा अथवा राजा दोनों एक-दूसरे पर आश्रित होते हैं। यदि प्रजा दीन-दुखी और दरिद्र है तो राष्ट्र भी संपन्न नहीं कहला सकता। *। 13 ।*

॥ प्रकृति सम्पदा ह्यनायकमपि राज्यं नीयते ॥

प्रकृति-संपत्ति से प्रजाजनों की गुण-वृद्धि के द्वारा नेता-रहित राज्य का भी संचालन किया जा सकता है।

भाव यह है कि किसी कारणवश यदि राजा का अभाव भी हो जाए तो ऐसी स्थिति में यदि प्रजा नीतियुक्त कार्य करती है तो राज्य के कार्य अच्छे ढंग से चलते रहते हैं।

इस सूत्र का वास्तविक अर्थ यह है कि नीतिवान राजा के प्रभाव से उसे परामर्श देने वाले मंत्री, राज्य कर्मचारी तथा टैक्स आदि देकर अपने कर्त्तव्य को पूरा करनेवाली प्रजा के प्रमुख व्यक्ति नीतियुक्त रहकर कार्य-कौशल से संपन्न हो जाते हैं अर्थात् जब राज्य कर्मचारी और प्रजा के लोग राष्ट्र के संबंध में अपने कर्त्तव्य को भली प्रकार समझते हैं तो राज्य-शासन चलाने में कोई कठिनाई नहीं होती। यदि प्रजा और अधिकारियों को अपने कर्त्तव्य का बोध है तो राजकार्य सुव्यवस्थित ढंग से चल सकता है। *। 14 ।*

॥ प्रकृति कोपः सर्वकोपेभ्यो गरीयान् ॥

राज्य के विरुद्ध प्रकृति का क्रोध सब क्रोधों से भयंकर होता है।

एक राजा से दूसरा राजा क्रोधित हो जाए, तो उससे निपटा जा सकता है। कोई राज्य

कर्मचारी या मंत्री रुष्ट हो जाय तो उसे समझा–बुझाकर अपने पक्ष में किया जा सकता है। प्रजा रुष्ट हो जाए तो उसे अत्यधिक सुख–सुविधा प्रदान कर प्रसन्न किया जा सकता है, परंतु यदि प्रकृति कुपित हो जाय—कहीं भूकंप, कहीं अतिवृष्टि, कहीं अनावृष्टि, कहीं चक्रवात और उपल वृष्टि—तो राजा के लिए यह अनिवारणीय हो जाता है। इसीलिए कहा गया है कि प्रकृति का कोप सभी कोपों से बढ़कर होता है। *। 15 ।*

॥ अविनीतस्वामिलाभादस्वामिलाभः श्रेयान्॥

अविनीत स्वामी के प्राप्त होने की अपेक्षा, स्वामी का न होना श्रेयस्कर है। इसका भाव यह है कि अयोग्य व्यक्ति को राजा बनाने की अपेक्षा राजा न बनाना ही राज्य के लिए कल्याण की बात हो सकती है।

किसी राष्ट्र की बागडोर अयोग्य शासक के हाथ में होने से राष्ट्र की हानि होना निश्चित है। अयोग्य राजा के हाथ में अधिकार देने से अच्छा यह है कि वहां पंचायती राज्य स्थापित किया जाय। अयोग्य राजा से प्रजा का कल्याण नहीं हो सकता। इस सूत्र का वास्तविक भावार्थ यह है कि राष्ट्र के लिए यह आवश्यक नहीं है कि किसी को अनिवार्य रूप से राजा बनाया ही जाए। इस प्रकार चाणक्य गणतंत्र का समर्थन करते हैं। *। 16 ।*

॥ सम्पाद्यात्मानमन्विच्छेत् सहायवान्॥

राजा को राज्योचित गुणों से संपन्न होना चाहिए तथा अपने जैसे ही गुणी सहायक रखकर राज्य का कार्यभार संभालना चाहिए।

राजा का कर्त्तव्य है कि स्वयं अपने आप को योग्य बनाने के बाद अपने विचारों से मेल खाने वाले गुणवान व्यक्तियों को ही अपना सहायक बनाए। तभी वह भली प्रकार राज्यभार को संभालने में समर्थ हो सकता है। उसे अपनी शक्तियों व कर्त्तव्यों का पूर्ण ज्ञान होना चाहिए। उसकी इंद्रियां वश में होनी चाहिए। उसके विचार नीतिपूर्ण, सत्य से युक्त होने आवश्यक हैं। शासक का कर्त्तव्य यह है कि वह शासकोचित गुणों से संपन्न हो, उसमें गंभीरता होना आवश्यक है, तभी वह अपने सहायकों से उचित कार्य लेने में समर्थ हो सकता है। जब राजा को स्वयं ही राज से संबंधित नीतियों और कार्यों का ज्ञान नहीं होगा तो उसके सहयोगी उसको सन्मार्ग से विमुख कर सकते हैं। *। 17 ।*

॥ नासहायस्य मन्त्रनिश्चयः॥

गुणी सहायकों से हीन राजा के विचार अनिश्चित होते हैं। मंत्रिपरिषद् की बौद्धिक

सहायता से हीन अकेला राजा अपने सीमित अनुभवों के बल से राज जैसे जटिल कर्त्तव्यों के विषय में उचित निर्णय नहीं कर सकता।

मंत्रिपरिषद् की उचित सलाह के बिना अकेला राजा राजकार्य को ठीक से नहीं निभा सकता क्योंकि अधिकांश व्यक्तियों का अनुभव और उनकी शक्तियां सीमित होती हैं, जबकि राज्य से संबंधित विचारों और निर्णयों का दूरगामी परिणाम होता है। इसलिए राजा का कर्त्तव्य है कि जब भी कोई निश्चय करे अथवा किसी नीति का निर्धारण करे, उसे अपने बुद्धिमान सहायकों से परामर्श अवश्य करना चाहिए।

इस प्रकार यह प्रकट है कि राज्य-शासन चलाने के लिए बुद्धिमान मंत्रियों की आवश्यकता रहती है। *। 18 ।*

॥ नैकं चक्रं परिभ्रमयति ॥

जैसे रथ को एक अकेला पहिया नहीं चला सकता उसी प्रकार राज्य को एक व्यक्ति चलाने में असमर्थ होता है। राजा के अतिरिक्त मंत्रिपरिषद् रथ के दूसरे पहिये के समान काम करती है।

यदि अकेला राजा बुद्धिमान मंत्रियों की सहायता के बिना कार्य करता है, तो वह एकतंत्र और तानाशाह राज्य कहलाता है। इससे राज्य की हानि होती है। इतिहास ऐसे उदाहरणों से भरा पड़ा है जहां एक तानाशाह ने जो भी कार्य किए अन्ततः उनका परिणाम राष्ट्र के लिए हानिकारक हुआ। जिस प्रकार एक अकेले चक्र से गाड़ी नहीं चल सकती, उसी प्रकार कोई राजा भी सहयोगी मंत्रिपरिषद् के बिना भली-प्रकार कार्य-भार नहीं चला सकता। *। 19 ।*

॥ सहायः समदुःखसुखः ॥

सुख-दुःख आदि दोनों स्थितियों में जो मंत्री राजा से पूर्ण मेल रखकर उसकी सहायता करता है, उसे ही वास्तविक सहायक कहते हैं।

सुख और दुःख जीवन की दो परिस्थितियां हैं। दोनों स्थितियों में जो एक-सा विचार रखता हुआ सहायता करता है, उस व्यक्ति को ही वास्तविक सहायक माना जाता है। सामान्य रूप से प्रायः देखने में यह आता है कि सुख में तो बहुत से साथी हो जाते हैं परंतु दुःख में साथ देने वाले बहुत कम व्यक्ति होते हैं। तब उसके सगे-संबंधी और यहां तक कि पत्नी भी उसका साथ छोड़ देती है। किंतु जो सुख-दुःख में समान भाव रखते हैं, व्यक्ति को उन्हें ही अपना सच्चा सहायक और हितैषी मानना चाहिए। *। 20 ।*

॥ मानी प्रतिमानिनमात्मनि द्वितीयं मन्त्रमुत्पादयेत् ॥

प्रबंध संबंधी समस्याओं के उत्पन्न होने पर स्वाभिमानी राजा का कर्त्तव्य है कि वह समस्याओं के प्रतिकूल विचार अपने मन में उत्पन्न करे, फिर दोनों स्थितियों को अपने सम्मुख रखकर विचार करे।

प्रत्येक समस्या के दो पहलू होते हैं। समाधान के रूप में दूसरा विकल्प हो सकता है और उस समाधान को नकारने वाला तर्क भी संभव है। समस्या उत्पन्न होने पर राजा को उन दोनों पहलुओं पर विचार करना चाहिए। उसके बाद ही कोई निर्णय लेना चाहिए अर्थात् उसे इस बात का भली प्रकार चिंतन-मनन करना चाहिए कि वह उन समस्याओं का जो समाधान सोच रहा है, उसका परिणाम क्या होगा। जो राजा अथवा राज्य-संस्था इस प्रकार किसी समस्या के दोनों पहलुओं पर विचार करती है वही उचित निर्णय ले सकती है। उचित निर्णय का अर्थ यह है कि राजा अथवा राज्य के अधिकारियों को अपने निर्णय के संबंध में किसी प्रकार का संदेह नहीं होना चाहिए। संशयात्मन विनश्यति—संशयमना लक्ष्य से भ्रष्ट हो जाता है। *। 21 ।*

॥ अविनीतं स्नेहमात्रेण न मन्त्रे कुर्वीत ॥

सत्य और विवेक से हीन व्यक्ति को केवल स्नेही होने के कारण ही अपना हित करनेवाला नहीं मानना चाहिए। उसे अपने से संबंध रखनेवाली समस्याओं पर विचार करने में भी सम्मिलित नहीं करना चाहिए।

जो व्यक्ति विवेकहीन है अर्थात् जिसे समय के उपयुक्त कार्य करने का कोई ज्ञान नहीं, ऐसे व्यक्ति से यदि आप स्नेह रखते हैं तो भी उसे अपने जीवन से संबंधित रहस्यों और महत्त्वपूर्ण लाभदायक बातों के संबंध में विचार-विमर्श में सम्मिलित नहीं करना चाहिए। उसे यह अधिकार भी नहीं देना चाहिए कि वह आपसे संबंधित कार्यों की जांच-परख करे, उनकी आलोचना करे। *। 22 ।*

॥ श्रुतवन्तमुपधाशुद्धं मन्त्रिणं कुर्यात् ॥

तर्कशास्त्र, दण्डनीति तथा मंत्रणा करने की शक्ति आदि विधाओं के पारंगत तथा गुप्त रूप से ली गई परीक्षाओं में खरे उतरे व्यक्ति को ही मंत्री नियुक्त करना चाहिए।

राजा का कर्त्तव्य है कि मंत्री नियुक्त करने से पूर्व उसकी परीक्षा ले कि कहीं वह स्वार्थी और लोभी तो नहीं। स्वार्थी और लोभी व्यक्ति प्राय: ऐसे कार्य करते हैं, जिससे हानि होती है। *। 23 ।*

॥ मन्त्रमूलाः सर्वारम्भाः ॥

भविष्य में किए जाने वाले सभी कार्यों के लिए पहले से ही भली-प्रकार सोच-समझकर कार्यक्रम बनाने से ही कार्य सिद्ध होते हैं।

इस सूत्र में मंत्र का अर्थ भली प्रकार सोच-समझकर बनाई गई कार्य-योजना है। यह एक सामान्य सूझबूझ की बात है कि कोई भी कार्य प्रारंभ करने से पूर्व उसके संबंध में भली-प्रकार सोचकर कार्यक्रम की योजना नहीं बनाई जाएगी तो उस कार्य के सिद्ध होने में संदेह हो सकता है। इसके लिए आवश्यक है कि विशेषज्ञों के साथ कार्य से संबंधित सभी बातों पर विचार-विमर्श किया जाए। किसी भी कार्य को सिद्ध करने के लिए इस प्रकार का विचार आधारशिला का काम करता है। उसके सफल होने की संभावना बढ़ जाती है। *। 24 ।*

॥ मन्त्ररक्षणे कार्य सिद्धिर्भवति ॥

भविष्य के संबंध में बनाई गई कार्य-योजना को गुप्त रखने से ही कार्य सिद्ध हो पाता है।

भविष्य की किसी भी योजना को गुप्त रखना चाहिए। इसका यह लाभ होता है कि उस योजना से संबंधित शत्रु उस कार्य में बाधा उत्पन्न नहीं कर पाते। अचानक व्यक्ति अपना कार्य संपन्न कर लेता है और शत्रु मुंह ताकते रह जाते हैं। *। 25 ।*

॥ मन्त्रविस्रावी कार्यं नाशयति ॥

जो व्यक्ति किसी कार्य के संबंध में बनाई गई योजना को गुप्त नहीं रख सकते, उनके कार्य नष्ट-भ्रष्ट हो जाते हैं।

किसी कार्य के लिए बनाई गई योजना असावधानी बरतने से ऐसे लोगों पर प्रकट हो जाती है जो उसके विरोधी होते हैं। कई बार ऐसा होता है जब योजना बनाई जाती है तो उस समय वहां कोई ऐसे अवांच्छित व्यक्ति हो सकते हैं, जो उसका भेद शत्रु पर प्रकट कर दें। इसलिए यह बात ध्यान में रखनी चाहिए कि सब कार्यों की सफलता के लिए मंत्रणा गुप्त होनी चाहिए और उसे तब तक गुप्त रखा जाना चाहिए जब तक कार्य पूर्णतया सफल न हो जाए। *। 26 ।*

॥ प्रमादाद् द्विषतां वशमुपयास्यति ॥

यदि राजा अथवा राज्य के कर्मचारी अपनी मंत्रणा को गुप्त रखने में थोड़ा-सा भी आलस अथवा लापरवाही बरतते हैं तो योजना की गोपनीयता सुरक्षित न रह पाएगी और उसका भेद शत्रु के पास चला जाएगा, जिससे राज्य की हानि होगी और शत्रु को लाभ होगा। । 27 ।

॥ सर्वद्वारेभ्यो मन्त्रो रक्षितव्यः॥

अपनी योजना के भेद प्रकट होने के सभी मार्गों को रोककर उसकी रक्षा करनी चाहिए अर्थात् इस प्रकार का प्रयत्न करना चाहिए कि अपनी योजना किसी भी प्रकार प्रकट न होने पाए।

मंत्र अथवा गुप्त रहस्यों को प्रकट होने से बचाने के लिए पूर्ण प्रयत्न करना चाहिए। ऐसे सभी द्वारों को बंद कर देना चाहिए, जिनसे रहस्य के फूटने की संभावना हो अर्थात् चुगलखोर, जिसके पेट में बात न पचती हो ऐसे व्यक्ति के सामने मंत्रणा नहीं करनी चाहिए। *। 28 ।*

॥ मन्त्र सम्पदा हि राज्यं वर्धते ॥

मंत्र का रहस्य गुप्त रखने से ही राज्य के धन, धान्य की वृद्धि होती है।

राज्य के कार्यों से संबंधित सभी मंत्रणाओं और योजनाओं को सुरक्षित रखने के कारण ही राष्ट्र समृद्ध हो सकता है। इसलिए आवश्यक है कि अपनी योजना को गुप्त रखने में पूर्ण सतर्कता बरती जाए। *। 29 ।*

॥ श्रेष्ठतमां मन्त्रगुप्तिमाहुः॥

मंत्र को गुप्त रखने की नीति सर्वश्रेष्ठ नीति है।

राजधर्म के आचार्य बृहस्पति, विशालाक्ष, बाहुदंतीपुत्र, पिशुन प्रभृति विद्वान् लोग, मंत्र गुप्त रखने की नीति को अन्य सब नीतियों का सिरमौर बता गए हैं। *। 30 ।*

॥ कार्यान्धस्य प्रदीपो मन्त्रः॥

मंत्र अंधकार में मार्ग दिखाने वाले दीपक के समान है। यह अपने कार्य के संबंध में अनिश्चित नीति वाले व्यक्ति को उसका कर्त्तव्य–मार्ग दिखाने में सहायक होता है।

जैसे घर का मालिक प्रकाश के बिना अपने ही घर में अंधे व्यक्ति के समान व्यवहार करता है, उसी प्रकार मनुष्य सुविचारित मंत्र के बिना अपना कर्त्तव्य–पालन करने में अंधा बना रहता है। *। 31 ।*

॥ मन्त्रचक्षुषा परछिद्राण्यवलोकयन्ति ॥

जिन राजाओं को अपनी विजय की आशा रहती है, वे अपने परामर्शदाता मंत्रियों की आंख से अथवा उनकी दृष्टि से अपने विरोधियों की कमजोरियों को जान लेते हैं।

जो राजा सदैव सतर्क रहता है वही जीत की आशा कर सकता है। वह अपने मंत्रियों अथवा

अन्य परामर्शदाताओं की सहायता से अपने विरोधी राष्ट्रों की कमजोरियों का पता लगा लेता है। दूसरे राष्ट्र की कमजोरियों अथवा दुर्बलताओं का ज्ञान होने पर राजा लाभ उठा सकता है और अपने राज्य को सुदृढ़ बना सकता है। *। 32 ।*

॥ मंत्रकाले न मत्सरः कर्तव्यः ॥

मंत्र ग्रहण करते समय मंत्रदाता के छोटे अथवा बड़ेपन पर ध्यान न देकर उसके अभ्रांत्तपन पर ईर्ष्या न करके श्रद्धा के साथ मन्त्र ग्रहण करना चाहिए।

इसका भाव यह है कि जिस समय किसी योजना के संबंध में विचार किया जा रहा हो, उस समय किसी को छोटा अथवा निर्बल समझकर उसकी बात को महत्त्वहीन नहीं समझना चाहिए। मंत्रणा में भाग लेने वाले सभी सदस्यों का कर्त्तव्य है कि वे निष्पक्ष भाव से सबके विचार सुनें। *। 33 ।*

॥ त्रयाणामेकवाक्ये सम्प्रत्ययः ॥

किसी विचारणीय कर्त्तव्य के विषय में जब कोई विचार किया जा रहा हो तो उसमें भाग लेने वाले विभिन्न प्रकार के व्यक्तियों का एकमत होना श्रेष्ठ माना जाता है। एकमत होने के कारण कार्यसिद्धि सुनिश्चित हो जाती है। । 34 ।

॥ कार्याकार्यतत्त्वार्थदर्शिनो मन्त्रिणाः ॥

कार्य, अकार्य की वास्तविकता को ठीक-ठीक समझनेवाले, अपने वेतन से अधिक न चाहने वाले तथा मंत्र के रहस्य को समझनेवाले मंत्री होने चाहिए।

इस सूत्र में आचार्य चाणक्य ने इस बात की ओर संकेत किया है कि राजा के मंत्री किस प्रकार के हों। राजा को चाहिए कि वे ऐसे मंत्री नियुक्त करें जिन्हें इस बात का ज्ञान हो कि कौन-सा कार्य करने योग्य है और कौन-सा न करने योग्य अर्थात् ऐसे व्यक्ति को मंत्री बनाना चाहिए जो वास्तविकताओं को ठीक से समझनेवाला हो। इसके अतिरिक्त उसमें किसी प्रकार का लोभ और लालच न हो अर्थात् उसे जिस वेतन पर नियुक्त किया गया है, उसके मन में उससे अधिक पाने की इच्छा न हो। *। 35 ।*

॥ षट्कर्णाद् भिद्यते मन्त्रः ॥

चाणक्य ने इस सूत्र में भी अपने रहस्यों को गुप्त रखने की बात कही है। उनका कहना है कि कोई विचारित बात छह कानों में पहुंचने से रहस्य नहीं रह पाती।

मंत्र राजा तथा मुख्यमंत्री के अतिरिक्त किसी भी तीसरे व्यक्ति के कानों तक पहुंचने से ही असार हो जाता है। यही इस सूत्र का भाव है। इसके अनुसार जब मंत्रणा को अंतिम रूप देना हो तो उस समय केवल दो उत्तरदायी मनुष्य ही उसे निश्चित अंतिम रूप दें। *। 36 ।*

॥ आपत्सु स्नेहसंयुक्तं मित्रम् ॥

विपत्ति के दिनों में जब सारा संसार विपत्ति में फंसे हुए व्यक्ति को अकेला छोड़ देता है तो उस समय सहानुभूति रखनेवाला व्यक्ति ही मित्र कहलाता है। । 37 ।

॥ मित्रसंग्रहणे बलं सम्पद्यते ॥

सच्चा मित्र मिल जाने अथवा उनका संग्रह करने से मनुष्य को बल प्राप्त होता है अर्थात् मनुष्य सच्चे मित्रों के कारण अपने को बलवान अनुभव करता है।

मनुष्य को सच्चा मित्र मिलने से जो बल प्राप्त होता है, उसे सात विभिन्न रूपों में देखा जाता है। यह बल उसे अपने स्वामी, मंत्री, देश, दुर्ग, खजाना, सेना और मित्र आदि के रूप में प्राप्त होता है अर्थात् इनमें से कोई भी एक या एक से अधिक स्रोत उसके पक्ष में होते हैं तो व्यक्ति अपने आप को शक्ति-संपन्न मान सकता है।

इससे पहले सूत्र में भी यही बताया गया है कि आपत्ति में जो व्यक्ति स्नेह रखता है, उसे भी मित्र कहा जा सकता है और इस सूत्र का स्पष्ट अर्थ यह है कि मनुष्य के सच्चे मित्र ही उसका वास्तविक बल होते हैं। *। 38 ।*

॥ बलवान लब्धलाभे प्रयतते ॥

अर्थात् सच्चे मित्रों से जो बल प्राप्त होता है, उससे राजा अप्राप्त राज्यैश्वर्य को पाने का प्रयत्न करता है अथवा कर सकता है।

इसी प्रकार सामान्य मनुष्य भी सच्चे मित्रों के प्राप्त होने से उन लाभों को प्राप्त करने का प्रयत्न कर सकता है, जो उसे जीवन में प्राप्त नहीं हैं। इस प्रकार मित्रों के सच्चे बल से अपने आपको बलवान अनुभव करनेवाला व्यक्ति उस बल से अपने जीवन को विकसित कर सकता है, परंतु इसके लिए उसे उद्यम करने की आवश्यकता होती है। बल प्राप्त होने पर भी उसके उपयोग और उससे लाभ उठाने की क्षमता व्यक्ति में होनी चाहिए। *। 39 ।*

॥ अलब्धलाभो नालसस्य ॥

आलसी व्यक्ति अप्राप्त राज्यैश्वर्य प्राप्त नहीं कर सकता अर्थात् आलसी व्यक्ति अथवा

आलसी राजा न तो अपने राज्य की सीमा को विकसित कर सकता है और न अपने राज्य को समृद्धिशाली बना सकता है।

वस्तुतः सत्य में निष्ठा न होना ही आलस्य है। जो व्यक्ति सत्यहीन है वह सदैव ऐसे कार्य करता है, जो करने के लायक नहीं होते हैं और उपयुक्त कार्यों को करने में आलस्य दिखाता है। आलस्य उसे भी कह सकते हैं जिससे किसी प्रकार का लाभ नहीं होता।

आलस्य मनुष्य का सबसे बड़ा शत्रु है। **'आलस्यं हि मनुष्याणां शरीरस्थो महान्‌रिपुः'**, अर्थात् आलस्य ही मनुष्य के शरीर में रहनेवाला उसका सबसे बड़ा शत्रु है। *। 40 ।*

॥ अलसस्य लब्धमपि रक्षितुं न शक्यते ॥

सत्यहीन आलसी व्यक्ति, जो कुछ प्राप्त है उसकी रक्षा करने में भी असमर्थ होता है अर्थात् आलसी राजा अपने कर्त्तव्यों से विमुख होने के कारण प्राप्त राज्यैश्वर्य को भी सुरक्षित रखने में समर्थ नहीं होता।

सामान्य संसार में भी यह देखने में आता है कि आलसी व्यक्ति अपने धन–ऐश्वर्य, संपत्ति अथवा सुख का विस्तार नहीं कर सकता। इसके विपरीत उसे इस संसार में जो कुछ प्राप्त है, आलस्य के कारण वह उससे भी हाथ धो बैठता है। *। 41 ।*

॥ न चालसस्य रक्षितं विवर्धते ॥

आलसी, सत्यहीन, प्रयत्नहीन व्यक्ति का दैववश संचित राज्यैश्वर्य कुछ काल तक सुरक्षित दिखने पर भी वृद्धि को प्राप्त नहीं होता।

राजा के ऐश्वर्य में वृद्धि न होना, वास्तव में उसका विनाश है। जैसा कि पहले बताया जा चुका है कि मनुष्य के शरीर में रहनेवाला आलस्य ही उसका सबसे बड़ा शत्रु होता है। इसलिए मनुष्य का कर्त्तव्य है कि वह आलस्य रूपी दोष को सदैव दूर करने का प्रयत्न करे। *। 42 ।*

॥ न भृत्यान् प्रेषयति ॥

आलसी, सत्यहीन, अकर्मण्य, भोगविलास में फंसा हुआ राजा अथवा राज्य अधिकारी, राज्य के कर्मचारियों को उनके उचित काम पर लगाने अथवा उनसे अधिक काम करवाने में आलस्य से काम लेता है।

जो लोग आलसी हैं, वे अपने अधीन रहने वाले योग्य कर्मचारियों से भी सही प्रकार से काम लेने में असमर्थ रहते हैं। आलस को न त्यागना, नौकर–चाकरों तथा अन्य अधिकारियों

से उनकी योग्यता के अनुसार कार्य न लेना राजा का एक प्रकार से अपराध है। इससे राज्य-व्यवस्था में गड़बड़ पड़ जाती है। *। 43 ।*

॥ अलब्धलाभादि चतुष्टयं राज्यतन्त्रम्॥

अलब्ध का लाभ, लब्ध की रक्षा, रक्षित का वर्धन तथा राजकर्मचारियों की उचित नियुक्ति द्वारा कार्यों में विनियोग या व्यय ये राज्य-व्यवस्था के चार आधार हैं। ये चारों बातें मिलकर राजतंत्र कहलाती हैं।

अर्थात् राज्य-तंत्र के लिए यह आवश्यक है कि राष्ट्र को जो कुछ प्राप्त नहीं है, उसे उपलब्ध करवाने का प्रयत्न किया जाये, उसे जो कुछ प्राप्त है उसकी रक्षा की जाए और उसकी वृद्धि की जाए, यह राजतंत्र के प्रमुख कार्य हैं। *। 44 ।*

॥ राज्यतन्त्रायत्तं नीतिशास्त्रम्॥

समाज में प्रचलित व्यवहार में आने वाली बातों को ही नीतिशास्त्र कहते हैं। राज्य-व्यवस्था नीतिशास्त्र के अनुसार ही होती है।

यदि राज्य-व्यवस्था एक विशिष्ट नीति से संपन्न हो तो समाज में एक विशेष प्रकार की नीति जन्म लेती है और इसी प्रकार के समाज में उसे फलने-फूलने का अवसर मिलता है। *। 45 ।*

॥ राज्यतन्त्रेष्वायत्तौ तन्त्रावापौ॥

अपने राष्ट्र से संबंधित तथा दूसरे राष्ट्र से संबंध रखने वाले कर्त्तव्य अपनी राष्ट्र-व्यवस्था के आवश्यक अंग होते हैं।

प्रत्येक राष्ट्र की अन्य राष्ट्रों के संबंध में एक विशेष नीति होती है। प्रत्येक सरकार में एक विदेश मंत्रालय भी होता है, जिसका काम अपने पड़ोसी राज्यों अथवा सुदूर राज्यों के प्रति नीति-निर्धारण करना होता है। इस नीति का विशेष लाभ यह होता है कि इससे राष्ट्र सुदृढ़ होता है। विदेश नीति इस प्रकार की होनी चाहिए, जिससे राष्ट्र का अहित न हो। उसकी सुरक्षा में किसी प्रकार की बाधा न पड़े। यह विभाग किसी भी देश के कल्याण के लिए अत्यन्त आवश्यक होता है। *। 46 ।*

॥ तन्त्रं स्वविषयकृत्येष्वायत्तम्॥

स्वराष्ट्र-व्यवस्था तंत्र कहलाती है और वह केवल स्वराष्ट्र संबंधी कर्त्तव्यों से संबद्ध रहती है।

अपने राष्ट्र के संबंध में अपने कर्त्तव्य पूरे करने से ही राज्य में व्यवस्था कायम रहती है। राज्य में अव्यवस्था होने का कारण यही है कि राज्य के अधिकारी अपने देश से संबंधित कर्त्तव्यों की उपेक्षा करते हैं। वे अपने कर्त्तव्य का पालन नहीं करते। इससे राज्य में अव्यवस्था फैलती है और राज्य को हानि पहुंचती है। *। 47 ।*

॥ आवापो मण्डलनिविष्टः॥

आवाप अर्थात् दूसरे राष्ट्र से संबंधित कर्त्तव्य मण्डल अर्थात् पड़ोसी राष्ट्र से संबंध रखता है।

जो राष्ट्र दूसरे राष्ट्रों पर विशेष नजर रखता है, उनकी गतिविधियों की जानकारी प्राप्त करता है, वही सफलतापूर्वक अपने राज्य को स्थिर रख सकता है। जो पड़ोसी राज्यों की गतिविधियों पर दृष्टि नहीं रखता उसे हानि उठानी पड़ती है। *। 48 ।*

॥ सन्धिविग्रहयोनिर्मण्डतः॥

पड़ोसी राज्यों से अनेक प्रकार की संधियां तथा उसके विरुद्ध कार्य-व्यवस्था राष्ट्र नीति का महत्त्वपूर्ण अंग है।

संधि का अर्थ है किसी पड़ोसी देश से ऐसे समझौते करना, जो देश के हित में हो। विग्रह का अर्थ है, पड़ोसी राज्य के संबंध में विरोधी कारणों को अपनाना। जहां संधियों द्वारा दोनों देशों को लाभ होता है, वहां कुछ कार्य ऐसे भी होते हैं जिनका संबंध आपसी विरोध से भी होता है। अर्थात् प्रत्येक राष्ट्र को पड़ोसी देशों के व्यवहार के अनुरूप संधि और विग्रह करते रहना चाहिए। इससे देश में राज्य-व्यवस्था स्थिर रहती है। *। 49 ।*

॥ नीतिशास्त्रानुगो राजा॥

राजा को नीतिशास्त्र के अनुसार चलना चाहिए।

राजा को दण्डनीति, तर्कशास्त्र तथा अर्थशास्त्र आदि की बातों का पूर्ण ज्ञान होना चाहिए। इन बातों का शासन-व्यवस्था से संबंध है, इसलिए राजा अथवा राज्य के अधिकारियों को इन शास्त्रों का सूक्ष्म ज्ञान प्राप्त करना चाहिए। यदि राजा अथवा राज्य के अधिकारी, इन बातों से अपरिचित हैं तो उन पर किसी प्रकार का सामाजिक नियंत्रण नहीं रह पाएगा। इस प्रकार वे स्वेच्छाचार से पूर्ण कार्य करने लगेंगे। इससे राष्ट्र की भारी हानि होने की संभावना रहती है और राज्य में विद्रोह उठ खड़े होते हैं। इसलिए राजा का कर्त्तव्य है कि वह नीतिशास्त्र के नियमों के अनुसार ही प्रजा का पालन करे। *। 50 ।*

॥ अनन्तरप्रकृतिः शत्रुः ॥

इस सूत्र का भावार्थ यह है कि किसी राष्ट्र के निकटवर्ती राज्य अथवा वहां के लोग भी शत्रु बन जाते हैं।

प्रायः यह देखा जाता है कि जहां सीमा पर संघर्ष अथवा लड़ाई-झगड़े होने की संभावना बनी रहती है, वे देश आपस में शत्रु बन जाते हैं। ऐसा प्राचीनकाल से राज्यों के इतिहास पर दृष्टि डालने से भी पता चलता है। आज के वातावरण में भी अनेक देशों में सीमाओं को लेकर झगड़े होते रहते हैं। इसलिए राजा, राज्य-अधिकारी और सीमाओं की सुरक्षा करनेवाली सेनाओं का कर्त्तव्य है कि वे अपने पड़ोसी राज्यों से सतर्क रहें, पड़ोसी राज्य की गतिविधियों को देखते रहें। *। 51 ।*

॥ एकान्तरितं मित्रमिष्यते ॥

शत्रु राष्ट्र के पड़ोसी जिसकी सीमाएं शत्रु राष्ट्र से मिल रही हों उसकी भी हमारे शत्रु राष्ट्र से शत्रुता रहनी स्वाभाविक है, अतः वह उस शत्रु के विरुद्ध हमारा मित्र बन जाता है।

अनेक राज्य आपस में एक-दूसरे से शत्रुता रखते हैं, इसलिए राजा को चाहिए कि वह अपने पड़ोसी शत्रु राष्ट्र से शत्रुता रखने वाले राष्ट्रों को अपना मित्र बना ले। कूटनीति का यह एक महत्त्वपूर्ण अंग है। इस नीति से लाभ उठाना राजा का कर्त्तव्य है। *। 52 ।*

॥ हेतुतः शत्रु मित्रे भविष्यतः ॥

शत्रु और मित्र बिना कारण के नहीं होते। शत्रुता और मित्रता किसी कारणवश हुआ करती है।

यदि इस नीति सूत्र को आधुनिक संदर्भ में देखा जाए तो यह बात बहुत जल्दी स्पष्ट हो जाती है। जब अमरीका और रूस में शीत युद्ध चल रहा था तो अमरीका भारत का विरोधी था। उस समय रूस ने भारत की ओर मित्रता का हाथ बढ़ाया। यह एक सामान्य-सा नियम है कि कोई भी राष्ट्र अपने पक्ष को प्रबल करने के लिए अन्य राष्ट्रों का सहयोग मांगता है। *। 53 ।*

॥ हीयमानः सन्धिं कुर्वीत ॥

निर्बल राजा को अपने से शक्तिशाली राज्य से संधि कर लेनी चाहिए।

नीति जाननेवाला निर्बल राजा अपने पड़ोसी सशक्त और अन्यायी राजा के साथ संधि करने से ही अपने राज्य की रक्षा कर सकता है। उसे नीतिपूर्वक संधि करके अपने देश पर

आए संकट अथवा युद्ध की स्थिति को टाल देना चाहिए। जो राजा ऐसा नहीं करता, उसे भयंकर हानि उठानी पड़ती है। संधि करने के पश्चात् परोक्ष रूप से कमजोर राजा को अपनी स्थिति को दृढ़ बनाने का प्रयत्न करना चाहिए। *। 54 ।*

॥ तेजो हि सन्धानहेतुस्तदर्थानाम्॥

सामान्य रूप से संधि करनेवाले दोनों देशों में वास्तविक और लाभदायक संधि तभी हो सकती है, जब दोनों राष्ट्र तेजस्वी और प्रभावशाली ढंग से आचरण करनेवाले हों।

अर्थात् दो राष्ट्रों में संधि का वास्तविक लाभ तभी हो सकता है, जब दोनों राष्ट्र अपने स्वाभिमान को स्थिर रख सकें और प्रभावशाली ढंग से अपने राष्ट्र का पक्ष उपस्थित कर सकें। ऐसी संधि से दोनों राष्ट्रों को लाभ हो सकेगा। *। 55 ।*

॥ नातप्तलोहो लोहेन सन्धीयते॥

जिस प्रकार गर्म लोहा ही गर्म लोहे से मिल सकता है, उसी प्रकार यदि संधि करनेवाले दोनों राजा तेजस्वी होंगे तभी संधि सफल हो पाएगी।

जिस प्रकार गर्म लोहे पर चोट मारने से ही उसे अनुकूल रूप में ढाला जा सकता है, इसी प्रकार यदि संधि करनेवाले दोनों राष्ट्र तेजस्वी नहीं होंगे तो संधि सफल नहीं हो सकेगी। *। 56 ।*

॥ बलवान् हीनेन विग्रह्णीयात्॥

बलवान् राजा को चाहिए कि वह शत्रु को कमजोर देखकर ही उससे युद्ध करने की ठाने।

यदि कोई बलवान् राजा किसी पर आक्रमण करना चाहता है तो उसे दूसरे राष्ट्र की शक्ति का पूर्वानुमान लगा लेना चाहिए। यदि दूसरा राष्ट्र उससे शक्ति में उन्नीस हो तभी उससे युद्ध की ठाननी चाहिए, अन्यथा नहीं। *। 57 ।*

॥ न ज्यायसा समेन वा॥

अपने से अधिक समृद्ध तथा अपने समान बल वाले राष्ट्र से शत्रुता नहीं बांधनी चाहिए। *। 58 ।*

॥ गजपादविग्रहमिव बलवद्विग्रहः॥

अपने से बलवान् राजा से युद्ध करना बिलकुल वैसा ही है जैसे हाथियों के झुंड द्वारा पैदल सेना को कुचलवा देना।

इसका भाव यह है कि जो राजा जानबूझकर अथवा अज्ञानवश किसी बलवान् राजा पर आक्रमण करता है तो उससे आक्रमण करनेवाले राजा का ही विनाश होता है। यह बिलकुल इसी प्रकार का कार्य है जैसे विशाल पत्थर की शिला से अपना माथा टकराना। *। 59।*

॥ आमपात्रमामेन सह विनश्यति ॥

जिस प्रकार दो कच्चे पात्र यदि आपस में टकराते हैं तो दोनों ही टूट जाते हैं, इसी प्रकार समान शक्ति वाले राजाओं में युद्ध दोनों के विनाश का कारण होता है। । 60 ।

॥ अरिप्रयत्नमभिसमीक्षेत् ॥

राजा को चाहिए कि वह अपने शत्रुओं के प्रयत्नों अथवा उनके द्वारा किए जाने वाले कार्यों पर सावधानीपूर्वक नजर रखे।

प्रत्येक राष्ट्र का कर्त्तव्य है कि वह अपने शत्रु राष्ट्र पर हर समय सतर्कतापूर्वक नजर रखे। उसे इस बात का ज्ञान भी होना चाहिए कि शत्रु राष्ट्र किस बात का प्रयत्न कर रहा है। दूसरे राष्ट्रों से संधियों द्वारा उसे किस प्रकार का लाभ होने की संभावना है। राजा को चाहिए कि वह यह सब बातें अपने गुप्तचरों द्वारा जाने और अपनी तथा अपने राज्य की रक्षा की पूरी सावधानी बरते। *। 61 ।*

॥ सन्धायैकतो वा ॥

अपनी विजय चाहनेवाले राजा को चाहिए कि वह अपने पड़ोसी राज्य से संधि अथवा युद्ध आदि प्रत्येक अवस्था में शत्रु के प्रयत्नों पर पूरी तरह दृष्टि रखे। । 62 ।

॥ अरिविरोधादात्मरक्षामावसेत् ॥

राजा का कर्त्तव्य है कि वह अपने राष्ट्र को बाहर और भीतर के विरोधों से बचाता रहे।

शत्रु राष्ट्र पड़ोसी राष्ट्र को कमजोर करने के लिए अनेक उपाय अपनाते हैं। वे आतंकवादियों द्वारा राष्ट्र में भय फैलाने का प्रयत्न करते हैं। अनेक बार वे सांप्रदायिक दंगे करवाने का प्रयत्न करते हैं, अनेक स्थानों पर बम-विस्फोट तथा लूटमार करके भी राष्ट्र को अस्थिर करने का प्रयत्न करते हैं। उस राष्ट्र में कुछ ऐसे विरोधी तत्त्व पैदा हो जाते हैं जो स्वार्थवश राष्ट्र को उन्नति के मार्ग पर ले जाने के प्रयत्नों का विरोध करते हैं। इसीलिए राष्ट्र के शासकों का कर्त्तव्य है कि वे बाहरी और आभ्यांतरिक खतरों से राष्ट्र की रक्षा करने का प्रयत्न करे। *। 63 ।*

॥ शक्तिहीनो बलवन्तमाश्रयेत् ॥

निर्बल तथा शक्तिहीन राजा का कर्त्तव्य है कि वह किसी बलवान् परंतु धार्मिक राजा को अपना मित्र बना ले और उसकी सहायता से अपने राज्य को सुरक्षित रखने का प्रयत्न करे।

निर्बल राष्ट्र का कर्त्तव्य है कि वह किसी बलवान् राष्ट्र को संधि आदि उपायों से अपना मित्र बना ले, जिससे वह अपनी स्वतंत्रता की रक्षा कर सके। जिस प्रकार कमजोर मनुष्य को देखकर दुष्ट व्यक्ति उसे कष्ट देने का प्रयत्न करता है, उसी प्रकार शक्तिशाली पड़ोसी राज्य शक्ति का भय दिखाकर निर्बल राष्ट्र को डराते-धमकाते रहते हैं। इसलिए कूटनीति का सहारा लेते हुए अपने राष्ट्र को स्थिर और सुरक्षित रखने के लिए किसी शक्तिशाली राष्ट्र का आश्रय लेना उचित है। परंतु उसे इस बात का विश्वास होना चाहिए कि जिस राष्ट्र का सहारा लिया जा रहा है वह किसी प्रकार का अनीतिपूर्ण कार्य नहीं करेगा। यह तभी संभव होता है जब दोनों राष्ट्र एक-दूसरे के स्वार्थ की पूर्ति करते हुए एक-दूसरे को लाभ पहुंचाने का प्रयत्न करते हैं। *। 64 ।*

॥ दुर्बलाश्रयो दुःखमावहति ॥

दुर्बल का आश्रय लेने से दुःख उठाना पड़ता है।

यदि किसी राष्ट्र को अपनी शक्ति पर विश्वास न हो तो उसे अपनी स्वतंत्रता की रक्षा के लिए किसी शक्तिशाली राष्ट्र का ही आश्रय लेना चाहिए। निर्बल और कमजोर राष्ट्र का आश्रय लेने से लाभ नहीं होगा। क्योंकि दुर्बल राष्ट्र से समय आने पर किसी प्रकार के कल्याण की आशा नहीं की जा सकती। इस प्रकार यह स्पष्ट है कि दुर्बल राष्ट्र का सहारा लेने से आश्रय लेने वाले राष्ट्र को दुःख उठाने पड़ते हैं। *। 65 ।*

॥ अग्निवद्राजानमाश्रयेत् ॥

किसी राजा से संबंध तोड़ लेने के बाद उससे उसी प्रकार सावधान रहना चाहिए जैसे व्यक्ति अग्नि से सावधान रहता है। । 66 ।

॥ राज्ञः प्रतिकूलं नाचरेत् ॥

राजा के प्रतिकूल आचरण नहीं करना चाहिए। राजा से द्रोह का अर्थ है राष्ट्र का द्रोह।

राष्ट्र से द्रोह करना, एक भयंकर पाप माना जाता है। उसकी सजा मृत्युदण्ड है। इसलिए राष्ट्र अथवा जनता द्वारा चुने गए प्रतिनिधि अथवा राज्य-व्यवस्था से विद्रोह करना राष्ट्र-द्रोह की श्रेणी में आता है। *। 67 ।*

॥ उद्धतवेषधरो न भवेत् ॥

मनुष्य को ऐसा वेष धारण नहीं करना चाहिए जिससे वेषधारण करनेवाले की उद्दंडता प्रकट हो।

मनुष्य जिस समाज में रहता है उसे चाहिए कि वहां के सामाजिक नियमों के अनुरूप ही वस्त्र धारण करे। उसे ऐसे वस्त्र धारण नहीं करने चाहिए, जिसे देखकर मन में तिरस्कार अथवा घृणा की भावना पैदा हो। व्यक्ति का वेष, समाज की रुचि के अनुरूप होना चाहिए। *। 68।*

॥ न देवचरितं चरेत् ॥

मनुष्य का कर्त्तव्य है कि वह उस प्रकार के काम न करे जो राजा के योग्य होते हैं। अर्थात् मनुष्य को राजा के चरित्र का अनुकरण नहीं करना चाहिए।

इसका भावार्थ यह है कि मनुष्य को धन के अभिमान में आकर राजा के समान मुकुट और छत्र आदि धारण नहीं करने चाहिए और उसे उन चिह्नों का प्रयोग भी नहीं करना चाहिए जिनका प्रयोग केवल राजा के लिए ही निश्चित होता है। सामान्य मनुष्यों को ऐसा करना उचित नहीं। भाव यह है कि जन–सामान्य को ऐसा कोई कार्य नहीं करना चाहिए जिससे उसे राजा का प्रतिद्वंद्वी माना जाए। *। 69।*

॥ द्वयोरपीर्ष्यतोः द्वैधीभावं कुर्वीत ॥

राज्यैश्वर्य से ईर्ष्या करनेवाले दो व्यक्तियों में विरोध पैदा कर देना चाहिए।

राज्य का कर्त्तव्य है कि शासन–व्यवस्था का विरोध करनेवाले संगठनों के प्रति सतर्क रहे। उसका प्रयत्न होना चाहिए कि राज्यद्रोही व्यक्ति और विभिन्न दल संगठित न हो सकें। अर्थात् उनमें फूट डालकर उन्हें नष्ट कर देना चाहिए।

अनेक राष्ट्रों में राज्य का विरोध करनेवाले अनेक संगठन पैदा हो जाते हैं। शासन–व्यवस्था का कर्त्तव्य है कि वह राज्य का विरोध करनेवाले संगठनों को पूरी तरह संगठित न होने दे। उनके संबंध में सतर्कता बरतनी चाहिए। उन्हें किसी प्रकार का ऐसा अवसर नहीं देना चाहिए कि वे आपस में इकट्‌ठे होकर संयुक्त मोर्चा बना सकें। *। 70।*

॥ न व्यसनपरस्य कार्यावाप्तिः ॥

जो व्यक्ति व्यसन अथवा किसी प्रकार की बुरी लत में फंसा हुआ है वह किसी भी कार्य में सफल नहीं हो सकता अर्थात् उसका कोई भी कार्य सफल होना कठिन है।

जो व्यक्ति किसी प्रकार के व्यसन आदि में फंसा हुआ है उसका कार्य उसके लिए कभी

भी फलदायक सिद्ध नहीं होता। कारण यह है कि उसके कार्यों में न तो कोई उत्साह होता है न दृढ़ता। किसी प्रकार के भी व्यसन में फंसा हुआ व्यक्ति आत्म-विश्वास से रहित होता है। आत्मविश्वास से हीन व्यक्ति के कार्यों में किसी प्रकार की तेजस्विता नहीं होती। उसका मन हर समय विषय भोगों में फंसे रहने के कारण कर्त्तव्य की ओर प्रेरित ही नहीं होता। *। 71 ।*

॥ इन्द्रियवशवर्ती चतुरंगवानपि विनश्यति ॥

चतुरंगिणी सेनाओं से युक्त होने पर भी यदि राजा अपनी इंद्रियों को वश में नहीं रख सकता तो वह नष्ट हो जाता है।

इस सूत्र का भाव यह है कि मनुष्य को अपनी इंद्रियां अपने वश में रखनी चाहिए। जिस मनुष्य की इंद्रियां अपने वश में नहीं होतीं, वह अपनी इच्छाओं को पूर्ण करने के लिए ऐसे काम करता है जो उसके विनाश का कारण होते हैं। राजाओं के लिए यह और भी आवश्यक है क्योंकि उनके पास असीमित शक्तियां होती हैं। आचार्य चाणक्य का कहना है कि यदि राजा के पास असीमित शक्तियां हैं, उसके पास सभी प्रकार की सेनाएं हैं, सभी प्रकार के अस्त्र-शस्त्र हैं तो भी उसे चाहिए कि वह अपनी इंद्रियों को वश में रखे। इंद्रियों को वश में न रखने से उसका समृद्ध राज्य भी नष्ट हो सकता है। *। 72 ।*

॥ नास्ति कार्यं द्यूतप्रवृत्तस्य ॥

जिन लोगों को जुआ खेलने की आदत होती है, वे अपने कर्त्तव्य के प्रति उदासीन होते हैं, अर्थात् उन्हें अपने कर्त्तव्य का ज्ञान नहीं होता।

राजा की जुए के प्रति अत्यन्त आसक्ति राष्ट्र के लिए घातक सिद्ध हो सकती है। जुआ एक ऐसा व्यसन है जिसमें पराजित होता हुआ व्यक्ति भी अंत तक जीत की कामना करता रहता है। परंतु उसे वास्तविकता का तभी ज्ञान होता है जब वह सब कुछ खो बैठता है। इतिहास इसका उदाहरण है। युधिष्ठिर ने जुआ खेलने के लिए दुर्योधन के निमंत्रण को यह कहकर स्वीकार कर लिया कि इस प्रकार के निमंत्रण को अस्वीकार करना राजाओं के लिए अच्छा नहीं। परंतु सभी जानते हैं कि उस निमंत्रण को स्वीकार करने का फल क्या हुआ। *। 73 ।*

मृगयापरस्य धर्मार्थौ विनश्यतः

शिकार खेलना राजा का मनोरंजन हो सकता है परंतु जो उसके प्रति अत्यंत आसक्त हो, आवश्यकता से अधिक इस काम में रुचि लेता हो, चाणक्य के अनुसार वह अपने धर्म और अर्थ दोनों ही नष्ट कर लेता है। । 74 ।

॥ अर्थैषणा न व्यसनेषु गण्यते ॥

जीवनयापन की आवश्यकताओं हेतु धन संग्रह करने की इच्छा को व्यसनों में नहीं गिना जाता।

प्रत्येक व्यक्ति को धन-संग्रह करने की इच्छा रहती है। चाणक्य ने अनेक स्थलों पर निर्धन व्यक्ति के जीवन को निरर्थक बताया है। निर्धन व्यक्ति सभी जगह कष्ट उठाते हैं। उसके सगे-संबंधी भी कष्ट में उसका साथ छोड़ देते हैं। इसलिए धन उपार्जन के लिए निरंतर प्रयत्न करना बुरा व्यसन नहीं कहा जा सकता। *। 75 ।*

॥ न कामासक्तस्य कार्यानुष्ठानम् ॥

अत्यधिक कामासक्त अथवा चरित्रहीन व्यक्ति किसी भी काम को ठीक से नहीं कर सकता।

किसी भी राष्ट्र के लिए आवश्यक है कि वहां के राज्य अधिकारी चरित्रवान हों, क्योंकि यदि वे स्वयं चरित्रवान नहीं होंगे तो प्रजा में भी पापाचार के प्रति आसक्ति बढ़ जाएगी और पापाचार बढ़ने से अपराधों में वृद्धि होगी। इसलिए जहां तक प्रयत्न हो, ऐसे कामों से बचा जाए जिनसे प्रजा में विषय भोग के प्रति रुचि बढ़े। *। 76 ।*

॥ अग्नि दाहादपि विशिष्टं वाक्पारुष्यम् ॥

कठोर वाणी आग से जलने से भी अधिक दुःखदायी होती है।

कहा जाता है कि तलवार का घाव भर जाता है परंतु कठोर वाणी का घाव दिल पर सदा के लिए अंकित रहता है। कठोर बातें बोलना एक प्रकार का व्यसन है। अविवेकी मनुष्य क्रोधित होता है तो उसकी वाणी भी कठोर हो जाती है। तब वह बिना सोचे-समझे ऐसी बातें कहने लगता है जो दूसरों के हृदय में सदा के लिए चुभती रहती हैं। इसका अर्थ यह है कि कठोर वाणी भविष्य में होने वाले विवादों का बीज है। इसलिए संत-महात्माओं ने कहा है कि मनुष्यों को कटु वाणी से बचना चाहिए। मधुर वाणी से व्यक्ति अपने शत्रुओं को भी मित्र बना सकता है। *। 77 ।*

॥ दण्डपारुष्यात् सर्वजनद्वेष्यो भवति ॥

व्यक्तिगत द्वेष मन में रखकर यदि कोई दंडदाता (न्यायाधीश) किसी को कठोर दंड देता है तो वह अपने पवित्र आसन से पतित होकर जनता का कोपभाजन बन जाता है।

दंड देने का अर्थ यह होता है कि व्यक्ति में सुधार हो, वह अपने बुरे कामों को छोड़े। परंतु यदि दंड देनेवाला व्यक्तिगत द्वेष के कारण अथवा क्रोध में आकर अपराध के मुकाबले अधिक कठोर दंड देता है तो जनता के मन में दंड देनेवाले के प्रति द्वेष-भावना पैदा हो जाती है। वस्तुतः न्यायाधीश का कर्त्तव्य है कि वह न्याय के पवित्र आसन पर बैठकर अपराधी के मन से अपराध-भावना नष्ट करने के लिए दंड दे, न कि व्यक्ति के प्रति द्वेष अथवा क्रोध में आकर कठोर दंड देने की व्यवस्था करे। ऐसा करने से लोगों की न्याय के प्रति आस्था कम हो जाएगी, जो जनहित में नहीं है। *। 78 ।*

॥ अर्थतोषिणं श्रीः परित्यजति ॥

जो राजा थोड़े-से धन से संतुष्ट हो जाता है, राज्य लक्ष्मी उसे त्याग देती है।

राजा को अपने राजकोष से कभी भी संतुष्ट नहीं होना चाहिए। यदि वह अपने अपर्याप्त साधनों से संतुष्ट होकर बैठ जाएगा तो राज्य निर्धन और श्रीहीन होकर नष्ट हो जाएगा। *। 79 ।*

॥ अमित्रो दण्डनीत्यामायत्तः ॥

तुम्हारा शत्रु तुम्हें कितनी हानि पहुंचा सकता है, इसका प्रभाव तुम्हारी दंडनीति पर आधारित है।

यदि शत्रु के प्रति तुम्हारी दंडनीति निर्बल होगी और तुम्हारी तरफ से किसी प्रकार की सतर्कता नहीं बरती जाएगी तो शत्रु का दमन करना तुम्हारे लिए कठिन हो जाएगा। इसलिए प्रत्येक राजा का कर्त्तव्य है कि वह ऐसी दंडनीति अपनाए जिससे उसके शत्रु राज्य के विरुद्ध किसी प्रकार का अपराध करने से घबराते रहें। *। 80 ।*

॥ दण्डनीतिमधितिष्ठन् प्रजाः संरक्षति ॥

जो राजा दंडनीति को अपने अधिकार में रखता है, वही प्रजा की रक्षा करने में समर्थ होता है।

दंडनीति का निर्धारण करना राज्यसत्ता का कार्य है। इस प्रकार के दंड की व्यवस्था करनी चाहिए जिससे शत्रु अथवा राज्य-विरोधी लोग प्रजा को कष्ट पहुंचाने में समर्थ न हो सकें। दंडनीति निर्धारित करने के साथ राजा का कर्त्तव्य है कि वह समय-समय पर उसकी समीक्षा भी करता रहे। यदि किसी राज्य की नीति निर्बल होगी तो उससे प्रजा की रक्षा नहीं हो पाएगी, प्रजा संकट में पड़ जाएगी, इसलिए ऐसी दंडनीति का निर्धारण करना चाहिए जिससे प्रजा अपने आपको सुरक्षित अनुभव करे। *। 81 ।*

॥ दंडः सम्पदां योजयति ॥

दंड द्वारा ही राजा या राज्य को समस्त संपत्तियां प्राप्त होती हैं अर्थात् वह समस्त संपत्तियों से संपन्न बनता है।

दंड न्याय का पर्यायवाची है। दंड ही न्याय है। प्रजा दंड से ही वश में रहती है। राज्य में दंड-व्यवस्था न रहने से क्रय-विक्रय, खान, आयकर, तटकर, ऋणदान, न्याय-अन्याय, हाट-व्यवस्था आदि से आय के समस्त स्रोत प्रभावित होते हैं। बड़े लोग छोटों को लूटकर खाने लगते हैं। तब देश में उपद्रव खड़े हो जाते हैं। इससे राज्यनाश या संपत्तिनाश की स्थिति बन जाती है। अत: दंड-संबंधी राजा के नियम इस प्रकार के होने चाहिए जिससे किसी भी व्यक्ति को उनके विरुद्ध जाने का साहस न हो। *। 82 ।*

॥ दण्डाभावे मन्त्रिवर्गाभावः ॥

राज्य में दंडनीति से उपेक्षित होने पर राजा योग्य मंत्रियों को छोड़कर अयोग्य मंत्रियों के वश में हो जाता है।

जब राज्य में दंडनीति की उपेक्षा होने लगती है तो राजा को उचित परामर्श देने वाले मंत्रियों का अभाव बन जाता है। देश अथवा पड़ोसी शत्रु राष्ट्र के संबंध में दंडनीति का सही उपयोग करने के लिए चतुर परामर्शदाता मंत्रियों की आवश्यकता होती है। जो राजा इस बात से इनकार करता है अथवा इस बात की उपेक्षा करता है, उसे चापलूस अधिकारी घेर लेते हैं। ऐसी स्थिति में राजा मनमाने कार्य करने लगता है। इससे राष्ट्र की हानि होती है। *। 83 ।*

॥ न दण्डादकार्याणि कुर्वन्ति ॥

अपराधी प्रवृत्ति के लोग दंड अथवा जुर्माने आदि के भय से राष्ट्र के विधान-विरोधी कार्यों से दूर रहते हैं।

जिस राज्य में दंड के भय से दुष्ट व्यक्ति अपराध नहीं करते, उसे ही धर्म का शासन कहा जाता है। उसी राज्य में धर्म और अर्थ की रक्षा होती है।

धर्म और अर्थ की रक्षा का भाव यह है कि अपराधी प्रवृत्ति के लोग यह जानते हैं कि राष्ट्र-विरोधी कार्य करने से उन्हें कठोर दंड दिया जाएगा। इसलिए वह राज्य-विरोधी पाप-कर्म करने से अलग रहते हैं। ऐसे ही राज्य को धर्मयुक्त राज्य कहा जाता है। *। 84 ।*

॥ दण्डनीत्यामायतमात्मरक्षणम् ॥

दंड संबंधी नीतियों को ठीक रखने से आत्मरक्षा हो सकती है।

स्पष्ट दंडनीति के द्वारा ही राष्ट्र सुरक्षित रह सकता है। राज्य का कल्याण इसी बात पर निर्भर करता है कि दंडनीति संबंधी नियम क्या हैं और उनका क्या प्रभाव होता है। उसकी दंडनीतियां प्रजा का कल्याण करने वाली हों, प्रजा का कल्याण ही उसका अपना कल्याण होता है और प्रजा की रक्षा ही राष्ट्र की रक्षा कहलाती है अर्थात् प्रजा के अस्तित्व से अधिक राजा का अस्तित्व नहीं होता। प्रजा की सुरक्षा के बिना राजा की सुरक्षा कैसे हो सकती है? *। 85 ।*

॥ आत्मनि रक्षिते सर्वे रक्षितं भवति ॥

राजा के सुरक्षित रहने से ही पूरे राष्ट्र को सुरक्षित किया जा सकता है।

चाणक्य के सूत्र को जन-सामान्य और राजा संबंधी दोनों दृष्टिकोण से देखा जा सकता है। चाणक्य ने अन्य स्थानों पर भी कहा है कि मनुष्यों को अपनी रक्षा के लिए सबकुछ बलिदान करने के लिए नहीं हिचकना चाहिए। यदि वह इस प्रकार अपनी रक्षा कर लेता है तो नष्ट हुई धन-संपत्ति को फिर से प्राप्त करने का प्रयत्न कर सकता है। इसी प्रकार यदि राजा अपनी आत्मरक्षा करने में समर्थ है तो इसे पूरे राष्ट्र को सुरक्षित समझा जा सकता है। *। 86 ।*

॥ आत्मायत्तौ वृद्धिविनाशौ ॥

मनुष्य की वृद्धि और विनाश उसके अपने हाथ में होते हैं।

भगवान् श्रीकृष्ण ने गीता में लिखा है कि मनुष्य अपना ही सबसे बड़ा मित्र और अपना ही सबसे बड़ा शत्रु होता है। वह अपने ही कार्यों से सबकुछ बनाता है और बिगाड़ता भी है। इसी प्रकार राष्ट्र की वृद्धि और उसका पतन राजा के हाथ में है। राजा की योग्यता और अयोग्यता भी किसी राज्य की वृद्धि और विनाश का कारण होती है। राजा यदि योग्य होगा तो राज्य का विस्तार होने के साथ धन-धान्य से समृद्ध भी होगा। यदि वह नीतिहीन, शराबी, व्यभिचारी और दुर्व्यसनों में फंसा हुआ है तो राष्ट्र का विनाश हो जाएगा। अर्थात् मनुष्य की वृद्धि और विनाश उसके अपने व्यवहार पर निर्भर करता है। *। 87 ।*

॥ दण्डो हि विज्ञाने प्रणीयते ॥

दंडनीति का प्रयोग सावधानीपूर्वक, सोच-समझकर किया जाना चाहिए।

दंडनीति के संबंध में यदि सही ढंग से उस पर विचार किया जाए तो उसकी अनिवार्यता और वास्तविकता प्रकट होती है। इसी प्रकार दंड का प्रयोग करते समय भली प्रकार से विचार करना चाहिए।

इस सूत्र से ऐसा ज्ञात होता है कि उस काल में दंड-विधान तो था परंतु उसका स्वरूप

पूर्णत: स्पष्ट नहीं था। इसलिए प्रत्येक स्थिति में दंड-संबंधी निर्णयों पर विशेष रूप से विचार करना आवश्यक है। इसलिए चाणक्य ने दंड के संबंध में यह कहा है कि इसका प्रयोग बहुत सोच-समझकर करना चाहिए क्योंकि दंड के प्रयोग, परिणाम, दूरगामी होते हैं। उसका प्रभाव बहुत व्यापक होता है। इसलिए दंड देते समय भली प्रकार विचार किया जाना चाहिए। *। 88 ।*

॥ दुर्बलोऽपि राजा नावमन्तव्य:॥

राजा को निर्बल और एक साधारण आदमी समझकर उसकी आज्ञा की अवहेलना नहीं करनी चाहिए।

जो लोग राजा अथवा राज्य-प्रशासन को कमजोर और साधारण मानते हैं और उसकी आज्ञाओं अथवा विधान का उल्लंघन करते हैं, वे राष्ट्रीय अपराध करते हैं। राज्य की उपेक्षा अथवा अपमान करने से सभी की हानि होती है। उससे राष्ट्र का व्यापक अहित होता है। इसलिए जो लोग राजा अथवा शासन-व्यवस्था को कमजोर मानते हैं, वे अंधकार में रहते हैं। राजा अथवा शासन का यह कर्त्तव्य है कि वह अपने आपको शक्तिशाली बनाए और नियमों का कठोरता से पालन करे। *। 89 ।*

॥ नास्त्यग्नेर्दौर्बल्यम्॥

अग्नि को कभी दुर्बल नहीं समझना चाहिए।

एक छोटी-सी चिंगारी भारी अग्नि-काण्ड का रूप धारण कर सकती है और भयंकर विनाश हो सकता है। उससे विशाल जंगल भस्म हो जाते हैं। इसी प्रकार जिन लोगों में राज्यश्री प्रकट होती है उनकी शक्ति क्षीण दिखाई देने पर भी जनता को संगठित करने की शक्ति के कारण प्रबल रूप धारण कर लेती है। इसलिए उसकी अवमानना नहीं करनी चाहिए। *। 90 ।*

॥ दण्डे प्रतीयते वृत्ति:॥

राजा की संपूर्ण शासकीय योग्यता उसकी दंडनीति से प्रकट होती है। । 91 ।

॥ वृत्तिमूलमर्थलाभ:॥

धन-धान्य की प्राप्ति अथवा राज्य का समृद्ध होना राजा के चरित्र पर निर्भर करता है।

राज्य का समृद्ध होना राजा के चरित्र पर निर्भर करता है। राज्यश्री उसी राजा को प्राप्त होती है जो अपनी इंद्रियों को संयम में रखता हुआ प्रजा के कल्याण के लिए निरंतर कार्य करता है। अत: राजा को चरित्रवान् होना चाहिए। *। 92 ।*

॥ अर्थमूलौ धर्मकामौ ॥

धर्म का अनुष्ठान तथा राष्ट्र की कामनाओं की पूर्ति राज्यैश्वर्य की स्थिरता पर ही निर्भर रहा करता है।

सांसारिक कर्त्तव्यों का पालन करते हुए मानसिक उत्कर्ष, धर्म का अनुष्ठान और राष्ट्रीय कामनाओं की पूर्ति तभी हो सकती है जब राज्यैश्वर्य स्थिर रहता है अर्थात् धर्म की रक्षा करते हुए धन-संग्रह अथवा राज्यश्री की वृद्धि करनी चाहिए। राज्यैश्वर्य की वृद्धि तभी होती है जब राजा और प्रजा के कार्य धर्म पर आधारित हों। अर्थात् धर्म का पालन धन के बिना नहीं हो सकता तथा धन से ही कल्याण भी किया जा सकता है। *। 93 ।*

॥ अर्थमूलं कार्यम् ॥

अर्थ अथवा धन कार्यों का मूल होता है।

कठोर कर्मों से ही राज्यश्री की वृद्धि होती है। धनार्जन करने के लिए व्यक्ति को कार्य करना पड़ता है। धन से ही सारे कार्य संपन्न होते हैं। धन के बिना जिस प्रकार मनुष्य निर्जीव होता है, उसी प्रकार धनहीन राष्ट्र अथवा राजा भी जनता के हित का कोई कार्य नहीं कर सकता। जैसे पर्वत से निकलकर बहती हुई नदी लोगों को जीवन प्रदान करती है, उसी प्रकार धन के प्रवाह से समस्त कार्य संपन्न होते हैं। *। 94 ।*

॥ यदल्पप्रयत्नात् कार्यसिद्धिर्भवति ॥

राज्यश्री प्राप्त होने पर कोई भी कार्य थोड़ा-सा प्रयत्न करने पर ही सिद्ध हो जाता है।

किसी राष्ट्र के कार्यों की सिद्धि उसके समृद्ध होने पर ही निर्भर करती है। यदि राष्ट्र में शक्ति है और उसके राजकोष में धन की कमी नहीं है तो ऐसे राष्ट्र के लिए कोई भी कार्य करना कठिन नहीं होता। *। 95 ।*

॥ उपायपूर्वं न दुष्करं स्यात् ॥

यदि कोई कार्य उपायपूर्वक किया जाए तो उसके संपन्न होने में कोई कठिनाई नहीं होती।

जैसा कि ऊपर बताया गया है, कार्य की सफलता के लिए प्रयत्न का उतना महत्त्व नहीं जितना उपाय का होता है। देखना यह होता है कि मनुष्य ने किसी कार्य को सिद्ध करने के लिए किन उपायों का प्रयोग किया। यदि किसी कार्य को सही ढंग से किया जाए तो वह बहुत थोड़े समय में भी संपन्न हो जाता है। यदि उपाय सही न हो तो कार्य के सिद्ध होने में ही संदेह बना रहता है। *। 96 ।*

॥ अनुपायपूर्वं कार्यं कृतमपि विनश्यति ॥

पहले कोई उपाय सिद्ध किए बिना प्रारंभ किया हुआ कार्य नष्ट हो जाता है अर्थात् उपाय पूर्वक कार्य न करने से कार्य सिद्ध नहीं होते।

कार्य सिद्ध करने के लिए आवश्यक है कि निर्धारित योजना बनाई जाए, उस योजना पर चलने के लिए उचित उपाय निश्चित किए जाएं। कोई भी कार्य प्रारंभ करने से पूर्व प्रत्येक व्यक्ति अथवा राष्ट्र को यह देख लेना चाहिए कि उस कार्य को करने के लिए उसकी शक्ति कितनी है। वह किन उपायों द्वारा कार्य सिद्ध करना चाहता है? यदि उपाय सही होंगे तो कार्य जल्दी सिद्ध हो जाएगा, अन्यथा कार्य बिगड़ जाएगा। *। 97 ।*

॥ कार्यार्थिनामुपाय एव सहायः ॥

इस सूत्र में भी चाणक्य का कहना है कि जीवन में उपायों का क्या महत्त्व होता है अर्थात् उपाय ही कार्य सिद्ध करने वालों के लिए सच्चा सहायक सिद्ध होता है।। 98 ।

॥ कार्यं पुरुषकारेण लक्ष्यं सम्पद्यते ॥

कार्य अपना स्वरूप निर्धारित करने के बाद लक्ष्य बन जाता है।

जब तक मनुष्य अपने कार्यों को कर्त्तव्य मानकर उसे लक्ष्य के रूप में स्वीकार नहीं कर लेता, तब तक उनका सिद्ध होना कठिन होता है। मनुष्य के लिए उसके जीवन का लक्ष्य अपने कर्त्तव्य का पालन करना होता है। जो व्यक्ति मनुष्य जन्म पाकर अपने कर्त्तव्य को पूरा नहीं करता, वह अपने जीवन के लक्ष्य को भी प्राप्त नहीं कर सकता। *। 99 ।*

॥ पुरुषकारमनुवर्तते दैवम् ॥

भाग्य पुरुषार्थ के पीछे चलता है।

'उद्योगिनं पुरुष सिंहमुपैति लक्ष्मी, दैवेनदेयमिति कापुरुषा वदन्ति' अर्थात् जो व्यक्ति पुरुषार्थ करता है, उसे ही लक्ष्मी प्राप्त होती है अर्थात् उसके कार्य सिद्ध होते हैं, भाग्य का सहारा तो कमजोर और कायर व्यक्ति लेते हैं। यहां भाग्य के रहस्य को भी समझना आवश्यक है। भाग्य के मूल में भी पुरुषार्थ ही तो होता है। भाग्य को प्रारब्ध भी कहते हैं। अतीत का पुरुषार्थ ही वर्तमान में 'भाग्य' बन जाता है। *। 100 ।*

॥ दैवं विनातिप्रयत्नं करोति यत्तद्विफलम् ॥

भाग्य अनुकूल न हो तो सही ढंग से किया हुआ कार्य भी भौतिक फल प्रदान नहीं करता।

परंतु भाग्य की अनुकूलता को किसी कार्य के लिए इतना महत्त्व नहीं दिया जाना चाहिए, जितना प्रयत्न को। यदि मनुष्य बुद्धिमत्तापूर्वक सही ढंग से कार्य करता है तो भाग्य भी उसके अनुकूल हो जाता है। वास्तव में जो कार्य केवल स्वार्थ से प्रेरित होकर किए जाते हैं, हो सकता है उनके लिए भाग्य की अनुकूलता आवश्यक हो। परंतु जो कार्य जनहित के लिए किए जाते हैं, उनके प्रति संपूर्ण भावना भाग्य को भी अनुकूल बना देती है। केवल भाग्य के भरोसे बैठे रहने से कार्य नहीं चलता। *। 101 ।*

॥ असमाहितस्य वृत्तिर्न विद्यते ॥

अव्यवथित चित्त वाले व्यक्ति के पास सद्व्यवहारपूर्ण सद्भावना नहीं रहती।

जिस व्यक्ति का चित्त अथवा बुद्धि स्थिर नहीं रहती, उसकी हानि होती है। जिस व्यक्ति का मन स्थिर नहीं होता उससे सद्व्यवहार की आशा करना व्यर्थ है। उसकी सद्भावना समाप्त हो जाती है। उसकी चित्तवृत्तियां क्षण-क्षण में बदलती रहने के कारण विश्वास के योग्य नहीं रहतीं, इससे न तो उसका कोई कार्य संपन्न होता है और न कोई लाभ होता है। *। 102 ।*

॥ पूर्वं निश्चित्य पश्चात् कार्यमारभेत् ॥

कार्य आरंभ करने से पहले उसके विषय में सभी पहलुओं पर मन में विचार कर लेना चाहिए। कार्य को किन उपायों से पूर्ण किया जाएगा, इस संबंध में पूर्णतः निश्चित होने के बाद ही कार्य प्रारंभ करना चाहिए।

कार्य के संबंध में सभी बातों पर विचार किए बिना कार्य प्रारंभ करने से अनेक प्रकार की कठिनाइयां उत्पन्न हो सकती हैं। कहा भी है—*'बिना विचारे जो करे, सो पाछे पछताय।'* अर्थात् बुद्धिमान पुरुष को कार्य प्रारंभ करने से पूर्व सभी बातों पर विचार कर लेना चाहिए। उसे इस बात को सिद्धांत के रूप में स्वीकार कर लेना चाहिए। *। 103 ।*

॥ कार्यान्तरे दीर्घसूत्रिता न कर्त्तव्या ॥

कार्य आरंभ करने के बाद अति विलंब अथवा आलस्य नहीं करना चाहिए। अति विलंब तथा आलस्य कर्त्तव्य से भ्रष्ट होने का चिह्न है।

कोई भी कार्य प्रारंभ करने के बाद उसे पूरा करने में देरी अथवा आलस्य नहीं करना चाहिए। उसके संबंध में यह नहीं सोचना चाहिए कि उसे पूरा करने की अभी क्या जल्दी है? ऐसे विचार हानिकारक हैं। इससे मनुष्य के मन में आलस की भावना पैदा होती है और थोड़े समय में समाप्त होने वाला कार्य लंबे समय तक अपूर्ण रहता है। *। 104 ।*

॥ न चलचित्तस्य कार्यावाप्तिः ॥

कार्य करते समय जिनका चित्त चंचल रहता है, उनके कार्य कभी समाप्त नहीं होते।

अस्थिर चित्त और थोड़ी-थोड़ी देर में जिस व्यक्ति के विचार बदलते हों, उसका कोई भी कार्य पूरा होने में संदेह रहता है। चंचल चित्तवाला व्यक्ति प्रत्येक बात में संदेह करता रहता है। संदेह करने वाले के काम तो कभी पूरे नहीं होते परन्तु वह स्वयं पूरा (समाप्त) हो जाता है। *। 105 ।*

॥ हस्तगतावमाननात् कार्यव्यतिक्रमो भवति ॥

कार्य को सिद्ध करने के लिए मनुष्य के हाथ में जो साधन हों, उनका सदुपयोग करना चाहिए। जो साधनों का सदुपयोग नहीं कर सकता उसका कार्य नष्ट हो जाता है।

कार्यसिद्धि के लिए मूर्ख लोग ऐसे साधनों के पीछे भटकते हैं जो उन्हें प्राप्त नहीं होते। वास्तव में उन्हें कार्य को सिद्ध करने के साधनों का मूल्यांकन करना नहीं आता। साधनों के संबंध में यदि मनुष्य के विचार स्थिर नहीं हैं तो उसे कार्य सिद्ध करने में सफलता प्राप्त नहीं होती। *। 106 ।*

॥ दोषवर्जितानि कार्याणि दुर्लभानि ॥

संसार में ऐसे कार्य का मिलना कठिन है जिनमें कोई दोष न हो।

मनुष्य जो भी कार्य करता है, उसे पूर्णतया निर्दोष नहीं कहा जा सकता। उसमें कहीं-न--कहीं कोई कमी अवश्य रह जाती है। मनुष्य स्वयं अपने आप में अपूर्ण है। इसीलिए यह समझना अत्यंत कठिन है कि वह जो भी कार्य करेगा उसमें कोई दोष नहीं रहेगा।

दोष व निर्दोष के संबंध में भी विभिन्न व्यक्तियों के विचार भिन्न हो सकते हैं क्योंकि यदि प्रकृति की ओर देखा जाए तो भी उसमें अनेक लोगों के विचार से दोष दिखाई देंगे। *। 107 ।*

॥ दुरनुबन्धं कार्यं नारभेत् ॥

मनुष्य को ऐसे कार्य में हाथ नहीं डालना चाहिए जिनके परिणाम निश्चित रूप से शुभ न हों।

अशुभ कार्य करने से मनुष्य को हानि होती है। इसलिए मनुष्य का कर्त्तव्य है कि वह जो भी कार्य प्रारंभ करे उसके संबंध में उसे पूर्ण विश्वास होना चाहिए कि इसका परिणाम अच्छा होगा। *। 108 ।*

॥ कालवित् कार्यं साधयेत् ॥

अनुकूल समय को पहचानने वाला व्यक्ति अपना कार्य बड़ी सरलता से सिद्ध कर देता है।

बुद्धिमान व्यक्ति का कर्त्तव्य है कि कोई कार्य प्रारंभ करने से पूर्व उसे यह देखना चाहिए कि समय उसके अनुकूल है अथवा प्रतिकूल। समय की अनुकूलता के अतिरिक्त उसे अपने सहायकों और परिस्थितियों के विषय में भी विचार करना चाहिए। उसे यह बात भी ध्यान में रखनी चाहिए कि कार्य सिद्ध करने में कितना व्यय होगा।

इस प्रकार की बातों पर विचार करने से मनुष्य समय को अपने अनुकूल बना लेता है। जो इन बातों पर विचार नहीं करता, वह समय अनुकूल होने पर भी कार्यसिद्ध करने में असफल रहता है।

इसीलिए व्यक्ति को कार्य सिद्धि के लिए उचित समय को पहचानने का प्रयत्न करना चाहिए, जिस प्रकार गर्म लोहे पर चोट करने से ही उसे अपनी इच्छानुसार ढाला जा सकता है, इसी प्रकार अनुकूल समय पर कार्य करने से कार्य जल्दी सिद्ध हो जाता है। *। 109 ।*

॥ कालातिक्रमात् काल एव फलं पिबति ॥

कर्त्तव्य का समय टल जाने से स्वयं काल ही उसकी सफलता को चाट जाता है।

जो काम किसी निश्चित समय पर किया जाना आवश्यक होता है, यदि वह समय हाथ से निकल जाए तो उसका सफल होना असंभव होता है। कारण स्पष्ट है, सफलता के लिए तैयार स्थितियां-परिस्थितियां बिखर जाती हैं। *। 110 ।*

॥ क्षणं प्रति कालविक्षेपं न कुर्यात् सर्वकृत्येषु ॥

मनुष्य किसी भी निश्चित कर्त्तव्य में क्षणमात्र का विलंब न करे।

मनुष्य को चाहिए कि वह किसी भी निश्चित कर्त्तव्य में एक क्षण भी विलंब न करे। ठीक समय पर किये गये काम की सफलता मनुष्य को दिखा देती है कि यह काम जिस क्षण में किया गया है, वही उसका सर्वोत्तम काल था। कार्य के उचित समय को पहचानना ही मनुष्य के सीखने की सर्वोत्तम कला मानी गयी है। *। 111 ।*

॥ देशफलविभागौ ज्ञात्वा कार्यमारभेत् ॥

मनुष्य का कर्त्तव्य है कि वह परिस्थितियों और कार्य की सफलता की संभावना, दोनों को पूर्ण रूप से समझकर कार्य प्रारंभ करे।

जो व्यक्ति समय, देश और परिस्थितियों को विचारकर कार्य नहीं करता उसे सफलता नहीं मिलती। कार्य प्रारंभ करने से पूर्व व्यक्ति को इस बात पर भी विचार करना चाहिए कि कार्य की सफलता की कितनी संभावना है। *। 112 ।*

॥ दैवहीनं कार्यं सुसाध्यमपि दुःसाध्यं भवति ॥

यदि भाग्य प्रतिकूल हो तो आसानी से सिद्ध होने वाला कार्य भी कठिनता से सिद्ध होने वाला दिखाई देता है।

परिस्थितियों के अनुकूल न होने पर आसानी से सिद्ध होने वाला कार्य भी कठिन दिखाई देने लगता है। मनुष्य का कर्त्तव्य यह है कि वह अपने पुरुषार्थ से उस कार्य को सिद्ध करने का प्रयत्न करे, क्योंकि उद्यमी पुरुष को ही लक्ष्मी प्राप्त होती है, 'दैवेन देयमिति कापुरुषा वदन्ति।' प्रतिकूल स्थितियों की बात तो कायर पुरुष करते हैं। उद्यमी पुरुष अपने परिश्रम से परिस्थितियों को अपने अनुकूल बना लेते हैं। पुरुषार्थी मनुष्यों ने संसार में ऐसे कार्य कर दिखाए हैं जिनके संबंध में आज भी आश्चर्य होता है। मनुष्य को चाहिए कि कार्य की कठिनता से न घबराकर पुरुषार्थ से उसका मुकाबला करे। *। 113 ।*

॥ नीतिज्ञो देशकालौ परीक्षेत् ॥

कर्त्तव्य को विवेक से करना नीतिवान् मनुष्य का प्रथम कर्त्तव्य है।

व्यवहार-कुशल व्यक्ति परिस्थितियों और सुअवसर दोनों बातों का पूर्ण ज्ञान करने के बाद ही कार्य प्रारंभ करता है। वह कार्य प्रारंभ करने से पूर्व भली प्रकार उसकी विवेचना करता है। नीतिवान् व्यक्ति वही है जो कार्य को बिना विचारे ही आरंभ नहीं कर देता। *। 114 ।*

॥ परीक्ष्यकारिणि श्रीश्वरं तिष्ठति ॥

भली प्रकार सोच-विचारकर तथा अवसर को पहचानने के बाद जो व्यक्ति कार्य करता है, उसे ही सफलता प्राप्त होती है। । 115 ।

॥ सर्वाश्च सम्पदः सर्वोपायेन परिग्रहेत् ॥

राजा का कर्त्तव्य है कि वह सभी प्रकार के उपायों से अर्थात् अपनी बुद्धि-कौशल से सभी प्रकार की संपत्तियों का संग्रह करे।

राजा का कर्त्तव्य है कि वह साम, दान, दंड, भेद आदि उपायों से संपत्तियों का संचय करे। उसके लिए सभी प्रकार के साधनों और संपत्तियों का संचय करना इसलिए आवश्यक है कि

उन्हीं से वह प्रजा का हित कर सकता है। प्रजा की भलाई के लिए राजा को सभी साधन जुटाने चाहिए। संकेत है कि राजा की दृष्टि बहुमुखी होनी चाहिए। *। 116 ।*

॥ भाग्यवन्तमपरीक्ष्यकारिणं श्रीः परित्यजति ॥

सफलता का अवसर पहचाने बिना कार्य प्रारंभ करनेवाला व्यक्ति लक्ष्मी रहित हो जाता है अर्थात् लक्ष्मी उसे छोड़ जाती है।

व्यक्ति भले ही अपने आपको भाग्यवान् समझता हो परंतु यदि वह समय को पहचाने बिना, भली प्रकार जांच किए बिना कार्य प्रारंभ करता है तो उसे सफलता प्राप्त नहीं होती। *। 117 ।*

॥ ज्ञानेनानुमानैश्च परीक्षा कर्त्तव्या ॥

इस सूत्र का भाव यह है कि मनुष्य को अपने कर्त्तव्य की परीक्षा के साधनों का किस प्रकार पता लगाना चाहिए। उसका कर्त्तव्य यह है कि वह अपने अनुभव-शक्ति तथा विचार-शक्ति दोनों के सहारे परिणाम के कारणों का ठीक-ठीक पता करके यह निश्चय करे कि यह काम किस प्रकार से होना है। । 118 ।

॥ यो यस्मिन् कर्मणि कुशलः तं तस्मिन्नेव योजयेत् ॥

जो व्यक्ति जिस काम को करने में कुशल हो, उसे वही कार्य करने का भार सौंपना चाहिए।

राज्य कर्मचारियों की नियुक्ति करते समय उनकी योग्यता का ध्यान रखना अत्यंत आवश्यक है। जो व्यक्ति जिस प्रकार की योग्यता रखता हो उसे वही कार्य सौंपना चाहिए। यदि कोई व्यक्ति ऐसा कार्य करता है जिसका उसे अनुभव नहीं तो उस कार्य के बिगड़ जाने से राज्य को हानि होती है। राज्य की हानि का अर्थ प्रजा के कष्टों से आंका जा सकता है। *। 119 ।*

॥ दुःसाध्यमपि सुसाध्यं करोति उपायज्ञः ॥

जब व्यक्ति किसी कार्य को करने का उपाय जानता है तो वह कठिन-से-कठिन कार्य को भी आसान बना देता है।

इसका भाव यह है कि प्रत्येक कार्य को पूर्णता तक पहुंचाने के लिए विभिन्न उपायों की आवश्यकता होती है। जिसे उपायों का ज्ञान नहीं होता उसके लिए सरल कार्य करना भी कठिन हो जाता है परंतु जो उपायों को जानता है अथवा समय के अनुरूप साधन जुटा लेता है, उसके लिए कठिन-से-कठिन कार्य भी करना सरल हो जाता है। । 120 ।

॥ अज्ञानिना कृतमपि न बहु मन्तव्यम् ॥

चाणक्य कहते हैं कि यदि कोई अज्ञानी व्यक्ति किसी कार्य को सफल बना लेता है तो उसकी सफलता को आकस्मिक घटना मानकर उसे महत्त्व नहीं देना चाहिए।

वस्तुतः इसका भाव यह है कि यदि कोई अनाड़ी व्यक्ति किसी कार्य को सिद्ध कर लेता है तो उसे एक आकस्मिक घटना मान लिया जाता है और उसे उस कार्य को कर लेने का महत्त्व नहीं मिलता, क्योंकि आकस्मिक रूप से किया हुआ वह काम उसके ज्ञान के कारण नहीं किया होता। *। 121 ।*

॥ यादृच्छिकत्वात् कृमिरपि रूपान्तराणि करोति ॥

यह सूत्र भी पहले सूत्र की बात को पुष्ट करता है।

इसका भाव यह है कि जैसे घुन या कीड़ा किसी पदार्थ के आकस्मिक रूप को बिना किसी ज्ञान के बदल देता है उससे उसकी निर्माणकुशलता प्रमाणित नहीं होती। इसलिए यदि अज्ञानी व्यक्ति अचानक कोई कार्य संपन्न कर लेता है तो उसे केवल संयोग ही मानना चाहिए, उसकी कार्यकुशलता नहीं। जिस प्रकार लकड़ी में रहने वाला घुन नामक कीड़ा लकड़ी को खाता हुआ उसमें विभिन्न प्रकार की आकृतियां बना देता है, भले ही वह आकृतियां देखने में सुंदर हों, तो भी घुन के कीड़े को उसका श्रेय नहीं मिलता क्योंकि उसको कुछ ज्ञान नहीं होता। वह तो उसका एक आकस्मिक कार्य होता है। *। 122 ।*

॥ सिद्धस्यैव कार्यस्य प्रकाशनं कर्त्तव्यम् ॥

किसी कार्य के सिद्ध हो जाने पर ही उसके संबंध में लोगों को जानकारी देनी चाहिए।

भाव यह है कि व्यक्ति जब कोई कार्य सिद्ध करना चाहता है तो उसे गुप्त रखकर ही सिद्ध किया जा सकता है। यदि उस कार्य के संबंध में लोगों को पहले ही ज्ञान हो जाएगा, तो संभवतः कोई अन्य व्यक्ति यह कार्य कर डाले। *। 123 ।*

॥ ज्ञानवतामपि दैवमानुषदोषात् कार्याणि दुष्यन्ति ॥

कभी-कभी बहुत से कार्य प्रतिकूल परिस्थितियों के कारण अथवा किसी मनुष्य द्वारा कोई त्रुटि रहने पर अधूरे रह जाते हैं अर्थात् सिद्ध नहीं हो पाते।

अनेक बार ऐसा हो जाता है कि प्रतिकूल परिस्थितियों के कारण कार्य पूरे नहीं हो पाते। कई बार इनके पूरे न होने का कारण मानवीय त्रुटियों को माना जाता है। कई बार परिस्थितियां

भी मनुष्य का साथ नहीं देतीं। इसलिए बहुत से काम सिद्ध नहीं हो पाते, अधूरे रह जाते हैं। इनको पूरा करने का एकमात्र उपाय यही है कि मनुष्य सोच-समझकर प्रयत्न करता हुआ प्रतिकूल परिस्थितियों को अपने अनुकूल बनाने का प्रयत्न करे। *। 124 ।*

॥ दैवं शान्तिकर्मणा प्रतिषेद्धव्यम्॥

दैवी विपत्तियों के संबंध में व्यक्ति को अपनी बुद्धि स्थिर रखनी चाहिए और शांत रहते हुए दैवी विपत्तियों से छुटकारे का प्रयत्न करना चाहिए।

दैवी विपत्तियां अनेक प्रकार की होती हैं। भूकंप, बाढ़, तूफान, राष्ट्र में विद्रोह अथवा आतंकवादियों के आक्रमण आदि को इस श्रेणी में रखा जाता है। उस समय व्यक्ति रोकर अथवा चिल्लाकर तथा किसी दूसरे के सिर पर दोष मढ़कर विपत्तियों से छुटकारा नहीं पा सकता। इस प्रकार की विपत्तियों के समय व्यक्ति को अपनी बुद्धि स्थिर रखनी चाहिए और शांत रहकर विपत्तियों से छुटकारा पाने का प्रयत्न करना चाहिए। *। 125 ।*

॥ मानुषीं कार्यविपत्तिं कौशलेन विनिवारयेत्॥

दैवी विपत्तियों के समान कुछ विपत्तियां ऐसी भी होती हैं जो मनुष्य द्वारा पैदा की जाती हैं। ऐसा कार्य को बिगाड़ने के लिए किया जाता है। मनुष्य द्वारा पैदा की जाने वाली विपत्तियों को सतर्कता और बुद्धि-कौशल से ही परास्त किया जा सकता है। । 126 ।

॥ कार्यविपत्तौ दोषान् वर्णयन्ति बालिशाः॥

मूर्ख लोग किसी कार्य में असफल रहने के बाद या तो अपनी भूलों पर पछतावा करते हैं या फिर आपस में एक-दूसरे पर दोष लगाकर अपने आप को निर्दोष साबित करते हैं। । 127 ।

॥ कार्यार्थिना दाक्षिण्यं न कर्त्तव्यम्॥

राज्य के जो अधिकारी कार्य को सिद्ध करना चाहते हैं उन्हें शत्रुओं के प्रति भावुकता, उदारता, सरलता और भोलेपन में बहकर मिथ्या सहानुभूति नहीं बरतनी चाहिए।

राज्य के अधिकारियों का कर्त्तव्य है कि वे शत्रुओं को सदैव शंका की दृष्टि से देखें। उनके प्रति उन्हें किसी प्रकार की उदारता आदि का व्यवहार नहीं करना चाहिए। भावुकता में बहकर उनके प्रति ऐसा व्यवहार नहीं करना चाहिए, जिससे राष्ट्र की हानि हो। शत्रुओं के प्रति राज्य के अधिकारियों को सदैव संदेहशील रहकर कार्य करना चाहिए। *। 128 ।*

॥ क्षीरार्थी वत्सो मातुरूधः प्रतिहन्ति ॥

बछड़ा दूध पीने की इच्छा से अपनी मां के स्तनों पर अपने सिर से चोट करता है।

भाव यह है कि मनुष्य को किसी भी चीज की प्राप्ति के लिए स्वयं प्रयत्न करना पड़ता है। गाय भी अपने बछड़े को तब तक दूध नहीं पिलाती जब तक वह अपने माथे से उसके थनों पर चोट नहीं करता। इसी प्रकार बच्चे की माता भी बच्चे के रोने पर ही उसे दूध पिलाती है अर्थात् व्यक्ति अपने प्रयत्नों से ही इस संसार में कुछ प्राप्त कर सकता है। कोई उसे कुछ देने नहीं आता। */ 129 /*

॥ अप्रयत्नात् कार्यविपत्तिर्भवति ॥

कार्य की सिद्धि के लिए जितने प्रयत्नों की आवश्यकता होती है उतना प्रयत्न न करने से कार्य नष्ट हो जाता है।

अनेक बार कार्यों के पूर्ण न होने का कारण यह होता है कि उसे पूर्ण करने के लिए जितने प्रयत्नों की आवश्यकता होती है, वे सब नहीं किये जाते। कोई कार्य करते समय व्यक्ति समझता है कि उसने बहुत प्रयत्न किए हैं परंतु फिर भी कार्य सिद्ध नहीं होता। इसका कारण यही है कि व्यक्ति ने उतना प्रयत्न नहीं किया जितना उस कार्य को सिद्ध करने के लिए आवश्यक था। */ 130 /*

॥ न दैवप्रमाणानां कार्यसिद्धिः ॥

जिन्हें कार्य आरंभ करने से पहले ही कार्य में असफल रहने का निश्चय होता है, उनके कार्य कभी पूर्ण नहीं होते। जो यह समझते हैं कि उनका कार्य सफल नहीं होगा, वे कोई कार्य प्रारंभ ही नहीं करते।

व्यक्ति तीन प्रकार के होते हैं—पहले प्रकार के व्यक्तियों को अधम श्रेणी में रखा गया है। वे असफलता और कठिनाइयों के भय से कार्य प्रारंभ ही नहीं करते। मध्यम श्रेणी के लोग जोश में आकर कार्य तो प्रारंभ कर देते हैं परंतु कठिनाइयां आने पर कार्य को बीच में ही छोड़ देते हैं। तीसरे प्रकार के व्यक्ति वे होते हैं जो कार्य को एक बार आरंभ करने पर अनेक प्रकार के संकट आने पर उसे पूरा किए बिना नहीं छोड़ते। उन्हें उत्तम श्रेणी का व्यक्ति माना जाता है। */ 131 /*

॥ कार्यबाह्यो न पोषयत्याश्रितान् ॥

अपने कर्त्तव्य से बचने का प्रयत्न करने वाले लोग अपने आश्रितों का भरण-पोषण नहीं कर पाते।

जो व्यक्ति अपने कार्य से अथवा दायित्व से बचने का प्रयत्न करता है, एक दिन उसके आश्रित लोग ही भूखों मरने लगते हैं। वह अपने आश्रित व्यक्तियों का भी भरण-पोषण नहीं कर पाता। *। 132 ।*

॥ यः कार्यं न पश्यति सोऽन्धः ॥

जो व्यक्ति अपने कर्त्तव्य को नहीं पहचानता वह आंखों के रहते हुए भी अंधा है।

जो व्यक्ति विवेक से काम न लेकर अपने लक्ष्य के प्रति सचेत नहीं रहता उसे वास्तव में अंधा कहा जाना चाहिए अर्थात् वह ऐसा अंधा व्यक्ति है जो मार्ग को देखते हुए भी मार्ग से भटक जाता है। इसलिए व्यक्ति को चाहिए कि वह अपने कर्त्तव्य को पहचानकर उसे पूरा करने का प्रयत्न करे। जो व्यक्ति अपने कर्त्तव्य के प्रति सजग नहीं रहता वह न तो इस संसार में सम्मान का पात्र होता है और न ही सफल मानव। *। 133 ।*

॥ प्रत्यक्षपरोक्षानुमानैः कार्याणि परीक्षेत् ॥

व्यक्ति को अपने कर्त्तव्य का निश्चय करने से पूर्व प्राप्त और अप्राप्त साधनों पर विचार करना चाहिए।

व्यक्ति जब कोई कार्य करने लगता है तो उससे पूर्व उसे अपनी शक्तियों का अनुमान होना चाहिए। उसे इस बात का ज्ञान होना चाहिए कि उसके पास कौन से साधन हैं, जिनसे वह अपने कार्यों को पूरा कर सकता है।

इसके अतिरिक्त उसे उस बात पर विचार करना चाहिए कि प्राप्त साधनों के अतिरिक्त उसे अन्य कौन से साधन प्राप्त हो सकते हैं। जो व्यक्ति इन बातों पर विचार करता है वह निश्चय ही अपने कर्त्तव्य को पूर्ण करने में समर्थ होता है और जिसे अपने साधनों का अनुमान नहीं होता है उसे असफलता ही हाथ लगती है। *। 134 ।*

॥ अपरीक्ष्यकारिणं श्रीः परित्यजति ॥

जो व्यक्ति बिना विचारे कार्य करता है उसे लक्ष्मी प्राप्त नहीं होती, लक्ष्मी उसका त्याग कर देती हैं।

चाणक्य फिर कहते हैं कि जो व्यक्ति भली प्रकार बिना विचारे कार्य प्रारंभ कर देता है, उसे हानि उठानी पड़ सकती है। जो व्यक्ति बिना सोचे-विचारे कार्य करता है उसे पछताना पड़ता है। बिना सोचे-समझे कार्य प्रारंभ करने से समय तो नष्ट होता है परंतु उसके साथ शक्तियां और साधनों का भी अपव्यय होता है। *। 135 ।*

॥ परीक्ष्य तार्या विपत्तिः॥

किसी कार्य की सफलता के मार्ग में आने वाली कठिनाइयों को विचारपूर्वक दूर करने का प्रयत्न करना चाहिए।

जब कोई व्यक्ति कार्य प्रारंभ करता है तो उसके मार्ग में कठिनाइयों का आना स्वाभाविक है। यदि व्यक्ति कठिनाइयों से घबराकर कार्यों को छोड़ बैठता है तो वह किसी भी कार्य को पूरा करने में सदैव स्वयं को असमर्थ पाता है।

श्रेष्ठ पुरुष वही होते हैं जो विपत्तियों से घबराते नहीं और उन्हें दूर करने का प्रयत्न करते हैं। जबकि निज प्रकृति के लोग विपत्तियों के भय से कार्य को शुरू ही नहीं करते हैं। *। 136 ।*

॥ स्वशक्तिं ज्ञात्वा कार्यमारभेत्॥

अपनी शक्ति को जांच-परखकर मनुष्य को अपना कार्य करना चाहिए।

बहुत से मनुष्य इस संसार में ऐसे हैं जिन्हें मानव जन्म तो प्राप्त हुआ है परंतु उन्हें अपने मन और शरीर में सोई हुई शक्तियों का ज्ञान नहीं। इसलिए सबसे पहले मनुष्य का कर्त्तव्य यह है कि वह कोई भी कार्य प्रारंभ करने से पूर्व कार्य से संबंधित अपने ज्ञान और शक्तियों का अनुमान लगाये। मनुष्य को कोई ऐसा कार्य अपने हाथ में नहीं लेना चाहिए जो वह करने में असमर्थ हो। *। 137 ।*

॥ स्वजनं तर्पयित्वा यः शेषभोजी सोऽमृतभोजी॥

जो व्यक्ति अपने साधनों अथवा धन से अपने बंधु-बांधवों, आश्रित तथा दीन-दुखियों को संतुष्ट करने के बाद शेष धन से अपना गुजारा चलाता है, वह अमृतभोजी होता है।

व्यक्ति का कर्त्तव्य है कि वह जो कुछ साधन अथवा धन-समृद्धि आदि प्राप्त करता है, उसे दूसरों के कल्याण के लिए भी प्रयोग में लाये। उसका कर्त्तव्य होता है कि वह सबसे पहले अपने बन्धु-बान्धवों, रिश्तेदारों, अतिथियों, आश्रित लोगों, दीन-दुखियों की सहायता करने के बाद जो कुछ बचे उससे अपना जीवन निर्वाह करे। वह धन उसके लिए अमृत के समान होता है। जो व्यक्ति केवल स्वार्थवश अपना ही ध्यान रखता है उसे मानव कर्त्तव्यों से उदासीन माना जाता है। *। 138 ।*

॥ सर्वानुष्ठानदायमुखानि वर्धन्ते॥

जिस राष्ट्र में भूमि, धन-व्यापार, उद्योग-धंधे आदि राष्ट्र हित के कार्य होते रहते हैं, उस राष्ट्र की आय के साधन भी बढ़ते हैं।

जिस देश में कोई भी कार्य प्रारंभ करते समय राष्ट्र के हित को सर्वोपरि रखा जाता है, उस राष्ट्र की आय के साधनों में भी वृद्धि होती है। उसके लिए आय के अनेक द्वार खुल जाते हैं अर्थात् जो राष्ट्र भूमि, धन, व्यापार और शिल्प आदि से संबंधित कार्यों को राष्ट्र हित से जोड़ता है। वह राष्ट्र धन-धान्य से पूर्ण होने लगता है। वहां की प्रजा खुशहाल होती है। *। 139 ।*

॥ नास्ति भीरोः कार्यचिन्ता ॥

कायर पुरुष को अपना कर्त्तव्य पूरा करने की चिंता नहीं होती।

वस्तुतः अपना कर्त्तव्य पूरा करने के लिए मनुष्य में वीरोचित भावनाएं होनी चाहिए। यदि वह छोटी-छोटी बातों से डरता रहेगा तो अपने कर्त्तव्य को पूरा नहीं कर सकेगा। जिस व्यक्ति के मन में भय बैठा रहता है उसके लिए किसी भी कार्य को पूरा करना कठिन होता है। कार्य को पूरा करने के लिए व्यक्ति में उत्साह के साथ संघर्ष करने की भावना भी होनी चाहिए। मनुष्य के मन में बैठा हुआ डर ही उसे कर्त्तव्यहीन बना देता है। *। 140 ।*

॥ स्वामिनः शीलं ज्ञात्वा कार्यार्थी कार्यं साधयति ॥

अपने मालिक के स्वभाव को जानकर आश्रित लोग उसके अनुसार कार्य करते हैं।

किसी के अधीन अथवा आश्रय में रहनेवाले व्यक्ति को चाहिए कि वह अपने आश्रयदाता के स्वभाव से भली प्रकार परिचित हो। उसके स्वभाव से परिचय होने के बाद वह उसकी रुचि के अनुसार कार्य करेगा तो किसी प्रकार की कठिनाई नहीं होगी। *। 141 ।*

॥ धेनोः शीलज्ञः क्षीरं भुंक्ते ॥

इस सूत्र में भी चाणक्य ने इससे पहले के सूत्र में कही हुई बात का समर्थन किया है। वे कहते हैं कि जिस प्रकार गाय से दूध लेने वाला व्यक्ति उसके स्वभाव को जानकर दूध लेने में सफल होता है, उसी प्रकार राजा के सेवकों तथा राजा के अधिकारों को राजा की रुचि के अनुकूल अपना कार्य करके राष्ट्र की सेवा का उद्‌देश्य पूरा करना चाहिए।

वस्तुतः राज्य कार्य चलाने के लिए जो भी व्यवस्था काम कर रही हो, उसका एक विधान होता है। विधान वहां की व्यवस्था का दर्पण कहा जा सकता है इसलिए राजा के अधिकारियों का कर्त्तव्य है कि वे विधान के अनुसार काम करें। *। 142 ।*

॥ क्षुद्रे गुह्यप्रकाशनं आत्मवान्न कुर्वीत (कुर्यात्) ॥

नीच और चंचल बुद्धिवाले अपने सेवक को अपनी गुप्त बातें नहीं बतानी चाहिए।

बुद्धिमान् व्यक्ति अपने नीच व चंचल बुद्धि सेवकों से अपनी कोई गुप्त बात प्रकट नहीं करते। उन्हें अपने सेवकों पर अधिक विश्वास नहीं होता क्योंकि उनके विचार नीतिपूर्ण नहीं होते। वे लोग प्राय: मूर्ख होते हैं। उनकी बुद्धि चंचल होती है, इसलिए समझदार मनुष्य अपना कोई भी भेद उन पर प्रकट नहीं होने देता।

आज के संदर्भ में भी यह बात बहुत महत्त्वपूर्ण है। अधिकांश अपराधों में घर में काम करनेवाले नौकरों का ही हाथ होता है। वे थोड़े से लालच में आकर मालिक की हत्या भी कर बैठते हैं। इससे उन्हें लाभ की बजाय हानि होती है। *। 143 ।*

॥ आश्रितैरप्यवमन्यते मृदुस्वभावः॥

कोमल स्वभाव का व्यक्ति अपने आश्रितों से अपमानित होता है।

जो व्यक्ति अयोग्य और कुपात्र लोगों के प्रति दयालुता का व्यवहार करता है और प्रेम-पात्र बनने की इच्छा रखता है वह उन विवेकहीन व्यक्तियों से आदर नहीं पाता। उनके साथ उनकी स्थिति के अनुरूप ही व्यवहार करने से लाभ होता है।

भाव यह है कि मनुष्य को नौकरों से अत्यन्त कोमल स्वभाव का नहीं होना चाहिए। उसे परिस्थिति और योग्यता के अनुसार ही उससे व्यवहार करना चाहिए। *। 144 ।*

॥ तीक्ष्णदण्डः सर्वैरुद्वेजनीयो भवति॥

छोटे से अपराध पर अत्यंत कड़ा दंड देने वाला शासक सबकी घृणा का पात्र बन जाता है। उसके इस कार्य से उसके शासन में विरोध उत्पन्न होने का भय भी रहता है।

छोटे से अपराध पर अत्यंत कठोर दंड देनेवाले शासक के प्रति लोग घृणा की नीति अपना लेते हैं। सभी उसको बुरा समझने लगते हैं। उसकी कठोर दंड नीति के कारण उसके क्षेत्र में विद्रोह होने की संभावना बढ़ जाती है। अत: दंड देने से पहले अपराधी की प्रवृत्ति और उसके अपराध की स्थिति के संबंध में विचार करना अत्यंत आवश्यक है। *। 145 ।*

॥ यथार्हदण्डकारी स्यात्॥

उचित यही है कि राजा यथा योग्य दंड देने वाला होना चाहिए।

जो राजा अपराधियों को दंड नहीं देता और निरपराध लोगों को दंड देता है, उसका अपयश फैलता है। राजा पहले तो अपराध के कारणों तथा अपराध की परिस्थिति और काल को देखें, फिर अपराधी की दंड सहन की शक्ति और अपराध के स्वरूप तथा उसके राष्ट्र पर पड़ने वाले प्रभाव को समझकर दंड दें।

शास्त्रों में कहा है कि अधर्मपूर्वक दिया हुआ दंड यश, कीर्ति और सुख तीनों को नष्ट करनेवाला होता है। इसलिए दंड देते समय इस बात का ध्यान रखना चाहिए कि अपराध किस प्रकार का है। इसके अतिरिक्त इस बात का भी ध्यान रखा जाए कि कोई अपराधी दंड के हाथों से बचने न पाए, क्योंकि दंड से ही राज्य में धर्म-अर्थ और काम तीनों का संरक्षण होता है। शास्त्रों में यह भी कहा गया है कि दंड के भय से बहुत से लोग पाप करने से बचे रहते हैं। *। 146 ।*

॥ अल्पसारं श्रुतवन्तमपि न बहु मन्यते लोकः॥

जो व्यक्ति गम्भीर नहीं है उसके विद्वान् होने पर भी लोग उसे प्रतिष्ठा की दृष्टि से नहीं देखते।

इसका भाव यह है कि विद्वान् और योग्य व्यक्तियों को कुछ गम्भीर भी रहना चाहिए। यदि वह गंभीर नहीं रहता तो लोग उसका उतना सम्मान नहीं करते जितने सम्मान का वह अधिकारी होता है। कुछ बातें ऐसी होती हैं जो व्यक्ति को अपना सम्मान बनाए रखने के लिए करनी पड़ती हैं, भले ही उन बातों का कोई विशेष लाभ न हो। परन्तु मनुष्य हर समय गंभीर भी नहीं बनना चाहता, उसे अपने मित्रों, बन्धु-बान्धवों से खुलकर बात करनी पड़ती है। इसलिए विद्वान् मनुष्य का कर्त्तव्य है कि वह समय, परिस्थितियों और जन-समुदाय को देखकर गंभीरता अथवा सामान्य स्थिति का रुख अपनाये। *। 147 ।*

॥ अतिभारः पुरुषमवसादयति॥

शक्ति से अधिक कार्यभार उठाने वाला व्यक्ति उत्साहहीन होकर जल्दी थक जाता है।

मनुष्य जो भी कार्य करे वह उसकी शक्ति के अनुरूप होना चाहिए। यदि वह अपनी शक्ति से अधिक कार्य-भार संभाल लेगा तो उससे वह जल्दी ही थकावट अनुभव करने लगेगा। अधिक थकावट से मनुष्य के शरीर में तनाव पैदा होता है। तनाव स्वयं में एक रोग है, इसीलिए मनुष्य को चाहिए कि वह उतना ही कार्य करने का दायित्व ले, जितना वह सरलतापूर्वक निभा सके। इससे कार्य भी ठीक होगा और काम करनेवाले के मन में उत्साह की भावना भी बनी रहेगी। *। 148 ।*

॥ यः संसदि परदोषं शंसति स स्वदोषबहुत्वं प्रख्यापयति॥

जो व्यक्ति संसद अथवा राज्य के लिए नियम निर्धारित करनेवाली समिति में किसी व्यक्तिगत विरोध के कारण किसी के दोषों की आलोचना करने लगता है, वह स्वयं अपने आप को अपराधी घोषित कर देता है।

यहां संसद शब्द आया है। संसद लोकसभा आदि को भी कहते हैं। किसी सभा या समिति को भी संसद कहा जाता है। राज्य से संबंधित किसी विषय पर विचार करते समय सभी वक्ताओं का कर्त्तव्य है कि उसी विषय पर विवाद को सीमित रखें। उसी विषय के गुण-दोषों आदि के संबंध में विचार करें। जो लोग उस समय व्यक्तिगत द्वेष के कारण किसी सदस्य की आलोचना करने लगते हैं, यह उचित नहीं माना जाता। व्यक्तिगत आलोचना करनेवाला स्वयं अपराधी की श्रेणी में आ जाता है।

लोकसभा आदि में अर्थात् विभिन्न प्रदेशों की विधान सभाओं में बहुत-सा समय व्यक्तिगत आलोचनाओं में समाप्त हो जाता है। इससे राष्ट्र व देश का कोई लाभ नहीं होता। अच्छा सांसद उसी को माना जाता है जो विषय से बाहर न जाकर विषय के सभी पक्षों पर अपने विचार प्रस्तुत करता है। *। 149 ।*

॥ आत्मानमेव नाशयति अनात्मवतां कोपः ॥

जिन व्यक्तियों का मन सुसंस्कृत नहीं, ऐसे अविवेकी लोग क्रोध करने से अपनी ही हानि करते हैं अर्थात् ऐसे अनैतिक लोगों का क्रोध उनके लिए ही हानिप्रद होता है।

जिन लोगों में अपना हित और अहित विचारने की बुद्धि नहीं होती, ऐसे मूर्ख लोग स्वभाव से ही सत्य का विरोध करने वाले होते हैं। वे अपनी विपरीत बुद्धि के कारण वास्तविकता को नहीं समझ पाते और उससे विपरीत कार्य करते हैं, जिससे मनुष्य अपने विवेक को खो बैठता है। *। 150 ।*

॥ नास्त्यप्राप्यं सत्यवताम् ॥

जिन व्यक्तियों के पास सत्य रूपी धन है उनके लिए कोई भी वस्तु अप्राप्त नहीं रह जाती।

जिन लोगों के पास सत्य का बल है उन्हें किसी अन्य वस्तु को प्राप्त करने की इच्छा नहीं रहती अर्थात् सत्य ही उनके लिए सर्वश्रेष्ठ संपत्ति होती है। सत्य की प्राप्ति के बाद संतोष की भावना का विकास होता है। उस समय नाशवान पदार्थों की ओर से उसका मन हट जाता है अर्थात् जिन लोगों ने सत्य को प्राप्त कर लिया, उन्हें अन्य किसी वस्तु की इच्छा नहीं रहती। *। 151 ।*

॥ साहसेन न कार्यसिद्धिर्भवति ॥

केवल भौतिक शक्ति पर निर्भर रहने से कार्य सिद्ध नहीं होता।

साहस एक भौतिक शक्ति है। केवल भौतिक शक्ति पर आश्रित रहने मात्र से कार्य सिद्ध नहीं होता। उसके लिए अन्य बातों की भी आवश्यकता है। जिनमें सत्य, सूझबूझ और प्रभु पर विश्वास आदि अत्यन्त आवश्यक होती हैं। इन सब बातों से मनुष्य में जो साहस पैदा होता है उसी से कार्य सिद्ध होते हैं, मात्र भौतिक शक्ति के रूप में केवल वही कार्य सिद्ध हो सकते हैं जिनका शारीरिक शक्ति से संबंध हो। *। 152 ।*

॥ व्यसनार्तो विस्मरत्यप्रवेशेन॥

व्यसनों में फंसा हुआ व्यक्ति किसी एक बात पर ध्यान न टिका पाने के कारण कर्त्तव्यविमुख हो जाता है।

व्यसन अर्थात् बुरी लत में पड़ा हुआ व्यक्ति अपने कर्त्तव्य को भूल जाता है। उसे इस बात का ध्यान नहीं रहता है कि उसे क्या करना है। वह और सब बातें भूलकर अपने गलत काम में ही अपना समय बिता देता है। उसमें इतनी शक्ति नहीं होती कि वह अपने कर्त्तव्य की ओर ध्यान दे अथवा उसे पूर्ण करने का प्रयत्न करे। व्यसनों में फंसे हुए व्यक्तियों को इस बात का अहसास भी नहीं रहता कि उन्हें किस प्रकार का व्यवहार करना चाहिए। व्यसन मनुष्य का सबसे बड़ा शत्रु है। एक बार व्यक्ति यदि किसी व्यसन के चंगुल में फंस जाता है तो उसके चक्कर से निकलना उसके लिए अत्यन्त कठिन हो जाता है। *। 153 ।*

॥ नास्त्यनन्तरायः कालविक्षेपे ॥

काल का दुरुपयोग करने वाला व्यक्ति अपना जीवन निर्विघ्न होकर नहीं गुजार सकता। आलसी व्यक्ति का जीवन कठिनाइयों से घिरा रहता है।

जब मनुष्य समय का सदुपयोग नहीं करता तो उसे जीवन में अनेक बार हानि उठानी पड़ती है। समय के संबंध में वे सब जानते हैं कि जो समय बीत जाता है उसे फिर से वापस नहीं लौटाया जा सकता। इस प्रकार यदि समय का सदुपयोग नहीं किया गया तो वह व्यर्थ जाता है। मनुष्य के जीवन में एक-एक पल का महत्त्व है। इसीलिए उसका सदुपयोग मनुष्य के लिए अत्यन्त आवश्यक है। *। 154 ।*

॥ असंशयविनाशात् संशयविनाशः श्रेयान्॥

इस सूत्र का भावार्थ यह है कि मनुष्य की मृत्यु अवश्यंभावी है। इसीलिए मनुष्य को संग्राम से विमुख होकर जीना उतना लाभदायक नहीं, जितना संग्राम करते हुए अनिश्चित मौत को गले लगाना।

संग्राम से बचने से मौत से बचा नहीं जा सकता। जिस अनिवार्य मौत से बचा ही नहीं जा सकता, उस मौत का विजयी मन से आह्वान करने से ही मानव-जीवन सफल होता है। मौत को व्यर्थ बना डालना, मृत्युंजय बनना कहलाता है। वास्तविक मृत्यु से कोई व्यक्ति नहीं बच सकता। यह संसार एक समर भूमि है। व्यक्ति का कार्य में लगे रहना और कार्य करते हुए संसार का कल्याण करना वास्तविक जीवन का ध्येय है अर्थात् मनुष्य को अपना कर्त्तव्य करने से कभी विमुख नहीं होना चाहिए। *। 155 ।*

॥ अपरधनानि निक्षेप्तुः केवलं स्वार्थम्॥

दूसरे के धन को धरोहर रूप में रखनेवाला यदि धरोहर रखने के साथ स्वार्थभेद और दूसरों के प्रति अपना कोई उत्तरदायित्व नहीं समझता, तो वह निश्चित रूप में प्रत्येक समय अपना ही स्वार्थ खोजता रहेगा।

दूसरों की धरोहर रखनेवाले व्यक्ति को अपना उत्तरदायित्व समझना चाहिए और उसमें अपने स्वार्थ को पूरा करने की बात नहीं सोचनी चाहिए। *। 156 ।*

॥ दानं धर्मः॥

दान अर्थात् योग्य पात्र की सहायता करना मनुष्य का स्वहितकारी कर्त्तव्य है।

अनेक धर्मों अथवा संप्रदायों में यह नियम है कि व्यक्ति की जितनी आय हो उसका कुछ अंश उसे दान में अवश्य देना चाहिए। यही धर्म है। *। 157 ।*

॥ नार्यागतोऽर्थवद्विपरीतोऽनर्थभावः॥

अनार्य अर्थात् अज्ञानी लोगों द्वारा समाज में व्यर्थ की बातों पर आचरण करने से मनुष्य का जीवन नष्ट हो जाता है अर्थात् अज्ञानी लोगों द्वारा प्रचलित की गई परंपराओं पर आचरण करने से मानव जीवन का अनर्थ होता है।

संसार में बहुत से ऐसे आचरण प्रचलित हो जाते हैं जिनसे मानव समाज की कोई भलाई नहीं होती, वरन् हानि होती है। समय नष्ट होने के अतिरिक्त इस प्रकार के आचरणों से समाज में अनेक ऐसी बातें फैलती हैं जिन्हें किसी भी कारण से समाज के लिए हितकारी नहीं कहा जा सकता। *। 158 ।*

॥ यो धर्मार्थौ न विवर्धयति स कामः॥

जिससे धर्म और अर्थ दोनों की वृद्धि न हो, उसे काम कहते हैं।

अनेक स्थानों पर धर्म और अर्थ, काम और मोक्ष मनुष्य के लिए आवश्यक बताये गए हैं। यहां काम के संबंध में व्याख्या करते हुए चाणक्य कहते हैं कि जिससे धर्म और अर्थ दोनों की वृद्धि न होती हो, उसे काम कहते हैं। वस्तुतः मानवोचित काम, धर्म और अर्थ तथा नीति किसी को भी विचलित नहीं करता, ऐसे काम को स्वीकार किया जा सकता है अर्थात् काम वही है जो धर्म और अर्थ दोनों में से किसी को भी किसी प्रकार की हानि न पहुंचाये। *। 159 ।*

॥ तद्विपरीतोऽनर्थसेवी ॥

धर्मार्थ विरोधी काम से विपरीत कामना करनेवाला मानव अपने जीवन को व्यर्थ करता है, समाज में अशांति उत्पन्न करता है।

जो व्यक्ति धर्म और अर्थ की वृद्धि में रुकावट डालने वाले काम का दास बन जाता है, उसकी हानि होती है अर्थात् काम को धर्म और अर्थ का विरोधी नहीं होना चाहिए। *। 160 ।*

॥ ऋजुस्वभावो जनेषु दुर्लभः॥

समाज में निष्कपट,सरल, सभ्य और बिना स्वार्थ के व्यवहार करनेवाले सरल व्यक्ति बहुत कम होते हैं।

संसार का कार्य-व्यवहार अधिकांश स्वार्थ से पूर्ण है। सामान्य रूप से प्रत्येक व्यक्ति अपने स्वार्थ से अधिक कार्य करता है। संसार में ऐसे लोगों का मिलना कठिन है जिन्हें किसी प्रकार का स्वार्थ न हो। सीधे और सरल व्यक्ति का मिलना इसीलिए दूभर हो जाता है कि सीधे सरल व्यक्ति को लोग मूर्ख समझते हैं। इसके अतिरिक्त उसे कमजोर भी माना जाता है। *। 161 ।*

॥ अवमानेनागतमैश्वर्यमवमन्यते साधुः॥

सज्जन पुरुष निकृष्ट उपायों से आनेवाली संपत्ति को स्वीकार नहीं करते।

सृष्टि के प्रारंभ से ही धन और ऐश्वर्य प्रत्येक व्यक्ति को अपनी ओर आकृष्ट करता आ रहा है। इसके लिए व्यक्ति नीच-से-नीच कार्यों पर भी उतर आता है। लोगों की हत्याएं, चोरी, डकैती आदि नीच कर्म करता है, परंतु सज्जन व्यक्ति धन के संबंध में इस प्रकार के विचार नहीं रखते। वे धन-संग्रह को पुरुषार्थ से संबंधित मानते हैं। धर्म के अनुसार चलनेवाले व्यक्ति निकृष्ट कार्यों से धन इकट्ठा करना पाप समझते हैं, क्योंकि वे जानते हैं कि इससे केवल अपमान के अतिरिक्त वास्तविक सुख प्राप्त नहीं होगा। वास्तविक सुख धर्म और पुरुषार्थ से उत्पन्न किए गये धन से ही प्राप्त हो सकता है। *। 162 ।*

॥ बहूनपि गुणानेको दोषो ग्रसते ॥

मनुष्य में यदि कोई एक ही बड़ा दोष हो तो वह बहुत से गुणों को दोष में बदल देता है।

अनेक बार ऐसा देखा जाता है कि बहुत से व्यक्तियों में अनेक गुण होते हैं। वे लोगों पर दया करते हैं, उनकी सहायता करते हैं, परंतु यदि उनमें कोई विशेष दोष होता है तो लोग उसके गुणों की उपेक्षा कर देते हैं। इसीलिए जहां तक हो सके, मनुष्य का कर्त्तव्य है कि वह अपनी समीक्षा करता रहे और अपनी कमी अथवा अपने दोष दूर करने का प्रयत्न करता रहे। *। 163 ।*

॥ महात्मना परेण साहसं न कर्त्तव्यम् ॥

सत्य में आस्था रखनेवाले महात्माओं को महत्त्वपूर्ण कार्य दूसरों के भरोसे नहीं छोड़ना चाहिए। उन्हें वे कार्य स्वयं करने चाहिए।

दूसरों पर भरोसा करने वाला व्यक्ति प्राय: हानि उठाता है क्योंकि सत्य की रक्षा करना बड़ा कठिन कार्य होता है। उसकी रक्षा दूसरे साथियों के भरोसे नहीं की जा सकती। इस प्रकार के कार्यों को दूसरे व्यक्तियों पर नहीं छोड़ना चाहिए। इसीलिए महत्त्वपूर्ण काम व्यक्ति को स्वयं ही करने चाहिए। *। 164 ।*

॥ कदाचिदपि चरित्रं न लंघयेत् ॥

कठिन-से-कठिन परिस्थितियां होने पर भी मनुष्य को अपने स्वभाव का परित्याग नहीं करना चाहिए। इसके विपरीत जो कोई भी ऐसा करता है, उसके हृदय में कांटे के समान यह बात चुभती रहती है।

मनुष्य को काम, क्रोध आदि के वश में होकर अपने मानवीय चरित्र की अवहेलना नहीं करनी चाहिए। विषम परिस्थितियों में भी अपने चरित्र अर्थात् मानवीय कर्त्तव्य का त्याग नहीं करना चाहिए।

चाणक्य ने इस सूत्र में कहा है कि व्यक्ति को अपने चरित्र का उल्लंघन नहीं करना चाहिए। चरित्र के संबंध में यहां स्पष्ट कर देना आवश्यक है कि मनुष्य का वास्तविक चरित्र लोभ, लालच आदि से दूर रहना है। मनुष्य का चरित्र अर्थात् स्वभाव यह है कि वह कोई ऐसा कार्य न करे जिससे दूसरों को हानि पहुंचती हो। यदि वह ऐसा कार्य करता है तो यह बात जीवन भर उसके हृदय में कांटे की तरह चुभती रहेगी। *। 165 ।*

॥ क्षुधार्तो न तृणं चरति सिंहः ॥

सिंह भूखा होने पर भी घास नहीं खाता।

यह सूत्र भी ऊपर के सूत्र की बात की पुष्टि करता है। अर्थात् मनुष्य को अपना स्वभाव नहीं छोड़ना चाहिए। जिस प्रकार सिंह भूख से अत्यन्त व्याकुल होने पर भी मांस खाने के अपने स्वभाव को छोड़कर घास खाने पर विवश नहीं होता, उसी प्रकार जो व्यक्ति अपने चरित्र के महत्त्व को समझते हैं, वे अत्यंत कठिन समय में भी सत्य का परित्याग नहीं करते। सदैव चरित्रवान् बने रहते हैं।

प्रकृति ने संसार के सभी प्राणियों को विशिष्ट स्वभाव दिया है। अधिकांश प्राणी जीवन भर अपने स्वभाव पर दृढ़ रहते हैं, अर्थात् घास खाने वाले प्राणी कभी मांस की ओर देखना भी उचित नहीं समझते। परंतु मनुष्य का स्वभाव ऐसा है जिसे वह थोड़े से लालच, भय के वशीभूत हो उसे छोड़ने पर विवश हो जाता है। इसलिए मनुष्य का कर्त्तव्य है कि वह सदैव सत्यनिष्ठ वास्तविक स्वभाव पर दृढ़ रहे। *। 166 ।*

॥ प्राणादपि प्रत्ययो रक्षितव्यः॥

प्रत्यय का अर्थ है विश्वास अर्थात् मनुष्य को चाहिए कि वह अपने प्राणों को संकट में डालकर भी सज्जन व्यक्तियों के साथ सज्जनता रूपी अपनी विश्वासपात्रता की रक्षा करे।

चाणक्य कहते हैं कि भयंकर संकट पड़ने पर भी मनुष्य को अपने मूल्यों का परित्याग नहीं करना चाहिए। संक्षेप में मनुष्य को सज्जनों के साथ सज्जनता का व्यवहार करना चाहिए। सज्जनों के प्रति यह उसके विश्वास की बात है। *। 167 ।*

॥ पिशुनः श्रोता पुत्रदारैरपि त्यज्यते ॥

पिशुन अर्थात् विश्वासघाती व्यक्ति को उसके पुत्र, स्त्री आदि परिवार के लोग भी त्याग देते हैं।

सुनी हुई बातों के आधार पर लोगों में लड़ाई-झगड़े करानेवाले व्यक्ति को उसके परिवारवाले भी त्याग देते हैं। यदि उसे न त्यागें तो आपसी विपदा आने की आशंका बनी ही रहती है। चुगलखोरी एक प्रकार का मानसिक पाप होता है। विश्वासघाती का कभी विश्वास नहीं करना चाहिए। इतिहास में ऐसे अनेक उदाहरण देखने को मिलते हैं जिन्होंने राष्ट्र के साथ विश्वासघात किया। सहस्त्रों वर्षों के बाद भी उनका नाम घृणा से लिया जाता है। इसलिए यह स्पष्ट है कि जो व्यक्ति विश्वासघात करता है वह सदा के लिए बदनाम हो जाता है। *। 168 ।*

॥ बालादप्यर्थजातं शृणुयात् ॥

यदि कोई बच्चा भी उपयोगी बात कहता है तो उसे सुनना चाहिए। अर्थात् मनुष्य को

किसी भी महत्त्वपूर्ण बात की उपेक्षा नहीं करनी चाहिए, भले ही उस बात को कहनेवाला व्यक्ति कितना ही सामान्य और तुच्छ क्यों न हो।

जिस प्रकार कीचड़ में पड़े हुए रत्न को भी उठा लेना चाहिए, उसी प्रकार यदि कोई साधारण व्यक्ति कोई उपयोगी बात कहता है तो उसे ग्रहण कर लेने में संकोच नहीं करना चाहिए। बहुत से व्यक्ति देखने में बड़े सामान्य और उपेक्षित-से दिखाई देते हैं परंतु वह कई बार ऐसी कोई बात कह देते हैं जो बड़ी महत्त्वपूर्ण होती है। उस बात को सुनना और अमल करना बुरा नहीं है। इस प्रकार की बातों से कई बार मानव-जीवन में महत्त्वपूर्ण परिवर्तनों के उदाहरण देखे गए हैं, इसलिए कहीं से भी उपयोगी बात को ग्रहण करने में आनाकानी नहीं करनी चाहिए। *। 169।*

॥ सत्यमप्यश्रद्धेयं न वदेत् ॥

जिस व्यक्ति की सत्य में श्रद्धा न हो, उस व्यक्ति को सत्य के संबंध में कुछ कहना व्यर्थ है। चाणक्य कहते हैं कि जिसे सत्य अप्रिय लगता हो, उससे सत्य कहकर सत्य का अपमान मत करवाओ।

सत्य बात सुनना काफी कठिन होता है। यदि सत्य कठोर हो तो उसे सुनना और सहन करना उससे भी कठिन कार्य है। परंतु इसके साथ ही सच्ची बात कहनेवाले व्यक्ति भी दुर्लभ होते हैं क्योंकि प्रत्येक व्यक्ति अपने स्वार्थ से प्रेरित होकर कोई कार्य करता या बात कहता है। *। 170।*

॥ नाल्पदोषाद् बहुगुणास्त्यज्यन्ते ॥

किसी के साधारण दोष देखकर उसके महत्त्वपूर्ण गुणों को अस्वीकार नहीं करना चाहिए।

यदि सच्चे गुणी मनुष्य का कोई व्यवहार दूषित लगता हो या न हो, तो यह निश्चित है कि यह गुणों के चरित्र को न समझने का दोष है, जब उस पर शांत काल में निरपेक्ष रूप से विचार होगा, तो स्पष्ट रूप से समझ में आ जाएगा कि वास्तव में उसका दोष नहीं है।

संक्षेप में इस सूत्र का अर्थ यह है कि किसी व्यक्ति के मूल्य का आकलन उसके संपूर्ण आचरण को देखकर ही करना चाहिए। *। 171।*

॥ विपश्चित्स्वपि सुलभा दोषाः ॥

सामान्य रूप से ज्ञानी व्यक्तियों के व्यवहार में भी दोष निकाले जा सकते हैं अर्थात् यदि

दोष निकालने की दृष्टि से उनके व्यवहार को देखा जाए तो दोष निकालना कठिन काम नहीं।

अनेक स्थानों पर चाणक्य ने यह बताया है कि प्रत्येक व्यक्ति और प्रत्येक कुल में कहीं-न-कहीं दोष जरूर होता है। परंतु सज्जनों, विद्वानों और ज्ञानी व्यक्तियों के व्यवहार में इस तरह के दोष को महत्त्व नहीं देना चाहिए। उसकी ओर ध्यान देने से दुष्ट व्यक्तियों को भले ही प्रसन्नता हो सकती है परन्तु सज्जनों को इससे कोई हानि नहीं होती। इसीलिए निंदा करने वाले व्यक्ति विद्वान् लोगों में भी दोष ढूंढ़ते रहते हैं। *। 172 ।*

॥ नास्ति रत्नमखण्डितम् ॥

जिस प्रकार प्रत्येक रत्न में किसी-न-किसी प्रकार की त्रुटि निकाली जा सकती है, जैसे श्रेष्ठ मणि भी सर्वदा निर्दोष नहीं होती, इसी प्रकार विद्वानों में भी इंद्रियों से संबंधित भूलें अथवा दोष पकड़े जा सकते हैं।

इसका भावार्थ यह है कि विद्वान् की निंदा करना निंदक व्यक्ति का एक प्रकार से अपराध होता है। जिस प्रकार किसी भी रत्न में पहले दोष निकालने के बाद उसको दोषरहित और वास्तविक सिद्ध किया जाता है, उसी प्रकार विद्वानों पर भी किसी-न-किसी प्रकार के दोष मढ़े जा सकते हैं।

परंतु अंत में वही दोष उन्हें निर्दोष सिद्ध करनेवाले बन जाते हैं अर्थात् विद्वानों की निंदा करना अपने अज्ञान का परिचय देना है, जिस प्रकार पहले किसी रत्न को कृत्रिम बताया जाए और बाद में उसे असली करार दिया जाए। *। 173 ।*

॥ मर्यादातीतं न कदाचिदपि विश्वसेत् ॥

जो व्यक्ति सामाजिक नियमों अर्थात् मर्यादाओं का उल्लंघन करते हैं उनका कभी भी विश्वास नहीं करना चाहिए।

प्रत्येक समाज के कुछ नियम होते हैं। समाज उन नियमों के सहारे जीवित रहता है। यह एक प्रकार की मर्यादाएं होती हैं जिन्हें समाज का कोई व्यक्ति भंग करने का प्रयत्न नहीं करता परंतु जो व्यक्ति ऐसा करते हैं वे समाज के विपरीत चलने वाले होते हैं।

चाणक्य का कहना है कि ऐसे व्यक्तियों का कभी भी विश्वास नहीं करना चाहिए। ऐसे व्यक्तियों पर विश्वास करने से समाज में विरोधी भावनाएं पैदा होती हैं और सामाजिक बंधनों के नष्ट होने का भय स्पष्ट हो जाता है। जो व्यक्ति सामाजिक मर्यादाओं को भंग करता है, उस पर विश्वास करना मूर्खता है। *। 174 ।*

॥ अप्रिये कृतं प्रियमपि द्वेष्यं भवति ॥

शत्रु द्वारा ऐसा व्यवहार जो देखने में हितकारी प्रतीत हो, उसे दूध से भरे बर्तन के मुख पर लगे विष के समान ही मानना चाहिए।

शत्रु कई बार विरोधी राष्ट्र को बहकावे में डालने के लिए इस प्रकार का व्यवहार करने लगता है जो देखने में बहुत अच्छा लगता है। परंतु इस व्यवहार पर विश्वास नहीं करना चाहिए।

भारतीयों ने इस प्रकार के व्यवहार का फल चखा है। चाऊ एन लाई के समय भारत में भाई-भाई का नारा लगाया गया था। भारतीय अधिकारियों ने उस नारे में छिपी हुई दुष्ट भावना को नहीं समझा। वह भावना तभी स्पष्ट हुई जब चीन ने भारत पर आक्रमण किया। इसीलिए चाणक्य कहते हैं कि ऐसे व्यक्ति की बात पर विश्वास नहीं करना चाहिए जो विश्वास करने योग्य न हो। *। 175 ।*

॥ न मन्त्यपि तुलाकोटिः कूपोदकक्षयं करोति ॥

जो व्यक्ति कपटपूर्ण नम्रता का व्यवहार करता है उसका विश्वास उसी प्रकार नहीं करना चाहिए जिस प्रकार ढेंकली नीचे को सिर झुकाकर कुएं में घुसती है और उसका पानी निकाल लाती है। उसी प्रकार स्वार्थी लोगों के दिखावटी नम्रतापूर्ण व्यवहार पर विश्वास नहीं करना चाहिए।

चाणक्य ने कुएं में से पानी निकालने वाली ढेंकली का बहुत ही विचित्र और उपयुक्त उदाहरण दिया है। किसी कुएं में से जब ढेंकली द्वारा पानी निकाला जाता है तो जिस भाग में ढेंकली बंधी होती है उसे नीचे झुकाकर कुएं में डाला जाता है।

इस प्रकार ढेंकली सिर झुकाकर कुएं में घुसती है, परंतु धीरे-धीरे पानी निकालकर उसे खाली कर देती है। इसी प्रकार दुष्ट मनुष्य नम्रतापूर्ण बात हानि पहुंचाने के लिए ही करते हैं। *। 176 ।*

॥ सतां मतं नातिक्रमेत् ॥

सज्जन पुरुष जो निर्णय लेते हैं उसके विरुद्ध कार्य करना उचित नहीं अर्थात् सत्पुरुषों के निर्णय के विरुद्ध चलना मनुष्य का कर्त्तव्य नहीं।

मनुष्य अपने विवेक से अपने कर्त्तव्य का निश्चय करता है। कर्त्तव्य और अकर्त्तव्य के संबंध में जब कोई समस्या उत्पन्न होती है तो उसके करने या न करने में उसका अपना विवेक ही सहायक होता है। परंतु जब मनुष्य कोई निश्चय न कर पाए तो उसे यह देखना चाहिए कि

सज्जन पुरुष अथवा विद्वान् पुरुषों ने ऐसी स्थिति में क्या निर्णय लिए। तब उस निर्णय के अनुसार काम करना चाहिए।

उस समय उसका कर्त्तव्य होता है कि वह सज्जनों द्वारा उन सीमाओं में रहे जो उन्होंने निश्चित की हैं। उनके द्वारा निर्धारित सीमाओं से बाहर जाना और उनका उल्लंघन करना उचित नहीं। *। 177 ।*

॥ गुणवदाश्रयान्निर्गुणोऽपि गुणी भवति ॥

गुणवान् मनुष्य का आश्रय लेने से अथवा उसके पास रहने से गुणहीन व्यक्ति भी गुणी हो जाता है।

प्रत्येक व्यक्ति को इस संसार में सभी बातों का ज्ञान नहीं होता। ज्ञान प्राप्त करने के लिए गुरु का आश्रय लेना होता है। परंतु गुरु हर समय किसी व्यक्ति के साथ नहीं रह सकता। उसका कर्त्तव्य उसे ज्ञान देना है, परंतु सांसारिक समस्या के संबंध में जो भी निर्णय लेने होते हैं, उनका आधार सत्संग होता है अर्थात् व्यक्ति अनुभवी पुरुषों के साथ रहकर विवेक-बुद्धि अर्जित कर लेता है और उनके अनुसार सांसारिक समस्याएं हल करने में सुविधा होती है। अनुभवी पुरुषों के सत्संग से मनुष्य के विवेक में वृद्धि होती है। *। 178 ।*

॥ क्षीराश्रितं जलं क्षीरमेव भवति ॥

दूध में मिला हुआ जल भी दूध ही बन जाता है अर्थात् दूध में मिले हुए पानी को भी लोग दूध ही मानते हैं। इसी प्रकार गुणी व्यक्ति के संसर्ग में रहने वाला व्यक्ति गुणी बन जाता है।

शराब बेचने वाला व्यक्ति शराब के बर्तन में दूध भरकर रखने का प्रयत्न करेगा तो लोग उसे शराब ही समझेंगे। इसी प्रकार जो व्यक्ति दुष्ट और निर्गुणी व्यक्तियों का संग करता है उसे दुर्गुणी माना जाता है, जो व्यक्ति सज्जनों का सत्संग करता है, वह गुणहीन होने पर भी गुणी मान लिया जाता है। *। 179 ।*

॥ मृत्पिण्डोऽपि पाटलिगन्धमुत्पादयति ॥

जिस प्रकार बिना गंध वाली मिट्टी में फूलों के संसर्ग से उसमें गंध आ जाती है, इसी प्रकार स्वभाव से जो व्यक्ति गुण ग्रहण करने की इच्छा रखता है वह सद्गुणों से संपन्न व्यक्ति के संपर्क में आकर उससे अच्छे गुण ग्रहण कर लेता है।

मिट्टी में अपनी एक विशेष गंध होती है, परंतु जिन क्यारियों में विशेष सुगंधित फूल उगाए जाते हैं, उन फूलों के संसर्ग के कारण उस मिट्टी में भी एक विशेष प्रकार की गंध पैदा

हो जाती है। वन में सुगंधित पुष्पों से लदा हुआ एक वृक्ष सारे वन को अपनी सुगंध से महका देने में समर्थ होता है। उसी प्रकार सद्गुणी और विद्वान् व्यक्ति के संपर्क से ही मनुष्य सद्गुणी बन सकता है। इसमें तनिक भी संदेह नहीं। *। 180 ।*

॥ रजतं कनकसंगात् कनकं भवति ॥

जैसे चांदी सोने के साथ मिलने पर सोना बन जाती है, चांदी नहीं रहती। इसी प्रकार निर्गुणी व्यक्ति गुणवान् व्यक्ति के पास रहकर गुणी बन जाता है।

आभूषण बनाते समय सोने में चांदी का मिश्रण किया जाता है। चांदी के मिश्रण से सोने में कुछ कठोरता आ जाती है परंतु सोने में मिली हुई चांदी को सोना ही समझा जाता है। चांदी का अपना रूप समाप्त हो जाता है। इस सूत्र में भी चाणक्य ने सज्जन पुरुषों के साथ सत्संग से होने वाले लाभ के संबंध में लिखा है। *। 181 ।*

॥ उपकर्तर्यपकर्तुमिच्छत्यबधुः ॥

बुद्धिहीन क्रूर व्यक्ति विवेकहीनता के कारण अपना हित करनेवाले को भी हानि पहुंचाकर अपनी स्वार्थसिद्धि करने से पीछे नहीं हटता।

दुष्ट व्यक्ति अपने नीच स्वभाव को नहीं छोड़ सकता। वह अपना उपकार करनेवाले व्यक्ति को भी हानि पहुंचाने से भय नहीं खाता। जिस प्रकार जल का स्वभाव नीचे को गिरना है, उसी प्रकार दुष्ट व्यक्ति भी अपना दुष्ट स्वभाव नहीं छोड़ता। उसका स्वभाव सज्जनों का अहित करना होता है। वह उनसे लाभ उठाने के बावजूद उनका अहित करने में हिचकिचाहट अनुभव नहीं करता। *। 182 ।*

॥ न पापकर्मणामाक्रोशभयम् ॥

दुष्ट, पापी व्यक्तियों को अपने निकृष्ट कर्मों के कारण निंदा से भी भय प्रतीत नहीं होता।

पाप करने वाला व्यक्ति लज्जारहित हो जाता है। उसे इस बात का भय नहीं रहता कि उसके पाप कर्मों के कारण समाज में उसकी निंदा होगी। निंदा से भय अनुभव न करने के कारण वह पाप कर्मों से छुटकारा नहीं पा सकता और अपना सारा जीवन एक निर्लज्ज व्यक्ति के समान अपमान सहते हुए बिता देता है। *। 183 ।*

॥ उत्साहवतां शत्रवोऽपि वशीभवन्ति ॥

जो व्यक्ति उत्साही होते हैं वे अपने अति शत्रु को भी वश में कर सकते हैं।

उत्साही व्यक्ति के लिए इस संसार में कोई भी कार्य ऐसा नहीं जो वह कर न सके। उत्साही व्यक्तियों ने संसार में असंभव कार्यों को कर दिखाया। सिकंदर और चंगेज खां जैसे छोटे-छोटे उत्साही राजाओं ने संसार में ऐसे विशाल भूभाग पर कब्जा किया जिसके संबंध में विचार करने से आज भी आश्चर्य होता है।

इसके अतिरिक्त मनुष्य के हृदय में रहनेवाली पापवासनाएं मनुष्य की शत्रु होती हैं। मनुष्य अपने उत्साह से उन पर भी विजय प्राप्त कर सकता है। जिस व्यक्ति में कुछ करके दिखाने की हिम्मत होती है, वही संसार में सफल होता है। *। 184 ।*

॥ विक्रमधना राजानः ॥

राजा का सबसे बड़ा धन विक्रम ही होता है। जो राजा विक्रमी अर्थात् वीर नहीं, उसके लिए संसार में यश प्राप्त करना कठिन है।

राजधर्म चलाने के लिए राजा के लिए आवश्यक है कि वह विक्रम और शूर-वीर हो। शूरवीरता उसका विशेष गुण माना जाता है। जो राजा आलसी और डरपोक होते हैं, वे नष्ट हो जाते हैं। उनके लिए अपने राज्य की रक्षा करना भी कठिन होता है। धन-धान्य और समृद्धि के साथ-साथ राजा का शूरवीर, बलवान् और विक्रमी होना आवश्यक है। उसे इस बात का ज्ञान होना चाहिए कि डरपोक आदमी अपने जीवन में अनेक बार मरता है परंतु शूरवीर व्यक्ति जीवन में अपने यश के बाद केवल एक बार ही मृत्यु को प्राप्त होता है। *। 185 ।*

॥ नास्त्यलसस्यैहिकामुष्मिकम् ॥

आलस्य के कारण व्यक्ति का विनाश हो जाता है।

जिस व्यक्ति को अपने कार्य में किसी प्रकार का उत्साह नहीं होता, वह मूर्ख तो होता ही है परंतु उसे अपने आलस्य के कारण वर्तमान और भविष्य से संबंधित किसी कार्य में सफलता भी नहीं प्राप्त होती। सफलता का अर्थ यह है कि जो व्यक्ति वर्तमान में सफल है वह अपने उत्साह के कारण भविष्य में भी सफल होने की आशा कर सकता है अर्थात् जिस व्यक्ति ने अपने उत्साह के कारण वर्तमान को सुरक्षित बना लिया है उसके भावी कार्य भी अवश्य सफल होने की संभावनाओं से पूर्ण होते हैं। आलसी व्यक्ति जीवन में पराजय का ही मुख देखता है। *। 186 ।*

॥ निरुत्साहाद्दैवं पतति ॥

जिन कार्यों में व्यक्ति निश्चित रूप से सफल हो सकता है यदि वह उनमें भी उत्साह से काम नहीं लेगा तो उसे सफलता प्राप्त नहीं होगी।

भाग्य का सहारा तो कायर पुरुष लेते हैं। उत्साही अपने उत्साह से उन कार्यों को भी सिद्ध कर लेते हैं जिनकी सफलता में उन्हें संदेह होता है, परंतु आलसी व्यक्ति उस कार्य में असफल रह जाते हैं जिनमें भाग्य के कारण सफलता प्राप्त होने की संभावना हो सकती थी। *। 187 ।*

॥ मात्स्यार्थीव (मत्स्यार्थिवज्) जलमुपयुत्यार्थं गृहणीयात्॥

पुरुषार्थी व्यक्ति को संकट से लड़ना होता है। जिस प्रकार मछली को पकड़ने की इच्छा रखनेवाले मछेरे को जल में घुसने का संकट मोल लेना ही पड़ता है।

जिस प्रकार मछेरा जल में प्रवेश के संकट का सामना कर मछली पकड़ता है, उसी प्रकार पुरुषार्थी मनुष्य भी संकट में कूदकर सफलता रूपी अपने दैव को विघ्नों से बचाकर सुरक्षित रखता है, अपना काम बनाता है। *। 188 ।*

॥ अविश्वस्तेषु विश्वासो न कर्त्तव्यः॥

जिन लोगों के संबंध में किसी प्रकार का परीक्षण न किया गया हो, उन लोगों पर विश्वास करना मूर्खता है अर्थात् अपात्र व्यक्तियों पर कभी भी विश्वास नहीं करना चाहिए।

राजा के अतिरिक्त सामान्य व्यक्तियों को भी अपने जीवन में बहुत सोच-समझकर विश्वासपात्र व्यक्तियों को चुनना चाहिए। जो व्यक्ति विश्वास के योग्य न हो उन्हें कभी भी अपना साथी नहीं बनाना चाहिए। अपात्र व्यक्ति पर विश्वास करने से व्यक्ति को हानि होती है। *। 189 ।*

॥ विषं विषमेव सर्वकालम्॥

विष सदा विष ही रहता है। वह कभी अमृत नहीं बन सकता अर्थात् विष का स्वभाव नहीं बदलता।

प्राणियों के लिए अपना स्वभाव छोड़ना कठिन होता है। जिस प्रकार विष सदैव विष ही रहता है उसी प्रकार अविश्वासी व्यक्ति भी अपने स्वभाव के अनुसार कभी भी विश्वास का पात्र नहीं बन सकता। विष को यदि अमृत-कलश में रख दिया जाए तो भी वह अमृत नहीं बन सकता, इसी प्रकार दुष्ट व्यक्तियों के लिए अपना स्वभाव बदलना कठिन होता है। मनुष्यों को अपने जीवन में सफलता पाने के लिए अविश्वासी व्यक्तियों से दूर रहना चाहिए। *। 190 ।*

॥ अर्थसमादाने वैरिणां संग एव न कर्त्तव्यः॥

अपने कार्यों को सिद्ध करने के लिए व्यक्ति को चाहिए कि वह अपने शत्रुओं से किसी भी प्रकार की सहायता न ले और न उनसे किसी प्रकार का संपर्क रखे।

मनुष्य को किसी कार्य को पूर्ण करने और उससे धन-प्राप्ति की इच्छा रखते समय अपने शत्रुओं से सतर्क रहना चाहिए, उनसे अपने कार्यों के संबंध में न तो किसी प्रकार का परामर्श लेना चाहिए और न किसी प्रकार का उनसे संपर्क रखना चाहिए। क्योंकि ऊपर बताया गया है कि जैसे विष अपने स्वभाव को नहीं छोड़ता, उसी प्रकार शत्रु भी आपको हानि पहुंचाने से अपने आप को नहीं रोक पाएगा। *। 191 ।*

॥ अर्थसिद्धौ वैरिणं न विश्वसेत् ॥

अपने उद्देश्य की पूर्ति के संबंध में शत्रु पर किसी प्रकार का विश्वास नहीं करना चाहिए।

जब मनुष्य अपने किसी कार्य को सिद्ध करने में लगा रहता है तो अनेक व्यक्ति उसमें कठिनाइयां उत्पन्न करने का प्रयत्न करते हैं। उनका उद्देश्य व्यक्ति को अपना कार्य सिद्ध करने से अलग करना होता है। वास्तव में कुछ लोगों का स्वभाव होता है कि जब वे किसी व्यक्ति को अपने लक्ष्य तक पहुंचते देखते हैं तो उसे अपने मार्ग से विचलित करने का प्रयत्न करते हैं। यह कार्य शत्रुओं का होता है, मित्रों का नहीं। मित्र तो उद्देश्य की पूर्ति में सहायक ही होते हैं। *। 192 ।*

॥ अर्थाधीन एव नियतसम्बन्धः ॥

लोगों के संबंधों का आधार अपने उद्देश्य की पूर्ति के आधार पर होता है।

देखने में आता है कि मनुष्य अपने उद्देश्य की पूर्ति के लिए ही किसी दूसरे व्यक्ति से संबंध स्थापित करता है अर्थात् संबंधों का आधार व्यक्ति का अपने उददेश्य की पूर्ति होता है। सामान्य रूप से यह कहा जा सकता है कि संबंध स्वार्थ पर आधारित होते हैं। निःस्वार्थ संबंध रखनेवाले व्यक्ति बहुत कम होते हैं। अपने उद्देश्य के प्रति स्वार्थपूर्ण दृष्टिकोण होना एक सांसारिक व्यवहार है परंतु अपने उद्देश्य की पूर्ति के लिए किसी दूसरे को हानि पहुंचाना अत्यन्त निंदनीय कार्य है। इस सूत्र का दूसरा अर्थ सामान्य रूप से यह भी हो सकता है कि व्यक्ति धन को ही दृष्टि में रखकर अपने संबंध स्थापित करता है। देखने में आता है कि जब तक मनुष्य के पास धन रहता है तो वह सगे-संबंधियों और मित्रों से घिरा रहता है परंतु जब उसका धन नष्ट हो जाता है तो मित्र तो क्या उसके पुत्र और उसकी स्त्री भी उसका साथ छोड़ जाते हैं। *। 193 ।*

॥ शत्रोरपिसुतस्सखा रक्षितव्यः ॥

शत्रु का पुत्र भी यदि मित्र हो तो उसकी रक्षा करना व्यक्ति का कर्त्तव्य होता है।

बुद्धिमान राजा का कर्त्तव्य है कि यदि शत्रु का पुत्र मित्र बन जाए तो उसकी रक्षा का हर समय प्रयास करना चाहिए।

इस संसार में मनुष्यों के सम्बन्ध अथवा मित्रता उद्देश्य की एकता के कारण होती है। जिनके लक्ष्य एक जैसे होते हैं, वे आपस में एक-दूसरे के मित्र बन जाते हैं। वास्तविक शत्रु वही होता है जो दुष्ट स्वभाव का होता है और सत्य से द्वेष करने वाला होता है। सत्य के आधार पर विजय प्राप्त करना ही विद्वान् व्यक्तियों का ध्येय होता है। जो व्यक्ति सत्य का विरोध करते हैं वे असत्य के दास होते हैं। उद्देश्य में विरोध के कारण ही लोगों में शत्रुता पैदा होती है। ऐसे में पुत्र अपने पिता जैसा सत्य का शत्रु न होकर असत्य का शत्रु भी हो सकता है। *। 194 ।*

॥ यावच्छत्रोश्छिद्रं पश्यति तावद्धस्तेन वा स्कन्धेन वा वाह्यः॥

शत्रु की जिस कमजोरी पर प्रहार करके उसे नष्ट करने का विचार हो तो उससे दिखावटी मित्रता रखनी चाहिए अर्थात् अपने शत्रु को मित्रता का प्रदर्शन करके उसे धोखे में डालने का समय तलाश करते रहना चाहिए।

शत्रु की उस निर्बलता पर प्रहार करने तथा नष्ट करने तक उसे कृत्रिम मान तथा कृत्रिम मित्रता के प्रदर्शनों से सदा धोखे में रखना चाहिए। शत्रु को मित्रता के धोखे में डालकर परास्त करना चाहिए। *। 195 ।*

॥ शत्रु छिद्रे परिहरेत्॥

शत्रु की दुर्बलता देखकर उसे अपनी सहायता से वंचित कर दो। अर्थात् शत्रु की कमजोरी देखकर ही उस पर प्रहार करना चाहिए।

अपने शत्रु पर विजय चाहनेवाले राजा का कर्त्तव्य है कि वह अपने शत्रु की दुर्बलता का पता चलने पर, उसकी दुर्बलता से ही उसे समाप्त करने का प्रयत्न करे अर्थात् यदि कोई राजा व्यसनी हो, जुए अथवा मद्य और विषयभोग में लिप्त होनेवाला हो तो उसे व्यसनों में फंसाकर ही उसे नष्ट कर देना चाहिए। *। 196 ।*

॥ आत्मच्छिद्रं न प्रकाशयेत्॥

शत्रु को अपनी दुर्बलताओं का परिचय नहीं देना चाहिए अर्थात् ऐसा प्रयत्न करना चाहिए कि अपनी दुर्बलताएं शत्रु पर प्रकट न हों।

इस सूत्र का अर्थ यह है कि चतुर राजा अपने शत्रु के सामने सदैव अपने आपको बलवान् प्रदर्शित करता रहे, अपनी दुर्बलता का पता न लगने दे। *। 197 ।*

॥ छिद्रप्रहारिणश्शत्रव:॥

शत्रु के स्वभाव को पहचानकर उसकी निर्बलता पर ही आक्रमण करना चाहिए।

राजा अपने शत्रु की निर्बलता को पहचानकर ही उस पर आक्रमण करते हैं। वे सदैव अपने आपको शत्रु की दृष्टि में बलवान् सिद्ध करते रहते हैं। यदि शत्रु को अपने विरोधी की निर्बलता का पता चल जाता है तो वह आक्रमण करता है। इस प्रकार प्रहार करनेवाला राजा शत्रु को नष्ट कर देता है। बुद्धिमान राजा को चाहिए कि वह अपने विरोधी की दुर्बलता को जानने का प्रयत्न करे। *। 198 ।*

॥ हस्तगतमपि शत्रुं न विश्वसेत्॥

विजय चाहनेवाले राजा का कर्त्तव्य है कि अपने वश में आए हुए शत्रु पर कभी विश्वास न करे।

हो सकता है कि अधिकार में आने पर शत्रु मित्रता का प्रदर्शन करे, परंतु राजा का कर्त्तव्य है कि सदैव सतर्क रहे और शत्रु पर कभी विश्वास न करे। यदि शत्रु को किसी कारण से क्षमा भी कर दिया जाए तो भी कभी उसे अपनाने का प्रयत्न नहीं करना चाहिए। जो राजा ऐसा करते हैं उन्हें धोखा होता है। शत्रु उन पर आक्रमण कर देता है और वे विनाश से बच नहीं पाते। *। 199 ।*

॥ स्वजनस्य दुर्वृत्तं निवारयेत्॥

सदैव विजय चाहनेवाले राजा का कर्त्तव्य है कि वह अपने पक्ष के लोगों के पापाचार पूर्ण आचरण को उपायों द्वारा दूर करने का प्रयत्न करे।

बुद्धिमान राजा का कर्त्तव्य है कि वह अपने पक्ष के अधिकारियों तथा संबद्ध व्यक्तियों में किसी प्रकार के पापाचारपूर्ण कार्यों को देखे तो उसे समाप्त करने का प्रयत्न करे। यह इसलिए आवश्यक है कि शत्रु राजा इस प्रकार के लोगों को अपने पक्ष में फांसकर स्वार्थ सिद्धि कर सकते हैं। इसीलिए विजय चाहनेवाले राजा का कर्त्तव्य है कि वह अपने पक्ष की सत्य-निष्ठा को स्थिर रखने के लिए अपने लोगों की दुर्बलताओं को दूर करने का प्रयत्न करे। *। 200 ।*

॥ स्वजनावमानोऽपि मनस्विनां दु:खमावहति॥

यदि अपने पक्ष के लोग दुश्चरित्र हों तो इसके कारण अपमान होता है और विचारशील व्यक्तियों को इससे दु:ख होता है।

अपने पक्ष के लोग (भाई-बान्धव या रिश्तेदार आदि या राजा हो तो मित्रवत् राज्याधिकारी) यदि दुश्चरित्र हों तो वह कभी-न-कभी और अकसर ऐसे कार्य करते रहते हैं, जिनसे व्यक्ति को दूसरों के सामने अपमानित होना पड़ता है। अतः उनको संमार्ग पर लाकर सुधारने का प्रयत्न सज्जन पुरुष को करना चाहिए। *। 201 ।*

॥ एकांगदोषः पुरुषमवसादयति ॥

जैसे मनुष्य के शरीर के किसी अंग में कोई कष्ट हो तो पूरे शरीर को उसकी पीड़ा अनुभव होती है। एक दूषित अंग के कारण सारा शरीर रोगी दिखाई देता है। इसी प्रकार किसी राज्य-संस्था या किसी दल के एक व्यक्ति में यदि दुराचार रूपी कष्ट दिखाई देता है तो इससे सारे दल अथवा शासन-व्यवस्था को हानि पहुंचती है।। 202 ।

॥ शत्रुं जयति सुवृत्तता ॥

सदाचार द्वारा ही शत्रु पर विजय प्राप्त की जा सकती है।

अच्छे आचरण (सदाचार) से शत्रु पर विजयी होना सरल हो जाता है। यहां सदाचार का अर्थ यह है कि व्यक्ति अपना सम्मान स्थिर रखते हुए दूसरे के सम्मान को स्थिर रखे। राज्य से संबंधित प्रत्येक विभाग की आचार संहिता होती है। उसका पालन करना भी आवश्यक होता है।

इससे स्वदेश का मान-सम्मान और स्वाभिमान स्थिर रहता है। इसके विपरीत आचार संहिता के उल्लंघन से अपनी हानि होती है, शत्रु की नहीं। इसलिए आचार संहिता का पालन करना शत्रु पर विजय प्राप्त करने का सबसे बड़ा साधन है। *। 203 ।*

॥ निकृतिप्रिया नीचाः ॥

नीच प्रकृति के लोग सज्जनों के साथ कपटपूर्ण व्यवहार करते हैं।

नीच व्यक्ति का यह स्वभाव होता है कि वह सभी स्थानों पर अपनी नीचता का प्रदर्शन करता है। उससे यह आशा नहीं की जा सकती कि वह सज्जन व्यक्तियों के साथ सज्जनतापूर्ण व्यवहार करेगा। दुष्ट व्यक्ति के लिए सभी व्यक्ति एक समान होते हैं। वे सज्जन और दुर्जन में भेद नहीं कर पाते।

अपने स्वभाव के अनुकूल वह सज्जन व्यक्तियों से भी धोखे से भरा व्यवहार करता है। उसका व्यवहार सदैव कपटपूर्ण होता है। *। 204 ।*

॥ नीचस्य मतिर्न दातव्या ॥

नीच व्यक्ति के स्वभाव के संबंध में चाणक्य कहते हैं कि उसे सन्मति प्रदान करना उचित नहीं, क्योंकि उसके लिए अपना स्वभाव छोड़ना कठिन होता है।

दुष्ट व्यक्ति को समझाना अथवा उसे उपदेश देकर धर्म के मार्ग में लाना व्यर्थ होता है। जिस प्रकार पानी का स्वभाव नीचे की ओर बहना है, उसी तरह नीच व्यक्ति भी अपना स्वभाव नहीं छोड़ सकता। दुष्ट अथवा नीच मनुष्य को इस बात का ज्ञान नहीं होता कि किस कार्य से व्यक्ति का मानसिक विकास होता है। जब वह इस मूल बात को ही नहीं समझता तो उसे समझाने की बात करना ही व्यर्थ है। *। 205 ।*

॥ तेषु विश्वासो न कर्त्तव्यः ॥

दुष्ट व्यक्ति का विश्वास भी नहीं करना चाहिए।

जो व्यक्ति क्रूर, ठग और नीच है उसका विश्वास करने से हानि के अतिरिक्त और कुछ नहीं होता। नीच लोगों का कर्त्तव्य ही लोगों को ठगना और उन्हें सन्मार्ग से विचलित करना होता है। इसीलिए उनसे सदैव दूरी बनाए रखना चाहिए। *। 206 ।*

॥ सुपूजितोऽपि दुर्जनः पीडयत्येव ॥

दुष्ट व्यक्ति से यदि उदारतापूर्ण व्यवहार किया जाए तो भी वह समय पाते ही हानि करने से नहीं चूकता।

दुष्ट व्यक्ति से यदि सोच-समझकर अथवा अनजाने में भी अच्छा व्यवहार किया जाए और उदारता दिखाई जाए तो भी वह अवसर पाते ही दूसरों का बुरा करने से नहीं चूकेगा। *। 207 ।*

॥ चन्दनादीनपि दावाग्निर्दहत्येव ॥

चंदन की शीतलता और उसकी सुगंध आदि गुणों का ज्ञान न करके वन में लगी हुई आग दूसरे वृक्षों के साथ उसे भी जला डालती है।

जंगल में जब आग लगती है तो सभी वृक्ष उसमें जलकर राख हो जाते हैं। वह चंदन हो या अन्य वृक्ष। इसी प्रकार दुष्ट मनुष्य किसी को नहीं बख्शता। *। 208 ।*

॥ कदापि पुरुषं नावमन्येत् ॥

किसी भी पुरुष का कभी अपमान नहीं करना चाहिए।

जो व्यक्ति किसी अन्य व्यक्ति का अपमान करता है, वास्तव मे वह अपनी ही हीनता का प्रदर्शन करता है। उससे यही प्रतीत होता है कि वह किस श्रेणी का पुरुष है। सज्जन लोग प्रत्येक व्यक्ति को वैसा ही समझते हैं और उससे उसी प्रकार का व्यवहार करते हैं जैसा वे अपने साथ किया जाना उचित मानते हैं। इसलिए व्यक्ति को सदैव दूसरों से व्यवहार करते समय यह बात ध्यान में रखनी चाहिए। यदि कोई व्यक्ति आपका अपमान करता है तो आपको कैसा प्रतीत होगा। ऐसा सोचने वाले व्यक्ति कभी किसी का अपमान नहीं करते। *। 209 ।*

॥ क्षन्तव्यमिति पुरुषं न बाधेत्॥

क्षमा करना मनुष्य का धर्म है। इस बात को ध्यान में रखकर जो व्यक्ति क्षमा के योग्य हैं, उन्हें कभी कष्ट नहीं पहुंचाना चाहिए। । 210 ।

॥ भर्त्राधिकं रहस्युक्तं वक्तुमिच्छन्त्यबुद्धय:॥

राजा द्वारा एकांत में राजकीय रहस्यों पर किये गये विचार को बुद्धिहीन मनुष्य प्रकट कर देना चाहते हैं।

इसका भाव यह है कि मूर्ख मनुष्य को ऐसी सभा में नहीं बुलाना चाहिए जिसमें राजकीय कार्य से महत्त्वपूर्ण मामलों पर विचार किया जाता हो। *। 211 ।*

॥ अनुरागस्तु फलेन सूच्यते॥

किसी से प्रेम अथवा अनुराग का मौखिक सहानुभूति से पता नहीं चलता। इसकी वास्तविकता उसके फल से प्रकट होती है।

मौखिक सहानुभूति दिखाने वाले लोग तो बहुत से मिल जाएंगे परंतु आपके कर्म से सहानुभूति रखनेवाले व्यक्तियों का प्रेम कर्मफल से जुड़ा होता है। मनुष्य का प्रेम इस बात से भी प्रकट होता है कि वह मनुष्य की कितनी सफलता चाहता है। बहुत से व्यक्तियों का स्वभाव होता है कि वे किसी व्यक्ति को अपने जीवन में सफल देख उससे ईर्ष्या करने लगते हैं परंतु वास्तविक प्रेम अथवा अनुराग वही है जो मनुष्य की सफलता से दूसरे व्यक्तियों को भी प्रसन्नता अनुभव हो। *। 212 ।*

॥ प्रज्ञाफलमैश्वर्यम्॥

बुद्धि का ही फल ऐश्वर्य है। संसार में बुद्धिमान मनुष्य को ही सुख की प्राप्ति होती है।

वस्तुत: बुद्धिमान व्यक्ति को ही संसार में श्रेष्ठ और बलवान् माना जाता है। शरीर से

बलवान् होना प्राय: उतना लाभदायक नहीं होता जितना बुद्धिमान होना। संसार के सभी प्राणी खान-पान, सोने, उठने, बैठने में एक समान हैं परंतु मनुष्य की बुद्धि ही उसे अन्य प्राणियों से अलग करती है और उसकी श्रेष्ठता सिद्ध करती है। बुद्धिमान व्यक्ति की ही इस संसार में पूजा होती है। उसे आदर और सम्मान की दृष्टि से देखा जाता है। *।213।*

॥ दातव्यमपिबालिशः क्लेशेन परिदास्यति ॥

मूर्ख व्यक्ति दूसरों को दी जाने वाली वस्तु को देने में भी दु:ख अनुभव करता है।

संसार में अनेक वस्तुएं ऐसी हैं जो प्रकृति द्वारा मनुष्य को बिना किसी भेद-भाव के प्रदान की गई हैं। बुद्धिमान व्यक्ति तो दान के महत्त्व को समझते हैं और वह दान देना अपना कर्त्तव्य मानते हैं, परंतु मूर्ख व्यक्तियों को इस बात से क्लेश अनुभव होता है।

सद्‌गृहस्थ व्यक्ति जहां दान देना अपना कर्त्तव्य मानता है वहां मूर्ख व्यक्ति छोटी-से-छोटी वस्तु भी अपने से पृथक् करने में कष्ट अनुभव करता है। क्योंकि वह दान के महत्त्व को नहीं समझता। *।214।*

॥ महदैश्वर्यं प्राप्याप्यधृतिमान् विनश्यति ॥

विवेकरहित व्यक्ति राज्यैश्वर्य पाकर भी नष्ट हो जाते हैं।

महान् ऐश्वर्य की प्राप्ति प्रभु की कृपा और अपने प्रयत्न से होती है। विवेकहीन व्यक्ति सुख-साधन और महान् ऐश्वर्य को प्राप्त करने पर भी नष्ट हो जाता है।

सुख-साधनों और ऐश्वर्य की प्राप्ति के लिए मनुष्य को धैर्यपूर्वक प्रयत्न करना पड़ता है। यदि वह अपने प्रयत्नों में धैर्य से काम न लेगा तो उसे महान् ऐश्वर्य और धन की प्राप्ति होना कठिन होगा। क्योंकि जिन व्यक्तियों में धैर्य की कमी होती है, वे अपने अविवेक के कारण महान् ऐश्वर्य प्राप्त करके भी नष्ट हो जाते हैं। *।215।*

॥ नास्त्यधृतेरैहिकामुष्मिकम् ॥

धैर्यहीन पुरुष को न तो सांसारिक (लौकिक) सुख प्राप्त होते हैं और न ही पारलौकिक।

जिस व्यक्ति में धैर्य नहीं होता उसमें कार्य करने की शक्ति नष्ट हो जाती है। जो व्यक्ति धैर्यपूर्वक कार्य करते हैं उन्हें ही फल की प्राप्ति होती है। सफलता पाने के लिए धैर्यपूर्वक कार्य करना बहुत आवश्यक होता है। अधीर व्यक्ति अपने चंचल स्वभाव के कारण किसी कार्य में सफल नहीं होते। *।216।*

॥ न दुर्जनैः सह संसर्गः कर्त्तव्यः॥

बुद्धिमान व्यक्तियों को दुष्ट लोगों से दूर रहना चाहिए। दुष्ट लोगों के संसर्ग से बचने से ही बुद्धिमान लोगों को लाभ होता है।

मनुष्य जिस प्रकार के समाज में रहता है उसका प्रभाव उसके जीवन पर अवश्य पड़ता है। इसीलिए व्यक्ति को चाहिए कि वह अपने आपको दुष्ट व्यक्ति के संसर्ग से बचाता रहे। दुष्ट व्यक्तियों के संसर्ग से मनुष्यों में अनेक दोष उत्पन्न हो जाते हैं। *। 217 ।*

॥ शौण्डहस्तगतं पयोऽप्यवमन्येत्॥

शराब बेचनेवाले के हाथ में यदि दूध भी होगा तो उसे भी शराब ही समझा जाएगा।

इसका भाव यह है कि यदि दुष्ट व्यक्ति में कोई गुण भी होता है तो भी लोग उस पर विश्वास नहीं करते। वे उस गुण के प्रति भी आशंकित रहते हैं।

जिस प्रकार शराब बेचने वाले व्यक्ति की दुकान पर शराब के पात्र में यदि दूध भर दिया जाये तो भी लोग उसे शराब ही मानेंगे। इसी तरह दुष्टों के गुणों पर भी संदेह किया जाता है। *। 218 ।*

॥ कार्यसंकटेष्वर्थव्यवसायिनी बुद्धिः॥

किसी कार्य को करते समय जब कोई कठिनाई सामने आती है तो मनुष्य बुद्धि द्वारा ही ऐसा कार्य करने का निश्चय करता है जिससे सफलता प्राप्त हो।

प्रत्येक कार्य आरंभ करने के बाद मनुष्य के काम में कठिनाइयां अवश्य आती हैं। परंतु बुद्धिमान व्यक्ति उन कठिनाइयों को दूर करने के लिए धैर्यपूर्वक सोच-समझकर अपने कर्त्तव्य का मार्ग खोज लेता है, अर्थात् बुद्धि द्वारा ही आने वाली कठिनाइयों को दूर किया जा सकता है। *। 219 ।*

॥ मितभोजनं स्वास्थ्यम्॥

जो व्यक्ति भूख से कम भोजन करते हैं, वे स्वस्थ रहते हैं।

अर्थात् मनुष्य को जितनी भूख हो, उससे थोड़ा कम खाना चाहिए। इससे मनुष्य का स्वास्थ्य ठीक रहता है। उसे किसी प्रकार के रोग नहीं घेरते। आवश्यकता से अधिक भोजन करने वाला व्यक्ति सदैव रोगी रहता है। *। 220 ।*

॥ पथ्यमप्यपथ्याजीर्णे नाश्नीयात्॥

अपथ्य के कारण यदि अजीर्ण हो गया हो तो पथ्य भोजन को भी त्याग देना चाहिए।

जब मनुष्य ऐसा भोजन करता है जिसे पचाने में कठिनाई आती है तो उसका शरीर अपच रोग का शिकार हो जाता है। ऐसी स्थिति में भोजन त्याग देना अधिक अच्छा है। कहा गया है कि 'अजीर्णे भोजनम विषम्' अर्थात् अजीर्ण होने पर भोजन करना विष के समान होता है। इसीलिए भोजन तभी करना चाहिए जब पहले किया हुआ भोजन पच गया हो और शरीर स्वस्थ अनुभव कर रहा हो। अजीर्ण में भोजन करने से मनुष्य जानबूझकर अपने शरीर में अनेक रोगों को आमंत्रित करता है। *। 221 ।*

॥ जीर्णभोजिनं व्याधिर्नोपसर्पति॥

भोजन के पच जाने पर ही जो व्यक्ति भोजन करता है वह रोगों से बचा रहता है।

मनुष्य का शरीर रोगों का घर है, परंतु रोगों से बचने का उपाय यह है कि व्यक्ति अपनी क्षमता से अधिक भोजन न करे। जो व्यक्ति आवश्यकता से अधिक भोजन करते हैं, वे सदैव बीमार रहते हैं, एक-न-एक रोग उन्हें घेरे रहता है। कहा भी गया है—'शरीरं व्याधि मंदिरम्'। *। 222 ।*

॥ जीर्णशरीरे वर्धमानं व्याधिर्नोपेक्ष्येत्॥

वृद्ध अवस्था में यदि व्यक्ति रोगी रहने लगता है तो उसे अधिक सावधान रहना चाहिए। उसे रोगों की उपेक्षा नहीं करनी चाहिए।

वृद्धावस्था में मनुष्य की इंद्रियां शिथिल पड़ जाती हैं। उनमें इतनी शक्ति नहीं रहती, जिससे वे रोगों का मुकाबला कर सकें। वृद्धावस्था में शरीर के बहुत से तत्त्व नष्ट हो जाते हैं, नये तत्त्वों का निर्माण कठिनाई से होता है। इसीलिए वृद्धावस्था में शरीर को स्वस्थ्य रखने के लिए व्यक्ति को सतर्क रहने की आवश्यकता रहती है। यदि उस अवस्था में कोई रोग शरीर में घर कर ले तो उसके प्रति मनुष्य को उपेक्षित भाव नहीं अपनाना चाहिए। इसे चाहिए कि वह यथाशीघ्र उस रोग से मुक्ति पाने का प्रयत्न करे। *। 223 ।*

॥ अजीर्णे भोजनं दु:खम्॥

जिस समय अजीर्ण हो, उस समय भोजन करना पक्वाशय को अनिवार्य रूप से रोगों को घेर देने का कारण होता है। इससे मनुष्य का जीवन दु:खी हो जाता है।

अपच की स्थिति में भोजन करने से पक्वाशय पर अतिरिक्त भार पड़ता है। उससे शरीर में रोग पैदा हो जाते हैं। देखा गया है कि अजीर्ण की स्थिति में आवश्यकता से अधिक भोजन करने के कारण कुछ व्यक्तियों की भोजन-स्थल पर ही मृत्यु हो गई।

भारत के बहुत से लोग ऐसा विश्वास करते हैं कि भूख के कारण देश में अधिक लोग मरते हैं परंतु यह बात अधिक सत्य है कि मरने वाले लोगों की अधिक संख्या ऐसी होती है जो पेट के रोगों से आक्रांत होते हैं। *। 224 ।*

॥ शत्रोरपि विशिष्यते व्याधिः॥

शरीर के रोग शत्रु से भी अधिक हानिकारक होते हैं।

रोग के कारण मनुष्य के शरीर पर आठों प्रहर आक्रमण की-सी स्थिति बनी रहती है। मनुष्य शत्रु के आक्रमण से भयभीत रहता हैं परंतु व्याधि तो शरीर के अंदर रहनेवाला शत्रु है। जो जीवन पर हर समय आक्रमण करता रहता है। रोगों के कारण मनुष्य के प्राण, धन और उसके शरीर का विनाश होता है। उसका शरीर कमजोर हो जाता है। दवाइयों पर धन नष्ट होता है, इसलिए रोग शत्रु की अपेक्षा अधिक हानिकारक होता है। *। 225 ।*

॥ दानं निधानमनुगामि॥

मनुष्य को दान उतना ही करना चाहिए, जितनी उसमें शक्ति हो अर्थात् धन की शक्ति को देखकर ही मनुष्य को दान करना चाहिए। जो अपनी शक्ति से अधिक दान करते हैं, उन्हें हानि होती है।

इतिहास में ऐसे अनेक उदाहरण हैं जिन्होंने दान करने के स्वभाव के कारण भिखारियों का-सा जीवन बिताया। राजा बलि अपनी सामर्थ्य को देखे बिना दान करने के लिए प्रसिद्ध हैं। परंतु जब विष्णु ने वामन का अवतार धारण करके उससे केवल तीन पग भूमि मांगी तो वह इस बात को नहीं समझ सका और अपने स्वाभिमान के कारण उसने तीन पग भूमि देने का वचन दे दिया। वामन ने तीन पगों में तीनों लोकों को नाप लिया, इसलिए व्यक्ति को चाहिए कि दान तो अवश्य करे परंतु उसे अपने धन की शक्ति का पूरा ज्ञान होना चाहिए। *। 226 ।*

॥ पटुतरे तृष्णापरे सुलभमतिसन्धानम्॥

अपने अनुचित स्वार्थ की पूर्ति के लिए बहुत से व्यक्ति अनुचित रूप से घनिष्ठता बढ़ाने का प्रयत्न करते हैं। इसलिए व्यक्ति को चाहिए कि अनुचित रूप से अधिक मैत्री बढ़ाने का प्रयत्न करनेवाले व्यक्तियों से सावधान रहे।

अधिकांश लोगों के मन में केवल एक ही बात रहती है, वे चाहते हैं कि किसी तरह उनके स्वार्थ की पूर्ति हो। वे अपना काम सिद्ध करने के लिए ऐसे व्यक्ति से अधिक घनिष्ठता बढ़ाते हैं जो उनका स्वार्थ पूर्ण करने में सहायक हो सकता है। बुद्धिमान व्यक्ति को चाहिए कि इस प्रकार अनुचित घनिष्ठता बढ़ाने वालों से सतर्क रहे। *। 227 ।*

॥ तृष्णया मतिश्छाद्यते ॥

लोभ के कारण मनुष्य की बुद्धि पर एक आवरण पड़ जाता है और वह ठीक से सोच नहीं पाता।

जो व्यक्ति हर समय लोभ के वश में रहते हैं उनकी बुद्धि सही दिशा में सोचने में असमर्थ रहती है। उसके लिए वस्तुओं की प्राप्ति महत्वपूर्ण होती है, परिणाम नहीं।

'तृष्णा न जीर्णा वयमेव जीर्णा' अर्थात् मनुष्य में लोभ-लालच की भावनाएं कभी समाप्त नहीं होती परंतु मनुष्य का शरीर जीर्ण-शीर्ण होकर समाप्त हो जाता है। इसलिए जहां तक हो सके मनुष्य को तृष्णा अथवा लोभ-लालच के अधिक चक्कर में नहीं पड़ना चाहिए। इंद्रिय संयम से काम लेते हुए बुद्धि को स्थिर रखना चाहिए। *। 228 ।*

॥ कार्यबहुत्वे बहुफलमायतिकं कुर्यात् ॥

जब मनुष्य के सामने अनेक कार्य करने के लिए हों तो सबसे अधिक महत्त्वपूर्ण स्थायी परिणामवाले कार्य को कर्त्तव्य के रूप में करना स्वीकार करना चाहिए। उस काम को समाप्त करने के पश्चात् अन्य छोटे अथवा सामान्य महत्त्व के कार्य को अपने हाथ में लेना चाहिए।

अनेक मनुष्यों के पास अनेक कार्यों को पूरा करने का उत्तरदायित्व होता है। आज संसार की व्यवस्था ही ऐसी है जिसमें मनुष्य को अनेक कार्य अपने हाथ में लेने पड़ते हैं। ऐसी स्थिति में मनुष्य को चाहिए कि वह सबसे पहले उस कार्य को हाथ में ले जो सबसे अधिक महत्त्वपूर्ण हो और जिसका परिणाम स्थायी तथा समाज के लिए कल्याणकारी हो। *। 229 ।*

॥ स्वयमेवावस्कन्नं कार्यं निरीक्षेत ॥

कार्य करते समय जो कार्य बिगड़ जाए उनको स्वयं देखकर सुधारने का प्रयत्न करना चाहिए।

मनुष्य की शक्तियां सीमित होती हैं या जो कोई भी कार्य करता है उसमें अनेक त्रुटियां रह जाती हैं। उसे चाहिए कि वह स्वयं उन त्रुटियों को दूर करने का प्रयत्न करे। किसी दूसरे व्यक्ति द्वारा त्रुटियां ठीक करवाने से फिर किसी-न-किसी त्रुटि की संभावना रह सकती है।

इसलिए किसी भी बिगड़े हुए कार्य को स्वयं सोच-विचारकर ठीक करने का प्रयत्न करना चाहिए। दूसरे के भरोसे रहकर काम सिद्ध नहीं किया जा सकता। *। 230 ।*

॥ मूर्खेषु साहसं नियतम् ॥

दुस्साहस करना मूर्खों का स्वभाव होता है।

मूर्ख व्यक्ति कोई ऐसा कार्य कर सकते हैं जिन्हें दुस्साहस की श्रेणी में रखा जा सकता है। किसी पर अचानक निर्दयतापूर्ण आक्रमण, किसी से दुर्व्यवहार और मूर्खतापूर्ण कार्य दुस्साहसपूर्ण कार्य कहलाते हैं। सज्जन और विद्वान् व्यक्ति जो कोई कार्य करते अथवा योजना बनाते हैं उसमें दुस्साहस की बात नहीं वरन् बहुत सोच-विचारकर कार्य करने की योजना रहती है। किसी प्रकार के दुस्साहसपूर्ण कार्य से मनुष्य को लाभ होते नहीं देखा गया। हत्या, चोरी, डकैती आदि भी दुस्साहसपूर्ण कार्यों में आते हैं, मूर्ख व्यक्ति ही ऐसे कार्य कर सकते हैं। बुद्धिमान व्यक्ति सदैव इस प्रकार के कार्यों से बचने का प्रयत्न करते हैं। *। 231 ।*

॥ मूर्खेषु विवादो न कर्त्तव्यः ॥

मूर्ख व्यक्तियों से किसी प्रकार का वाद-विवाद नहीं करना चाहिए।

जिन व्यक्तियों को उचित और अनुचित कार्यों के संबंध में किसी प्रकार का ज्ञान नहीं, उनसे काम के संबंध में वाद-विवाद करना व्यर्थ होता है। *। 232 ।*

॥ मूर्खेषु मूर्खवत् कथयेत् ॥

मूर्खों से मूर्खों के समान ही व्यवहार करना चाहिए।

मूर्ख से सज्जनतापूर्ण व्यवहार करने से कोई लाभ नहीं होता। उसकी समझ में केवल डंडे की भाषा आती है। इसलिए मूर्खों से समानता का व्यवहार करने वाला व्यक्ति सदा संकट में पड़ा रहता है। डंडे की भाषा से मतलब इस प्रकार का कठोर व्यवहार है जिसका मूर्ख व्यक्ति पर प्रभाव पड़े। *। 233 ।*

॥ आयसैरायसं छेद्यम् ॥

लोहे से लोहे को काटा जाता है।

दुष्ट और पतित व्यक्ति को अच्छा उपदेश देकर उसके हठीले स्वभाव को परिवर्तित नहीं किया जा सकता। इस प्रकार उसे अपने विचारों के अनुकूल बनाने की भ्रांति से अलग रहना चाहिए। *। 234 ।*

॥ नास्त्यधमितः सखा ॥

मूर्ख व्यक्ति के सच्चे मित्र नहीं होते।

यह कहावत प्रसिद्ध है कि एक जैसे विचार और स्वभाव वाले व्यक्ति एक–दूसरे के साथ रहते हैं। इससे भी सिद्ध है कि मूर्ख व्यक्ति के मित्र भी मूर्ख हो सकते हैं। *। 235 ।*

॥ धर्मेण धार्यते लोकः ॥

इस संसार को धर्म के द्वारा ही धारण किया जा सकता है अर्थात् इस संसार में सत्यरूपी मानव ही धर्म का संरक्षक है।

श्रेष्ठ कर्म करना तथा अश्रेष्ठ से बचना ये दो धर्म के बड़े भेद हैं। धार्मिक मनुष्य को कर्त्तव्य पूरे करने पड़ते हैं, अकर्त्तव्य त्यागना उसका स्वभाव हो जाता है। मानव समाज का संरक्षक सत्यरूपी मानव धर्म ही है। *। 236 ।*

॥ प्रेतमपि धर्माधर्मावनुगच्छतः ॥

मनुष्य की मृत्यु हो जाने तथा उसके देह त्याग करने पर भी उसके अच्छे व बुरे कर्म उसके अंतकाल में भी उसके साथ जाते हैं।

मनुष्य जिस प्रकार के कार्य करता है, मृत्यु हो जाने पर उन कर्मों का फल भी मनुष्य के साथ जाता है अर्थात् मनुष्य देह से जो धर्म अथवा अधर्म के कार्य करता है, उसके अनुसार उसे जीवन का फल भोगना पड़ता है। *। 237 ।*

॥ दया धर्मस्य जन्मभूमिः ॥

दया ही धर्म की माता कही जा सकती है अर्थात् दया से ही धर्मनिष्ठा पैदा होती है।

दया ही ऐहिक अभ्युदय और मानस उत्कर्ष पैदा करनेवाले धर्म की जन्मभूमि है। मैत्री, करुणा, प्रसन्नता, उपेक्षा, पुण्यात्माओं से मैत्री, दु:खियों पर करुणा, खुशियों को देखकर हर्ष व पापियों के प्रति घृणा से चित्त निर्मल होता है। निर्मल चित्त में ही दया उत्पन्न होती है। *। 238 ।*

॥ धर्ममूले सत्यदाने ॥

धर्म ही सत्य तथा दान दोनों का मूल कारण है। । 239 ।

॥ धर्मेण जयति लोकान् ॥

धर्म की रक्षा मानव को विश्वविजेता बना देती है।

समाज में मनुष्यता के संरक्षक धार्मिकों की जो निष्ठा और कीर्ति है, वही तो उन लोगों की विश्वविजय है। असत्य का दमन या असत्य का सिर अवनत करने की सामर्थ्य ही उनकी विजय है।

धर्म से मनुष्य की उन्नति और अधर्म से पतन होता है। *। 240 ।*

॥ मृत्युरपि धर्मिष्ठं रक्षति ॥

मृत्यु भी धार्मिक मनुष्यों को इस संसार से पूरी तरह मिटा नहीं पाती।

मृत्यु के बाद भी मनुष्य धर्म से युक्त अपने कार्यों के कारण जीवित रहता है। उसका नाम अमर होता है क्योंकि धर्म को जीवन-मरण के चक्र से भी नष्ट नहीं किया जा सकता। *। 241 ।*

॥ धर्माद्विपरीतं पापं यत्र प्रसज्यते तत्र धर्मावमतिर्महती प्रसज्येत ॥

धर्म का विरोधी पाप जब अधिक प्रबल हो जाता है तो धर्म का अपमान होने लगता है।

भाव यह है कि जब संसार में पापपूर्ण कार्यों की प्रबलता होती है तो धर्म से द्वेष करनेवाले असुर लोग धर्म का अपमान करते हैं अर्थात् धर्मपरायण व्यक्ति कष्ट उठाते हैं।

जब भी संसार के इतिहास में इस तरह की घटनाएं प्रारंभ हुई हैं और जब उसके कार्यों की अति हो जाती है तो संसार में कोई ऐसा युगपुरुष पैदा होता है जो धर्म की स्थापना करता है—

''यदा यदा हि धर्मस्य ग्लानिर्भवति भारत, अभ्युत्थानमधर्मस्य तदात्मानं सृजाम्यहम्।''

श्रीकृष्ण के ये शब्द इसी बात की पुष्टि करते हैं। *। 242 ।*

॥ उपस्थितविनाशानां प्रकृत्याकारेण लक्ष्यते ॥

विनाशोन्मुख असुरों का सत्यद्वेषी आकार (आचरण) उनके विनाश की सूचना देता है।

पापियों का धर्म के विरुद्ध प्रबल होता आचरण उनके स्वयं के विनाश का सूचक होता है। इससे वे नष्ट हो जाते हैं। *। 243 ।*

॥ आत्मविनाशं सूचयत्यधर्मबुद्धिः ॥

जब मनुष्य के मन में अधर्म बुद्धि उत्पन्न होती है तो वह अधर्मात्मा के विनाश की सूचक होती है।

जब मनुष्य का विनाश अथवा किसी प्रकार की हानि की संभावना होती है तो उसके मन में धर्म के विपरीत विचार उत्पन्न होते हैं। अधर्म-बुद्धि मनुष्य सत्य कार्यों से द्वेष करने लगते

हैं। इस प्रकार वह अपने आपको विनाश के अंधकार में धकेल देता है अर्थात् मनुष्य के मन में आए हुए धर्म विरोधी विचार ही उसके विनाश की सूचना देनेवाले होते हैं। *। 244 ।*

॥ पिशुनवादिनो रहस्यम्॥

चुगलखोर अथवा दूसरों के दोष निकालने वाले व्यक्तियों को कोई गुप्त बात नहीं बतानी चाहिए। उन्हें बताई गई गुप्त बात गुप्त नहीं रह सकती।

जो लोग दूसरों के दोष निकालते रहते हैं अथवा जिनका स्वभाव दूसरों की निंदा करना है उनसे कोई भी बात गुप्त रखना असंभव हो जाता है। दूसरों की निंदा करनेवाले व्यक्ति को कभी भी अपना सहयोगी नहीं बनाना चाहिए। *। 245 ।*

॥ पररहस्यं नैव श्रोतव्यम्॥

दूसरों की गुप्त बातें सुनने की इच्छा मन में पैदा नहीं होनी चाहिए। अन्य लोगों की गुप्त बातें सुनने का आग्रह भी नहीं करना चाहिए।

जिस प्रकार पराये धन को प्राप्त करने का लोभ चोरी अथवा अपहरण प्रवृत्ति का द्योतक है, उसी प्रकार दूसरों की गुप्त बातें सुनने व जानने की इच्छा होना भी एक दोष है। सामाजिक दृष्टि से भी यह बात अच्छी नहीं मानी जाती। *। 246 ।*

॥ वल्लभस्य कारकत्वमधर्मयुक्तम्॥

स्वामी का कठोर होना अधर्म माना जाता है।

राजा का कर्त्तव्य है कि वह अपने सेवकों का हर प्रकार से ध्यान रखे। हर समय उनसे कठोर व्यवहार करना उचित नहीं। जो स्वामी सदैव अपने नौकरों-चाकरों से कठोरता बरतता है, समय आने पर उसके सेवक विरोधी बन जाते हैं। अनेक बार इन्हीं व्यक्तियों से उसके जीवन के लिए संकट उपस्थित हो जाते हैं। इसलिए प्रत्येक व्यक्ति अथवा राजा का कर्त्तव्य है कि वह अपने आश्रितों के प्रति ध्यान दे और उनके प्रति उदारता का बर्ताव करे। *। 247 ।*

॥ स्वजनेष्वतिक्रमो न कर्त्तव्यः॥

अपने हितैषियों की कभी उपेक्षा नहीं करनी चाहिए अर्थात् सज्जनों और अपना हित चाहनेवाले व्यक्तियों का सदैव सम्मान करना चाहिए।

मनुष्य एक सामाजिक प्राणी है। दूसरों की सहायता के बिना उसका जीवन-निर्वाह कठिन हो जाता है। इसलिए उसे चाहिए कि वह अपना हित चाहनेवाले व्यक्तियों की कभी उपेक्षा

अथवा अनादर न करे, उनके साथ सदैव उनकी स्थिति के अनुसार अच्छा व्यवहार करे। इस बात का प्रयत्न करना चाहिए कि उनके मन में आप के प्रति अनादर की भावना पैदा न हो। *। 248 ।*

॥ मातापि दुष्टा त्याज्या ॥

दुष्ट होने पर माता का त्याग भी कर देना चाहिए। जो माता अपनी संतान से शत्रुता करती है, उससे दूर रहना चाहिए।

इस सूत्र का मूल भाव यह है कि दुष्ट व्यक्तियों से सदैव दूर रहना चाहिए। माता का उदाहरण देकर कहा गया है कि यदि जन्म देने वाली माता भी दुष्ट स्वभाव की हो तो उसे भी त्याग देना चाहिए। *। 249 ।*

॥ स्वहस्तोऽपि विषदिग्धश्छेद्यः ॥

यदि अपने हाथ में भी विष फैल जाए तो आत्मरक्षा हेतु उसे भी काट देना चाहिए। इसी प्रकार यदि कोई अत्यन्त प्रिय संबंधी अनिष्ट करने पर उतर आए तो उसका त्याग करके अपनी रक्षा करनी चाहिए।

मनुष्य के शरीर के किसी अंग में जब विष फैल जाता है तो जीवन-रक्षा का उपाय यही है कि उस अंग को शरीर से अलग कर दे। यदि ऐसा नहीं किया जाएगा तो उस अंग का विष सारे शरीर में फैल जाएगा और मनुष्य का जीवन समाप्त हो जाएगा। जब, विष के कारण मनुष्य अपने शरीर के अंग को कटवाने के लिए तैयार हो जाता है तो यदि कोई प्रिय व्यक्ति भी विनाश करने की तैयारी करता है तो उसको भी त्याग देने में ही भलाई होती है। *। 250 ।*

॥ परोऽपि च हितो बन्धुः ॥

किसी प्रकार का सांसारिक संबंध न होने पर भी यदि कोई व्यक्ति आपके हित के अनुकूल व्यवहार करता है तो उसे अपना बंधु समझकर अपना लेना चाहिए।

यह आवश्यक नहीं कि अपने सभी बंधु-बांधव हित चाहने वाले हों, उनमें बहुत से संबंधी उदासीन होते हैं, इसलिए यदि कोई बाहर का व्यक्ति आपके हित की रक्षा के लिए आगे आता है तो उसे अपना मित्र मानने में क्या हानि है? *। 251 ।*

॥ कक्षादप्यौषधं गृह्यते ॥

सूखे वन से भी औषधियां प्राप्त की जा सकती हैं।

जिस प्रकार सूखे वन से भी औषधियां प्राप्त करने के लिए व्यक्ति उत्सुक रहता है, उसी प्रकार यदि कोई व्यक्ति सांसारिक दृष्टि से हीन होकर भी आपका हित चाहने वाला है, तो उसे स्वीकार करना चाहिए। उसकी अवहेलना नहीं करनी चाहिए। *। 252 ।*

॥ नास्ति चौरेषु विश्वासः॥

चोरों का कभी भी विश्वास नहीं करना चाहिए।

चोर उसे कहते हैं जो व्यक्ति किसी की इच्छा के विरुद्ध किसी वस्तु का अपहरण करे। दूसरों की वस्तुओं पर अपना अधिकार जमाने की इच्छा रखनेवाले व्यक्ति संसार के सभी वर्गों में मिलते हैं। अपने सगे-संबंधियों में भी इस प्रकार के व्यक्ति हो सकते हैं। इसलिए आवश्यक है कि चोर कोई भी हो, उसका विश्वास नहीं करना चाहिए। *। 253 ।*

॥ अप्रतीकारेष्वनादरो न कर्त्तव्यः॥

बाधारहित कार्य के संबंध में कभी उपेक्षावृत्ति नहीं अपनानी चाहिए।

इसका भाव यह है कि यदि राजा यह समझे कि इसका शत्रु अपने बचाव का उपाय नहीं कर रहा तो भी उसकी ओर से सदैव सतर्क रहना चाहिए। उसकी उपेक्षा करना स्वयं को हानि पहुंचाना है क्योंकि राजनीति का यह परम मंत्र है कि राजा को कभी अपना भेद किसी पर प्रकट नहीं करना चाहिए। *। 254 ।*

॥ व्यसनं मनागपि बाधते॥

विपत्ति या दुर्व्यसन को छोटा मानकर उपेक्षा न करो।

किसी विपत्ति अथवा व्यसन को बहुत छोटा नहीं मानना चाहिए।

क्योंकि वह छोटा-सा व्यसन ही किसी समय सर्वनाश का कारण बन सकता है। व्यसन छोटा हो अथवा बड़ा, मनुष्य को हानि पहुंचाने वाला होता है। व्यसनी अपने कर्त्तव्यों को भूल जाता है। *। 255 ।*

॥ अमरवदर्थजातमर्जयेत्॥

मनुष्य का कर्त्तव्य है कि वह अपने आपको अमर मानता हुआ आयु भर ऐसी सामग्रियों का संग्रह करता रहे जो जीवन के लिए उपयोगी होती हैं।

मनुष्य को चाहिए कि वह जीवनपर्यंत धर्म और सत्याचरण पर आश्रित रहता हुआ जीवन के लिए उपयोगी वस्तुओं और धन का संग्रह करता रहे। धन ऐसी वस्तु है जिसके बिना धर्म के कार्य करना भी असंभव होता है। जिस व्यक्ति के पास धन नहीं होता वह अपने

सगे-संबंधियों में भी सम्मान का जीवन नहीं बिता सकता। इसलिए आवश्यक है कि व्यक्ति जीवन भर सत्याचरण द्वारा धन का संग्रह करता रहे। *। 256 ।*

॥ अर्थवान् सर्वलोकस्य बहुमतः॥

धनवान् व्यक्ति हर जगह सम्मानित होता है।

आज की स्थिति को देखते हुए चाणक्य की यह बात अक्षरशः सत्य है। *। 257 ।*

॥ महेन्द्रमप्यर्थहीनं न बहु मन्यते लोकः॥

संसार में निर्धन राजा को भी सम्मान प्राप्त नहीं होता।

इस सूत्र में महेंद्र शब्द आया है। इस शब्द का वास्तविक अर्थ है—स्वर्ग का सम्राट। अर्थात् यदि स्वर्ग के सम्राट के पास भी धन नहीं है तो उसका इस संसार में सम्मान नहीं हो सकता। *। 258 ।*

॥ दारिद्र्यं खलु पुरुषस्य जीवितं मरणम्॥

दरिद्र व्यक्ति जीवित होते हुए भी मृत के समान समझा जाता है।

संसार में दरिद्रता एक ऐसा कलंक है जिसके कारण जीवित व्यक्ति को भी मरे हुए के समान मान लिया जाता है, क्योंकि उसमें किसी भी कार्य को संपन्न करने की शक्ति नहीं होती। इसीलिए चाणक्य कहते हैं कि धनहीन व्यक्ति मरे हुए के समान है। *। 259 ।*

॥ विरूपोऽर्थवान् सुरूपः॥

कुरूप व्यक्ति भी यदि धनवान् है, तो उसे भी सुन्दर मान लिया जाता है।

भारत में ऐसी कहावत प्रसिद्ध है कि धनी परिवारों के पागलों को भी बुद्धिमान मान लिया जाता है। इससे सिद्ध है कि धन का मनुष्य के जीवन में बहुत अधिक महत्त्व है। इसलिए मनुष्य का कर्त्तव्य है कि वह जीवन भर धन-संग्रह के लिए प्रयत्नशील रहे। *। 260 ।*

॥ अदातारमप्यर्थवन्तमर्थिनो न त्यजन्ति॥

धन-संग्रह करने के इच्छुक लोग कंजूस धनवान से भी धन प्राप्ति की इच्छा रखते हैं।

जो लोग अपने जीवन में धन-संग्रह को अपना लक्ष्य बना लेते हैं, वे ऐसे लोगों से भी धन प्राप्ति की इच्छा रखते हैं जो अत्यन्त कंजूस होते हैं। कंजूस व्यक्ति किसी को धन क्या देगा, वह तो अपने पर धन खर्च करने में भी आना-कानी करता रहता है। परंतु कुछ लोग ऐसे लोगों से भी धन लाभ प्राप्त कर लेते हैं। *। 261 ।*

॥ अकुलीनोऽपि कुलीनाद्विशिष्टः॥

अच्छे कुल में न उत्पन्न होनेवाला धनवान् व्यक्ति अपने धन का उपयोग यदि समाज सेवा के लिए करता है तो समाज सेवा से विमुख रहनेवाले कुलीन व्यक्ति से भी वह श्रेष्ठ है।

यह बात आवश्यक नहीं कि अच्छे कुल में उत्पन्न होनेवाला व्यक्ति ही समाज में सम्मान प्राप्त करता है। समाज में सम्मान उस व्यक्ति का भी होता है जो अच्छे कुल में न उत्पन्न होने पर भी अपना धन समाज सेवा से जुड़े कार्यों में लगाता है। उसे कुलीन व्यक्ति से भी श्रेष्ठ माना जाता है। *। 262 ।*

॥ नास्त्यमानभयमनार्यस्य॥

नीच व्यक्ति को समाज में अपमानित अथवा तिरस्कृत होने का कोई डर नहीं रहता।

नीच व्यक्ति पर अपमान व तिरस्कार का कोई प्रभाव नहीं पड़ता। ऐसे व्यक्ति की आत्मा का पूरी तरह से पतन हो चुका होता है। ऐसे व्यक्ति के लिए मान-अपमान का कोई विशेष महत्त्व नहीं रहता। *। 263 ।*

॥ न चेतनवतां वृत्तिभयम्॥

चतुर व्यक्ति को जीवन में आजीविका चलाने का कोई भय नहीं होता।

संसार के सुखों में व्यक्ति के पास एक अच्छी आजीविका का होना भी अच्छा माना गया है। व्यवहार-कुशल अथवा चतुर व्यक्ति अपनी आजीविका चलाने के लिए किसी के मोहताज नहीं होते। न किसी की गलत बात बरदाश्त करते हैं और न उन्हें गुलामी स्वीकार है। *। 264 ।*

॥ न जितेन्द्रियाणां विषयभयम्॥

जितेंद्रिय व्यक्ति को विषयों का भय नहीं होता।

जिस व्यक्ति ने अपनी इंद्रियों को वश में किया हुआ है, यदि वह विषयभोगों के निकट भी रहता है तो भी उसके चरित्र के पतित होने की संभावना नहीं रहती। इसलिए जिसने अपनी इंद्रियों को वश में किया हुआ है, वह किसी भी स्थान पर रह सकता है अथवा कहीं भी जा सकता है। किसी भी प्रकार से उसके पाप कार्यों में लिप्त होने की संभावना नहीं रहती। *। 265 ।*

॥ न कृतार्थानां मरणभयम्॥

संसार के रहस्य को समझकर जो व्यक्ति अपने कर्त्तव्य-पालन द्वारा जीवन को सार्थक बनाने का प्रयत्न करता है उसे मृत्यु का भी भय नहीं होता।

जो व्यक्ति संसार में अपने जीवन की सार्थकता को समझकर अपने कर्त्तव्यों का पालन करते हैं, उन्हें मृत्यु से किसी प्रकार का भय नहीं होता। संसार का नियम है कि जिसने जन्म लिया है, उसकी मृत्यु अवश्य होगी, परंतु जिन व्यक्तियों ने अपने जीवन के ध्येय को समझकर अपने कर्त्तव्य पूरे कर लिए, उन्हें संसार में मृत्यु भयभीत नहीं कर सकती। *। 266 ।*

॥ कस्यचिदर्थं स्वमिव मन्यते साधुः॥

सच्चे स्वभाववाले पुरुष पराये धन को अपने पास रखी हुई अपने धन के समान सत्य की धरोहर मानते हैं।

इसका भाव यह है कि सज्जन जिस प्रकार अपने धन का सत् कार्यों में प्रयोग करते हैं उसी प्रकार वह चाहते हैं कि अन्य लोगों का धन भी समाज के कल्याणकारी कार्यों में लगे। जबकि मूढ़मति और दुष्ट लोग चाहते हैं कि अपना धन तो बचा रहे और दूसरे का धन, बीमारी, मुकदमे और दूसरे व्यसनों में नष्ट हो जाए। *। 267 ।*

॥ परविभवेष्वादरो न कर्त्तव्यः॥

दूसरे के धन के प्रति लालच की भावना नहीं रखनी चाहिए। व्यक्ति को चाहिए कि दूसरे के वैभव की लिप्सा न करे।

मनुष्य को कभी भी दूसरों के धन के प्रति लोभ की भावना नहीं रखनी चाहिए। ऐसा करना स्वयं व्यक्ति के लिए घातक है। व्यक्ति अपने पुरुषार्थ से जो संपत्ति अर्जित करता है, उसी पर संतोष करना चाहिए। *। 268 ।*

॥ परविभवेष्वादरोपि विनाशमूलम्॥

दूसरे के धन, संपत्ति और वैभव की लिप्सा करना नाश का कारण बन सकता है।

दूसरे के धन को लालच की दृष्टि से देखना सामाजिक बंधनों के लिए हानिकारक है। मनुष्य धन के लोभ में अपना विवेक खो बैठता है। उसे इस बात का ज्ञान नहीं रहता कि उसका कर्त्तव्य समाज का कल्याण करना है, न कि दूसरों के धन का हरण करने की इच्छा रखना। इस प्रकार की प्रवृत्ति से उसका स्वयं का ही नाश हो जाता है। *। 269 ।*

॥ पलालमपि परद्रव्यं न हर्तव्यम्॥

दूसरे के धन का तिनके जितना अंश भी अपहरण नहीं करना चाहिए।

तिनके के समान अत्यन्त अल्प मात्रा में भी किसी दूसरे व्यक्ति के धन को चुराने की

इच्छा नहीं रखनी चाहिए। अनधिकारपूर्वक किसी की छोटी-से-छोटी वस्तु, जिसका महत्त्व तिनके के समान हो, लेने का प्रयत्न करना भी चोरी है। चोरी के अपराध में चुराई गई वस्तु के कम अथवा अधिक होने का महत्त्व नहीं। चुराई गई वस्तु छोटी हो अथवा बड़ी, वे चोरी की श्रेणी में ही आती हैं। वस्तुत: मन में चोरी की भावना होना ही अपराध है। इससे चोरी करने वाले की मनोवृत्ति का परिचय मिलता है। इसलिए व्यक्ति को अपने मन से चोरी की भावना को समाप्त कर देना चाहिए। *। 270 ।*

॥ परद्रव्यापहरणमात्मद्रव्यनाशहेतुः॥

दूसरों के धन का अपहरण करना अपने धन के विनाश का कारण बन जाता है। । 271 ।

॥ न चौर्यात् परं मृत्युपाशः॥

चोरी से बढ़कर कोई भी अधिक कष्ट देनेवाला बंधन नहीं।

चोरी का फंदा मृत्यु के फंदे से अधिक दु:खदायी होता है। *। 272 ।*

॥ यवागूरपि प्राणधारणं करोति लोके॥

जीवन की रक्षा के लिए जौ का दलिया ही काफी होता है, यदि वह उचित समय पर प्राप्त हो जाए।

यदि व्यक्ति को प्राण-रक्षा के लिए उचित समय पर सबसे सस्ते अन्न का घोल खाने के लिए मिल जाए तो उससे भी उनकी रक्षा हो जाती है अर्थात जीवन की रक्षा के लिए समय पर सस्ती-से-सस्ती वस्तु का अल्प मात्रा में प्राप्त होने का भी महत्त्व है। *। 273 ।*

॥ न मृतस्यौषधं प्रयोजनम्॥

मृत्यु के बाद औषधियों का कोई प्रयोजन नहीं रह जाता।

इसका भाव यह है कि समय के अनुरूप ही साधनों का प्रयोग अथवा उपयोग करना चाहिए। समय के बाद साधनों का प्रयोग व्यर्थ हो जाता है। जिस प्रकार मृत्यु से पूर्व रोगी व्यक्ति के लिए औषधि की आवश्यकता होती है। इसी प्रकार जब कोई व्यक्ति कोई कार्य कर रहा होता है, तो उस कार्य के अनुरूप साधनों का उपयोग करने से कार्य सरलतापूर्वक संपन्न हो जाता है। *। 274 ।*

॥ समकाले स्वयमपि प्रभुत्वस्य प्रयोजनं भवति॥

साधारण समय में अपना प्रभुत्व बनाए रखना कर्त्तव्य का रूप धारण कर लेता है। । 275 ।

॥ नीचस्य विद्याः पापकर्मणि योजयन्ति ॥

नीच पुरुष का ज्ञान और उसकी विद्या उसको पापकर्म में प्रवृत्त करती है।

नीच मनुष्य अपने ज्ञान का उपयोग अपने पापकर्मों के लिए ही करता है। उसकी योग्यता का प्रदर्शन वह अपने नीच कर्मों द्वारा ही करता है। अर्थात् नीच व्यक्ति के पास यदि किसी प्रकार का ज्ञान है तो वह इसका उपयोग भलाई के लिए नहीं वरन् पापपूर्ण कार्यों के लिए ही करता है। उसकी योग्यता, चोरी, दूसरों से कपट, झूठ बोलने तथा इसी प्रकार के अन्य दुष्कर्मों में ही प्रकट होती है। वह अपने ज्ञान का प्रयोग अच्छे कार्यों के लिए नहीं कर सकता। *। 276 ।*

॥ पयः पानमपि विषवर्धनं भुजंगस्य नामृतं स्यात् ॥

सांप को दूध पिलाने से उसके विष में ही वृद्धि होती है। वह अमृत नहीं बनता।

जिस प्रकार सांप को दूध पिलाने से उसके विष में ही वृद्धि होती है, उसी प्रकार नीच व्यक्ति का विद्याओं को प्राप्त करना उसकी नीच प्रवृत्तियों को ही बढ़ावा देना है। उसके ज्ञान से उसकी नीच प्रवृत्तियां कई गुना बढ़ जाती हैं। वह उस विद्या का उपयोग अपनी नीचता के पक्ष में करता है। अपनी बुरी आदतों के पक्ष में शास्त्रों की उक्ति कहते आपको बहुत से लोग आपके आसपास मिल जाएंगे। *। 277 ।*

॥ नहि धान्यसमो ह्यर्थः ॥

संसार में अन्न के समान दूसरा कोई जीवनोपयोगी पदार्थ नहीं। । 278 ।

॥ न क्षुधासमः शत्रुः ॥

भूख से बढ़कर मनुष्य का दूसरा कोई शत्रु नहीं। । 279 ।

॥ अकृतेर्नियता क्षुत् ॥

निकम्मे व्यक्ति को अकसर भूख का कष्ट भोगना पड़ता है।

आलसी और निकम्मा व्यक्ति जीवनभर दरिद्रता में फंसा रहता है। वह स्वयं तो भूखों मरता ही है, अपने आश्रितों को भी भूख से मरने के लिए विवश करता है। मनुष्य का कर्त्तव्य है कि वह अपने जीवन को निकम्मा और आलसी न बनाए। *। 280 ।*

॥ नास्त्यभक्ष्यं क्षुधितस्य ॥

भूखा मनुष्य कुछ भी अर्थात् अभक्ष्य को भी खाने के लिए विवश हो जाता है।

भूखे लोग घास, वृक्षों के पत्ते, उनकी छाल, मिट्टी में मिले हुए अन्न के अंश और मनुष्य के न खाने योग्य नरमांस आदि को खाने के लिए भी विवश हो जाते हैं।

भूख संसार का सबसे बड़ा कष्ट है। राजा अथवा सरकारों का कर्त्तव्य है कि वे अपनी प्रजा को कभी भी अकाल से पीड़ित न होने दें। भूखा व्यक्ति न चाहते हुए भी राज्य का अहित कर सकता है। *।281।*

॥ इन्द्रियाणि जरावशं कुर्वन्ति ॥

इंद्रियों के मर्यादाहीन उपयोग से ही समय से पूर्व मनुष्यों को बुढ़ापा घेर लेता है।

जो व्यक्ति इंद्रियों को वश में न रखकर उनका दुरुपयोग करता है, उसको इसका दुष्परिणाम भुगतना पड़ता है। वह समय से पूर्व ही बुढ़ापे का शिकार हो जाता है। *।282।*

॥ सानुक्रोशं भर्तारमाजीवेत् ॥

ऐसे स्वामी की ही सेवा करके जीविका का उपार्जन करना चाहिए जो दयालु हों।

सेवक को चाहिए कि वह ऐसे व्यक्ति की ही चाकरी करे जो मनुष्यता का सम्मान करता हो अर्थात् जो दूसरे मनुष्य को अपने समान समझता हो। *।283।*

॥ लुब्धसेवी पावकेच्छया खद्योतं धमति ॥

लोभी और कंजूस स्वामी के सेवक की वही दशा होती है जो जुगनू को देखकर उससे आग प्राप्त करने के लिए उस पर पंखे से हवा करता है।

जिस प्रकार जुगनू की चमक से अग्नि पैदा नहीं हो सकती उसी प्रकार सहानुभूतिहीन स्वामी का सेवक सदैव कष्ट पाता है। उसकी इच्छाएं कभी पूर्ण नहीं होतीं। इसलिए लोभी व्यक्ति को कभी अपना स्वामी नहीं बनाना चाहिए। *।284।*

॥ विशेषज्ञं स्वामिनमाश्रयेत् ॥

विद्वान् अथवा विशेषज्ञ स्वामी का आश्रय प्राप्त करना चाहिए।

जो व्यक्ति गुणी को पहचानकर उसके गुणों का आदर करता है, ऐसे व्यक्ति को ही अपना स्वामी मानकर उसकी सेवा करनी चाहिए। जो गुणी व्यक्ति को नहीं पहचानता उसके पास रहना अथवा उसकी सेवा करना व्यर्थ है। *।285।*

॥ पुरुषस्य मैथुनं जरा ॥

अधिक मैथुन करने से पुरुष समय से पूर्व ही बूढ़ा हो जाता है।

मैथुन की भी एक सीमा होती है। यदि कोई व्यक्ति सीमा और अपनी शक्ति से अधिक स्त्री का सेवन करता है तो वह समय से पूर्व ही वृद्धावस्था का शिकार हो जाता है। *। 286 ।*

॥ स्त्रीणाममैथुनं जरा ॥

उचित मैथुन सुख न मिलने से स्त्री जल्दी बूढ़ी हो जाती है।

मैथुन शरीर की एक आवश्यकता है। स्त्रियों में रजस्वला होने के बाद मैथुन की इच्छा होती है। यदि उनसे उचित समय पर उचित मैथुन न किया जाये तो वे जल्दी बूढ़ी हो जाती हैं। *। 287 ।*

॥ न नीचोत्तमयोर्विवाहः ॥

नीच और उत्तम कुल के व्यक्तियों में परस्पर विवाह संबंध नहीं होना चाहिए।

मनुष्य-समाज में प्रत्येक प्रकार के संबंध तभी सफल हो सकते हैं जब वे समानता पर आधारित हों। जहां संबंधों में असमानता होती है वहीं कष्ट पैदा हो जाते हैं। विवाह आदि के संबंध में तो कुलों की समानता देखना और भी आवश्यक हो जाता है। कुल की समानता के अतिरिक्त विचारों और सामाजिक स्थिति में भी समानता का होना आवश्यक है। इन बातों को ध्यान में रखे बिना स्थापित किए गये संबंधों के कारण कटुता पैदा हो जाती है। *। 288 ।*

॥ अगम्यागमनादायुर्यशः पुण्यानि क्षीयन्ते ॥

वेश्या आदि स्त्रियों के साथ सहवास करने से आयु, यश और पुण्य नष्ट हो जाते हैं। । 289 ।

॥ नास्त्यहंकारसमः शत्रुः ॥

अहंकार अर्थात् मिथ्याभिमान से बड़ा मनुष्य का कोई शत्रु नहीं है।

स्वाभिमान और अहंकार में भारी अंतर है। मनुष्य में स्वाभिमान तब आता है जब उसमें योग्यता होती है और अहंकार अयोग्य व्यक्तियों में होता है। स्वाभिमान जहां व्यक्ति को अपने आत्मगौरव को ठेस नहीं पहुंचने देता वहां अहंकार के कारण व्यक्ति को भारी हानि उठानी पड़ती है। इसीलिए अहंकार मनुष्य का सबसे बड़ा शत्रु बताया गया है। *। 290 ।*

॥ संसदि शत्रुं न परिक्रोशेत् ॥

सभा में शत्रु की निंदा नहीं करनी चाहिए। उसे किसी प्रकार के कटु वचन कहकर सभा को लड़ाई-झगड़े का केंद्र नहीं बनने देना चाहिए।

बुद्धिमान व्यक्ति का कर्त्तव्य है कि सभा में कोई ऐसी कटु वाणी अपने विरोधियों के लिए प्रयोग न करे जिससे उनका क्रोध भड़के। चतुर व्यक्ति सभा में अपनी बात इस तरह कहता है कि जिससे उसके विचार भी स्पष्ट प्रकट हो जायें और विरोधियों को भी क्रोध न आये। *। 291 ।*

॥ शत्रु व्यसनं श्रवणसुखम् ॥

शत्रु की विपत्ति अथवा उसके दुःख की बात सुनकर कानों को आनंद अनुभव होता है।

शत्रु पर विपत्ति आने की बात सुनकर प्रायः सभी व्यक्तियों को प्रसन्नता होती है। *। 292 ।*

॥ अधनस्य बुद्धिर्न विद्यते ॥

धनहीन व्यक्ति की बुद्धि नष्ट हो जाती है।

संसार में निर्धनता से बढ़कर कोई अभिशाप नहीं। निर्धन व्यक्ति का अपने बन्धु–बान्धवों, परिवारवालों और मित्रों में भी अपमान होता है। इस प्रकार अपमान से घबराकर वह ऐसे अनर्थ कार्य कर बैठता है जिसकी मनुष्य से आशा नहीं की जा सकती। *। 293 ।*

॥ हितमप्यधनस्यवाक्यं न शृणोति ॥

निर्धन व्यक्ति की हितकारी बातों को भी कोई नहीं सुनता।

निर्धन व्यक्ति यदि कोई अच्छी और उपयोगी बात भी कहता है तो लोग उसे मजाक में लेते हैं और उसकी हंसी उड़ाते हैं। निर्धन व्यक्ति की भी बात को किसी योग्य नहीं समझा जाता। *। 294 ।*

॥ अधनः स्वभार्ययाऽप्यवमन्यते ॥

निर्धन व्यक्ति की पत्नी भी उसका अपमान कर बैठती है।

मनुष्य के लिए आवश्यक है कि वह घर के कार्यों को चलाने के लिए आलस्य रहित होकर वैध उपायों द्वारा धन संग्रह करे। अन्यथा उसे अपनी भार्या तक से अपमानित होना पड़ता है। *। 295 ।*

॥ पुष्पहीनं सहकारमपि नोपासते भ्रमराः ॥

जिस प्रकार भौंरे बौर अथवा पुष्पकाल बीत जाने पर फूलों से रहित आम के वृक्ष को त्याग देते हैं, उसी प्रकार धन का उपासक संसार निर्धन व्यक्ति से अपनी इच्छा की पूर्ति न होते देख उसे त्याग देता है।

वस्तुतः यदि बुद्धिमान व्यक्ति निर्धन है तो यह उस समाज अथवा राष्ट्र का कर्त्तव्य है कि उसे उपेक्षित होने से बचाए। संसार में सभी को धन की जरूरत होती है परंतु जब लोग निर्धन व्यक्ति से किसी प्रकार की आशा पूर्ति होते नहीं देखते तो उसका त्याग कर देते हैं। *। 296 ।*

॥ विद्या धनमधनानाम् ॥

विद्या ही निर्धन लोगों का धन है।

निर्धन व्यक्ति का सम्मान उसके ज्ञान के कारण होता है। निर्धन व्यक्ति यदि विद्वान् है तो वह आवश्यकतानुसार धन उपार्जन भी कर सकता है, इसलिए विद्या को निर्धनों का ऐसा धन माना जाता है जिससे उन्हें सम्मान प्राप्त होता है। *। 297 ।*

॥ विद्या चौरैरपि न ग्राह्या ॥

विद्या मनुष्य का एक ऐसा गुप्त धन है जिसे चोर भी नहीं चुरा सकते। इसीलिए विद्या रूपी धन को सभी धनों में श्रेष्ठ माना गया है।। 298 ।

॥ विद्यया ख्यापिता ख्यातिः ॥

विद्या से मनुष्य के यश का विस्तार होता है।

विद्वान् व्यक्ति जहां भी जाता है उसका सम्मान किया जाता है। जिस प्रकार दीपक का प्रकाश छिपा नहीं रह सकता, उसी प्रकार विद्वान् व्यक्ति की योग्यता भी अपने आप प्रकट हो जाती है। जिस प्रकार ज्ञानी मनुष्य सुपात्र व्यक्ति को दान करने से पुण्य और यश का भागी होता है, उसी प्रकार विद्वान् व्यक्ति भी विद्या का दान देकर निरंतर अपने यश में वृद्धि करता है। *। 299 ।*

॥ यशः शरीरं न विनश्यति ॥

मनुष्य की भौतिक देह तो मृत्यु को प्राप्त होती है परंतु उसका यश रूपी शरीर सदैव अमर रहता है।

जिस व्यक्ति ने इस संसार में जन्म लिया है उसकी मृत्यु भी निश्चित है। परंतु जो व्यक्ति अपने कार्यों से, अपने सद्गुणों से, इस संसार में यश प्राप्त करते हैं वे सदैव अमर बने रहते हैं। उनकी मृत्यु के बरसों बाद भी लोग उनका नाम बड़ी श्रद्धा और भक्ति से लेते हैं। *। 300 ।*

॥ यः परार्थमुपसर्पति स सत्पुरुषः ॥

जो मनुष्य दूसरों के परोपकार के लिए आगे बढ़ता है वही सज्जन पुरुष माना जाता है।

स्वार्थ तो इस संसार में सभी पूरा करते हैं, परंतु सज्जन पुरुष वही कहलाता है जो दूसरों के कष्ट को अपना समझकर उनका कल्याण करने के लिए आगे आता है अर्थात् जो व्यक्ति सबके कल्याण में अपना कल्याण समझता है, वही सत्पुरुष कहलाता है। *। 301 ।*

॥ इन्द्रियाणां प्रशमं शास्त्रम् ॥

शास्त्र के ज्ञान से ही इंद्रियों को शांत अथवा उन्हें अपने वश में रखा जा सकता है। । 302 ।

॥ अशास्त्रकार्यवृत्तौ शास्त्रांकुशं निवारयति ॥

अवैध कार्यों के लिए उद्यत व्यक्ति को शास्त्र का अंकुश ही संयम में रखता है।

जब मनुष्य के मन में समाज के विरुद्ध कोई कार्य करने की भावना पैदा होती है तो शास्त्र का अंकुश ही उसे रोकने में समर्थ होता है अर्थात् जो व्यक्ति जितेंद्रिय होते हैं, जिन्होंने अपनी इंद्रियों को वश में किया हुआ है, वे ही उस अवैध कार्यों से बच सकते हैं। शास्त्रों में इंद्रिय निग्रह की बात कही गई है, जिन्हें शास्त्र का ज्ञान है वे पापाचरण से बच जाते हैं। *। 303 ।*

॥ नीचस्य विद्या नोपेतव्या ॥

नीच पुरुष की विद्या की अवहेलना करनी चाहिए। । 304 ।

॥ म्लेच्छभाषणं न शिक्षेत् ॥

म्लेच्छों की भाषा का प्रयोग नहीं करना चाहिए।

म्लेच्छ भाषा से चाणक्य का भाव अश्लील अथवा अशिष्ट भाषा से है अर्थात् मनुष्य को अपनी बातचीत अथवा अपने भाषण में अशिष्ट भाषा का प्रयोग नहीं करना चाहिए। अशिष्ट भाषा का प्रयोग करने वाले का समाज में अपमान ही होता है। *। 305 ।*

॥ म्लेच्छानामपि सुवृत्तं ग्राह्यम् ॥

म्लेच्छ व्यक्ति की अच्छी बातों को अपना लेना चाहिए।

यदि दुष्ट और अभद्र व्यक्ति कोई अच्छी बात कहता है तो उससे लाभ उठाने की प्रवृत्ति होनी चाहिए। यदि म्लेच्छ लोग किसी कारण वश संगठित होते हैं तो उससे सीख लेने में कोई हानि नहीं। *। 306 ।*

॥ गुणे न मत्सरः कर्त्तव्यः ॥

दूसरे के अच्छे गुणों से ईर्ष्या नहीं करनी चाहिए।

प्रायः यह मनुष्य का स्वभाव होता है कि वह अन्य व्यक्तियों के उत्कर्ष को देखकर उनसे ईर्ष्या करने लगता है। परंतु ईर्ष्या करने से कोई लाभ नहीं होता। इससे केवल व्यक्ति की असहिष्णु प्रवृत्ति का ही बोध होता है। *। 307 ।*

॥ शत्रोरपि सुगुणो ग्राह्यः ॥

शत्रु में यदि अच्छे गुण दिखाई दें तो उन्हें ग्रहण कर लेना चाहिए।

इस सूत्र से चाणक्य का भाव शत्रु के रण–कौशल से है। रण–कौशल के संबंध में यदि शत्रु में कोई विशेष बात दिखाई दे तो ग्रहण कर लेनी चाहिए। *। 308 ।*

॥ विषादप्यमृतं ग्राह्यम् ॥

विष में भी यदि अमृत हो तो उसे ग्रहण कर लेना चाहिए।

जिस समय विष अमृत का काम करने लगे तो उसे विष न समझकर अमृत के रूप में स्वीकार कर लेना चाहिए। विष वास्तव में प्रयोग करने वाले के चातुर्य से अमृत बन जाता है। *। 309 ।*

॥ अवस्थया पुरुषः सम्मान्यते ॥

परिस्थितियां पैदा करने से ही व्यक्ति सम्मान का अधिकारी बनता है।

राजा के सम्मान पाने की एक अवस्था है। राजा अपनी शासन–व्यवस्था में प्रजा से सम्मानित होने योग्य परिस्थिति पैदा करके ही प्रजा से राजभक्ति या सम्मान पाने की आशा कर सकता है। जब तक राज्यसंस्था अपने को प्रजाहित के अनुकूल नहीं बना लेती, तब तक उसे सम्मान प्राप्त नहीं होता। *। 310 ।*

॥ स्थान एव नराः पूज्यन्ते ॥

अपने स्थान पर बने रहने से ही व्यक्ति को सम्मान मिलता है।

व्यक्ति की अपने प्रभाव क्षेत्र में ही पूजा होती है। भाव यह है कि व्यक्ति जिस क्षेत्र में काम करता है, उस क्षेत्र के लोग उसकी योग्यता से परिचित होते हैं। वे उसके गुणों और उसके स्वभाव से भी भली प्रकार परिचित होने के कारण ही उसका सम्मान करते हैं। *। 311 ।*

॥ आर्यवृत्तमनुतिष्ठेत् ॥

मनुष्य को चाहिए कि वह सदा आर्यों (श्रेष्ठ पुरुषों) के आचरण का अनुसरण करे।

मनुष्य को चाहिए कि वह समाज में अपना सम्मान बनाए रखने के लिए सदा नम्रता और धर्म के अनुसार ही आचरण करे। श्रेष्ठ पुरुषों का आचरण इस प्रकार का होता है कि वे नीतिपूर्वक सभ्य आचरण में ही विश्वास करते हैं। *।312।*

॥ कदापि मर्यादां नातिक्रमेत्

मर्यादा का कभी भी उल्लंघन नहीं करना चाहिए।

व्यक्ति एक सामाजिक प्राणी है। प्रत्येक समाज की कुछ सीमाएं और मर्यादाएं होती हैं। व्यक्ति को चाहिए कि वह उन सीमाओं में रहते हुए ही आचरण करे। *।313।*

॥ नास्त्यर्घः पुरुषरत्नस्य ॥

विद्वान् और गुणी व्यक्ति किसी भी राष्ट्र और समाज के लिए अमूल्य रत्न होते हैं।

किसी भी क्षेत्र में की गई उनकी सेवाओं और कार्यों का राष्ट्र के लिए बहुत महत्त्व होता है। इस प्रकार के पुरुष-रत्न समाज में बहुत कम होते हैं परंतु ऐसे व्यक्तियों की न तो किसी चीज से उपमा दी जा सकती है और न उनका मूल्य ही आंका जा सकता है। *।314।*

॥ न स्त्रीरत्नसमं रत्नम् ॥

स्त्री-रत्न से बढ़कर कोई दूसरा अमूल्य रत्न नहीं है।

सच्चरित्र पतिव्रता स्त्री किसी परिवार के लिए सम्मान का कारण होती है। स्त्रियों का सम्मान राष्ट्र का सम्मान माना जाता है। स्त्री को लक्ष्मी के रूप में प्राचीन ग्रन्थों में सुचारित किया गया है। परिवार के अतिरिक्त देश के निर्माण में भी स्त्रियों का बहुत बड़ा हाथ होता है। अपने उत्तरदायित्व को निभाने वाली स्त्री की उपमा रत्न से दी गई है। *।315।*

॥ सुदुर्लभं रत्नम् ॥

संसार में रत्नों की प्राप्ति बहुत कठिन है।

संदर्भ के अनुसार गुणवान महिलाओं और पुरुषों का जिस समाज में अभाव होता है, उसे दुर्भाग्य समझना चाहिए। रत्न उसे कहा जाता है जिसमें सौंदर्य हो, तेज हो, चित्ताकर्षण हो। इसी प्रकार समाज को अलंकृत करनेवाले अथवा समाज की शोभा बढ़ाने वाले स्त्री और पुरुषों को रत्न कहा जाता है। इसी प्रकार के रत्नों से समाज की शोभा बढ़ती है। *।316।*

॥ अयशो भयं भयेषु ॥

सभी प्रकार के भय से अपयश अर्थात् बदनामी का भय सबसे बड़ा होता है।

सभ्य और सज्जन पुरुष सदा इस बात का ध्यान रखते हैं कि उनसे कोई ऐसा कार्य न हो जाए जिससे उनकी निंदा हो। सज्जन व्यक्तियों के लिए उनकी निंदा अथवा लोगों के मन में उनके आचरण के प्रति संदेह पैदा होना उनके लिए मृत्यु के समान होता है। *। 317 ।*

॥ नास्त्यलसस्य शास्त्राधिगमः ॥

आलसी पुरुष को कभी भी शास्त्र का यथार्थ ज्ञान नहीं हो सकता।

आलसी व्यक्ति विद्या प्राप्त नहीं कर सकता। भारतीय शास्त्रों में अनेक स्थानों पर कहा गया है कि शास्त्र का ज्ञान प्राप्त करने वाले को सुखभोग की इच्छा त्याग देनी चाहिए और उसे आलस्य से दूर रहना चाहिए। आलसी अपने परिवार के लिए भी दुःख देने वाला सिद्ध होता है। *। 318 ।*

॥ न स्त्रैणस्य स्वर्गाप्तिर्धर्मकृत्यं च ॥

स्त्री में आसक्त पुरुष को न तो स्वर्ग मिलता है और न उसके द्वारा कोई धर्म कार्य हो पाता है।

जो व्यक्ति इंद्रियों को वश में नहीं रख सकता, वह सदैव दुःखी रहता है। उसके लिए मानवोचित कर्त्तव्य पालन करना भी कठिन होता है। उसे शारीरिक, मानसिक तथा सामाजिक किसी भी प्रकार का सुख प्राप्त नहीं हो सकता और वह समय से पूर्व ही बूढ़ा हो जाता है। *। 319 ।*

॥ स्त्रियोऽपि स्त्रैणमवमन्यन्ते ॥

स्त्रियां भी स्त्रैण पुरुष का अपमान कर देती हैं।

मनुष्य की अपनी पत्नी भी उसके इस स्वभाव के कारण उसे उपेक्षा की दृष्टि से देखती है। *। 320 ।*

॥ न पुष्पार्थी सिंचति शुष्कतरुम् ॥

फूलों का इच्छुक व्यक्ति कभी सूखे पेड़ को नहीं सींचता।

मनुष्यों को अपने ध्येय के अनुसार ही कार्य करना चाहिए। जो व्यक्ति अपने ध्येय से विचलित हो जाता है, वह कहीं का नहीं रहता। न उसका जीवन सफल होता है और न उसको समाज में सम्मान मिलता है।

जिस प्रकार फूलों की प्राप्ति के इच्छुक व्यक्ति सूखे पौधों को नहीं सींचते उसी प्रकार प्रत्येक व्यक्ति को अपने ध्येय के अनुसार कार्य करना चाहिए। *। 321 ।*

॥ अद्रव्यप्रयत्नो बालुकाक्वाथनादनन्य:॥

बिना किसी कारण से व्यर्थ परिश्रम करना और धन प्राप्ति की इच्छा रखना बिलकुल ऐसी ही बात है जैसे बालू से तेल निकालने का प्रयत्न करना।

धन की प्राप्ति के लिए मनुष्य को भ्रान्त धारणाओं में पड़कर ऐसे उपाय नहीं करने चाहिए जिनसे धन की प्राप्ति न हो। धन की प्राप्ति एक निश्चित ध्येय को सामने रखकर निष्ठापूर्वक कार्य करने से होती है। आलस्य में पड़े रहकर शेख-चिल्लियों की तरह भ्रांत धारणाओं से धन की प्राप्ति नहीं हो सकती। *। 322 ।*

॥ न महाजनहास: कर्त्तव्य:॥

महान् पुरुषों का उपहास नहीं करना चाहिए।

सीधे-सादे सत्यनिष्ठ व्यक्तियों का मजाक उड़ाने से उनकी कोई हानि नहीं होती बल्कि व्यक्ति का अपना ही छोटापन जाहिर होता है। उनका उपहास करना बिलकुल वैसा ही है जैसे चांद पर थूकने का प्रयत्न करना। *। 323 ।*

॥ कार्यसम्पदं निमित्तानि सूचयन्ति॥

किसी कार्य के लक्षण ही उसकी सिद्धि या असिद्धि की सूचना दे देते हैं।

व्यक्ति जब कोई कार्य प्रारम्भ करता है, उस समय किस प्रकार के लक्षण प्रकट होते हैं, इस बात से ही पता चलता है कि कार्य में सफलता प्राप्त होगी या असफलता। कोई कार्य प्रारंभ करते समय मनुष्य के मन में एक प्रकार का उत्साह होता है। यदि कार्य करते समय वह उत्साह बना रहता है तो लक्षण कार्य सिद्धि के होते हैं। यदि मनुष्य के मन में उत्साह उत्पन्न नहीं होता तो कार्य सिद्ध होने में संदेह रहता है। *। 324 ।*

॥ नक्षत्रादपि निमित्तानि विशेषयन्ति॥

इसी प्रकार नक्षत्रों से भी किसी कार्य के सिद्ध होने की सूचना मिल जाती है।

प्राय: कोई कार्य प्रारंभ करते समय नक्षत्रों की गतिविधियों के आधार पर शुभ मुहूर्त्त निकाला जाता है। अच्छा समय देखकर कार्य प्रारम्भ करना बुद्धिमत्ता की बात हो सकती है। परंतु उस कार्य की सफलता तभी निश्चित होती है जब मनुष्य के मन में इस कार्य की सिद्धि के प्रति कोई संदेह न हो।

इसलिए व्यक्ति को कर्तव्य-पालन में विलंब नहीं करना चाहिए, क्योंकि इससे शुभ मुहूर्त्त के नष्ट होने की संभावना रहती है। *। 325 ।*

॥ न त्वरितस्य नक्षत्रपरीक्षा ॥

अपने कार्य की सिद्धि चाहनेवाला व्यक्ति नक्षत्रों की गणना पर अपने भाग्य की परीक्षा नहीं करता।

जो व्यक्ति अपने कार्य को शीघ्र ही सफल होता देखना चाहता है, वह नक्षत्रों के चक्कर में नहीं पड़ता। वह अपने आत्म-विश्वास और कार्यसिद्धि के लिए किए जाने वाले उपायों पर दृष्टि रखता है। */ 326 /*

॥ परिचये दोषा न छाद्यन्ते ॥

किसी से परिचय हो जाने के बाद उसके दोष छिपे नहीं रहते।

मनुष्य जिससे पूर्णतया परिचित हो जाता है उसके सभी गुण और दोष व्यक्ति पर प्रकट हो जाते हैं। किसी व्यक्ति के दोषों का ज्ञान मनुष्य को तभी होता है जब वह उसके अत्यन्त निकट आता है। */ 327 /*

॥ स्वयमशुद्धः परानाशंकते ॥

बुरे विचारों वाला व्यक्ति दूसरों पर भी बुरा होने का संदेह करता है।

जो व्यक्ति अपने आचरण से भ्रष्ट हैं, वे संसार में किसी भी व्यक्ति को शुद्ध आचरण वाला नहीं मानते। वे प्रत्येक को संदेह की दृष्टि से देखते हैं। */ 328 /*

॥ स्वभावो दुरतिक्रमः ॥

स्वभाव को बदलना बहुत कठिन कार्य होता है।

मनुष्य का मन ज्ञान अथवा अज्ञान दोनों में से किसी एक स्थिति को अपना लेता है। इस प्रकार वह उसका स्वभाव बन जाता है। स्वभाव के अनुसार वह आचरण करता है। जिस व्यक्ति की प्रवृत्ति शुभ कर्मों में है, उसे एकदम बदलना कठिन होता है। परंतु अधिकांश मनुष्य अपने अज्ञान के कारण निकृष्ट कार्यों की ओर जल्दी प्रवृत्त हो जाते हैं। परंतु जब वे एक ही प्रकार के कार्यों को बार-बार करते हैं तो उनके स्वभाव को बदलना कठिन हो जाता है। एक सामान्य कहावत है कि चोर यदि चोरी छोड़ भी देता है तो हेरा-फेरी छोड़ना उसके लिए कठिन होता है। */ 329 /*

॥ अपराधानुरूपो दण्डः ॥

अपराध के अनुरूप ही दंड देना चाहिए।

अपराधियों को उनके अपराध के अनुसार ही दंड देना शासन का कर्त्तव्य होता है। इससे जनता में सुरक्षा की भावना बढ़ती है। दंड के भय के कारण ही कहा गया है कि वह सोते हुए भी जागता है अर्थात् दण्ड अपने स्थान पर सदैव स्थिर रहता है। इसी से प्रजा में शासन-व्यवस्था स्थिर रहती है। कहा भी है—*दण्डः शास्ति प्रजाः सर्वाः दण्ड एवाभिरक्षति। दण्डः सुप्तेषु जागर्ति दण्डं धर्म विदुर्बुधाः॥* अर्थात् दंड राजधर्म का आवश्यक अंग है। *। 330 ।*

॥ कथानुरूपं प्रतिवचनम्॥

प्रश्न के अनुरूप ही उत्तर देना चाहिए।

जिन लोगों पर विश्वास न हो, उनके प्रश्नों का उत्तर देते समय इस बात को ध्यान में रखना चाहिए कि जो कुछ प्रश्न में पूछा गया है उसका उत्तर सीमित होना चाहिए। पूछा कुछ जाए और व्यक्ति इधर-उधर की हांकने लगे, ऐसे लोग मूर्ख कहलाते हैं। *। 331 ।*

॥ विभवानुरूपमाभरणम्॥

अपनी धन-संपत्ति के अनुरूप ही व्यक्ति को आभूषण धारण करने चाहिए।

मनुष्य को अपने शरीर की सजावट अथवा वेषभूषा अपनी आर्थिक स्थिति के अनुरूप सीमित रखनी चाहिए। अपनी स्थिति से बाहर जाकर शरीर को सजाने से मनुष्य के सम्मान में वृद्धि नहीं होती।

मनुष्य को अपनी वेशभूषा देशकाल के अनुसार रखनी चाहिए। कहा भी गया है कि—'ताते पैर पसारिए जाती लम्बी सौर।' *। 332 ।*

॥ कुलानुरूपं वृत्तम्॥

अपने कुल की मर्यादा के अनुसार ही व्यक्ति को कार्य करना चाहिए।

व्यक्ति का आचरण इस प्रकार का होना चाहिए जिससे कुल की मर्यादा को ठेस न पहुंचे। कुल की मर्यादा में व्यक्ति के आचरण के साथ-साथ उसका व्यवसाय भी आता है। इसलिए व्यक्ति का कर्त्तव्य यह है कि वह कोई ऐसा व्यवसाय न अपनाये अथवा कोई ऐसा आचरण न करे जिससे उसके कुल की मर्यादा को हानि पहुंचती हो। *। 333 ।*

॥ कार्यानुरूपः प्रयत्नः॥

जैसा कार्य हो, प्रयत्न भी उसी के अनुसार करना चाहिए।

कार्य प्रारंभ करने से पूर्व उचित समय, सहायक, अनुकूल परिस्थितियां, धन आदि साधन और अपने उत्साह के संबंध में व्यक्ति को परिचित होना चाहिए। *। 334 ।*

॥ पात्रानुरूपं दानम् ॥

पात्र के अनुसार ही दान देना चाहिए।

दान देने से पहले इस बात पर विचार करना आवश्यक है कि जिसे दान दिया जा रहा है, वह उसके योग्य भी है अथवा नहीं। उसकी योग्यता के अनुसार ही दान की मात्रा निर्धारित करनी चाहिए। *।335।*

॥ वयोऽनुरूपो वेशः ॥

व्यक्ति को अपनी आयु के अनुसार ही वेश धारण करना चाहिए। ।336।

॥ स्वाम्यनुकूलो भृत्यः ॥

स्वामी के अनुसार ही सेवक को कार्य करना चाहिए।

सेवक का कर्त्तव्य है कि वह स्वामी की इच्छा के अनुकूल आचरण करनेवाला हो। सेवक को अपने स्वामी के विचारों, समाज में उसकी स्थिति आदि को समझकर उसके अनुसार ही आचरण करना चाहिए। उसे कोई ऐसा कार्य नहीं करना चाहिए जिससे स्वामी का अनादर हो। *।337।*

॥ भर्तृवशवर्तिनी भार्या ॥

पति के वश में रहनेवाली पत्नी ही भरण-पोषण की अधिकारिणी होती है।

गृहस्थ रूपी रथ को चलाने के लिए पति और पत्नी दो पहियों के समान होते हैं। दोनों का पारस्परिक तालमेल आवश्यक है। दोनों की पारस्परिक एकता तभी संभव है, जब दोनों के जीवन का लक्ष्य एक जैसा हो, दोनों के विचार एक समान हों। विचारों में समानता न होने के कारण कलह उत्पन्न होने लगता है। इसलिए दोनों में अनुकूलता होना गृहस्थ के कल्याण के लिए आवश्यक है। *।338।*

॥ गुरुवशानुवर्ती शिष्यः ॥

शिष्य को सदा गुरु की इच्छा के अधीन रहकर कार्य करना चाहिए।

जब गुरु शिष्य को शिक्षित करने के लिए अपने अधीन लेता है तो इसे शिष्य का दूसरा जन्म माना जाता है। क्योंकि गुरु ही शिष्य को सब प्रकार की विद्याओं का ज्ञान देता है जिससे शिष्य के ज्ञान-चक्षु खुलते हैं और एक सामाजिक परंपरा बनी रहती है। गुरु के बिना व्यक्ति

का कल्याण नहीं हो सकता। जीवन में अपने कर्त्तव्यों को सही ढंग से पूरा करने के लिए गुरु से ही ज्ञान प्राप्त होता है। इसलिए शिष्य का कर्त्तव्य है कि वह गुरु की इच्छा के अनुसार ही कार्य करे। *। 339 ।*

॥ पितृवशानुवर्ती पुत्रः॥

पुत्र को पिता की इच्छा के अनुसार चलनेवाला होना चाहिए।

पुत्र का कर्त्तव्य है कि पिता के अनुभवों से लाभ उठाए। पिता की आज्ञा के अनुसार कार्य करने से ही वह पिता की संपत्ति का अधिकारी हो जाता है। परिवार में सुख और शांति बनाए रखने के लिए भी आवश्यक है कि पुत्र पिता की आज्ञा के अनुरूप ही कार्य करे। *। 340 ।*

॥ अत्युपचारः शंकितव्यः॥

अत्यधिक आदर से शंका उत्पन्न होती है।

यदि कोई व्यक्ति आगंतुक की स्थिति से अधिक आदर सम्मान करता है तो इससे व्यक्ति के मन में संदेह उत्पन्न हो सकता है।

इसका कारण यह हो सकता है कि स्वागत-सत्कार करनेवाला व्यक्ति उस पर किसी अनुचित कार्य का दबाव डालना चाहता हो। *। 341 ।*

॥ स्वामिनि कुपिते स्वामिनमेवानुवर्तेत॥

स्वामी के क्रुद्ध होने पर सेवक को स्वामी की आज्ञा के अनुसार ही कार्य करना चाहिए।

यदि स्वामी किसी कारण वश सेवक से क्रुद्ध है तो सेवक को चाहिए कि वह अपने स्वामी के प्रति क्रोध न प्रकट करके अपनी भूल को सुधारने का प्रयत्न करे। सेवक का स्वामी के प्रति क्रोध करना अनुचित और हानिप्रद होता है। *। 342 ।*

॥ मातृताडितो वत्सो मातरमेवानुरोदिति॥

माता के द्वारा ताड़ित किया गया बच्चा माता के पास जाकर ही रोता है।

जब माता अपने बच्चे को उसकी किसी भूल के कारण दण्ड देती है तो बच्चा अपने स्वभाव के अनुसार माता के पास जाकर ही रोकर अपना दुःख प्रकट करता है। इसी प्रकार मनुष्य का कर्त्तव्य यह है कि उसे अपने हितैषियों, अपने संबंधियों तथा गुरुओं के कुपित हो जाने पर भी उन्हें त्यागना नहीं चाहिए। अपनी त्रुटियों का सुधार करके उन्हें अपनी ओर से प्रसन्न करने का प्रयत्न करना चाहिए। *। 343 ।*

॥ स्नेहवतः स्वल्पो हि रोषः ॥

स्नेह करने वाले व्यक्तियों का क्रोध क्षणिक और अनिष्टरहित होता है।

भला चाहने वाले व्यक्ति किसी कारण से यदि क्रुद्ध होते हैं तो उसके पीछे अनिष्ट करने की भावना नहीं होती। माता-पिता, गुरु, संबंधी आदि लोगों का क्रोध थोड़ी देर के लिए होता है। वे थोड़ी-सी देर में प्रसन्न हो जाते हैं। *। 344 ।*

॥ आत्मच्छिद्रं न पश्यति परच्छिद्रमेव पश्यति बालिशः ॥

मूर्ख व्यक्ति अपने दोषों को न देखकर दूसरों के दोषों को देखता है।

मूर्ख मनुष्य का यह स्वभाव होता है कि वह अपने अवगुणों को न देखकर दूसरे व्यक्तियों में दोष ढूंढ़ने का प्रयत्न करता है। वह अपने को अपराधी न मानकर दूसरे के अपराधों और उनके दोषों को ही खोजता रहता है। मूर्ख व्यक्ति का यह स्वभाव होता है। उसे अपनी आंख का शहतीर दिखाई नहीं देता जबकि दूसरों की आंख का तिनका वह बड़ी सरलता से देख लेता है। *। 345 ।*

॥ सोपचारः कैतवः ॥

धूर्त लोग दूसरों के पर बल बना करते हैं अर्थात् आत्म-प्रदर्शन करते हैं।

धूर्त लोग दूसरों की कपट सेवा से कोई भेद जानना चाहते हैं। धूर्त लोग जिनका भेद जानना चाहते हैं उन्हें अपनी सेवा द्वारा अपने वश में करने का प्रयत्न करते हैं। *। 346 ।*

॥ काम्यैर्विशेषैरुपचरणमुपचारः ॥

किसी विशेष इच्छा की पूर्ति के लिए जो सेवा की जाती है उसे उपचार कहते हैं।

उपचार का अर्थ दवा-दारू अथवा सेवा करना भी होता है। इस संदर्भ में यहां अपनी किसी विशेष इच्छा के कारण किसी दूसरे व्यक्ति की जो सेवा की जाती है, उसको भी उपचार कहते हैं। बहुत से लोग किसी का भेद जानने के लिए गुप्तचर के रूप में कार्य करते हैं। *। 347 ।*

॥ चिरपरिचितानामत्युपचारः शंकितव्यः ॥

अत्यधिक परिचित व्यक्तियों की अनुचित सेवा से मन में संशय पैदा होता है।

जिस व्यक्ति से काफी घनिष्ठ परिचय हो, यदि किसी दिन उसकी सेवा में अत्यधिक रुचि दिखाई देती है तो इसे शंका की दृष्टि से देखा जाता है। इसका अर्थ यह लगाया जाता है कि इसे किसी विशेष प्रकार की कार्य पूर्ति की इच्छा है। अत्यन्त परिचित व्यक्ति से जो

भी काम लेना हो उससे स्पष्ट बात करनी चाहिए। अपने आदर–सत्कार से उसके मन में संदेह पैदा करने का प्रयत्न नहीं करना चाहिए। *। 348 ।*

॥ गौर्दुष्करा श्वसहस्रादेकाकिनी श्रेयसी ॥

एक साधारण गाय भी सौ कुत्तों से अधिक श्रेष्ठ होती है।

जिस प्रकार दूध न देने वाली गाय भी सौ कुत्तों से अधिक उपकार करने वाली मानी जाती है, उसी प्रकार उपकारी व्यक्ति उपकार न करने वाले सहस्त्रों परिचित ठगों से श्रेष्ठ होता है। *। 349 ।*

॥ श्वो मयूरादद्य कपोतो वरः ॥

कल मिलनेवाले मोर की अपेक्षा आज मिलनेवाला कबूतर अधिक अच्छा है।

वर्तमान की सामान्य स्थिति की उपेक्षा करके कल प्राप्त होनेवाली बड़ी आशा के भरोसे नहीं रहना चाहिए। आकाश में बादलों को घिरा देखकर अपने घर का घड़ा फोड़ देना मूर्खता है। *। 350 ।*

॥ अतिप्रसंगो दोषमुत्पादयति ॥

अत्यधिक साहस अथवा अनैतिकता से बुराई पैदा होती है।

कुछ सूत्रों में 'अतिप्रसंगों' के स्थान पर 'अतिसंगो' भी दिया है। 'अतिप्रसंगों' का अर्थ अनैतिकता माना जाता है और 'अतिसंगो' का अर्थ किसी से अधिक जान–पहचान होना किया जाता है।

दोनों दृष्टियों से यह बात उचित है क्योंकि जिस व्यक्ति से अधिक परिचय होगा उससे किसी–न–किसी प्रकार का दोष उत्पन्न होने का भय बना रहेगा। अनैतिकता तो अपने आप में बुराई है। *। 351 ।*

॥ सर्वं जयत्यक्रोधः ॥

क्रोधहीन व्यक्ति सबको अपना बना लेता है, अर्थात् वह अपने स्वभाव के कारण विश्वविजयी बन जाता है। । 352 ।

॥ यद्यपकारिणि कोपः कोपे कोप एव कर्त्तव्यः ॥

यदि बुराई करनेवाले व्यक्ति पर क्रोध करना ही हो तो पहले अपने क्रोध पर ही क्रोध करना चाहिए।

भावार्थ यह है कि अपनी उन्नति चाहनेवाले व्यक्तियों को क्रोध नहीं करना चाहिए। यदि क्रोध करना ही हो तो पहले उसे अपने क्रोध पर क्रोध करना चाहिए कि वह इस प्रकार के विचार में कैसे फंसा। क्रोध से मनुष्य की विचार-शक्ति नष्ट हो जाती है और वह अनुचित कार्य कर बैठता है। *।353।*

॥ मतिमत्सु मूर्ख मित्र गुरु वल्लभेषु विवादो न कर्त्तव्यः ॥

बुद्धिमान मनुष्य को मूर्ख, मित्र, गुरु और अपने प्रियजनों के साथ व्यर्थ का विवाद नहीं करना चाहिए। ।354।

॥ नास्त्यपिशाचमैश्वर्यम् ॥

ऐश्वर्य पैशाचिकता से रहित नहीं होता।

जिन लोगों के पास ऐश्वर्य के साधन होते हैं, वे बड़ी सरलता से पैशाचिकता की ओर आकृष्ट हो जाते हैं। जिन ऐश्वर्यशाली व्यक्तियों में धर्म-कर्म का अभाव होता है, उनमें बुरी प्रवृत्तियां सरलतापूर्वक घर कर जाती हैं। इसलिए मनुष्य का प्रयत्न होना चाहिए कि वह राक्षसी प्रवृत्तियों से बचता रहे तथा धन-संपत्ति और ऐश्वर्य आदि को समाज के कार्यों के लिए प्रयोग में लाए। *।355।*

॥ नास्ति धनवतां सुकर्मसु श्रमः ॥

धनवान् व्यक्तियों को शुभ कार्यों को करने में विशेष श्रम नहीं करना पड़ता।

चाणक्य ने अनेक सूत्रों में धर्म-कर्म के लिए धन की आवश्यकता पर बल दिया है। इसलिए धनी व्यक्ति के लिए कोई भी कार्य करना कठिन नहीं होता। परंतु जो केवल धन की ही उपासना करते हैं अर्थात् हर समय और अधिक धन जोड़ने की इच्छा रखते हैं उनकी प्रवृत्ति अच्छे कार्यों को करने की ओर नहीं जाती। *।356।*

॥ नास्ति गतिश्रमो यानवताम् ॥

वाहन पर यात्रा करने वाले व्यक्ति को थकावट अनुभव नहीं होती।

जो व्यक्ति यान अथवा किसी वाहन पर यात्रा करते हैं, उन पर यात्रा के श्रम का प्रभाव नहीं पड़ता। उन्हें अधिक थकावट नहीं होती।

चाणक्य ने एक पूर्व सूत्र में कहा कि जो व्यक्ति अधिक पैदल यात्रा करते हैं, वे जल्दी बूढ़े हो जाते हैं। अधिक यात्रा वाहन द्वारा ही करनी चाहिए। *।357।*

॥ अलोहमयं निगडं कलत्रम् ॥

स्त्री बिना लोहे की बेड़ी है।

पत्नी पति के लिए बिना लोहे की ऐसी बेड़ी है जिसे वह सहमति से स्वीकार करता है। इसका अर्थ यह है कि विवाह प्रथा स्वेच्छा से अपने पर लागू किया गया ऐसा धर्म-बंधन है जिससे स्वतः ही अनुचित कार्यों पर रोक लगती है। *। 358 ।*

॥ यो यस्मिन् कुशलः स तस्मिन् योक्तव्यः ॥

जो मनुष्य जिस कार्य में पूर्णतः निपुण हो, उसको उसी कार्य में नियुक्त करना चाहिए।

किसी कार्य में नियुक्ति की योग्यता का मापदंड यही होना चाहिए कि व्यक्ति जो कार्य भली प्रकार जानता हो, उसकी नियुक्ति उसी काम के लिए होनी चाहिए अर्थात् व्यक्ति को वही काम प्रारंभ करना चाहिए जिसे वह भली प्रकार जानता हो। यदि वह अपरिचित कार्य में हाथ डालेगा तो उसे हानि उठानी पड़ेगी। *। 359 ।*

॥ दुष्कलत्रं मनस्विनां शरीरकर्शनम् ॥

दुष्ट स्त्री अथवा पत्नी मनस्वी व्यक्ति के शरीर को दुर्बल बना देती है।

अर्थात् यदि पत्नी अच्छे विचारों की न हो तो मनस्वी लोग ऐसी स्त्रियों को दुःख का कारण मानते हैं। *। 360 ।*

॥ अप्रमत्तो दारान् निरीक्षेत् ॥

आलस्यरहित होकर सदा स्त्री का निरीक्षण करना चाहिए।

मनुष्य को आलस्य का त्याग करके ऐसा प्रयत्न करना चाहिए कि उसकी पत्नी बुरे मार्ग पर न जा सके। इसलिए सदैव उसकी देख-रेख करते रहना चाहिए। परंतु ऐसा काम वह पति ही कर सकता है जो प्रमादरहित हो। *। 361 ।*

॥ स्त्रीषु किंचिदपि न विश्वसेत् ॥

स्त्रियों पर किंचित् मात्र भी विश्वास नहीं करना चाहिए।

ऐसा प्रतीत होता है कि यह सूत्र स्त्री मात्र के लिए नहीं कहा गया। बल्कि चाणक्य का भाव यह है कि स्त्री जाति को शिक्षित करना आवश्यक है। इतने पर भी भूल तो सभी शरीरधारियों से होती है। परंतु स्त्रियां कुछ बातें बिना सोचे-विचारे कर बैठती हैं। इतिहास में ऐसे अनेक उदाहरण हैं जहां सीता जैसी महिलाओं ने लक्ष्मण रेखा जैसी मर्यादा का उल्लंघन

करके अनेक प्रकार के कष्ट उठाए। परंतु गृहस्थ धर्म आपसी विश्वास के बिना नहीं चल सकता। इसलिए व्यक्ति को चाहिए कि वह बड़ी सूझबूझ के साथ स्त्रियों के साथ व्यवहार करे। *।362।*

॥ न समाधिः स्त्रीषु लोकज्ञता च ॥

स्त्रियों में विवेक और लोक-व्यवहार की कमी होती है।

स्त्रियों का स्वभाव चंचल होता है। चंचल स्वभाववाला व्यक्ति कई बार परिवार के लिए भी हानि का कारण बन जाता है। इसके अतिरिक्त स्वार्थ के कारण बहुत से व्यक्ति लोक-व्यवहार से भी परिचित नहीं होते। वस्तुतः जो समाज पूर्णतः शिक्षित न हो उसमें महिलाओं को समानता के अवसर प्राप्त नहीं होते। परंतु अब सभी देशों में स्त्रियों को शिक्षित करने का प्रयत्न किया जा रहा है और उन्होंने एक सम्मानपूर्ण स्थान भी बना लिया है। इसलिए इस प्रकार की बातें केवल अशिक्षित महिलाओं के संबंध में कही जा सकती हैं। *।363।*

॥ गुरूणां माता गरीयसी ॥

गुरुजनों में माता का स्थान सर्वोच्च होता है।

जो समाज मातृ-जाति को अज्ञान के अंधकार में रखता है, उससे वह स्वयं ही रोगग्रस्त हो जाता है। पुरुष जाति पर यह उत्तरदायित्व है कि वह मातृ जाति को उचित गौरवमय स्थान देकर स्वयं उन्नत हो। आचार्य का पद उपाध्याय से दस गुणा ऊंचा है। पिता का पद आचार्य से सौ गुणा ऊंचा है। माता का पद तो गौरव की दृष्टि से पिता से सहस्त्रों गुणा ऊंचा है। अतः माता सम्मान के योग्य है। *।364।*

॥ सर्वावस्थासु माता भर्तव्या ॥

प्रत्येक अवस्था में माता का भरण-पोषण करना चाहिए।

माता मनुष्य को जन्म देनेवाली होती है, इसलिए मनुष्य का कर्त्तव्य है कि वह हर प्रकार से प्रत्येक स्थिति में माता का सम्मान करे और उसके भरण-पोषण का ध्यान रखे। *।365।*

॥ वैदुष्यमलंकारेणाच्छाद्यते ॥

बनावटीपन से पांडित्य पर पर्दा पड़ जाता है अर्थात् बनावटीपन से मनुष्य के पांडित्य को हानि पहुंचती है।

विद्वान् लोग अपने शरीर को सजाने के लिए उतना ध्यान नहीं देते जितना अपने विचारों

को ऊंचा बनाने का प्रयत्न करते हैं। अपने शरीर को सजाने का एक घटिया प्रकार बनावटीपन है, इसे विद्वत्ता विरोधी आचरण भी कहा जा सकता है परंतु इसका यह भाव नहीं कि मनुष्य अपने शरीर को सही स्थिति में रखने का प्रयत्न न करे। *। 366 ।*

॥ स्त्रीणां भूषणं लज्जा ॥

लज्जा ही स्त्रियों का भूषण (गहना) है। । 367 ।

॥ विप्राणां भूषणं वेदः ॥

ज्ञान ही ब्राह्मणों का आभूषण है। । 368 ।

॥ सर्वेषां भूषणं धर्मः ॥

सभी व्यक्तियों का आभूषण धर्म है।

जो व्यक्ति धर्म से रहित है, सत्यनिष्ठा से दूर है और जिसे अपने कर्त्तव्य का ज्ञान नहीं, वह अपने शरीर को कितना भी सजाए, संवारे इसका कोई लाभ नहीं। *। 369 ।*

॥ भूषणानां भूषणं सविनया विद्या ॥

विनयसंपन्न विद्या समस्त आभूषणों का आभूषण है।

विद्वान् व्यक्ति यदि नम्रता से युक्त हो तो उसे सर्वश्रेष्ठ माना जाता है। अधिकांश लोगों को अपने गुणों के कारण अहंकार हो जाता है और वे विनम्र नहीं रह पाते।

इसलिए मनुष्यों को ऐसे ज्ञान की प्राप्ति का प्रयत्न करना चाहिए जिससे वे नम्र, सुशील और व्यवहार-कुशल बन सकें। नम्र बनानेवाली विद्या ही मनुष्य का सबसे बड़ा आभूषण है। *। 370 ।*

॥ अनुपद्रवं देशमावसेत् ॥

जिस देश में उपद्रव होते रहते हों वहां रहना उचित नहीं। । 371 ।

॥ साधुजनबहुलो देशः ॥

जिस देश में सज्जन पुरुषों का निवास हो वहीं बसना चाहिए।

वस्तुतः वही राष्ट्र रहने के योग्य होता है जहां अधिकांश लोगों का सत्य, कानून और लोक-मर्यादा में विश्वास हो अर्थात् उसी देश में रहना चाहिए जहां कानून और व्यवस्था का पालन करनेवाले लोग रहते हों। *। 372 ।*

॥ राज्ञो भेतव्यं सार्वकालम् ॥

राजा अथवा शासन से सदैव डरकर रहना चाहिए।

मनुष्य को ऐसा प्रयत्न करना चाहिए कि वह राजा अथवा प्रशासन के क्रोध का पात्र न बने। ऐसा तभी हो सकता है जब राज्य के नियमों का निष्ठापूर्वक पालन किया जाए। *। 373 ।*

॥ न राज्ञः परं दैवतम् ॥

राजा से बड़ा कोई देवता नहीं।

देवता उसे कहा जाता है जो धर्म का पालन करता और करवाता है। देश भर में धर्म का पालन राज्य के नियमों के भय के कारण ही होता है। इसलिए राजा को राष्ट्र का देवता कहा जाता है। उसके पास शक्ति और अधिकार होने से उसके महत्त्व में और भी वृद्धि होती है। *। 374 ।*

॥ सुदूरमपि दहति राजवह्निः ॥

राजा की क्रोधाग्नि राज्य के सुदूर कोने में पहुंचकर भी देशद्रोही को दग्ध (भस्म) करने में समर्थ होती है।

राजा अथवा प्रशासन की शक्ति अपने देश में व्यापक होती है। इसलिए सदैव राज्य के नियमों का पालन करना चाहिए अन्यथा राजा अथवा राज्य के नियमों के अनुसार राजद्रोहियों का सफाया कर दिया जाता है। *। 375 ।*

॥ रिक्तहस्तो न राजानमभिगच्छेत् ॥

राजा, देवता अथवा गुरु के पास खाली हाथ नहीं जाना चाहिए।

राजा, देव अथवा गुरु के पास जाते समय व्यक्ति को खाली हाथ नहीं जाना चाहिए। समाज की ऐसी मर्यादा है कि जब कोई व्यक्ति किसी महान् पुरुष के पास जाता है तो कुछ-न-कुछ भेंट करने के लिए अवश्य अपने साथ ले जाता है। वर्तमान समाज की परंपरा है कि देश के किसी बड़े नेता अथवा सज्जन पुरुष के सम्मान के लिए उसके पास पहुंचकर पुष्प भेंट किए जाते हैं। *। 376 ।*

॥ गुरुं च दैवं च ॥

गुरु और देवता के पास भी खाली हाथ नहीं जाना चाहिए।

गुरु मनुष्य को विद्या दान देता है और देवताओं के कारण धर्म में आस्था पैदा होती है। इसलिए इनके पास जाते समय भी श्रद्धा और भक्ति सूचक उपहार लेकर ही जाना चाहिए। *। 377 ।*

॥ कुटुम्बिनो भेतव्यम् ॥

राजा के परिवार से संबंध रखनेवाले व्यक्तियों से डरकर ही रहना चाहिए।

राजा के परिवार से संबद्ध लोगों का सत्कार करना चाहिए। कभी ऐसा कोई कार्य नहीं करना चाहिए जिससे वे नाराज होकर द्वेष रखने लगें। *। 378 ।*

॥ गन्तव्यं च सदा राजकुलम् ॥

राजदरबार में सदैव जाते रहना चाहिए।

राजपरिवार अथवा राज्य दरबार में जाते रहने अथवा राज्यकुल के व्यक्तियों से मिलते रहने से प्रजा के हित के लिए किए जानेवाले कार्यों से व्यक्ति परिचित रहता है। इसी प्रकार वह उनसे लाभ भी उठा सकता है। *। 379 ।*

॥ राजपुरुषैः सम्बन्धं कुर्यात् ॥

राजपुरुषों से संबंध बनाए रखना चाहिए।

राज्य-प्रशासन से संबंध रखने वाले अधिकारियों अथवा राजपुरुषों के साथ परिचय रखना व्यक्ति के लिए लाभदायक होता है। इससे मनुष्य के अपने अनेक कार्य सिद्ध होते हैं। राजपुरुषों से संबंध रखने के कारण अन्य लोगों के कार्य भी करवाए जा सकते हैं। *। 380 ।*

॥ राजदासी न सेवितव्या ॥

राजा की विशेष दासी से किसी प्रकार का संबंध नहीं रखना चाहिए।

राजा की सेवा करनेवाली दासियों से प्रजा के लोगों को व्यक्तिगत संपर्क नहीं बनाना चाहिए। इससे राजा के रुष्ट होने की सम्भावना रहती है। इसलिए कोई ऐसा कार्य नहीं करना चाहिए जिससे राजा अप्रसन्न हो। *। 381 ।*

॥ न चक्षुषापि राजधनं निरीक्षेत् ॥

इसी सूत्र का दूसरा रूप इस प्रकार है **'न चक्षुषापि राजानं निरीक्षेत्।'**

प्रथम सूत्र का अर्थ है कि राजा के धन की ओर आंख उठाकर भी नहीं देखना चाहिए।

द्वितीय सूत्र का अर्थ है कि राजा की ओर कभी सीधी आंख उठाकर नहीं देखना चाहिए।

व्यक्ति का कर्त्तव्य है कि राज्य से संबंधित धन की ओर कभी आंख उठाकर भी न देखे। इसका अर्थ यह भी हो सकता है कि राज्य की ओर से जो कर आदि लगाए जाएं उनकी निश्चित अदायगी होती रहनी चाहिए। *। 382 ।*

॥ पुत्रे गुणवति कुटुम्बिनः स्वर्गः ॥

गुणवान् पुत्र से परिवार स्वर्ग बन जाता है।

स्वर्ग-प्राप्ति का अर्थ है सुखों की प्राप्ति होना। पिता के लिए सबसे बड़ा सुख पुत्र का गुणवान और सदाचारी होना है। इससे परिवार में सुख और शांति के साथ-साथ समाज में सम्मान भी बढ़ता है। पुत्र का गुणवान् और सदाचारी होना पिता की शिक्षाओं पर ही निर्भर करता है। इसलिए पिता को चाहिए कि वह अपने पुत्र को विद्वान्, गुणवान् और सदाचारी बनाए। *। 383 ।*

॥ पुत्रा विद्यानां पारं गमयितव्याः ॥

पुत्र को सब विद्याओं में पारंगत बनाना चाहिए।

पिता का कर्त्तव्य है कि वह संतान को विद्वान् और गुणवान् बनाये। कहा गया है कि जो पिता अपनी संतान को शिक्षित नहीं बनाता, वह संतान का शत्रु होता है। वस्तुतः वह संतान का ही नहीं अपना भी शत्रु होता है। इसीलिए पिता का कर्त्तव्य है कि वह अपने पुत्रों को विद्याओं में पारंगत बनाये। *। 384 ।*

॥ जनपदार्थं ग्रामं त्यजेत् ॥

जिले के हित के लिए ग्राम के हित को त्याग देना चाहिए।

यदि ग्राम को त्याग देने से पूरे जिले का कल्याण होता है तो उसको छोड़ देने में कोई हानि नहीं। भावार्थ यह है कि अधिकांश लोगों के लाभ के लिए मनुष्यों को अपने छोटे स्वार्थ का परित्याग कर देना चाहिए। *। 385 ।*

॥ ग्रामार्थं कुटुम्बस्त्यज्यते ॥

ग्राम के हित के लिए परिवार के हित का बलिदान कर देना चाहिए।

यदि परिवार के किसी त्याग से ग्राम का भला होता है तो परिवार के स्वार्थ का बलिदान कर देना चाहिए। *। 386 ।*

॥ अतिलाभः पुत्रलाभः॥

पुत्र की प्राप्ति सर्वश्रेष्ठ लाभ है।

परंतु वही पुत्र पिता और परिवार के लिए लाभ और प्रशंसा का कारण होता है जो गुणवान् होता है। इसीलिए गुणवान् पुत्र को ही पिता के लिए सर्वश्रेष्ठ लाभ माना गया है। *। 387 ।*

॥ प्रायेण हि पुत्राः पितरमनुवर्तन्ते ॥

प्रायः पुत्र पिता के जीवन के अनुरूप बन जाते हैं।

पुत्र पिता के आचरण से ही बहुत कुछ सीखता है। इसलिए पिता का कर्त्तव्य है कि वह पुत्र के सामने आदर्श उपस्थित करे। *। 388 ।*

॥ दुर्गतेः पितरौ रक्षति सपुत्रः॥

पुत्र होने पर माता-पिता की दुगर्ति नहीं होती।

जब माता-पिता बूढ़े हो जाते हैं तो पुत्र ही उनकी देखभाल करता है। वृद्ध लोग अनेक रोगों के शिकार भी हो जाते हैं, यदि कोई उनकी देख-रेख करनेवाला न हो तो उन्हें बहुत कष्ट उठाना पड़ता है। उस समय केवल सद्‌गुणी पुत्र ही माता-पिता का सहारा होता है। *। 389 ।*

॥ कुलं प्रख्यापयति पुत्रः॥

सुपुत्र से ही कुल की ख्याति होती है।

सद्‌गुणी पुत्र ही कुल के सम्मान को बढ़ाता है। उसी के कारण वंश का मुख उज्ज्वल होता है। इसीलिए गुणवान् पुत्र को कुल का दीपक कहा गया है। *। 390 ।*

॥ येन तत्कुलं प्रख्यातं सः पुरुषः॥

जिस पुरुष के द्वारा कुल का गौरव बढ़े उसी को सच्चा पुरुष कहा जाता है।

सच्चे अर्थों में मनुष्य वही है जिससे कुल की शोभा बढ़ती है। कुल की ख्याति में चार चांद लगते हैं। *। 391 ।*

॥ नाऽनपत्यस्य स्वर्गः॥

सुपुत्र के बिना स्वर्ग की प्राप्ति नहीं होती।

जिस परिवार में गुणवान् और बुद्धिमान पुत्र नहीं होता, वह परिवार सदैव दुखी रहता है। परिवार का सुख सुपुत्र होने से ही बढ़ता है। *। 392 ।*

॥ या प्रसूते (सा) भार्या ॥

संतान को जन्म देनेवाली स्त्री ही भार्या अर्थात् पत्नी कहलाती है।

अच्छी संतान को जन्म देनेवाली स्त्री को ही सच्ची भार्या अर्थात् पत्नी माना जाता है। अच्छी संतान की उत्पत्ति से ही भार्या होने की सफलता है। जो अच्छे पुत्र उत्पन्न नहीं कर सकती उसे सच्ची पत्नी नहीं कहा जा सकता। *। 393 ।*

॥ सतीर्थाऽभिगमनाद् ब्रह्मचर्यं नश्यति ॥

एक ही गुरुकुल में पढ़नेवाले छात्र-छात्राओं का निकट संपर्क ब्रह्मचर्य का विनाशक है। । 394 ।

॥ पुत्रार्था हि स्त्रियः ॥

पुत्र प्राप्ति के लिए ही स्त्रियों का वरण किया जाता है।

पत्नी का सदुपयोग पुत्र प्राप्ति के लिए किया जाना चाहिए, विषयभोग की तृप्ति के लिए नहीं। परंतु जो लोग स्त्रियों को विषयभोग का साधन मान लेते हैं उनसे अच्छी संतान उत्पन्न होने की आशा नहीं की जा सकती। *। 395 ।*

॥ स्वदासीपरिग्रहो हि स्वदासभावः ॥

अपनी दासी के साथ परिग्रह करना अपने को दास बना लेना है।

जो व्यक्ति अपनी ही नौकरानियों को विषयभोग का साधन बना लेता है वह पतित होने के साथ-साथ स्वयं उनका दास बन जाता है। *। 396 ।*

॥ उपस्थितविनाशः पथ्यवाक्यं न शृणोति ॥

जिसका विनाश निकट होता है वह अपने हित की बात नहीं सुनता।

जब मनुष्य के दुर्दिन आते हैं तो वह अपना भला चाहनेवाले की बात की ओर भी ध्यान नहीं देता। कहा भी गया है कि मनुष्य के विनाश से पूर्व उसकी बुद्धि भ्रष्ट हो जाती है। 'विनाशकाले विपरीत बुद्धिः।' *। 397 ।*

॥ नास्ति देहिनां सुखदुःखाभावः ॥

प्रत्येक देहधारी व्यक्ति के जीवन के साथ दुःख और सुख लगे रहते हैं।

जिसने मनुष्य जीवन धारण किया है उसे सुख और दुःख किसी-न-किसी रूप में प्राप्त

होते रहते हैं। जिस प्रकार जीवन में मनुष्य का बीमार रहना दुःख है और स्वस्थ रहना सुख, उसी प्रकार सफलता और असफलता भी मानव जीवन के दो पहलू हैं। *। 398 ।*

॥ मातरमिव वत्साः सुखदुःखानि कर्तारमेवानुगच्छन्ति ॥

जैसे बछड़ा माता के पास जा पहुंचता है वैसे ही सुख और दुःख अपने कर्ता के पास जा पहुंचते हैं।

सुख और दुःख मनुष्य के जीवन के आवश्यक अंग हैं परंतु उनकी उत्पत्ति का कारण वह स्वयं होता है। जिस प्रकार गाय का बछड़ा गाय की अपनी उत्पत्ति है और वह उसके पीछे-पीछे चलता है, उसी प्रकार मनुष्य द्वारा उत्पन्न किए गए सुख और दुःख उसका पीछा करते हैं। *। 399 ।*

॥ तिलमात्रमप्युपकारं शैलमात्रं मन्यते साधुः ॥

सज्जन पुरुष तिल के समान छोटे से उपकार को भी पहाड़ के समान बड़ा मानते हैं।

यह सज्जन पुरुष का स्वभाव होता है कि कोई व्यक्ति जो उनका छोटा-सा उपकार करता है, वे उसे बड़ा भारी उपकार मानते हैं और उसके प्रति कृतज्ञ बने रहते हैं। *। 400 ।*

॥ उपकारोऽनार्येष्वकर्त्तव्यः ॥

दुष्ट पुरुष पर उपकार नहीं करना चाहिए।

दुष्ट पुरुष अपनी दुष्टता नहीं छोड़ता और वह उपकार करनेवाले के प्रति कृतज्ञता भी प्रकट नहीं करता। भाव यह है कि पात्र देखकर ही किसी पर उपकार करना चाहिए। अपात्र के प्रति उपकार करने से कोई लाभ नहीं होता। *। 401 ।*

॥ प्रत्युपकारभयादनार्यः शत्रुर्भवति ॥

उपकार का बदला चुकाने के भय से दुष्ट पुरुष शत्रु बन जाता है।

दुष्ट व्यक्ति अपने प्रति किये गए उपकार का बदला नहीं चुकाना चाहता। उसमें ऐसी भावना नहीं होती इसलिए वह उपकार करनेवाले व्यक्ति के प्रति उपेक्षा और द्वेष की भावना रखने लगता है। *। 402 ।*

॥ स्वल्पमप्युपकारकृते प्रत्युपकारं कर्तुमार्यो न स्वपिति ॥

सज्जन पुरुष थोड़े से उपकार के बदले अत्यन्त महत्त्वपूर्ण उपकार करने के लिए तैयार रहते हैं।

सज्जन पुरुष छोटे से उपकार को बहुत बड़ा मानते हैं और वह इसका बदला चुकाने के लिए सदा तैयार रहते हैं। उन्हें तब तक चैन नहीं पड़ता जब तक कि वे इस संबंध में अपना कर्त्तव्य पूरा नहीं कर लेते। *। 403 ।*

॥ न कदापि देवताऽवमन्तका॥

देवता का कभी भी अपमान नहीं करना चाहिए।

जिन मूर्तियों, चित्रों आदि को देवता समझकर पूजा के योग्य माना जाता है, उनका अपमान करना उचित नहीं। इसी प्रकार पूजास्थानों और अच्छे चरित्र वाले श्रेष्ठ व्यक्तियों का भी अपमान करना निंदाजनक कार्य है। *। 404 ।*

॥ न चक्षुषः समं ज्योतिरस्ति॥

आंख के समान दूसरी कोई ज्योति नहीं है।

मनुष्य के शरीर में नेत्र ही ऐसा अंग है जिसके बिना मनुष्य-जीवन निरर्थक होता है। किसी वस्तु को प्रत्यक्ष देखने का जो महत्त्व है उसे किसी अन्य प्रकार से पूरा नहीं किया जा सकता। *। 405 ।*

॥ चक्षुर्हि शरीरिणां नेता॥

नेत्र ही देहधारियों का नेता है।

आंखों को देहधारियों का नेता इसलिए कहा गया है क्योंकि जब तक मनुष्य के ज्ञान-चक्षु नहीं खुलते तब तक वह किसी भी सत्य अथवा असत्य कार्य के संबंध में निर्णय नहीं करता। इसीलिए नेत्रों को शरीरधारी का पथदर्शक माना गया है। *। 406 ।*

॥ अपचक्षुषः किं शरीरेण॥

नेत्रहीन का जीवन क्लेशप्रद होता है।

आंखों के बिना मनुष्य संसार में अपनी जीवन-यात्रा अत्यन्त क्लेश में रहकर ही पूरी कर पाता है। नेत्रहीन व्यक्तियों के कष्टों की कोई सीमा नहीं होती। *। 407 ।*

॥ नाप्सु मूत्रं कुर्यात्॥

जल में मूत्र त्याग नहीं करना चाहिए।

जल में मूत्र त्याग से वह उपयोग में लाने के योग्य नहीं रहता। उसे पीने, स्नान करने अथवा अन्य किसी भी उपयोग में लाने से भयंकर परिणाम हो सकते हैं। *। 408 ।*

॥ न नग्नो जलं प्रविशेत् ॥

पूरी तरह से नग्न होकर जल में नहीं उतरना चाहिए।

जल में कुछ जीव इस प्रकार के होते हैं जो शरीर से चिपककर रक्त चूस लेते हैं। इसीलिए जलाशयों, नदियों आदि में भी पूरी तरह नग्न होकर नहीं घुसना चाहिए। *। 409 ।*

॥ यथा शरीरं तथा ज्ञानम् ॥

शरीर जैसा होता है वैसा ही ज्ञान उसमें रहता है।

प्रत्येक व्यक्ति के शरीर का आकार-प्रकार विभिन्न प्रकार का होता है। बहुत से व्यक्तियों के शरीर को देखकर यह अनुमान लगाया जा सकता है कि वे कितने बुद्धिमान हैं। परंतु उसे मानदंड के रूप में स्वीकार करना कठिन है। *। 410 ।*

॥ यथा बुद्धिस्तथा विभवः ॥

जैसी बुद्धि होती है वैसा ही वैभव होता है।

यहां सत्, रज, तम तीनों गुणों की बात है, जो प्राणी जैसी बुद्धि का होता है, अपने वैभव के लिए वह वैसे ही सम्मान एकत्रित करता है। सत् बुद्धि के वैभव सात्त्विक होंगे, रज बुद्धि के राजसी और तामस बुद्धि के वैभव भी तामसी ही होंगे। *। 411 ।*

॥ अग्नावग्निं न निक्षिपेत् ॥

आग में आग नहीं डालनी चाहिए। क्रोध के बदले क्रोध नहीं करना चाहिए।

इसका भावार्थ यह है कि क्रोध का उत्तर क्रोध से नहीं दिया जा सकता। क्रोध के उत्तर में क्रोध करने से अशांति पैदा होती है और दोनों पक्षों की हानि भी हो सकती है। *। 412 ।*

॥ तपस्विनः पूजनीयाः ॥

तपस्वियों की सदा पूजा करनी चाहिए।

तपस्वी वे लोग होते हैं जो इंद्रियों को वश में रखने का प्रयत्न करते हैं। ऐसे व्यक्ति समाज के लिए मार्गदर्शक का काम करते हैं। वे समाज के मूल्यवान धन होते हैं। समाज को चाहिए कि वह उनका आदर-सत्कार करे, उनका अपमान न करे। *। 413 ।*

॥ परदारान् न गच्छेत् ॥

पराई स्त्री के साथ समागम नहीं करना चाहिए।

परपत्नियों से संपर्क स्थापित करने की बात भी मन में नहीं सोचनी चाहिए। दुष्ट प्रवृत्तियों पर कठोर संयम रखने से ही मानव तथा सामाजिक जीवन की शांति संभव है। जो मनुष्य दूसरों की स्त्री से संभोग करते हैं वे समाज में लज्जित होते हैं। *। 414 ।*

॥ अन्नदानं भ्रूणहत्यामपि प्रमार्ष्टि ॥

अन्नदान से भ्रूण (गर्भस्थ शिशु) हत्या का भी पाप मिट जाता है। । 415 ।

॥ न वेदबाह्यो धर्मः ॥

वेद-स्वीकृत धर्म ही वास्तविक धर्म है।

धर्म वेद से बाहर नहीं। धर्म के व्याख्याकारों ने इस संबंध में जो कुछ भी बताया है वह वेद के अनुरूप है। वेद ज्ञान का भंडार है। वेद के विरुद्ध चलने से धर्म का पालन नहीं हो सकता। वेद के अनुरूप आचरण करना ही मनुष्य का धर्म है। *। 416 ।*

॥ न कदाचिदपि धर्मं निषेधयेत् ॥

धर्म का विरोध कभी नहीं करना चाहिए और न ऐसे धर्म के विरोधियों की संगत करें।

मनुष्य को धर्मानुष्ठान करना चाहिए। धर्म का पालन करना ही मनुष्य जीवन का सबसे बड़ा कर्त्तव्य होता है। क्षण भर के लिए भी धर्म से विचलित नहीं होना चाहिए। धर्म का पालन न करने वाले व्यक्ति समाज में अशांति पैदा करते हैं। व्यक्ति को सदैव धर्म का आचरण करना चाहिए। *। 417 ।*

॥ स्वर्गं नयति सूनृतम् ॥

मीठी और सच्ची वाणी मनुष्य को स्वर्ग ले जाती है।

जो व्यक्ति मधुर वाणी बोलते हैं वे सबको अपना मित्र बना लेते हैं। उनका कोई शत्रु नहीं होता। वे संसार में निर्भय होकर स्वर्ग का सुख भोगते हैं। मनुष्य प्रेमपूर्ण मधुरवाणी से शत्रु को भी अपना मित्र बना लेता है। *। 418 ।*

॥ नास्ति सत्यात्परं तपः ॥

सत्य से बढ़कर कोई तप नहीं है।

सत्य का अवलंबन ही इस संसार में सबसे अच्छी तपस्या है। सत्य का आचरण करने से मनुष्य पर अनेक संकट भी आ सकते हैं। परंतु सत्याचरण से ही व्यक्ति उनसे विचलित नहीं हो सकता। वह अनेक कष्ट उठाकर भी सत्य का परित्याग नहीं करता। *। 419 ।*

॥ सत्यं स्वर्गस्य साधनम्॥

सत्य के द्वारा ही मनुष्य स्वर्ग को प्राप्त होता है।

मनुष्य के हृदय में रहनेवाले सत्य का ध्येय यह होता है कि मनुष्यों की स्वार्थ युक्त प्रवृत्तियों पर अंकुश लगाये। इस प्रकार मनुष्य दुष्कर्म में प्रवृत्त नहीं होता। मनुष्य अपनी भोली प्रवृत्तियों का मार्जन सत्य के बल पर ही करता है और उसकी पूजा स्वर्ग के देवता के समान होने लगती है। मनुष्य को ध्यान देना चाहिए कि स्वयं सत्य ही साधन भी है और साध्य भी। इसीलिए मनुष्य को सत्य का साथ नहीं छोड़ना चाहिए। *। 420 ।*

॥ सत्येन धार्यते लोकः॥

सत्य पर ही संसार टिका हुआ है।

सत्य के कारण ही मानव-समाज में व्यवस्था कायम रहती है। सार्वजनिक कल्याण और आत्म-कल्याण सत्य के द्वारा ही हो सकता है। सत्यहीन समाज व्यक्तियों की स्वेच्छाचारिता के कारण छिन्न-भिन्न हो जाता है, जिससे इसका सर्वनाश भी हो जाता है। *। 421 ।*

॥ सत्याद् देवो वर्षति॥

सत्य से देवों की कृपा बरसती है।

जो समाज सत्य के अधीन रहता है, देवताओं की कृपा की वहां ही वर्षा होती है। *। 422 ।*

॥ नानृतात्पातकं परम्॥

झूठ से बढ़कर इस संसार में कोई पाप नहीं।

झूठ अथवा असत्य आचरण करने से मनुष्यों को अनेक संकटों का सामना करना पड़ता है। झूठ के द्वारा मनुष्य दूसरों को ही नहीं, वरन् स्वयं अपने आपको भी धोखा देता है। *। 423 ।*

॥ न मीमांस्या गुरवः॥

गुरुजनों की आलोचना नहीं करनी चाहिए।

मनुष्य को चाहिए कि अपने गुरु की कभी आलोचना न करे। गुरु शिष्य का सदैव हित चाहते हैं। वे कभी उसका अहित नहीं करते।

इसीलिए यदि उनके हृदय की भावना को व्यक्ति न समझ सके तो भी उनकी आलोचना नहीं करनी चाहिए। आलोचना का अर्थ व्यक्ति के दोषों को ढूंढ़ना है। अतः अपने गुरुजनों में दोष ढूंढ़ना मनुष्य की मूर्खता है। *। 424 ।*

॥ खलत्वं नोपेयात् ॥

मनुष्य को चाहिए कि वह दुष्टता को स्वीकार न करे।

मनुष्य को नीचता का कभी आश्रय नहीं लेना चाहिए। उसका कर्त्तव्य है कि वह सदैव नीच व्यक्ति से दूर रहे। दूसरों की निंदा करना, लड़ाई-झगड़ा करना, असत्याचरण करना आदि नीच कार्य मानव को उसके उच्च आदर्शों से गिराते हैं। इसीलिए उसे चाहिए कि वह इस प्रकार के पाप कार्यों से पृथक् रहे। *। 425 ।*

॥ नास्ति खलस्य मित्रम् ॥

धूर्त मनुष्य का कोई मित्र नहीं होता।

जो व्यक्ति सज्जन लोगों से दुर्व्यवहार करता है वह धीरे-धीरे स्वयं अपने मित्रों में कमी करता है। समय पाकर उसके बन्धु-बान्धव भी उसे छोड़ जाते हैं। सज्जन व्यक्ति ही किसी को परखने के बाद मित्रता का हाथ बढ़ाते हैं। धूर्त व्यक्ति स्वभाव से ही सज्जन लोगों का शत्रु होता है। इसीलिए समझदार व्यक्ति को चाहिए कि दुष्ट, नीच और धूर्त व्यक्तियों से कभी सम्पर्क स्थापित न करे। *। 426 ।*

॥ लोकयात्रा दरिद्रं बाधते ॥

दरिद्र मनुष्य का जीवन-निर्वाह कठिन होता है।

दरिद्रता जीवन का अभिशाप है। दरिद्र और निर्धन व्यक्तियों को अपने परिवार के आश्रितों के अतिरिक्त स्वयं अपने जीवन को चलाना कठिन होता है। निर्धनता के कारण उसके सगे-संबंधी भी उसे छोड़ देते हैं। इसीलिए व्यक्ति को चाहिए कि वह धैर्यपूर्वक प्रयत्न करता हुआ निर्धनता को समाप्त करने का प्रयत्न करे। *। 427 ।*

॥ अतिशूरो दानशूरः ॥

दानवीर ही सबसे बड़ा वीर है। । 428 ।

॥ गुरुदेवब्राह्मणेषु भक्तिर्भूषणम् ॥

गुरु, देवता और ब्राह्मणों में भक्ति रखना मानवता का आभूषण है।

जो व्यक्ति गुरुओं, ब्राह्मणों और सज्जन व्यक्तियों आदि के संबंध में समान भाव रखता है, उनकी भक्ति करता है, वास्तव में वह इस प्रकार अपने जीवन की शोभा बढ़ाता है। ये कार्य उसके लिए एक आभूषण के समान होते हैं। उसकी सर्वत्र पूजा होती है। *। 429 ।*

॥ सर्वस्य भूषणं विनयः॥

विनय सबका आभूषण है।

विनय का अर्थ है नम्र स्वभाव। परंतु नम्र स्वभाव का व्यक्ति वही हो सकता है जिसकी सत्य में निष्ठा होती है। सत्य आचरण करने वाला व्यक्ति अपने नम्र स्वभाव का कभी त्याग नहीं कर सकता। मनुष्य का नम्र स्वभाव उसे सबका प्रिय बना देता है। जिस प्रकार आभूषण सबको अच्छे लगते हैं, उसी प्रकार प्राणी का आभूषण विनयशीलता सबको अच्छा लगता है। *। 430 ।*

॥ अकुलीनोऽपि विनीतः कुलीनाद्विशिष्टः॥

जो कुलीन न होता हुआ भी विनीत हो, वह श्रेष्ठ कुलीन अहंकारी व्यक्ति की अपेक्षा बड़ा है।

जो व्यक्ति अच्छे कुल में उत्पन्न न होने पर भी विनयशील बना रहता है वह अहंकार युक्त कुलीन व्यक्ति से अच्छा माना जाता है। विनम्रता के कारण व्यक्ति का समाज में आदर बढ़ता है। *। 431 ।*

॥ आचारादायुर्वर्धते कीर्तिश्च॥

सदाचार से मनुष्य की आयु और यश दोनों की वृद्धि होती है।

दुराचारी मनुष्य अपने निकृष्ट कार्यों के कारण अनेक रोगों का शिकार हो जाता है और जल्दी ही मौत के मुंह में चला जाता है। परंतु सदाचारी व्यक्ति मन, वचन और कर्म द्वारा अपनी इंद्रियों को वश में रखने के कारण दीर्घायु होता है। ऐसे व्यक्ति का यश भी बढ़ता है। सदाचारी व्यक्ति का सभी सम्मान करते हैं। *। 432 ।*

॥ प्रियमप्यहितं न वक्तव्यम्॥

मधुर और प्रिय होने पर भी अहितकर वाणी नहीं बोलनी चाहिए।

ऐसी मीठी बातें करने का भी कोई प्रयोजन नहीं होता, जिनसे दूसरों को ठेस पहुंचे। *। 433 ।*

॥ बहुजन विरुद्धमेकं नानुवर्तेत्॥

अनेक लोगों के विरोधी एक व्यक्ति का अनुगमन नहीं करना चाहिए।

जिस एक व्यक्ति का बहुत से व्यक्ति विरोध करते हों, उसका अनुकरण करने से मनुष्य

की हानि होती है अर्थात् इसका भाव यह है कि किसी व्यक्तित्व का अनुसरण न करके सत्य का अनुसरण करना चाहिए। *। 434 ।*

॥ न दुर्जनेषु भागधेयः कर्त्तव्यः॥

दुर्जन व्यक्तियों के साथ कभी भी अपना भाग्य नहीं जोड़ना चाहिए।

जिन व्यक्तियों की नीयत साफ नहीं है और जो स्वभाव से दुष्ट हैं, उनके साथ मिलकर कोई कार्य नहीं करना चाहिए। उनसे मिलकर कार्य करने से मनुष्यों को हानि उठानी पड़ती है। *। 435 ।*

॥ न कृतार्थेषु नीचेषु सम्बन्धः॥

कृतार्थ अर्थात् अपने व्यवसाय में सफल नीच व्यक्ति से भी संबंध स्थापित नहीं करना चाहिए।

जो व्यक्ति अपने व्यवसाय में किसी प्रकार सफलता प्राप्त कर भाग्यशाली बन जाए, और स्वभाव में नीचता रहे ऐसे भाग्यशाली नीच व्यक्तियों से भी कभी संबंध स्थापित नहीं करना चाहिए। *। 436 ।*

॥ ऋणशत्रुव्याधिष्वशेषः कर्त्तव्यः॥

ऋण अर्थात् कर्ज,शत्रु और रोग को सर्वथा समाप्त कर देना चाहिए। । 437 ।

॥ भूत्यनुवर्तनं पुरुषस्य रसायनम्॥

कल्याण-मार्ग पर चलना ही मनुष्य के लिए उत्तम साधन है। । 438 ।

॥ नार्थिष्ववज्ञा कार्या॥

याचक का अपमान नहीं करना चाहिए।

याचक का कोई मान-अपमान नहीं होता। वह किन कारणों से प्रेरित होकर भीख मांगने पर उतारू होता है, यह उसकी विवशता समझते हुए उसका अपमान करने से कोई लाभ नहीं। *। 439 ।*

॥ सुदुष्करं कर्मं कारयित्वा कर्तारमवमन्यते नीचः॥

नीच मनुष्य दुष्कर्म करवाने के बाद वह कार्य करनेवाले को अपमानित करता है।

इस सूत्र का अर्थ यह है कि नीच मनुष्य किसी व्यक्ति से कोई ऐसा कठिन कार्य करवा लेता है जो उसके लिए संभव नहीं होता। अपने स्वभाव के अनुसार वह काम करने वाले का अपमान करता है। कठिन कार्य के संबंध में नीच मनुष्य कर्ता को सफलता का यश न देने की भावना से ही ऐसा करता है। *। 440 ।*

॥ नाकृतज्ञस्य नरकान्निवर्तनम् ॥

कृतघ्न मनुष्यों की नरक के अतिरिक्त कोई गति नहीं।

जो व्यक्ति किसी के उपकार को नहीं मानता, उसकी कभी उन्नति नहीं हो सकती। ऐसा व्यक्ति दुबारा किसी से सहायता न मिलने के कारण सदैव दुखी रहता है। किसी के उपकार को न मानना व्यक्ति के अधःपतन की एक सीमा है। *। 441 ।*

॥ जिह्वायत्तौ वृद्धिविनाशौ ॥

मनुष्य की उन्नति और अवनति उसकी अपनी वाणी के अधीन है।

व्यक्ति जिस प्रकार की बात करता है अथवा जिस प्रकार के वचन बोलता है, उन्हीं के आधार पर संसार में उसकी वृद्धि और अवनति होती है। मधुर, उपयोगी और समय के अनुकूल बात करनेवाले व्यक्ति बहुत कम होते हैं। जो वाणी का सही उपयोग जानते हैं, वे इस संसार में उन्नति करते हैं और सुखी भी रहते हैं। *। 442 ।*

॥ विषामृतयोराकरो जिह्वा ॥

मनुष्य की वाणी ही विष तथा अमृत की खान है। । 443 ।

॥ प्रियवादिनो न शत्रुः ॥

जो व्यक्ति प्रिय वचन बोलता है उसका कोई शत्रु नहीं होता। । 444 ।

॥ स्तुता अपि देवता स्तुष्यन्ति ॥

स्तुति करने से देवता भी प्रसन्न हो जाते हैं।

स्तुति द्वारा देवताओं को भी अपना बना लेना अपने आप में एक लोकोक्ति है। मंदिर में रखी हुई मूर्ति, देवता अदृश्य होता है परंतु भक्त मन से उसकी स्तुति करता है, उसकी प्रार्थना करता है, उससे उसकी मनोकामनाएं पूरी हो जाती हैं। जब अदृश्य देवता मधुर वचनों से प्रसन्न होते हैं तो प्रतिदिन संपर्क में आने वाले व्यक्ति हित करनेवाली और मधुरवाणी से क्यों न प्रसन्न होंगे? *। 445 ।*

॥ अनृतमपि दुर्वचनं चिरं तिष्ठति ॥

असत्य दुर्वचन लंबे समय तक स्मरण रहता है।

यही बात दूसरे रूप में यों कही गई है कि तलवार का घाव तो समय पाकर ठीक हो जाता है, परंतु कटु वाणी से उत्पन्न हुआ द्वेष जीवन भर समाप्त नहीं होता, वरन् कई पीढ़ियों तक चलता रहता है। इसीलिए मनुष्य को दुर्वचनों का प्रयोग नहीं करना चाहिए। *। 446 ।*

॥ राजद्विष्टं न च वक्तव्यम् ॥

राजा से द्वेष उत्पन्न करने वाली बात कभी नहीं बोलनी चाहिए।

ऐसी बात अथवा भाषण कभी नहीं करना चाहिए जिससे राजद्रोह प्रकट होता हो। राजद्रोह अपराध है। *। 447 ।*

॥ श्रुतिसुखात्कोकिलालापात्तुष्यन्ति ॥

काली कोयल की कूक सबको अच्छी लगती है।

कुरूप होने पर भी कोयल की वाणी मधुर होती है, इसीलिए वह सबको अच्छी लगती है। काला तो कौआ भी होता है, परंतु उसकी वाणी कठोर होती है, इसीलिए उसे कोई पसंद नहीं करता। इसलिए मनुष्य का कर्त्तव्य है कि वह राज्य के अधिकारियों से ऐसी कठोर बात न कहे जिससे हानि पहुंचती हो। *। 448 ।*

॥ स्वधर्महेतुः सत्पुरुषः ॥

अपने धर्म में स्थित होने के कारण ही पुरुष सत्पुरुष कहलाता है।

अपने धर्म का पालन करने से ही व्यक्ति सत्पुरुष कहलाता है। श्रीकृष्ण ने गीता में कहा कि–*'स्वधर्मे निधनं श्रेयः परधर्मो भयावहः।'। 449।*

॥ नास्त्यर्थिनो गौरवम् ॥

याचक का समाज में कोई गौरव नहीं होता।

याचना करनेवाले और कंजूस धनी व्यक्ति को संसार में सम्मान प्राप्त नहीं होता। मांगनेवाला दूसरों की दृष्टि में हीन माना जाता है और कंजूस धनी व्यक्ति दान न देने के कारण सम्मानहीन बन जाता है। *। 450।*

॥ स्त्रीणां भूषणं सौभाग्यम् ॥

स्त्रियों का आभूषण उनका सौभाग्य होता है।

जो स्त्रियां अपने पति के प्रति समर्पित और पतिव्रता होती हैं, उनका समाज में सम्मान होता है। इससे बढ़कर स्त्री के लिए न तो कोई आभूषण है और न कोई सौंदर्य। पति ही उसके लिए सब कुछ होता है।*। 451।*

॥ शत्रोरपि न पतनीया वृत्तिः॥

शत्रु की भी आजीविका नष्ट नहीं करनी चाहिए।

आजीविका एक ऐसा उपाय है जिससे व्यक्ति अपना और अपने परिवार का भरण–पोषण करता है। किसी को जीविका उपलब्ध कराना बहुत ही महत्त्वऔर पुण्य का कार्य समझा जाता है। चाणक्य कहते हैं कि शत्रु की जीविका को भी हानि नहीं पहुंचानी चाहिए।*। 452।*

॥ अप्रयत्नादेकं क्षेत्रम्॥

जहां बिना प्रयत्न किये जल उपलब्ध हो वही कृषि योग्य भूमि होती है।। 453।

॥ एरण्डमवलम्ब्य कुंजरं न कोपयेत्॥

एरंड वृक्ष का आश्रय लेकर हाथी को क्रुद्ध नहीं करना चाहिए।

सूत्र का भाव यह है कि क्षुद्र व्यक्ति के भरोसे बलवान् शत्रु से विवाद नहीं करना चाहिए। एरंड का वृक्ष दृढ़ नहीं होता इसीलिए उसका आश्रय लेकर हाथी से बैर नहीं करना चाहिए।*। 454।*

॥ अतिप्रवृद्धा शाल्मली वारणस्तम्भो न भवति॥

बहुत पुराना होने पर भी सेमल के वृक्ष से हाथी को नहीं बांधा जा सकता।

जैसे पुराना विशाल शाल्मली असार होने से हाथी बांधने के योग्य नहीं माना जाता, उसी प्रकार निर्बल मन वाले लोग पर्याप्त समृद्ध और हृष्ट–पुष्ट हो जाने पर भी बलवान् से टक्कर लेने योग्य नहीं हो सकते। मनुष्य में बल, बुद्धि के लिए अन्तःसार होना चाहिए। हार्दिक बल ही संग्राम की विशेष योग्यता है, भुजबल नहीं। देह की विशालता विजय का साधन नहीं हो सकती।*। 455।*

॥ अतिदीर्घेऽपि कर्णिकारो न मुसली॥

बहुत बड़ा कनेर का वृक्ष भी मूसल बनाने के काम नहीं आता।

कनेर का वृक्ष अंदर से खोखला होता है। इसीलिए उसकी लकड़ी से मूसली बनाने का काम नहीं लिया जा सकता। इसी प्रकार कमजोर, दुर्बल, मनवाले व्यक्ति के पास जितने भी भौतिक साधन हों, उनसे कोई भी महत्त्वपूर्ण कार्य नहीं किया जा सकता।*। 456।*

॥ अतिदीप्तोऽपि खद्योतो न पावकः॥

जुगनू कितना भी अधिक चमकीला क्यों न हो वह आग का काम नहीं दे सकता।

व्यक्ति को कोई भी महत्त्वपूर्ण कार्य पूरा करने के लिए मन का दृढ़ होना आवश्यक है। जिस प्रकार जुगनू की चमक से न प्रकाश होता है और न आग का काम लिया जा सकता है। इसी प्रकार निर्बल मन वाले व्यक्ति कोई महत्त्वपूर्ण कार्य नहीं कर सकते।*। 457।*

॥ न प्रवृद्धत्वं गुणहेतुः॥

समृद्धशाली हो जाने पर भी कोई आवश्यक रूप से गुणवान नहीं हो पाता।

यह आवश्यक नहीं कि व्यक्ति को किसी एक बात में वृद्धि प्राप्त हो जाए और वह गुणी भी हो। इसी प्रकार यह भी आवश्यक नहीं कि समृद्धिशाली लोगों में गुणों का निवास आवश्यक रूप से ही होता है।*। 458।*

॥ सुजीर्णोऽपि पिचुमन्दो न शङ्कुलायते॥

बहुत पुराना होने पर भी नीम के वृक्ष का सरौता नहीं बन सकता।

जिस प्रकार नीम के पुराने होने पर भी सरौता अथवा चाकू बनाने का काम नहीं लिया जा सकता, इसी प्रकार दुष्ट स्वभाव के लोग कितने भी पुराने अथवा वृद्ध क्यों न हो जाएं, उनकी सारहीनता नष्ट नहीं होती और उन्हें सारवान नहीं बनाया जा सकता। अर्थात् दुष्ट प्रकृति के लोग विशेष महत्त्वपूर्ण कार्य के उपयोगी नहीं होते।*। 459।*

॥ यथा बीजं तथा निष्पत्तिः॥

जैसा बीच होता है वैसा ही फल उत्पन्न होता है।

जैसा बोओगे वैसा काटोगे अर्थात् मनुष्य जिस प्रकार के कर्म करता है उसको वैसा ही फल मिलता है। संतान भी वैसी ही होती है जैसे माता-पिता और उनके विचार होते हैं।*। 460।*

॥ यथाश्रुतं तथा बुद्धिः॥

शिक्षा के अनुरूप ही बुद्धि होती है।

मनुष्य की शिक्षा-दीक्षा जैसी होगी, बुद्धि का विकास भी वैसा ही होगा। इसीलिए सदा ऐसा प्रयत्न करना चाहिए कि संतान को अच्छी शिक्षा दे, जिससे उनमें अच्छी बुद्धि का विकास हो।*। 461।*

॥ यथाकुलं तथाऽऽचारः॥

जैसा कुल होता है वैसा ही आचरण होता है।

प्रायः देखा गया है कि कुल की परंपरा के अनुसार ही लोगों का आचार-व्यवहार होता है। जिस वंश के व्यक्ति धर्मपरायण और गुणी होते हैं उस कुल का लौकिक व्यवहार भी उदारता से युक्त होता है। ऐसे कुल में जन्मे और पालन-पोषण प्राप्त बालक उदार होंगे।*। 462।*

॥ संस्कृतः पिचुमन्दो न सहकारो भवति॥

नीम को कितना भी शुद्ध क्यों न किया जाए वह आम नहीं बन सकता।

नीम के वृक्ष को दूध और गुड़ आदि से कितना भी अधिक सींचा जाए, किंतु उसकी स्वाभाविकता समाप्त नहीं हो सकती और उसे आम के फल जैसा मधुर नहीं बनाया जा सकता। इस प्रकार नीच मनुष्य को भी कितने ही उपदेश दिए जायें, उसके लिए नीचता का त्याग करना अत्यन्त कठिन होता है।*। 463।*

॥ न चागतं सुखं परित्यजेत्॥

प्राप्त होने वाले सुख को नहीं छोड़ना चाहिए।

निश्चित और अनुकूल वर्तमान को त्यागकर अनिश्चित भविष्य की आशा में पड़े रहना उचित नहीं। जो अवसर प्राप्त हो उसे खोना नहीं चाहिए। किसी बड़े सुअवसर की आशा में हाथ में आए छोटे अनुकूल कार्यों को छोड़ नहीं देना चाहिए। कहा भी गया है *'यो ध्रुवाणि परित्यज्य अध्रुवाणि निशेवते। ध्रुवाणि तस्य नश्यन्ति अध्रुवं नष्टमेव तत्।। '*

अर्थात् जो हाथ में है उसका लाभ उठाना ही बुद्धिमानी है।*। 464।*

॥ स्वयमेव दुःखमधिगच्छति॥

अपने कर्मों के अनुसार ही मनुष्य को दुःख मिलता है।

मनुष्य जैसे कार्य करता है उसी के अनुसार उसे सुखों और दुखों की प्राप्ति होती है। वास्तव में दुःख मनुष्य द्वारा स्वेच्छा से स्वीकृत किया हुआ रोग है। उसे समझना चाहिए कि यह उसके कार्यों का ही फल है।*। 465।*

॥ न रात्रिचारणं कुर्यात्॥

रात के समय व्यर्थ नहीं घूमना चाहिए।

स्त्रियों को तो इसके प्रति अत्यधिक सावधान रहना चाहिए।*। 466।*

॥ न चार्धरात्रं स्वपेयात् ॥

आधी रात तक जागते नहीं रहना चाहिए।

रात्रि विश्राम करने के लिए बनाई गई है। चिकित्सा-विज्ञान के अनुसार इस समय शरीर में ऐसी रासायनिक क्रिया होती है जो शरीर के स्वस्थ रहने के लिए उपयोगी है। इसीलिए रात में समय पर सो जाना शारीरिक और मानसिक स्वास्थ्य की दृष्टि से लाभदायक है। रात्रि को केवल योगी जागते हैं, जो प्रभु की प्रार्थना में लीन रहते हैं।

सामान्य जनों को समय के अनुसार व्यवहार करना चाहिए और बहुत रात बिताकर नहीं सोना चाहिए। *। 467।*

॥ तद्विद्वद्‌भिः परीक्षेत ॥

मनुष्य को किस समय क्या कार्य करना चाहिए, यह विद्वान् और अनुभवी कुल के वृद्ध पुरुषों से सीखना चाहिए।

परिवार के वृद्ध पुरुषों को अपने अनुभवों द्वारा बहुत-सी बातें ज्ञात होती हैं। इसीलिए परिवार के लोगों को जीवन में आचरण के लिए उनसे बहुत कुछ सीखना चाहिए। *। 468।*

॥ परगृहमकारणतो न प्रविशेत् ॥

बिना किसी कारण किसी दूसरे के घर में नहीं जाना चाहिए।

बिना कारण किसी दूसरे के घर जाने से व्यक्ति का अपमान होता है। इसका एक अर्थ यह भी हो सकता है कि कानूनी अधिकार प्राप्त होने पर ही किसी दूसरे के घर में प्रवेश किया जा सकता है, वैसे नहीं। *। 469।*

॥ ज्ञात्वापि दोषमेव करोति लोकः ॥

मनुष्य जानबूझकर ही अपराध की ओर प्रवृत्त होता है।

मनुष्य अपनी स्वाभाविक बुद्धि के अनुरूप किसी कार्य को बुरा समझते हुए भी उस कार्य की ओर आकृष्ट होता है। मनुष्य असंयम के कारण ऐसा करता है। जिन व्यक्तियों में संयम नहीं होता वे भ्रष्टाचारी बन जाते हैं। *। 470।*

॥ शास्त्रप्रधाना लोकवृत्तिः ॥

लोक व्यवहार शास्त्र के अनुकूल होना चाहिए।

मनुष्य के व्यवहार के संबंध में प्रायः सभी शास्त्रों में बताया गया है, इसीलिए मनुष्यों को

अपने कार्य-व्यापार में अन्य लोगों की अपेक्षा व्यवहार आदि की प्रेरणा शास्त्रों से ही लेनी चाहिए।*। 471।*

॥ शास्त्राभावे शिष्टाचारमनुगच्छेत्॥

यदि मनुष्य को शास्त्र का ज्ञान न हो तो मनुष्यों को अपना आचरण श्रेष्ठ पुरुषों के अनुसार करना चाहिए।

यदि किसी व्यक्ति को शास्त्र का ज्ञान नहीं, तो उसे जीवन में बहुत-सी बातों के लिए कठिनाई हो सकती है। इस कठिनाई को दूर करने का एक सरल उपाय यह है कि उसे अपना आचरण श्रेष्ठ पुरुषों के समान करना चाहिए अर्थात् जैसा वे करते हैं, उनका अनुगमन करना चाहिए।*। 472।*

॥ नाचरिताच्छास्त्रं गरीयः॥

कोई भी शास्त्र सदाचार से बढ़कर नहीं है।

अच्छा आचरण शास्त्र से अधिक मान्य है। सभी शास्त्रों में सदाचरण की ही शिक्षा दी गई है। सदाचार शास्त्रों से भी बड़ा है।*। 473।*

॥ दूरस्थमपि चारचक्षुः पश्यति राजा॥

राजा गुप्तचरों द्वारा दूर की वस्तु को भी देख लेता है।

गुप्तचर राजा की आंख होते हैं। वह देश तथा विदेश में अपने राज्य से संबंधित अनेक बातों को गुप्तचरों द्वारा जान लेता है।*। 474।*

॥ गतानुगतिको लोकः॥

साधारण मनुष्य परंपरा का अनुसरण करते हैं।

इसे दूसरे शब्दों में भेड़-चाल भी कहा जा सकता है। केवल बुद्धिमान मनुष्य ही सोच-विचार कर हितकर मार्ग का अनुसरण करते हैं और अहितकर मार्ग त्याग देते हैं। वे किसी दूसरे को देखकर आचरण नहीं करते। वे अपनी बुद्धि से विचार कर कार्य करते हैं।*। 475।*

॥ यमनुजीवेत्तं नापवदेत्॥

जिसके द्वारा जीविकोपार्जन होता है उसकी निंदा नहीं करनी चाहिए।

मनुष्य को आजीविका देने वाले स्वामी की निंदा नहीं करनी चाहिए। ऐसा करने से

जीविका समाप्त हो सकती है। यह समस्त संसार सन्मति, पुण्य कार्य, धर्म, जीविका आदि के कारण एक-दूसरे से बंधे हुए हैं।

इसी कारण यह संसार निर्विघ्न चलता रहता है। अत: आजीविका देने वाले स्वामी की निंदा न करके उसका सम्मान करना चाहिए।*। 476।*

॥ तप:सार इन्द्रियनिग्रह:॥

इंद्रियों को वश में रखना ही तप का सार है।

विषयभोग से संबंध रखने वाले व्यक्ति एकांत वन में भी अपनी इंद्रियों को वश में नहीं रख सकते। जो व्यक्ति अपने घर में रहता हुआ भी इंद्रियों को वश में रखता हुआ अपना कार्य करता है, वह तप पूर्ण जीवन ही बिता रहा होता है।*। 477।*

॥ दुर्लभ: स्त्रीबन्धनान्मोक्ष:॥

स्त्री के बंधन से छूटना बड़ा कठिन कार्य है।

स्त्री से भोगविलास संबंधी विचार आने पर मनुष्य असाधारण मनोबल से ही बच सकता है। परंतु यदि स्त्री चाहे तो उसके तप को भंग भी कर सकती है। यदि कोई तपस्वी भी इंद्रियों पर विजय प्राप्त नहीं कर सकता तो उसकी तपस्या व्यर्थ होती है। व्यक्ति को स्त्रियों के मोह में नहीं पड़ना चाहिए।*। 478।*

॥ स्त्रीणां सर्वाशुभानां क्षेत्रम्॥

स्त्री सभी संकटों को जन्म देने वाली होती है।

इतिहास में ऐसी अनेक घटनाएं इस बात का प्रमाण हैं कि स्त्रियों के कारण मनुष्य समाज को भारी हानि उठानी पड़ी। रामायण, महाभारत, पृथ्वीराज और संयोगिता की कहानियां इस बात का प्रमाण हैं।

इसीलिए राष्ट्र को चाहिए कि स्त्री जाति के संबंध में अपने कर्तव्यों के प्रति पूर्ण सचेत रहे। स्त्री को केवल भोगविलास का साधन मानने से भी अनेक हानिकारक परिणाम भुगतने पड़ते हैं।*। 479।*

॥ अशुभद्वेषिण: स्त्रीषु न प्रसक्ता: (प्रसक्ति:)॥

अशुभ कार्यों को न चाहने वाले लोग स्त्रियों में आसक्त नहीं हो सकते।

समाज के हित में अपना हित समझने वाले लोग स्त्रियों के अधिक संपर्क में नहीं आते। समाज का कल्याण चाहने वाले लोगों को स्त्रियों में आसक्त न होकर उनके साथ केवल कर्त्तव्य

का संबंध रखना चाहिए। स्त्रियों में अधिक आसक्ति मनुष्य को पतन की चरम सीमा तक पहुंचा सकती है।*। 480।*

॥ यज्ञफलज्ञास्त्रिवेदविदः॥

ऋक्, यजु , साम आदि तीनों वेदों को जानने वाला ही यज्ञ के फल को जानता है।

यज्ञ फल से मनुष्य प्रभु के संबंध में ज्ञान प्राप्त करता है अथवा उसे अपने संबंध में पूर्ण ज्ञान की प्राप्ति होती है। अर्थात् वह अपने वास्तविक स्वरूप को यज्ञ के कारण समझ पाता है।*। 481।*

॥ स्वर्गस्थानं न शाश्वतम् (यावत्पुण्यफलम्) ॥

स्वर्ग की प्राप्ति स्थायी नहीं होती। उसकी अवधि तब तक होती है जब तक पुण्य का फल शेष रहता है।

मनुष्य स्वर्ग में तभी तक वास करता है जब तक उसके पुण्य बचे रहते हैं। इससे यह प्रकट है कि मनुष्य के जीवन में सुख अस्थायी होते हैं। सुख और दुःख मनुष्य को उसके कर्मों के अनुसार ही प्राप्त होते हैं।*। 482।*

॥ यावत्पुण्यफलं तावदेव स्वर्गफलम्॥

जब तक पुण्य का फल शेष रहता है तब तक मनुष्य स्वर्गरूपी फल अर्थात् सुख का भोग करता है।। 483।

॥ न च स्वर्गपतनात् परं दुःखम्॥

भौतिक सुखों के नाश से बढ़कर साधारण मानव के लिए दूसरा कोई दुःख नहीं।

जब मनुष्य के भौतिक सुख समाप्त हो जाते हैं तो उसके दुखों की सीमा नहीं रहती। परंतु यह सब उसके कर्मों के कारण ही होता है। इसके साथ मनुष्य को सामान्य जीवन बिताते हुए अधिक सुखों की आशा में भी नहीं पड़ना चाहिए, जिससे सुखों की समाप्ति पर उसका जीवन दूभर न हो जाए।*। 484।*

॥ देही देहं त्यक्त्वा ऐन्द्रपदं न वांछति॥

प्राणी को देह से इतना लगाव होता है कि वह देह छोड़कर इंद्र का पद भी नहीं भोगना चाहता।

भावार्थ यह है कि मनुष्य अपने जीवन के वर्तमान काल में ही सुख की इच्छा करता है

क्योंकि उसकी आसक्ति अपनी देह में होती है। वह अपनी देह को छोड़कर इंद्र-आसन प्राप्त करने की इच्छा नहीं रखता। मरने के बाद सुख की इच्छा काल्पनिक होती है। *। 485।*

॥ दु:खानामौषधं निर्वाणम् ॥

समस्त दुखों की औषधि मोक्ष है।

मनुष्य जब तक मन की इच्छाओं के बंधन में पड़ा रहता है तब तक दु:खों का अनुभव होता है। मन के बंधन से पूर्णत: मुक्त होना ही दु:खों से छुटकारा पाना है। अर्थात् मनुष्य जब मोक्ष प्राप्त कर लेता है, तब उसके दुख स्वयं समाप्त हो जाते हैं। *। 486।*

॥ अनार्यसंबन्धादुत्तमार्यशत्रुता ॥

दुष्ट मनुष्य की मित्रता की अपेक्षा सज्जन व्यक्ति की शत्रुता अच्छी है।

आनार्य अर्थात् दुष्ट विचारों वाले दुराचारी, मायावी, कपटी व्यक्ति की मित्रता की अपेक्षा विवेक-संपन्न सदाचारी व्यक्ति का शत्रु होना अधिक अच्छा है। *। 487।*

॥ निहन्ति दुर्वचनं कुलम् ॥

दुर्वचनों से सारे कुल का नाश हो जाता है।

कठोर वचन बोलने वाला व्यक्ति कुल को कलंकित कर देता है जबकि अच्छी मधुरवाणी उच्च कुल के होने का प्रमाण देती है। मुख से वाणी निकलते ही सबसे पहले बोलनेवाले के कुल की मर्यादा का पता चलता है कि वह कैसे कुल में पैदा हुआ। इसीलिए व्यक्ति को अपने कुल के गौरव के लिए अच्छी और मधुर भाषा का प्रयोग करना चाहिए। अच्छे कुल का व्यक्ति यदि कुवाणी बोलता है तो यह उसके कुल के पतन का कारण होता है। *। 488।*

॥ न पुत्रसंस्पर्शात् परं सुखम् ॥

पुत्र सुख से बढ़कर दूसरा कोई सुख नहीं।

पुत्र-लाभ को सांसारिक सुखों में सबसे अच्छा माना गया है। संभवत: विधाता ने इस सृष्टि की परंपरा को चलाने के लिए ही माता-पिता के मन में पुत्र-मोह पैदा किया। यदि माता-पिता को पुत्र से इस प्रकार का मोह न होता तो संभवत: सृष्टि की परंपरा का चलना असंभव हो जाता। *। 489।*

॥ विवादे धर्ममनुस्मरेत् ॥

विवाद के समय धर्म के अनुसार कार्य करना चाहिए।

चाणक्य का कहना है कि आपसी लड़ाई-झगड़े अथवा कलह के समय धर्म का ध्यान रखना चाहिए। धर्म को भूलना नहीं चाहिए। लड़ाई-झगड़े के समय भी जो व्यक्ति धर्म को याद रखते हैं, वे भयंकर पाप करने से बच जाते हैं। क्योंकि लड़ाई-झगड़े के समय मनुष्य क्रोध में आकर कुछ भी कर सकता है जिसके कारण बाद में उसे आयु भर पछताना पड़ता है।*। 490।*

॥ निशान्ते कार्यं चिन्तयेत् ॥

मनुष्य को नित्य प्रातःकाल दिन के कार्यों के संबंध में विचार करना चाहिए।

प्रातःकाल जब मनुष्य सोकर उठता है तो उसे इस बात पर विचार करना चाहिए कि दिन भर का कार्यक्रम क्या है। इस बात पर विचार करने से कार्यों के संबंध में दुविधा समाप्त हो जाती है और उसका सारा दिन निश्चित कार्यक्रम के अनुसार चलता रहता है।*। 491।*

॥ उपस्थितविनाशो दुर्नयं मन्यते ॥

जिसका विनाशकाल निकट होता है वह अनीति करने पर उतारू हो जाता है।

जिस मनुष्य के बुरे दिन आते हैं, वह अनीति पूर्ण कार्य करने लगता है। अनीति पूर्ण कार्यों से स्वयं ही उसका विनाश हो जाता है।*। 492।*

॥ क्षीरार्थिनः किं करिण्या ॥

दूध की इच्छा रखने वाले को हथिनी पालने की आवश्यकता नहीं होती।

दूध प्राप्त करने के लिए कोई हथिनी को नहीं पालता अर्थात् व्यर्थ के कर्म त्याग करने के योग्य होते हैं। मनुष्य को जिस वस्तु की आवश्यकता हो, उसी के अनुरूप कार्य करना चाहिए। इसका अर्थ यह भी है कि मनुष्य को केवल उपयोगी द्रव्यों का ही संचय करना चाहिए। व्यर्थ की चीजें बटोरने में अपनी शक्ति नष्ट नहीं करनी चाहिए।*। 493।*

॥ न दानसमं वश्यम् ॥

दान जैसा कोई वशीकरण मंत्र नहीं।

सदाचारी धनी लोग अपने धन का सदुपयोग समाज के कल्याण के लिए करते हैं। समाज के कल्याण के साथ-साथ उनके यश में भी वृद्धि होती है। जिन लोगों को उनके दान से लाभ होता है, वे सदैव ही उनके नाम से प्रभावित रहते हैं। उनका दान वशीकरण मंत्र के समान सिद्ध होता है।*। 494।*

॥ परायत्तेषूत्कण्ठां न कुर्यात् ॥

पराई वस्तु को प्राप्त करने की इच्छा नहीं करनी चाहिए।

साधु–संतों का कहना है कि दूसरे के धन को मिट्टी के समान समझना चाहिए। अर्थात् जो पदार्थ दूसरों के पास है, उसे पाने के लिए उतावला नहीं होना चाहिए। उसे पाने के लिए अपनी शक्ति भी नहीं लगानी चाहिए। उतावलापन शक्ति की हीनता का द्योतक है। दूसरे के अधिकार में चली गई अपनी वस्तु की प्राप्ति के लिए भी धैर्यपूर्वक प्रयत्न करना चाहिए।*। 495।*

॥ असत्समृद्धिरसरिरेव भुज्यते ॥

दुर्जनों की समृद्धि का उपभोग दुर्जन लोग ही करते हैं।

दुष्ट लोग जो सम्पत्ति अथवा धन, दौलत इकट्ठा करते हैं, उसका उपयोग बुरे कामों के लिए होता है।*। 496।*

॥ निम्बफलं काकैर्भुज्यते ॥

नीम के फल को कौए ही खाते हैं।

जिस प्रकार नीम का कड़वा फल कौए जैसे पक्षियों के काम ही आता है, इसी प्रकार अशिष्ट उपायों से इकट्ठा किया हुआ धन चरित्रहीन लोगों के निंदित कार्यों के ही प्रयोग में आता है। इसीलिए मनुष्य का कर्त्तव्य है कि उचित उपायों से धन का संग्रह करे जिससे उनकी उन्नति हो।*। 497।*

॥ नाम्भोधिस्तृष्णामपोहति ॥

समुद्र के खारे पानी से प्यास नहीं बुझती।

पाप की कमाई से कमाया हुआ धन किसी को संतुष्ट नहीं कर सकता। उसका अच्छे कामों में उपयोग भी असंभव ही होता है। निकृष्ट उपायों से संग्रह किया हुआ धन अंत में मनुष्य के अपने विनाश का कारण बनता है।*। 498।*

॥ बालुका अपि स्वगुणमाश्रयन्ते ॥

जिस प्रकार बालू या रेत अपने रूखे और कठोर स्वभाव को नहीं छोड़ पाता, इसी प्रकार दुष्ट मनुष्य भी अपना स्वभाव नहीं छोड़ते।

नीच अपने स्वभाव के कारण नीच उपायों से ही धन का संग्रह करता है और उसका उपयोग

उसके अपने स्वभाव के कारण ही समाज–कल्याण के कार्यों में नहीं होता। उसका उपयोग बुरे कार्यों के लिए ही होता है। *। 499।*

॥ सन्तोऽसत्सु न रमन्ते ॥

सज्जन लोग दुर्जनों में रहकर आनंद (चैन) अनुभव नहीं करते।

मनुष्य समाज में रहने वाला प्राणी है, परंतु वह अपने जैसे विचारों वाले लोगों में ही रहता है। अंग्रेजी की एक कहावत है कि एक जैसे पक्षी ही इकट्ठे उड़ते हैं, इसी प्रकार भद्र मनुष्य भी भद्र लोगों के साथ रहना चाहते हैं।

इसका कारण यह भी है कि मनुष्य जैसे लोगों में रहता है, उसका स्वभाव भी वैसा बन जाता है। विपरीत स्वभाव के लोग आपस में प्रेम से मिलकर न कोई समाज–कल्याण का कार्य कर सकते हैं और न उन्नति कर सकते हैं। *। 500।*

॥ न हंसाः प्रेतवने रमन्ते ॥

हंस नामक पक्षी श्मशान में रहना पसंद नहीं करते।

जिस प्रकार हंस श्मशान में नहीं रहते, उसी प्रकार योग्य व्यक्ति अयोग्य व्यक्ति के पास बैठना पसंद नहीं करते। गुणी व्यक्ति एकान्त में अज्ञात जीवन बिता देना तो स्वीकार कर लेते हैं, परंतु बुरी संगति में रहना कभी स्वीकार नहीं करते। *। 501।*

॥ अर्थार्थं प्रवर्तते लोकः॥

सारा संसार धन के पीछे दौड़ता है अर्थात् धन के पीछे दुनिया पागल है। । 502 ।

॥ आशया बध्यते लोकः॥

सभी सांसारिक प्राणी आशा के बन्धन से बंधे हुए हैं।

अविवेकशील मनुष्य कर्त्तव्य के बंधन में नहीं बल्कि आशा के बन्धन में बंधकर काम करता है। केवल आशा के कारण कार्य करने से उसकी इच्छा पूर्ण नहीं होती और उसका धैर्य नष्ट होने लगता है। वर्तमान का सही उपयोग न करके भविष्य की आशा पर रहना मन की हानिकारक दशा है। भावार्थ यह है कि मनुष्य को केवल आशा पर ही निर्भर न रहकर कर्त्तव्य का पालन करना चाहिए। *। 503।*

॥ न चाशापरैः श्रीः सह तिष्ठति ॥

केवल आशा में लगे पुरुष को लक्ष्मी नहीं मिलती।

केवल आशा के उतार–चढ़ाव में रहने वाला व्यक्ति श्रीहीन रहता है। जो कर्त्तव्य की उपेक्षा करके केवल आशा के बंधन में बंधे रहते हैं उन्हें निराशा के अतिरिक्त कुछ प्राप्त नहीं होता। मनुष्य को चाहिए कि वह सदैव उत्साह से प्रसन्न रहता हुआ कर्त्तव्य का पालन करे। इसी से धन की प्राप्ति होती है। *। 504।*

॥ आशापरे न धैर्यम् ॥

आशावान् मनुष्य धैर्यशाली नहीं होता।

केवल आशा का दास बना मनुष्य अपना धैर्य खो बैठता है। उसमें स्थिर बुद्धि नहीं रहती। *। 505।*

॥ दैन्यान्मरणमुत्तमम् ॥

दरिद्र होकर जीवित रहने की अपेक्षा मर जाना अच्छा है।

जो मनुष्य अपने को दीनहीन, निकम्मा और असहाय समझ लेता है, वह जीते हुए भी मरे के समान है। दीनता रहित जीवन बिताना मनुष्य की सार्थकता है। अपने आपको दीनहीन समझकर उत्साहहीन होना मृत्यु के समान है। *। 506।*

॥ आशा लज्जां व्यपोहति ॥

आशा के दास निर्लज्ज होते हैं।

आशा अर्थात् विषय–लोलुपता के कारण मनुष्य की लज्जा नष्ट हो जाती है। इसके कारण वह अनुचित कार्य करने लगता है और शिष्टाचार को छोड़ देता है अर्थात् आशा मनुष्य को निर्लज्ज बना देती है। *। 507।*

॥ आत्मा न स्तोतव्यः ॥

अपने मुख से अपनी प्रशंसा नहीं करनी चाहिए।

अपनी प्रशंसा के स्थान पर ऐसे आचरण की आवश्यकता है जिससे व्यक्ति की स्वयं प्रशंसा हो। जो व्यक्ति श्रोताओं के सामने अपनी प्रशंसा करता है, लोग उसे सुनकर व्यंग्य से मुस्कराते हैं। सज्जन व्यक्ति आत्मप्रशंसा से दूर रहते हैं। *। 508।*

॥ न दिवा स्वप्नं कुर्यात् ॥

दिन में सोना नहीं चाहिए।

दिन में सोने से कार्य की हानि होती है और शरीर में अपच, वायु-विकार आदि दोष उत्पन्न हो जाते हैं। दिन में केवल अस्वस्थ्य व्यक्ति अथवा बालकों को सोना चाहिए।*। 509।*

॥ आयुः क्षयी दिवा निद्रा॥

दिन में सोने से आयु कम होती है।

इसका कारण यह है कि जब मनुष्य सोता है तो उसकी सांस तेजी से चलने लगती है अर्थात् जागते समय वह जितनी भी सांसें लेता है, सोते समय उनकी संख्या में वृद्धि हो जाती है। प्रत्येक मनुष्य की सांसें निश्चित हैं। इसीलिए दिन में सोना आयु-नाशक होता है।*। 510।*

॥ न चासन्नमपि पश्यत्यैश्वर्यान्धः न शृणोतीष्टम्॥

अपने धन के नशे में अंधा व्यक्ति न तो अपने पास किसी वस्तु को देखता है और न ही हितकारी बात सुनता है।

मनुष्य के पास धन होना और धन के कारण अभिमान होना दोनों बातों में अंतर है। जिस व्यक्ति को अपने धन का अभिमान है उसे अपने हित-अहित का कोई ध्यान नहीं रहता। वह अपने लिए उचित बातों की भी उपेक्षा करता है। बिहारी ने कहा है कि सोने का नशा धतूरे के नशे से भी अधिक मनुष्य का मानसिक संतुलन बिगाड़ने वाला है।*। 511।*

॥ स्त्रीणां न भर्तुः परं दैवतम्॥

श्रेष्ठ स्त्री के लिए पति से बढ़कर और कोई देवता नहीं है।। 512।

॥ तदनुवर्तनमुभयसौख्यम्॥

पति की इच्छा के अनुसार चलने वाली स्त्री को इहलोक और परलोक दोनों का सुख प्राप्त होता है।। 513।

॥ अतिथिमभ्यागतं पूजयेद्यथाविधिः॥

अपने घर में आए अतिथि का विधिपूर्वक स्वागत करना चाहिए।

गृहस्थ का कर्त्तव्य है कि अकस्मात् आने वाले अतिथि और समय निश्चित करके आने वाले अभ्यागत दोनों का यथोचित स्वागत-सत्कार करना चाहिए।*। 514।*

॥ नित्यं संविभागी स्यात्॥

अपने उपार्जित धन में से दान को भी दैनिक कर्त्तव्य मानना चाहिए।

दान की महिमा का अनेक स्थानों पर वर्णन किया गया है। दान देने से धन नहीं घटता। इसीलिए प्रत्येक व्यक्ति का कर्त्तव्य है कि वह जो कुछ उपार्जित करता है, उसमें से कुछ-न-कुछ ऐसे लोगों को देना चाहिए जिन्हें उसकी आवश्यकता होती है। *। 515।*

॥ नास्ति हव्यस्य व्याघातः॥

देवताओं को नियमित दिया गया द्रव्य कभी भी नष्ट नहीं होता। अर्थात् योग्य पात्र को दिया गया दान कभी भी व्यर्थ नहीं जाता।

समाज के योग्य व्यक्तियों की सहायता करना भी समाज की सेवा है। जो व्यक्ति समाज-कल्याण में अपना मन लगाते हैं, वे अप्रत्यक्ष रूप से अपना ही कल्याण करते हैं। *। 516।*

॥ शत्रुरपि प्रमादी लोभात्॥

लोभ देकर शत्रु को भी उसके लक्ष्य (शत्रुता) से भ्रष्ट किया जा सकता है।

शत्रु को हराने का लोभ भी एक उपाय है। शत्रु को किसी भी प्रकार के लोभ में डालकर उसे अपने लक्ष्य में भ्रष्ट किया जा सकता है, क्योंकि लोभ मनुष्य को निर्बल बना देता है। *। 517।*

॥ शत्रुर्मित्रवत् प्रतिभाति॥

बुद्धिभ्रंश शत्रु भी कभी-कभी मित्र के समान दिखाई देता है।

शत्रु मित्र के समान तभी दिखाई देता है जब लोभ के कारण उसकी बुद्धि भ्रष्ट हो जाती है। लोभ में पड़ने पर वह अपने शत्रु को भी अपना हित करने वाला मित्र प्रतीत होने लगता है। *। 518।*

॥ मृगतृष्णा जलवद् भाति॥

तृष्णा के कारण मृग चमकती हुई बालू को जल समझ बैठता है।

जिसने अपनी इन्द्रियों को वश में नहीं किया, वही ठगा जाता है। मृगतृष्णा उसे कहते हैं जिसमें चमकती हुई रेत भी जल के समान दिखाई देती है और हिरण उधर भागता है परंतु उसे जल नहीं मिलता।

इसी प्रकार धूर्त लोग चिकनी-चुपड़ी बातें बनाकर लोगों को अपने लालच में फंसा लेते हैं। बुद्धिमत्ता इसी में है कि मनुष्य धूर्त लोगों के बहकावे में न आए। *। 519।*

॥ उपालम्भो नास्त्यप्रणयेषु ॥

विनयरहित व्यक्ति को उलाहना देने से कोई लाभ नहीं होता।

अर्थात् उद्दंड मनुष्य को कठोर दंड द्वारा ही सही मार्ग पर लाया जा सकता है। *। 520।*

॥ दुर्मेध सामसच्छास्त्रं मोहयति ॥

बुद्धिहीन मनुष्य को निकृष्ट साहित्य भ्रष्ट बना देता है अर्थात् भ्रष्ट साहित्य उनके मन को मोह लेता है और वे भ्रष्ट मार्ग पर चलना प्रारंभ कर देते हैं। । 521 ।

॥ सत्संगः स्वर्गवासः ॥

सत्संग ही स्वर्ग में रहने के समान है।

कष्टों से भरे इस संसार में संतों का समागम एक शीतल झरने के पास बैठने के समान है। सत्संग से मनुष्य को शान्ति प्राप्त होती है और वह धीरे-धीरे बुराई का मार्ग छोड़कर भलाई की ओर चलता है। *। 522।*

॥ आर्यः स्वमिव परं मन्यते ॥

श्रेष्ठ व्यक्ति सबको अपने समान ही समझता है।

आर्य अथवा श्रेष्ठ व्यक्ति उदार स्वभाव के होते हैं। वे दूसरों के साथ उसी प्रकार का व्यवहार करते हैं जैसा वे दूसरों से अपने साथ बर्ताव की आशा रखते हैं। *। 523।*

॥ रूपानुवर्ती गुणः ॥

रूप के अनुसार ही मनुष्य में गुण होते हैं।

गुणों का मनुष्य के हृदय से संबंध होता है। उसके मन में जैसे विचार होते हैं, वे उसके मुख पर स्पष्ट झलकते रहते हैं। इसीलिए कहा गया है कि मनुष्य का जैसा रूप होता है वैसा ही गुण होता है।

प्रायः मनुष्य के रूप से ही उसके भीतर के शौर्य, धैर्य, शांति, संयम आदि गुण व्यक्त हो जाते हैं। पुरुषों को भांपने में पारंगत लोग मनुष्य को देखते ही उसके गुणों को भांप लेते हैं। *। 524।*

॥ यत्र सुखेन वर्तते तदेव स्थानम् ॥

जहां मनुष्य सुख से रह सके, उसके लिए वही उत्तम स्थान है। । 525 ।

॥ विश्वासघातिनो न निष्कृतिः॥

विश्वासघाती मनुष्य का उद्धार करने के लिए कोई प्रायश्चित नहीं।

इस संसार में मनुष्य एक–दूसरे के विश्वास पर जीता है। जहां विश्वास समाप्त हो जाता है वहां जीवन दूभर हो जाता है। मित्रता का संबंध भी विश्वास पर आधारित है। जो मनुष्य विश्वासघात करता है, उसको इस पाप से किसी प्रायश्चित द्वारा नष्ट नहीं किया जा सकता।*। 526।*

॥ दैवायत्तं न शोचेत्॥

जो बात देव के अधीन है, उसके संबंध में चिंता अथवा-सोच–विचार नहीं करना चाहिए।

मनुष्य के साथ प्रतिदिन ऐसी घटनाएं होती हैं जिन पर उसका कोई वश नहीं होता। परंतु वह यह जानते हुए भी उनके संबंध में चिंता करता रहता है। अनेक बार मनुष्य किसी कार्य को करने के लिए सच्चे मन से प्रयत्न करता है परंतु उसमें सफलता प्राप्त नहीं होती। ऐसी स्थिति में मनुष्य को दैव के अधीन समझकर चिंता नहीं करनी चाहिए।*। 527।*

॥ आश्रितदुःखमात्मन इव मन्यते साधुः॥

सज्जन व्यक्ति आश्रितों के दुःख को अपना दुःख समझते हैं।

सज्जन पुरुष अपने आश्रितों पर आये किसी दुःख को देखकर व्यक्तिगत रूप से उस दुःख को दूर करने का प्रयत्न करते हैं। आश्रित पुरुषों के दुःख को अपना दुःख मानना सज्जन पुरुषों की सज्जनता अथवा महानता है।*। 528।*

॥ हृद्गतमाच्छाद्यान्यद्वदत्यनार्यः॥

मन की वास्तविक बात को छिपाकर बनावटी बातें करने वाला अनार्य अर्थात् दुष्ट व्यक्ति होता है।

धोखा देने वाले दुष्ट लोग मन की दुष्टता को छिपाए रखते हैं और केवल वाणी से मीठी–मीठी बातें करते रहते हैं। कई बार उनकी मीठी बातों से सज्जन पुरुष धोखे में पड़ जाते हैं। दुष्ट लोगों की इस प्रकार की वाणी पर विश्वास नहीं करना चाहिए। जो विश्वास करता है वह हानि उठाता है।*। 529।*

॥ बुद्धिहीनः पिशाचादनन्यः॥

बुद्धिहीन अर्थात् मूर्ख मनुष्य पिशाच के समान होता है।

बुद्धिहीन व्यक्ति घृणा का पात्र होता है। उसी बुद्धिहीन आचरण के कारण उसकी नीचता का प्रदर्शन होता रहता है। बुद्धिमान मनुष्य अपने हित को ध्यान में रखकर नीच व्यक्तियों को त्याग देता है परंतु बुद्धिहीन व्यक्ति से यह सब कुछ संभव नहीं। इसीलिए बुद्धिहीन व्यक्ति का समाज में कोई सम्मान नहीं होता। *। 530।*

॥ असहायः पथि न गच्छेत् ॥

सारथी के बिना यात्रा नहीं करनी चाहिए।

मनुष्य को किसी यात्रा में जाते समय आत्मरक्षा के साधन साथ में लेकर चलना चाहिए। उसे अपनी सहायता के लिए या तो अपने पास वैध शस्त्र रखने चाहिए अथवा अपने सहायकों के साथ यात्रा करनी चाहिए। *। 531।*

॥ पुत्रो न स्तोतव्यः ॥

अपने पुत्र की प्रशंसा नहीं करनी चाहिए।

जिस प्रकार अपनी प्रशंसा करना उचित नहीं, उसी प्रकार गुणी पुत्र की प्रशंसा करना भी पिता के लिए उचित नहीं। पिता का कर्तव्य है कि अपने पुत्र को उत्साहित करे परंतु पुत्र के गुणों का उल्लेख समाज में नहीं करना चाहिए। यह कार्य भी आत्म–प्रशंसा जैसा ही है जो उपहास का पात्र बना देता है। *। 532।*

॥ स्वामी स्तोतव्योऽनुजीविभिः ॥

सेवक लोगों को चाहिए कि वे अपने स्वामी का गुणगान करते रहें। । 533 ।

॥ धर्मकृत्येष्वपि स्वामिन एव घोषयेत् ॥

राज्य के अधिकारियों का कर्त्तव्य है कि राजा की आज्ञा से लोगों के हित के लिए किए गए कार्यों को अपना न बताकर अपने स्वामी अथवा राज्य–संस्था द्वारा किया गया बतायें। उनका कर्तव्य है कि राज्य में किए गये अच्छे कार्यों के लिए अपने आप को अधिकारी न मानें। । 534 ।

॥ राजाज्ञां नातिलंघयेत् ॥

राजा की आज्ञा का कभी उल्लंघन नहीं करना चाहिए। । 535 ।

॥ स्वाम्यनुग्रही धर्मकृत्यं भृत्यानाम् ॥

अपने कर्त्तव्य पालन से स्वामी का अनुग्रह प्राप्त करना सेवकों का धर्म है। । 536 ।

॥ यथाऽऽज्ञप्तं तथा कुर्यात् ॥

राजा अथवा स्वामी की जैसी आज्ञा हो उसके अनुसार ही कार्य करना चाहिए। । 537 ।

॥ सविशेषं वा कुर्यात् ॥

विशेष कर्त्तव्यों को बिना पूछे तुरंत कर लेना चाहिए।

राज्य के श्रेष्ठ कर्मचारियों का कर्तव्य है कि जनता के हित के कार्यों में देरी न करें। देरी करने से जनता को तो हानि होती ही है, साथ ही राष्ट्र की उन्नति भी रुकती है। बुद्धिमान राजकर्मचारी अपनी योग्यता के अनुसार प्रशंसनीय कार्य करके राज्य का सम्मान प्राप्त कर सकते हैं। *। 538 ।*

॥ स्वामिनो भीरुः क्वोपयुज्यते ॥

राज्य सेवा में डरपोक और अकर्मण्य लोगों का कोई उपयोग नहीं होता। । 539 ।

॥ नास्त्यनार्यस्य कृपा ॥

दुष्ट व्यक्ति से किसी प्रकार की भलाई की आशा नहीं रखनी चाहिए। । 540 ।

॥ नास्ति बुद्धिमतां शत्रुः ॥

बुद्धिमान लोगों के शत्रु नहीं होते।

बुद्धिमान लोग यह बात समझते हैं कि मनुष्य अपना ही सबसे बड़ा शत्रु और अपना ही सबसे बड़ा मित्र होता है। ऐसा उनके विचारों के कारण ही माना जाता है। *। 541 ।*

॥ शत्रुं न निन्देत् सभायाम् ॥

सभा अथवा समाज में शत्रु की निंदा नहीं करनी चाहिए।

बुद्धिमान लोग सभा, गोष्ठी आदि में शत्रु की निंदा नहीं करते। वे व्यक्तिगत रूप से उनको अपमानित होने पर विवश करते हैं। इस प्रकार अपमानित होने पर वह शत्रुता रखने का विचार छोड़ देता है।

परंतु समाज में निंदित होने पर वह उसका प्रतिकार करने के लिए पहले से अधिक शत्रुता रखने लगता है। *। 542 ।*

॥ आत्मच्छिद्रं न प्रकाशयेत् ॥

अपनी किसी कमजोरी को उजागर न होने दें।

प्राय: सभी जानते हैं कि प्रत्येक मनुष्य में कमजोरियां होती हैं परंतु उन कमजोरियों को शत्रु पर प्रकट नहीं होने देना चाहिए, उन्हें दूर रखने का प्रयास करना चाहिए। *। 543 ।*

॥ शक्तौ क्षमा श्लाघनीया ॥

अपनी शक्ति का प्रदर्शन करने के स्थान पर क्षमा का प्रदर्शन करना प्रशंसनीय कार्य है।

क्षमा करना शक्तिवान् को ही शोभा देता है, निर्बल को नहीं। सामर्थ्य होने पर भी जो किसी पर दया दिखाता है उसकी ही प्रशंसा होती है। *। 544 ।*

॥ क्षमावानेव सर्वं साधयति ॥

क्षमाशील मनुष्य अपने सब कार्य सिद्ध कर लेता है।

क्षमाशील मनुष्य में इतनी शक्ति होती है कि वह अपमान करने वाले की अवहेलना कर सकता है। धन-जन की हानि करने वाले को भी सहन कर सकता है। इस प्रकार वह अपने मार्ग में आने वाली कठिनाइयों की ओर ध्यान न देकर अपने कार्यों में लगा रहता है। वह निश्चित रूप से अपने सब कार्य पूर्ण कर लेता है। *। 545 ।*

॥ आपदर्थं धनं रक्षेत् ॥

आपातकाल के लिए धन की रक्षा करनी चाहिए।

मनुष्य को किसी भी समय कोई आपत्ति अथवा कष्ट झेलना पड़ सकता है, परंतु सब कष्टों का निवारण धन से ही होता है। इसीलिए मनुष्य को चाहिए कि वह अपनी आय में से थोड़े धन की बचत करे। *। 546 ।*

॥ साहसवतां प्रियं कर्तव्यम् ॥

साहसी पुरुषों को अपना कर्त्तव्य प्रिय होता है।

साहसी पुरुष केवल अपने कर्त्तव्य की ओर ध्यान देते हैं। वे असत्य का सदैव विरोध करते हैं। असत्य का सहारा लेने वाला व्यक्ति कभी विश्वसनीय नहीं हो सकता। असत्य को सत्य से ही परास्त किया जा सकता है। *। 547 ।*

॥ श्वः कार्यमद्य कुर्वीत ॥

जो कार्य कल करना है, उसे आज ही कर लेना चाहिए।

'काल करे सो आज कर, आज करे सो अब', वाली बात से सभी परिचित हैं। इसीलिए जो आवश्यक कर्तव्य है उनके प्रति टालमटोल नहीं करनी चाहिए। *। 548 ।*

॥ अपराह्णिकं पूर्वाह्णा एवं कर्तव्यम्॥

मध्याह्नोत्तर का काम दिन के प्रथम भाग में ही कर लेना चाहिए।

अपने कर्त्तव्य को अगले क्षण के लिए भी न टालकर उसी समय करना चाहिए। *। 549 ।*

॥ व्यवहारानुलोमो धर्मः॥

धर्म व्यावहारिक होना चाहिए।। 550 ।

॥ सर्वज्ञता लोकज्ञता॥

अपनी बुद्धि से लोक चरित्र को समझना सर्वज्ञता कहलाती है।

लोगों के स्वभाव को समझ लेना ही सर्वज्ञता है। बुद्धिमान लोग अपने बुद्धिबल से घर बैठे ही संसार की समस्याओं को समझ लेते हैं। अपनी बुद्धि से सत्य और असत्य में भेद करते हुए अपना काम भली प्रकार सिद्ध कर लेते हैं। *। 551 ।*

॥ शास्त्रज्ञोऽप्यलोकज्ञो मूर्खतुल्यः॥

शास्त्रों को जानने वाला होने पर भी जो मनुष्य लोक-व्यवहार को नहीं पहचान सकता, वह पढ़ा-लिखा होने पर भी मूर्ख के समान है।

जो मनुष्य लोक-चरित्र को नहीं समझ सकता, उसके संबंध में यही कहा जा सकता है कि वह शास्त्र को पूर्ण रूप से न जानने के कारण मूर्ख के समान है। शास्त्र-ज्ञान से मनुष्य में चातुर्य आता है और वह मनुष्य को समझने में सफल भी होता है। *। 552 ।*

॥ शास्त्रप्रयोजनं तत्त्वदर्शनम्॥

यथार्थ ज्ञान की प्राप्ति ही शास्त्र-ज्ञान का प्रयोजन है।

तत्त्वदर्शन अर्थात् लौकिक-अलौकिक पदार्थों के यथार्थ या रहस्य का पूर्ण परिचय प्राप्त हो जाना या करा देना ही शास्त्र की उपयोगिता है। शास्त्र से मनुष्य अच्छे-बुरे का ज्ञान प्राप्त कर अपने जीवन में आने वाली कठिनाइयों को सुविधापूर्वक हटा सकता है। *। 553 ।*

॥ तत्त्वज्ञानं कार्यमेव प्रकाशयति॥

कार्य से ही यथार्थ ज्ञान की प्राप्ति होती है।

अच्छे विचारों की शक्ति कर्त्तव्यरूपी कार्य को अपने ज्ञान की ज्योति से प्रकाशित कर देती है। कर्त्तव्य को दृढ़ बनाने में तत्त्वज्ञान सराहनीय सहयोग करता है। भावार्थ यही है कि तत्त्वज्ञान द्वारा ही किए गये कार्य सफल होते हैं। *। 554 ।*

॥ व्यवहारे पक्षपातो न कार्यः॥

न्याय-व्यवहार में पक्षपात नहीं करना चाहिए। । 555 ।

॥ धर्मादपि व्यवहारो गरीयान्॥

व्यवहार धर्म से भी बड़ा होता है।

व्यवहार को धर्म का एक अंग माना जाता है। व्यवहार के बिना धर्म का प्रसार नहीं हो सकता। जिस धर्म में व्यवहार को प्रमुखता दी जाती है, उसी धर्म के लोग संसार में मुख्य माने जाते हैं। *। 556 ।*

॥ आत्मा हि व्यवहारस्य साक्षी॥

आत्मा ही व्यवहार की साक्षी है।

यदि मनुष्य के मन में कोई पाप नहीं है तो वह व्यवहार-कुशल माना जाता है। यदि मनुष्य के मन में पाप है तो वह व्यवहार-कुशल नहीं हो सकता। समाज में उससे घृणा की जाती है। स्पष्ट है कि आत्मा ही व्यवहार का साक्षी होता है। इसीलिए आत्मा का स्वच्छ होना अति-आवश्यक है। *। 557 ।*

॥ सर्वसाक्षीह्यात्मा॥

समस्त प्राणियों में आत्मा साक्षीरूप में विद्यमान रहती है।

सत्यस्वरूप आत्मा इस सकल जगत् के या इस मानव के जीवन व्यापी समस्त चरित्र को या तो सत्य होने का प्रमाणपत्र देकर साधुवाद देने या असत्य प्रमाणित करके धिक्कारने के लिए मानव-हृदय में साक्षी अर्थात् तटस्थ द्रष्टा बनकर बैठा है। *। 558 ।*

॥ न स्यात् कूटसाक्षी॥

मनुष्य को कपट का समर्थक साक्षी नहीं होना चाहिए।

मनुष्य को अपने जीवन का एक सिद्धांत यह बनाना चाहिए कि वह झूठ का कभी समर्थन नहीं करेगा। मनुष्य को सदैव सत्य पर दृढ़ रहकर सत्य का ही समर्थन करना चाहिए। *। 559 ।*

॥ कूटसाक्षिणो नरके पतन्ति ॥

झूठ का समर्थन करने वाले लोग साक्षी नरक में जाते हैं।

अज्ञानी लोग ही झूठी बात को सच बनाने के लिए गवाही देने का काम करते हैं। इस प्रकार झूठ को सच बनाने वाले लोग जो लाभ उठाते हैं वह उनके लिए कलंक के समान होता है और वे सदैव दुख रूपी नरक में पड़े रहते हैं। *। 560 ।*

॥ नक्रश्चिन्नाशयति समुद्धरति वा ॥

किसी के विरुद्ध या उसके पक्ष में साक्षी देने वाला किसी अन्य व्यक्ति का न तो उद्धार करता है और न नाश करता है।

किसी के पक्ष में अथवा उसके विरुद्ध गवाही देने वाला किसी भी प्रकार से दोनों पक्षों के लिए लाभदायक या हानिप्रद नहीं होता। यह प्रभु की कृपा पर निर्भर रहता है कि किसका कल्याण होगा अथवा किसका विनाश। *। 561 ।*

॥ प्रच्छन्नपापानां साक्षिणो महाभूतानि ॥

छिपकर किये गये पापों के साक्षी पंचमहाभूत पृथ्वी, जल, तेज, वायु और आकाश होते हैं।

छिपकर किया गया पाप भी छिपा नहीं रहता। पाप के प्रकट होने का कारण पापी की आत्मा होती है, जिसके कारण उसका पाप उसके मुख अथवा कार्यों से प्रकट हो जाता है। अतः मनुष्य को पापी व्यक्ति की बजाय पाप से डरना चाहिए। *। 562 ।*

॥ आत्मनः पापमात्मैव प्रकाशयति ॥

पापी अपने पापों को अपने आप ही प्रकट करता है।

पाप करनेवाले के मन में सदैव अशांति बनी रहती है। उसका मन उसे बेचैन किए रहता है, जिसके कारण वह अपने पाप को प्रकट करने के लिए विवश हो जाता है। परंतु यह स्थिति तब होती है जब मनुष्य मृत्यु के द्वार पर खड़ा होता है। अतः मनुष्य को चाहिए कि वह पाप से बचता रहे। *। 563 ।*

॥ व्यवहारेऽन्तर्गतमाकारः सूचयति ॥

व्यक्ति के मन में क्या है, यह उसके चेहरे से प्रकट होता है। । 564 ।

॥ आकारसंवरणं देवानामशक्यम् ॥

मनुष्य के मन के भावों को प्रकट करने वाली आकृति को देवता भी छिपाने में असमर्थ रहते हैं।

मनुष्य के मन के भाव उसके चेहरे पर प्रकट हो जाते हैं। साधारण मनुष्य तो क्या देवता भी उन्हें छिपाने में असमर्थ रहते हैं। मनुष्य की आकृति का संबंध मन के भावों से इस प्रकार जुड़ा हुआ है कि उसे किसी भी प्रकार से छिपाकर नहीं रखा जा सकता। मन के भाव मुख पर अपने आप प्रकट हो ही जाते हैं। *। 565 ।*

॥ चोरराजपुरुषेभ्यो वित्तं रक्षेत् ॥

राजा को चोरों और राज्य कर्मचारियों से राष्ट्र के धन की रक्षा करनी चाहिए।

राजा का कर्त्तव्य है कि वह ऐसे नियम बनाये कि जिससे चोर और राज्य के अधिकारी जनता के धन का हरण न कर सकें। प्रजा राजा पर विश्वास करती है और उसे अपना स्वामी समझती है। यदि वह प्रजा की संपत्ति की रक्षा नहीं कर सकता तो वह राजा को भी भ्रष्ट मान लेती है। *। 566 ।*

॥ दुर्दर्शना हि राजानः प्रजा नाशयन्ति ॥

जो राजा प्रजा को दर्शन नहीं देता, अर्थात् उनके दुःख-सुख में शरीक नहीं होता, ऐसे राजा को नष्ट करनेवाले अनेक व्यक्ति उत्पन्न हो जाते हैं।

राजा द्वारा प्रजा को दर्शन देने का भाव उनके कष्टों को सुनना और उनकी स्थिति जानने से है। जो राजा प्रजा से मिलता रहता है और उसकी उन्नति के लिए कार्य करता है, प्रजा उससे प्रेम करती है। राजा का कर्त्तव्य यह है कि वह प्रजा से मिलता रहे। *। 567 ।*

॥ सुदर्शना हि राजानः प्रजा रंजयन्ति ॥

जो राजा बराबर प्रजा के सुख-दुःख को सुनते हैं, उनसे प्रजा प्रसन्न रहती है।

राजा की लोकप्रियता तभी बढ़ती है जब वह अपने प्रजाजनों से मिलकर उनके कष्ट दूर करने का प्रयत्न करता है। राजा को चाहिए कि प्रजा से घनिष्ठ संबंध बनाए रखने के लिए उससे मिलता रहे। *। 568 ।*

॥ न्याययुक्तं राजानं मातरं मन्यन्ते प्रजाः ॥

न्यायपरायण राजा को प्रजा माता के समान मानती है।

जिस प्रकार माता अपनी संतान से एक जैसा व्यवहार करती है, उसी प्रकार न्याय करने वाले राजा को भी प्रजा अपनी माता के समान मानती है। *। 569 ।*

॥ तादृशः स राजा इह सुखं ततः स्वर्गमाप्नोति ॥

प्रजा-प्रिय राजा लौकिक और पारलौकिक स्वर्ग को प्राप्त करता है।

प्रजा का पालन करना राजा का धर्म है। प्रजा के साथ न्याय करनेवाले तथा धर्मपूर्वक शासन करनेवाले राजा को इस संसार में ही सुख प्राप्त होता है और प्रजा की आशीषों के कारण स्वर्ग-सुख प्राप्त करता है। *। 570 ।*

॥ चोरांश्च कण्टकांश्च सततं विनाशयेत् ॥

राजा का कर्त्तव्य है कि वह चोरों, दुष्टों और राज कार्य में बाधा पहुंचाने वालों को समाप्त करता रहे। प्रजा की रक्षा के लिए राजा का कर्त्तव्य है कि वह लोगों को लूटनेवाले और राज्य के कामों में बाधा खड़ी करने वालों को नष्ट कर दे। । 571 ।

॥ अहिंसालक्षणो धर्मः ॥

अहिंसा ही धर्म का लक्षण है।

धर्म का प्रचार अहिंसा से ही होता है। हिंसा से उसके मार्ग में रुकावटें पैदा होती हैं। अहिंसा प्रेम का प्रतीक है अर्थात् अहिंसा को धर्म का प्रतीक मानना चाहिए। *। 572 ।*

॥ स्वशरीरमपि परशरीरं मन्यते साधुः ॥

सज्जन पुरुष पराये शरीर को अपना ही मानते हैं।

जो मनुष्य दूसरे के दु:ख को अपना दु:ख मानता है, उसी को सज्जन पुरुष कहा जा सकता है। दूसरों के दु:ख में काम आना सत्पुरुषों का लक्षण है। *। 573 ।*

॥ स्वशरीरमिव परशरीरं मन्यते साधुः ॥

सज्जन पुरुष दूसरे के शरीर को भी अपने शरीर जैसा मानते हैं।

अर्थात् वे दूसरों के कष्टों को भी अपना कष्ट समझकर उन्हें दूर करने का प्रयत्न करते हैं। उक्त दोनों सूत्रों में समानता है। *। 574 ।*

॥ सर्वत्र मान्यं भ्रंशयति बालिशः ॥

मूर्ख और नीच व्यक्ति किसी दूसरे को महत्त्व दिया जाना पसंद नहीं करते। । 575 ।

॥ मांस भक्षणमयुक्तं सर्वेषाम्॥

मांस खाना उचित आहार नहीं।

मनुष्य के लिए मांस खाना इसीलिए उचित नहीं क्योंकि उसके शरीर की रचना हिंसक पशुओं के शरीर की रचना से भिन्न है। वैसे मांस खाने का चलन सृष्टि के प्रारंभ से चला आ रहा है, परंतु है अनुचित। *।576।*

॥ न संसारभयं ज्ञानवताम्॥

ज्ञानी पुरुषों को संसार में किसी प्रकार का भय नहीं होता। ।577।

॥ विज्ञानदीपेन संसारभयं निवर्तते॥

ब्रह्मज्ञानरूपी विज्ञान के दीपक से संसार के भय भाग जाते हैं।

ज्ञानरूपी दीपक के प्रकाश के कारण ज्ञानी मनुष्य पापरूपी अज्ञान में नहीं फंसते। ज्ञान के प्रकाश से ज्ञानी भयमुक्त रहते हैं। *।578।*

॥ सर्वमनित्यं भवति॥

इस संसार के सम्पूर्ण भौतिक सुख और उन सुखों को प्राप्त करने के साधन सभी अनित्य हैं। वे समय आने पर नष्ट हो जाते हैं केवल मनुष्य की आत्मा ही अमर रहती है। ।579।

॥ स्वदेहे देहिनां मतिर्महती॥

देहधारियों द्वारा अपने शरीर के प्रति अत्यधिक आसक्ति होती है।

देह में आसक्ति मनुष्य का अज्ञान है क्योंकि देह नष्ट होनेवाली वस्तु है, अजर और अमर तो आत्मा है। इसलिए पंचभूतों से बने इस शरीर में असीम अज्ञान है। *।580।*

॥ कृमिशकृन्मूत्रभाजनं शरीरं पुण्यपापजन्महेतुः॥

कृमि-कीट तथा मलमूत्र का घर यह शरीर पुण्य और पाप का भी जन्मस्थल है।

मनुष्य का शरीर मलमूत्र और अनेक रोगों का घर होने के बावजूद पाप-पुण्य का जन्मस्थल भी यही है।

इसी के द्वारा मनुष्य पाप भी कर सकता है और पुण्य भी। इसलिए देहधारियों का कर्त्तव्य है कि वे पुण्य कार्यों द्वारा अपने शरीर को उज्ज्वल बनायें। *।581।*

॥ जन्ममरणादिषु दुःखमेव ॥

जन्म–मरण का यह बंधन दुःख का कारण है।

मनुष्य जन्म–मरण से मुक्त होकर मोक्ष को प्राप्त होता है। मोक्ष की प्राप्ति का साधन यही है कि मनुष्य अच्छे कर्म करे। अच्छे कार्यों से ही निर्वाण प्राप्त होता है। *। 582 ।*

॥ तपसा स्वर्गमाप्नोति ॥

तप से ही स्वर्ग की प्राप्ति होती है।

जो मनुष्य अपनी इंद्रियों को वश में करके अपने कर्त्तव्य पूरे करता है, उसे इस लोक और परलोक में सुख प्राप्त होता है। *। 583 ।*

॥ क्षमायुक्तस्य तपो विवर्धते ॥

क्षमाशील मनुष्य का तप बढ़ता रहता है।

जिस पुरुष की इंद्रियां अपने वश में हैं वही क्षमावान हो सकता है। *। 584 ।*

॥ तस्मात् सर्वेषां कार्यसिद्धिर्भवति ॥

तपश्चर्या से सबके कार्य सिद्ध होते हैं।

जितेंद्रिय मनुष्य अपने स्वार्थ को समाज–कल्याण के कार्यों में विलीन करके जो कुछ भी करता है, उसके कारण सब काम सिद्ध हो जाते हैं। *। 585 ।*

❑❑

चाणक्य सूत्र

मूल पाठ

1 नमः शुक्रबृहस्पतिभ्याम्
2 पृथिव्या लाभे पालने च यावन्त्यर्थशास्त्राणि पूर्वाचार्यैः प्रस्थापितानि संहृत्यैकमिदमर्थशास्त्रं कृतम्।
3 सुखस्य मूलं धर्मः
4 धर्मस्य मूलमर्थः
5 अर्थस्य मूलं राज्यम्
6 राज्यस्यमूलमिन्द्रियजयः
7 इन्द्रियजयस्य मूलं विनयः
8 विनयस्य मूलं वृद्धोपसेवा
9 वृद्धसेवया विज्ञानम्
10 विज्ञानेनात्मानं सम्पादयेत्
11 सम्पादितात्मा जितात्मा भवति
12 जितात्मा सर्वार्थैः संयुज्येत्
13 अर्थसम्पत् प्रकृतिसम्पदं करोति
14 प्रकृति सम्पदा ह्यनायकमपि राज्यं नीयते
15 प्रकृति कोपः सर्वकोपेभ्यो गरीयान्
16 अविनीतस्वामिलाभादस्वामिलाभः श्रेयान्
17 सम्पाद्यात्मानमन्विच्छेत् सहायवान्
18 नासहायस्य मन्त्रनिश्चयः
19 नैकं चक्रं परिभ्रमयति
20 सहायः समदुःखसुखः
21 मानी प्रतिमानिनमात्मनि द्वितीयं मन्त्रमुत्पादयेत्
22 अविनीतं स्नेहमात्रेण न मन्त्रे कुर्वीत
23 श्रुतवन्तमुपधाशुद्धं मन्त्रिणं कुर्यात्
24 मन्त्रमूलाः सर्वारम्भाः
25 मन्त्ररक्षणे कार्य सिद्धिर्भवति
26 मन्त्रविस्रावी कार्यं नाशयति
27 प्रमादाद् द्विषतां वशमुपयास्यति
28 सर्वद्वारेभ्यो मन्त्रो रक्षितव्यः
29 मन्त्र सम्पदा हि राज्यं वर्धते
30 श्रेष्ठतमां मन्त्रगुप्तिमाहुः
31 कार्यान्धस्य प्रदीपो मन्त्रः
32 मन्त्रचक्षुषा परछिद्राण्यवलोकयन्ति
33 मंत्रकाले न मत्सरः कर्तव्यः
34 त्रयाणामेकवाक्ये सम्प्रत्ययः
35 कार्याकार्यतत्त्वार्थदर्शिनो मन्त्रिणाः
36 षट्कर्णाद् भिद्यते मन्त्रः
37 आपत्सु स्नेहसंयुक्तं मित्रम्
38 मित्रसंग्रहणे बलं सम्पद्यते
39 बलवान लब्धलाभे प्रयतते
40 अलब्धलाभो नालसस्य
41 अलसस्य लब्धमपि रक्षितुं न शक्यते
42 न चालसस्य रक्षितं विवर्धते
43 न भृत्यान् प्रेषयति
44 अलब्धलाभादि चतुष्टयं राज्यतन्त्रम्
45 राज्यतन्त्रायत्तं नीतिशास्त्रम्
46 राज्यतन्त्रेष्वायत्तौ तन्त्रावापौ
47 तन्त्रं स्वविषयकृत्येष्वायत्तम्
48 आवापो मण्डलनिविष्टः

49 सन्धिविग्रहयोनिर्मण्डतः
50 नीतिशास्त्रानुगो राजा
51 अनन्तरप्रकृतिः शत्रुः
52 एकान्तरितं मित्रमिष्यते
53 हेतुतः शत्रु मित्रे भविष्यतः
54 हीयमानः सन्धिं कुर्वीत
55 तेजो हि सन्धानहेतुस्तदर्थानाम्
56 नातप्तलोहो लोहेन सन्धीयते
57 बलवान् हीनेन विग्रह्णीयात्
58 न ज्यायसा समेन वा
59 गजपादविग्रहमिव बलवद्विग्रहः
60 आमपात्रमामेन सह विनश्यति
61 अरिप्रयत्नमभिसमीक्षेत्
62 सन्धायैकतो वा
63 अरिविरोधादात्मरक्षामावसेत्
64 शक्तिहीनो बलवन्तमाश्रयेत्
65 दुर्बलाश्रयो दुःखमावहति
66 अग्निवद्राजानमाश्रयेत्
67 राज्ञः प्रतिकूलं नाचरेत्
68 उद्धतवेषधरो न भवेत्
69 न देवचरितं चरेत्
70 द्वयोरपीर्ष्यतोः द्वैधीभावं कुर्वीत
71 न व्यसनपरस्य कार्यावाप्तिः
72 इन्द्रियवशवर्ती चतुरंगवानपि विनश्यति
73 नास्ति कार्यं द्यूतप्रवृत्तस्य
74 मृगयापरस्य धर्मार्थौ विनश्यतः
75 अर्थैषणा न व्यसनेषु गण्यते
76 न कामासक्तस्य कार्यानुष्ठानम्
77 अग्नि दाहादपि विशिष्टं वाक्पारुष्यम्
78 दण्डपारुष्यात् सर्वजनद्वेष्यो भवति
79 अर्थतोषिणं श्रीः परित्यजति
80 अमित्रो दण्डनीत्यामायत्तः
81 दण्डनीतिमधितिष्ठन् प्रजाः संरक्षति
82 दंडः सम्पदां योजयति
83 दण्डाभावे मन्त्रिवर्गाभावः
84 न दण्डादकार्याणि कुर्वन्ति
85 दण्डनीत्यामायतमात्मरक्षणम्
86 आत्मनि रक्षिते सर्वे रक्षितं भवति
87 आत्मायत्तौ वृद्धिविनाशौ
88 दण्डो हि विज्ञाने प्रणीयते
89 दुर्बलोऽपि राजा नावमन्तव्यः
90 नास्त्यग्नेदौर्बल्यम्
91 दण्डे प्रतीयते वृत्तिः
92 वृत्तिमूलमर्थलाभः
93 अर्थमूलौ धर्मकामौ
94 अर्थमूलं कार्यम्
95 यदल्पप्रयत्नात् कार्यसिद्धिर्भवति
96 उपायपूर्वं न दुष्करं स्यात्
97 अनुपायपूर्वं कार्यं कृतमपि विनश्यति
98 कार्यार्थिनामुपाय एव सहायः
99 कार्यं पुरुषकारेण लक्ष्यं सम्पद्यते
100 पुरुषकारमनुवर्तते दैवम्
101 दैवं विनातिप्रयत्नं करोति यत्तद्विफलम्
102 असमाहितस्य वृत्तिर्न विद्यते
103 पूर्वं निश्चित्य पश्चात् कार्यमारभेत्
104 कार्यान्तरे दीर्घसूत्रिता न कर्त्तव्या
105 न चलचित्तस्य कार्यावाप्तिः
106 हस्तगतावमाननात् कार्यव्यतिक्रमो भवति
107 दोषवर्जितानि कार्याणि दुर्लभानि
108 दुरनुबन्धं कार्यं नारभेत्
109 कालवित् कार्यं साधयेत्
110 कालातिक्रमात् काल एव फलं पिबति
111 क्षणं प्रति कालविक्षेपं न कुर्यात् सर्वकृत्येषु
112 देशफलविभागौ ज्ञात्वा कार्यमारभेत्

113 दैवहीनं कार्यं सुसाध्यमपि दुःसाध्यं भवति
114 नीतिज्ञो देशकालौ परीक्षेत्
115 परीक्ष्यकारिणि श्रीश्वरं तिष्ठति
116 सर्वाश्च सम्पदः सर्वोपायेन परिग्रहेत्
117 भाग्यवन्तमपरीक्ष्यकारिणं श्रीः परित्यजति
118 ज्ञानेनानुमानैश्च परीक्षा कर्त्तव्या
119 यो यस्मिन् कर्मणि कुशलः तं तस्मिन्नेव योजयेत्
120 दुःसाध्यमपि सुसाध्यं करोति उपायज्ञः
121 अज्ञानिना कृतमपि न बहु मन्तव्यम्
122 यादृच्छिकत्वात् कृमिरपि रूपान्तराणि करोति
123 सिद्धस्यैव कार्यस्य प्रकाशनं कर्त्तव्यम्
124 ज्ञानवतामपि दैवमानुषदोषात् कार्याणि दुष्यन्ति
125 दैवं शान्तिकर्मणा प्रतिषेद्धव्यम्
126 मानुषीं कार्यविपत्तिं कौशलेन विनिवारयेत्
127 कार्यविपत्तौ दोषान् वर्णयन्ति बालिशाः
128 कार्यार्थिना दाक्षिण्यं न कर्त्तव्यम्
129 क्षीरार्थी वत्सो मातुरूधः प्रतिहन्ति
130 अप्रयत्नात् कार्यविपत्तिर्भवति
131 न दैवप्रमाणानां कार्यसिद्धिः
132 कार्यबाह्यो न पोषयत्याश्रितान्
133 यः कार्यं न पश्यति सोऽन्धः
134 प्रत्यक्षपरोक्षानुमानैः कार्याणि परीक्षेत्
135 अपरीक्ष्यकारिणं श्रीः परित्यजति
136 परीक्ष्य तार्या विपत्तिः
137 स्वशक्तिं ज्ञात्वा कार्यमारभेत्
138 स्वजनं तर्पयित्वा यः शेषभोजी सोऽमृतभोजी
139 सर्वानुष्ठानदायमुखानि वर्धन्ते
140 नास्ति भीरोः कार्यचिन्ता
141 स्वामिनः शीलं ज्ञात्वा कार्यार्थी कार्यं साधयति
142 धेनोः शीलज्ञः क्षीरं भुंक्ते
143 क्षुद्रे गुह्यप्रकाशनं आत्मवान्न कुर्वीत (कुर्यात्)
144 आश्रितैरप्यवमन्यते मृदुस्वभावः
145 तीक्ष्णदण्डः सर्वैरुद्वेजनीयो भवति
146 यथार्हदण्डकारी स्यात्
147 अल्पसारं श्रुतवन्तमपि न बहु मन्यते लोकः
148 अतिभारः पुरुषमवसादयति
149 यः संसदि परदोषं शंसति स स्वदोषबहुत्वं प्रख्यापयति
150 आत्मानमेव नाशयति अनात्मवतां कोपः
151 नास्त्यप्राप्यं सत्यवताम्
152 साहसेन न कार्यसिद्धिर्भवति
153 व्यसनार्तो विस्मरत्यप्रवेशेन
154 नास्त्यनन्तरायः कालविक्षेपे
155 असंशयविनाशात् संशयविनाशः श्रेयान्
156 अपरधनानि निक्षेप्तुः केवलं स्वार्थम्
157 दानं धर्मः
158 नार्यागतोऽर्थवद्विपरीतोऽनर्थभावः
159 यो धर्मार्थौ न विवर्धयति स कामः
160 तद्विपरीतोऽनर्थसेवी
161 ऋजुस्वभावो जनेषु दुर्लभः
162 अवमानेनागतमैश्वर्यमवमन्यते साधुः
163 बहूनपि गुणानेको दोषो ग्रसते
164 महात्मना परेण साहसं न कर्त्तव्यम्
165 कदाचिदपि चरित्रं न लंघयेत्
166 क्षुधार्तो न तृणं चरति सिंहः
167 प्राणादपि प्रत्ययो रक्षितव्यः

168 पिशुनः श्रोता पुत्रदारैरपि त्यज्यते
169 बालादप्यर्थजातं शृणुयात्
170 सत्यमप्यश्रद्धेयं न वदेत्
171 नाल्पदोषाद् बहुगुणास्त्यज्यन्ते
172 विपश्चित्स्वपि सुलभा दोषाः
173 नास्ति रत्नमखण्डितम्
174 मर्यादातीतं न कदाचिदपि विश्वसेत्
175 अप्रिये कृतं प्रियमपि द्वेष्यं भवति
176 न मन्त्यपि तुलाकोटिः
कूपोदकक्षयं करोति
177 सतां मतं नातिक्रमेत्
178 गुणवदाश्रयान्निर्गुणोऽपि गुणी भवति
179 क्षीराश्रितं जलं क्षीरमेव भवति
180 मृत्पिण्डोऽपि पाटलिगन्धमुत्पादयति
181 रजतं कनकसंगात् कनकं भवति
182 उपकर्तर्यपकर्तुमिच्छत्यबधुः
183 न पापकर्मणामाक्रोशभयम्
184 उत्साहवतां शत्रवोऽपि वशीभवन्ति
185 विक्रमधना राजानः
186 नास्त्यलसस्यैहिकामुष्मिकम्
187 निरुत्साहाद्दैवं पतति
188 मात्स्यार्थीव (मत्स्यार्थिवज्)
जलमुपयुत्यार्थं गृह्वणीयात्
189 अविश्वस्तेषु विश्वासो न कर्त्तव्यः
190 विषं विषमेव सर्वकालम्
191 अर्थसमादाने वैरिणां संग
एव न कर्त्तव्यः
192 अर्थसिद्धौ वैरिणं न विश्वसेत्
193 अर्थाधीन एव नियतसम्बन्धः
194 शत्रोरपिसुतस्सखा रक्षितव्यः
195 यावच्छत्रोश्छिद्रं पश्यति तावद्धस्तेन वा
स्कन्धेन वा वाह्यः
196 शत्रु छिद्रे परिहरेत्
197 आत्मच्छिद्रं न प्रकाशयेत्
198 छिद्रप्रहारिणश्शत्रवः
199 हस्तगतमपि शत्रुं न विश्वसेत्
200 स्वजनस्य दुर्वृत्तं निवारयेत्
201 स्वजनावमानोऽपि मनस्विनां
दुःखमावहति
202 एकांगदोषः पुरुषमवसादयति
203 शत्रुं जयति सुवृत्तता
204 निकृतिप्रिया नीचाः
205 नीचस्य मतिर्न दातव्या
206 तेषु विश्वासो न कर्त्तव्यः
207 सुपूजितोऽपि दुर्जनः पीडयत्येव
208 चन्दनादीनपि दावाग्निर्दहत्येव
209 कदापि पुरुषं नावमन्येत्
210 क्षन्तव्यमिति पुरुषं न बाधेत्
211 भर्त्राधिकं रहस्युक्तं
वक्तुमिच्छन्त्यबुद्धयः
212 अनुरागस्तु फलेन सूच्यते
213 अज्ञाफलमैश्वर्यम्
214 दातव्यमपिबालिशः क्लेशेन परिदास्यति
215 महदैश्वर्यं प्राप्याप्यधृतिमान् विनश्यति
216 नास्त्यधृतेरैहिकामुष्मिकम्
217 न दुर्जनैः सह संसर्गः कर्त्तव्यः
218 शौण्डहस्तगतं पयोऽप्यवमन्येत्
219 कार्यसंकटेष्वर्थव्यवसायिनी बुद्धिः
220 मितभोजनं स्वास्थ्यम्
221 पथ्यमप्यपथ्याजीर्णे नाश्नीयात्
222 जीर्णभोजिनं व्याधिर्नोपसर्पति
223 जीर्णशरीरे वर्धमानं व्याधिर्नोपेक्ष्येत्
224 अजीर्णे भोजनं दुःखम्
225 शत्रोरपि विशिष्यते व्याधिः
226 दानं निधानमनुगामि
227 पटुतरे तृष्णापरे सुलभमतिसन्धानम्

228 तृष्णया मतिश्छाद्यते
229 कार्यबहुत्वे बहुफलमायतिकं कुर्यात्
230 स्वयमेवावस्कन्नं कार्यं निरीक्षेत
231 मूर्खेषु साहसं नियतम्
232 मूर्खेषु विवादो न कर्त्तव्यः
233 मूर्खेषु मूर्खवत् कथयेत्
234 आयसैरायसं छेद्यम्
235 नास्त्यधमितः सखा
236 धर्मेण धार्यते लोकः
237 प्रेतमपि धर्माधर्मावनुगच्छतः
238 दया धर्मस्य जन्मभूमिः
239 धर्ममूले सत्यदाने
240 धर्मेण जयति लोकान्
241 मृत्युरपि धर्मिष्ठं रक्षति
242 धर्माद्विपरीतं पापं यत्र प्रसज्यते तत्र धर्मावमतिर्महती प्रसज्येत
243 उपस्थितविनाशानां प्रकृत्याकारेण लक्ष्यते
244 आत्मविनाशं सूचयत्यधर्मबुद्धिः
245 पिशुनवादिनो रहस्यम्
246 पररहस्यं नैव श्रोतव्यम्
247 वल्लभस्य कारकत्वमधर्मयुक्तम्
248 स्वजनेष्वतिक्रमो न कर्त्तव्यः
249 मातापि दुष्टा त्याज्या
250 स्वहस्तोऽपि विषदिग्धश्छेद्यः
251 परोऽपि च हितो बन्धुः
252 कक्षादप्यौषधं गृह्यते
253 नास्ति चौरेषु विश्वासः
254 अप्रतीकारेष्वनादरो न कर्त्तव्यः
255 व्यसनं मनागपि बाधते
256 अमरवदर्थजातमर्जयेत्
257 अर्थवान् सर्वलोकस्य बहुमतः
258 महेन्द्रमप्यर्थहीनं न बहु मन्यते लोकः
259 दारिद्र्यं खलु पुरुषस्य जीवितं मरणम्
260 विरूपोऽर्थवान् सुरूपः
261 अदातारमप्यर्थवन्तमर्थिनो न त्यजन्ति
262 अकुलीनोऽपि कुलीनाद्विशिष्टः
263 नास्त्यमानभयमनार्यस्य
264 न चेतनवतां वृत्तिभयम्
265 न जितेन्द्रियाणां विषयभयम्
266 न कृतार्थानां मरणभयम्
267 कस्यचिदर्थं स्वमिव मन्यते साधुः
268 परविभवेष्वादरो न कर्त्तव्यः
269 परविभवेष्वादरोपि विनाशमूलम्
270 पलालमपि परद्रव्यं न हर्तव्यम्
271 परद्रव्यापहरणमात्मद्रव्यनाशहेतुः
272 न चौर्यात् परं मृत्युपाशः
273 यवागूरपि प्राणधारणं करोति लोके
274 न मृतस्यौषधं प्रयोजनम्
275 समकाले स्वयमपि प्रभुत्वस्य प्रयोजनं भवति
276 नीचस्य विद्याः पापकर्मणि योजयन्ति
277 पयः पानमपि विषवर्धनं भुजंगस्य नामृतं स्यात्
278 नहि धान्यसमो ह्यर्थः
279 न क्षुधासमः शत्रुः
280 अकृतेर्नियता क्षुत्
281 नास्त्यभक्ष्यं क्षुधितस्य
282 इन्द्रियाणि जरावशं कुर्वन्ति
283 सानुक्रोशं भर्तारमाजीवेत्
284 लुब्धसेवी पावकेच्छया खद्योतं धमति
285 विशेषज्ञं स्वामिनमाश्रयेत्
286 पुरुषस्य मैथुनं जरा
287 स्त्रीणाममैथुनं जरा
288 न नीचोत्तमयोर्विवाहः
289 अगम्यागमनादायुर्यशः पुण्यानि क्षीयन्ते

290 नास्त्यहंकारसमः शत्रुः
291 संसदि शत्रुं न परिक्रोशेत्
292 शत्रु व्यसनं श्रवणसुखम्
293 अधनस्य बुद्धिर्न विद्यते
294 हितमप्यधनस्यवाक्यं न शृणोति
295 अधनः स्वभार्ययाऽप्यवमन्यते
296 पुष्पहीनं सहकारमपि नोपासते भ्रमराः
297 विद्या धनमधनानाम्
298 विद्या चौरैरपि न ग्राह्या
299 विद्यया ख्यापिता ख्यातिः
300 यशः शरीरं न विनश्यति
301 यः परार्थमुपसर्पति स सत्पुरुषः
302 इन्द्रियाणां प्रशमं शास्त्रम्
303 अशास्त्रकार्यवृत्तौ शास्त्रांकुशं निवारयति
304 नीचस्य विद्या नोपेतव्या
305 म्लेच्छभाषणं न शिक्षेत्
306 म्लेच्छानामपि सुवृत्तं ग्राह्यम्
307 गुणे न मत्सरः कर्त्तव्यः
308 शत्रोरपि सुगुणो ग्राह्यः
309 विषादप्यमृतं ग्राह्यम्
310 अवस्थया पुरुषः सम्मान्यते
311 स्थान एव नराः पूज्यन्ते
312 आर्यवृत्तमनुतिष्ठेत्
313 कदापि मर्यादां नातिक्रमेत्
314 नास्त्यर्घः पुरुषरत्नस्य
315 न स्त्रीरत्नसमं रत्नम्
316 सुदुर्लभं रत्नम्
317 अयशो भयं भयेषु
318 नास्त्यलसस्य शास्त्राधिगमः
319 न स्त्रैणस्य स्वर्गाप्तिर्धर्मकृत्यं च
320 स्त्रियोऽपि स्त्रैणमवमन्यन्ते
321 न पुष्पार्थी सिंचति शुष्कतरुम्
322 अद्रव्यप्रयत्नो बालुकाक्वाथनादनन्यः
323 न महाजनहासः कर्त्तव्यः
324 कार्यसम्पदं निमित्तानि सूचयन्ति
325 नक्षत्रादपि निमित्तानि विशेषयन्ति
326 न त्वरितस्य नक्षत्रपरीक्षा
327 परिचये दोषा न छाद्यन्ते
328 स्वयमशुद्धः परानाशंकते
329 स्वभावो दुरतिक्रमः
330 अपराधानुरूपो दण्डः
331 कथानुरूपं प्रतिवचनम्
332 विभवानुरूपमाभरणम्
333 कुलानुरूपं वृत्तम्
334 कार्यानुरूपः प्रयत्नः
335 पात्रानुरूपं दानम्
336 वयोऽनुरूपो वेशः
337 स्वाम्यनुकूलो भृत्यः
338 भर्तृवशवर्तिनी भार्या
339 गुरुवशानुवर्ती शिष्यः
340 पितृवशानुवर्ती पुत्रः
341 अत्युपचारः शंकितव्यः
342 स्वामिनि कुपिते स्वामिनमेवानुवर्तेत
343 मातृताडितो वत्सो मातरमेवानुरोदिति
344 स्नेहवतः स्वल्पो हि रोषः
345 आत्मच्छिद्रं न पश्यति परच्छिद्रमेव पश्यति बालिशः
346 सोपचारः कैतवः
347 काम्यैर्विशेषैरुपचरणमुपचारः
348 चिरपरिचितानामत्युपचारः शंकितव्यः
349 गौर्दुष्करा श्वसहस्रादेकाकिनी श्रेयसी
350 श्वो मयूरादद्य कपोतो वरः
351 अतिप्रसंगो दोषमुत्पादयति
352 सर्वं जयत्यक्रोधः
353 यद्यपकारिणि कोपः कोपे कोप एव कर्त्तव्यः

354 मतिमत्सु मूर्ख-मित्र-गुरु-वल्लभेषु
विवादो न कर्त्तव्यः

355 नास्त्यपिशाचमैश्वर्यम्

356 नास्ति धनवतां सुकर्मसु श्रमः

357 नास्ति गतिश्रमो यानवताम्

358 अलोहमयं निगडं कलत्रम्

359 यो यस्मिन् कुशलः स तस्मिन् योक्तव्यः

360 दुष्कलत्रं मनस्विनां शरीरकर्शनम्

361 अप्रमत्तो दारान् निरीक्षेत्

362 स्त्रीषु किंचिदपि न विश्वसेत्

363 न समाधिः स्त्रीषु लोकज्ञता च

364 गुरूणां माता गरीयसी

365 सर्वावस्थासु माता भर्तव्या

366 वैदुष्यमलंकारेणाच्छाद्यते

367 स्त्रीणां भूषणं लज्जा

368 विप्राणां भूषणं वेदः

369 सर्वेषां भूषणं धर्मः

370 भूषणानां भूषणं सविनया विद्या

371 अनुपद्रवं देशमावसेत्

372 साधुजनबहुलो देशः

373 राज्ञो भेतव्यं सार्वकालम्

374 न राज्ञः परं दैवतम्

375 सुदूरमपि दहति राजवह्निः

376 रिक्तहस्तो न राजानमभिगच्छेत्

377 गुरुं च दैवं च

378 कुटुम्बिनो भेतव्यम्

379 गन्तव्यं च सदा राजकुलम्

380 राजपुरुषैः सम्बन्धं कुर्यात्

381 राजदासी न सेवितव्या

382 न चक्षुषापि राजधनं निरीक्षेत्

383 पुत्रे गुणवति कुटुम्बिनः स्वर्गः

384 पुत्रा विद्यानां पारं गमयितव्याः

385 जनपदार्थं ग्रामं त्यजेत्

386 ग्रामार्थं कुटुम्बस्त्यज्यते

387 अतिलाभः पुत्रलाभः

388 प्रायेण हि पुत्राः पितरमनुवर्तन्ते

389 दुर्गतेः पितरौ रक्षति सपुत्रः

390 कुलं प्रख्यापयति पुत्रः

391 येन तत्कुलं प्रख्यातं सः पुरुषः

392 नाऽनपत्यस्य स्वर्गः

393 या प्रसूते (सा) भार्या

394 सतीर्थाऽभिगमनाद् ब्रह्मचर्यं नश्यति

395 पुत्रार्था हि स्त्रियः

396 स्वदासीपरिग्रहो हि स्वदासभावः

397 उपस्थितविनाशः पथ्यवाक्यं न शृणोति

398 नास्ति देहिनां सुखदुःखाभावः

399 मातरमिव वत्साः सुखदुःखानि
कर्तारमेवानुगच्छन्ति

400 तिलमात्रमप्युपकारं शैलमात्रं मन्यते
साधुः

401 उपकारोऽनार्येष्वकर्त्तव्यः

402 प्रत्युपकारभयादनार्यः शत्रुर्भवति

403 स्वल्पमप्युपकारकृते प्रत्युपकारं
कर्तुमार्यो न स्वपिति

404 न कदापि देवताऽवमन्तका

405 न चक्षुषः समं ज्योतिरस्ति

406 चक्षुर्हि शरीरिणां नेता

407 अपचक्षुषः किं शरीरेण

408 नाप्सु मूत्रं कुर्यात्

409 न नग्नो जलं प्रविशेत्

410 यथा शरीरं तथा ज्ञानम्

411 यथा बुद्धिस्तथा विभवः

412 अग्नावग्निं न निक्षिपेत्

413 तपस्विनः पूजनीयाः

414 परदारान् न गच्छेत्

415 अन्नदानं भ्रूणहत्यामपि प्रमार्ष्टि

416 न वेदबाह्यो धर्मः
417 न कदाचिदपि धर्मं निषेधयेत्
418 स्वर्गं नयति सूनृतम्
419 नास्ति सत्यात्परं तपः
420 सत्यं स्वर्गस्य साधनम्
421 सत्येन धार्यते लोकः
422 सत्याद् देवो वर्षति
423 नानृतात्पातकं परम्
424 न मीमांस्या गुरवः
425 खलत्वं नोपेयात्
426 नास्ति खलस्य मित्रम्
427 लोकयात्रा दरिद्रं बाधते
428 अतिशूरो दानशूरः
429 गुरुदेवब्राह्मणेषु भक्तिर्भूषणम्
430 सर्वस्य भूषणं विनयः
431 अकुलीनोऽपि विनीतः कुलीनाद्विशिष्टः
432 आचारादायुर्वर्धते कीर्तिश्च
433 प्रियमप्यहितं न वक्तव्यम्
434 बहुजन विरुद्धमेकं नानुवर्तेत्
435 न दुर्जनेषु भागधेयः कर्त्तव्यः
436 न कृतार्थेषु नीचेषु सम्बन्धः
437 ऋणशत्रुव्याधिष्वशेषः कर्त्तव्यः
438 भूत्यनुवर्तनं पुरुषस्य रसायनम्
439 नार्थिष्ववज्ञा कार्या
440 सुदुष्करं कर्म कारयित्वा कर्तारमवमन्यते नीचः
441 नाकृतज्ञस्य नरकान्निवर्तनम्
442 जिह्ववायत्तौ वृद्धिविनाशौ
443 विषामृतयोराकरो जिह्वा
444 प्रियवादिनो न शत्रुः
445 स्तुता अपि देवता स्तुष्यन्ति
446 अनृतमपि दुर्वचनं चिरं तिष्ठति
447 राजद्विष्टं न च वक्तव्यम्
448 श्रुतिसुखात्कोकिलालापात्तुष्यन्ति
449 स्वधर्महेतुः सत्पुरुषः
450 नास्त्यर्थिनो गौरवम्
451 स्त्रीणां भूषणं सौभाग्यम्
452 शत्रोरपि न पतनीया वृत्तिः
453 अप्रयत्नादेकं क्षेत्रम्
454 एरण्डमवलम्ब्य कुंजरं न कोपयेत्
455 अतिप्रवृद्धा शाल्मली वारणस्तम्भो न भवति
456 अतिदीर्घऽपि कर्णिकारो न मुसली
457 अतिदीप्तोऽपि खद्योतो न पावकः
458 न प्रवृद्धत्वं गुणहेतुः
459 सुजीर्णोऽपि पिचुमन्दो न शंकुलायते
460 यथा बीजं तथा निष्पत्तिः
461 यथाश्रुतं तथा बुद्धिः
462 यथाकुलं तथाऽऽचारः
463 संस्कृतः पिचुमन्दो न सहकारो भवति
464 न चागतं सुखं परित्यजेत्
465 स्वयमेव दुःखमधिगच्छति
466 न रात्रिचारणं कुर्यात्
467 न चार्धरात्रं स्वपेयात्
468 तद्विद्भिः परीक्षेत्
469 परगृहमकारणतो न प्रविशेत्
470 ज्ञात्वापि दोषमेव करोति लोकः
471 शास्त्रप्रधाना लोकवृत्तिः
472 शास्त्राभावे शिष्टाचारमनुगच्छेत्
473 नाचरिताच्छास्त्रं गरीयः
474 दूरस्थमपि चारचक्षुः पश्यति राजा
475 गतानुगतिको लोकः
476 यमनुजीवेत्तं नापवदेत्
477 तपःसार इन्द्रियनिग्रहः
478 दुर्लभः स्त्रीबन्धनान्मोक्षः
479 स्त्रीनाम सर्वाशुभानां क्षेत्रम्

480 अशुभद्वेषिणः स्त्रीषु न प्रसक्ताः (प्रसक्तिः)
481 यज्ञफलज्ञास्त्रिवेदविदः
482 स्वर्गस्थानं न शाश्वतम् (यावत्पुण्यफलम्)
483 यावत्पुण्यफलं तावदेव स्वर्गफलम्
484 न च स्वर्गपतनात् परं दुःखम्
485 देही देहं त्यक्त्वा ऐन्द्रपदं न वांछति
486 दुःखानामौषधं निर्वाणम्
487 अनार्यसंबन्धादुत्तमार्यशत्रुता
488 निहन्ति दुर्वचनं कुलम्
489 न पुत्रसंस्पर्शात् परं सुखम्
490 विवादे धर्ममनुस्मरेत्
491 निशान्ते कार्यं चिन्तयेत्
492 उपस्थितविनाशो दुर्नयं मन्यते
493 क्षीरार्थिनः किं करिण्या
494 न दानसमं वश्यम्
495 परायत्तेषूत्कण्ठां न कुर्यात्
496 असत्समृद्धिरसद्भिरेव भुज्यते
497 निम्बफलं काकैर्भुज्यते
498 नाम्भोधिस्तृष्णामपोहति
499 बालुका अपि स्वगुणमाश्रयन्ते
500 सन्तोऽसत्सु न रमन्ते
501 न हंसाः प्रेतवने रमन्ते
502 अर्थार्थं प्रवर्तते लोकः
503 आशया बध्यते लोकः
504 न चाशापरैः श्रीः सह तिष्ठति
505 आशापरे न धैर्यम्
506 दैन्यान्मरणमुत्तमम्
507 आशा लज्जां व्यपोहति
508 आत्मा न स्तोतव्यः
509 न दिवा स्वप्नं कुर्यात्
510 आयुः क्षयी दिवा निद्रा
511 न चासन्नमपि पश्यत्यैश्वर्यान्धः न शृणोतीष्टम्
512 स्त्रीणां न भर्तुः परं दैवतम्
513 तदनुवर्तनमुभयसौख्यम्
514 अतिथिमभ्यागतं पूजयेद्यथाविधिः
515 नित्यं संविभागी स्यात्
516 नास्ति हव्यस्य व्याघातः
517 शत्रुरपि प्रमादी लोभात्
518 शत्रुर्मित्रवत् प्रतिभाति
519 मृगतृष्णा जलवद् भाति
520 उपालम्भो नास्त्यप्रणयेषु
521 दुर्मेध सामसच्छास्त्रं मोहयति
522 सत्संगः स्वर्गवासः
523 आर्यः स्वमिव परं मन्यते
524 रूपानुवर्ती गुणः
525 यत्र सुखेन वर्तते तदेव स्थानम्
526 विश्वासघातिनो न निष्कृतिः
527 दैवायत्तं न शोचेत्
528 आश्रितदुःखमात्मन इव मन्यते साधुः
529 हृद्गतमाच्छाद्यान्यद्वदत्यनार्यः
530 बुद्धिहीनः पिशाचादनन्यः
531 असहायः पथि न गच्छेत्
532 पुत्रो न स्तोतव्यः
533 स्वामी स्तोतव्योऽनुजीविभिः
534 धर्मकृत्येष्वपि स्वामिन एव घोषयेत्
535 राजाज्ञां नातिलंघयेत्
536 स्वाम्यनुग्रही धर्मकृत्यं भृत्यानाम्
537 यथाऽऽज्ञप्तं तथा कुर्यात्
538 सविशेषं वा कुर्यात्
539 स्वामिनो भीरुः क्वोपयुज्यते
540 नास्त्यनार्यस्य कृपा
541 नास्ति बुद्धिमतां शत्रुः
542 शत्रुं न निन्देत् सभायाम्

543 आत्मच्छिद्रं न प्रकाशयेत्
544 शक्तौ क्षमा श्लाघनीया
545 क्षमावानेव सर्वं साधयति
546 आपदर्थं धनं रक्षेत्
547 साहसवतां प्रियं कर्तव्यम्
548 श्वः कार्यमद्य कुर्वीत
549 अपराह्णिकं पूर्वाह्णा एवं कर्तव्यम्
550 व्यवहारानुलोमो धर्मः
551 सर्वज्ञता लोकज्ञता
552 शास्त्रज्ञोऽप्यलोकज्ञो मूर्खतुल्यः
553 शास्त्रप्रयोजनं तत्त्वदर्शनम्
554 तत्त्वज्ञानं कार्यमेव प्रकाशयति
555 व्यवहारे पक्षपातो न कार्यः
556 धर्मादपि व्यवहारो गरीयान्
557 आत्मा हि व्यवहारस्य साक्षी
558 सर्वसाक्षीह्यात्मा
559 न स्यात् कूटसाक्षी
560 कूटसाक्षिणो नरके पतन्ति
561 नक्रश्चिन्नाशयति समुद्धरति वा
562 प्रच्छन्नपापानां साक्षिणो महाभूतानि
563 आत्मनः पापमात्मैव प्रकाशयति
564 व्यवहारेऽन्तर्गतमाकारः सूचयति
565 आकारसंवरणं देवानामशक्यम्
566 चोरराजपुरुषेभ्यो वित्तं रक्षेत्
567 दुर्दर्शना हि राजानः प्रजा नाशयन्ति
568 सुदर्शना हि राजानः प्रजा रंजयन्ति
569 न्याययुक्तं राजानं मातरं मन्यन्ते प्रजाः
570 तादृशः स राजा इह सुखं ततः
स्वर्गमाप्नोति
571 चोरांश्च कण्टकांश्च सततं विनाशयेत्
572 अहिंसालक्षणो धर्मः
573 स्वशरीरमपि परशरीरं मन्यते साधुः
574 स्वशरीरमिव परशरीरं मन्यते साधुः
575 सर्वत्र मान्यं भ्रंशयति बालिशः
576 मांस भक्षणमयुक्तं सर्वेषाम्
577 न संसारभयं ज्ञानवताम्
578 विज्ञानदीपेन संसारभयं निवर्तते
579 सर्वमनित्यं भवति
580 स्वदेहे देहिनां मतिर्महती
581 कृमिशकृन्मूत्रभाजनं शरीरं
पुण्यपापजन्महेतुः
582 जन्ममरणादिषु दुःखमेव
583 तपसा स्वर्गमाप्नोति
584 क्षमायुक्तस्य तपो विवर्धते
585 तस्मात् सर्वेषां कार्यसिद्धिर्भवति

चाणक्य जीवन गाथा

जीवन के अनुभवों से ही सिद्धांतों की पुष्टि होती है। परंपरा से माना हुआ जब व्यवहार की कसौटी पर खरा उतरता है, तो वह निष्ठा बन जाता है—लक्ष्य की प्राप्ति के लिए इस प्रकार की निष्ठा का होना अत्यंत आवश्यक है। इस निष्ठा को ही मोटी भाषा में हठ भी कहते हैं—दोनों में अंतर इतना है कि निष्ठा में विवेक की भूमिका होती है जबकि हठ, सामान्यतया, इससे दूर होता है। आचार्य चाणक्य के जीवन में 'अखंड भारत' के प्रति जो निष्ठा थी, उसने ही उन्हें उनके स्वभाव से दूर ले जाकर कुटिल अर्थात् कौटिल्य बना दिया। इस समूची यात्रा को समझे बिना चाणक्य नीति के रहस्यों को समझ पाना संभव नहीं है। जीवन को समझने के बाद ही कही-लिखी बातों के संदर्भों का आकलन होता है।

नियति को पहचानना बुद्धिमान की पहचान है। ऐसा विवेकवान नियति के प्रवाह को मोड़ने-तोड़ने का व्यर्थ प्रयास नहीं करता, वह तो उसमें से उस लहर का चुनाव कर लेता है, जो उसे उसके लक्ष्य तक ले जाए।

बुद्धिमान अपनी शक्ति को संजोकर रखते हैं, वह तो शत्रु की ऊर्जा का ही प्रयोग करते हैं उसे नष्ट करने में। लेकिन ऐसी दक्षता के लिए आवश्यक है कि प्रयोगकर्ता की आंखें खुली हों और उसकी बुद्धि स्थिर हो, ताकि वह शत्रु के छोटे-छोटे क्रियाकलाप को देख सके और उसी के अनुसार अपनी समरनीति को सुनिश्चित कर सके।

नियति जितनी उदार होती है, उससे भी ज्यादा क्रूर होती है। थोड़ी-सी चूक हुई नहीं कि आकाश पृथ्वी से टकराया। इतिहास के पृष्ठ ऐसी उथल-पुथल से ही तो भरे हुए हैं।

चाणक्य जीवन गाथा

चाणक्य ने ईसा से 300 वर्ष पूर्व ऋषि चणक के पुत्र के रूप में जन्म लिया। वही उनके आरंभिक काल के गुरु थे। कुछ इतिहासकार मानते हैं कि चणक केवल उनके गुरु थे। चणक के ही शिष्य होने के नाते उनका नाम चाणक्य पड़ा। उस समय का कोई प्रामाणिक इतिहास उपलब्ध नहीं है। इतिहासकारों ने प्राप्त सूचनाओं के आधार पर अपनी-अपनी धारणाएं बनाईं।

विद्यार्थी चाणक्य

परंतु यह सर्वसम्मत है कि चाणक्य की आरंभिक शिक्षा गुरु चणक द्वारा ही दी गई। संस्कृत ज्ञान तथा वेद-पुराण आदि धार्मिक ग्रंथों का अध्ययन चाणक्य ने उन्हीं के निर्देशन में किया। चाणक्य मेधावी छात्र थे। गुरु उनकी शिक्षा ग्रहण करने की तीव्र क्षमता से अत्यंत प्रसन्न थे।

तब सभी सूचनाएं व विधाएं धर्मग्रंथों के माध्यम से ही प्राप्त होती थीं। अतः धार्मिक पुस्तकों का अध्ययन शिक्षा प्राप्ति का एकमात्र साधन था। चाणक्य ने किशोरावस्था में ही उन ग्रंथों का सारा ज्ञान ग्रहण कर लिया था। अब बारी उच्च शिक्षा की थी, जो उनमें मंथन व शोध की योग्यता पैदा करे जिससे वे अब तक प्राप्त ज्ञान को रचनात्मक रूप दे सकें व उसका विस्तार कर सकें।

उस काल में तक्षशिला एक विख्यात विश्व-विद्यालय था, जो सिंधु नदी के किनारे बसे नगर के रूप में था। विश्व विद्यालय में प्रख्यात विद्वान तथा विशेषज्ञ प्रोफेसरों के रूप में छात्रों को शिक्षा देते थे। तक्षशिला में शिक्षा ग्रहण करने के लिए दूर-दूर से राजकुमार, शाही परिवारों के पुत्र, ब्राह्मणों, विद्वानों, धनी लोगों तथा उच्च कुलों के बेटे आते थे।

तक्षशिला अब पाकिस्तान में है। पुरातत्व खुदाई में यूनिवर्सिटी का पूरा चित्र उभरकर

सामने आया है। तक्षशिला में दस हजार छात्रों के आवास व पढ़ाई की सुविधाएं थीं। अध्यापकों की संख्या का सहज ही अनुमान लगाया जा सकता है। विश्वविद्यालय में आवास कक्ष, पढ़ाई के लिए क्लास रूम, हॉल और पुस्तकालय थे। तक्षशिला के अवशेषों को देखने के लिए आज प्रतिवर्ष हजारों टूरिस्ट, इतिहासकार तथा पुरातत्ववेत्ता आते हैं।

विश्वविद्यालय कई विषयों के पाठ्यक्रम उपलब्ध करता था जैसे भाषाएं, व्याकरण, दर्शनशास्त्र, चिकित्सा, शल्य चिकित्सा, कृषि, भूविज्ञान, ज्योतिष, खगोल शास्त्र, ज्ञान-विज्ञान, समाज शास्त्र, धर्म, तंत्र शास्त्र, मनोविज्ञान तथा योग विद्या आदि। विभिन्न विषयों पर शोध का भी प्रावधान था।

कोर्स 8 वर्ष तक की अवधि के होते थे। विशेष अध्ययन के अतिरिक्त वेद, तीरंदाजी, घुड़सवारी, हाथी का संधान व एक दर्जन से अधिक कलाओं की शिक्षा दी जाती थी। तक्षशिला के स्नातकों का हर स्थान पर बड़ा आदर होता था।

यहां छात्र 15-16 वर्ष की अवस्था में प्रारंभिक शिक्षा ग्रहण करने आते थे। स्वाभाविक रूप से चाणक्य को उच्च शिक्षा की चाह तक्षशिला ले आई। यहां भी चाणक्य ने पढ़ाई में विशेष योग्यता प्राप्त की। यह बात ध्यान रखने योग्य है कि चाणक्य कुरूप थे व उनका रंग भी काला था। इसलिए उन्होंने अपना सारा ध्यान पढ़ाई में केंद्रित किया। उन्हें रूप की कमी विद्वान बन कर पूरी करने की धुन सवार थी। फिर एकाकी छात्र और करता भी क्या ? एक काले, रूपहीन व निर्धन विद्यार्थी को मित्र बनाने में किसी दूसरे छात्र को रुचि भी नहीं थी।

पर दूसरे छात्रों को चाणक्य के विद्वत्ता के प्रमाण तो मिलते ही रहते थे। यह बात और थी कि वह राजा-महाराजाओं का काल था। सरस्वती पुत्र के गुणों को आदर देने की उदारता राजपुत्रों में नहीं थी।

एकाकी होकर एकाग्रता से चाणक्य ने अपने विषयों की खूब पढ़ाई की। धार्मिक ग्रंथों का फिर से मंथन करने की दृष्टि से अध्ययन किया। उन्होंने राजनीति, अर्थशास्त्र, राज्य तथा सामाजिक विषयों पर उपलब्ध ग्रंथ स्वाध्याय के लिए पढ़े।

यह स्पष्ट हो गया था कि चाणक्य एक विद्वान बनने की राह पर थे, जो तक्षशिला विश्वविद्यालय द्वारा पैदा किया एक रत्न साबित होने वाला था।

विश्लेषक चाणक्य

वह युग राजनीतिक उथल-पुथल का था। चारों ओर अराजकता फैली थी। लोगों का जीवन असुरक्षित था। उन पर शोषण की मार पड़ती ही रहती थी।

शासक राजा निरंकुश थे, जो धनी वर्ग व जमींदारों के साथ मिलकर जनता पर

अत्याचार करते व उनका खून चूसते थे। अधिकतर राजाओं के राज्यों में न कोई विधि-विधान था न प्रशासनिक व्यवस्था। अधिकारियों व उनके कारिंदों की मनमानी ही कानून था। गरीब लोग त्रस्त थे। चाणक्य स्वयं उसी निर्धन-असहाय वर्ग से थे। अत: राजनीतिक व सामाजिक दुर्दशा का विश्लेषण करना उनका स्वभाव हो गया। चारों ओर घटती घटनाओं से भी वह शिक्षा ग्रहण कर रहे थे।

यही काल था जब सोचते-सोचते उनके मन में एक आदर्श राज्य, सुगठित व्यवस्था, नागरिक संहिता तथा अर्थतंत्र की परिकल्पनाएं जन्म लेने लगी थीं। उनके मस्तिष्क में लंबे समय तक वह परिकल्पनाएं पकती रहीं व परिष्कृत होती रहीं जिन्हें बाद में उन्होंने ग्रंथों के रूप में लिखा व अमर हो गए।

इतिहास करवट ले रहा था। यूनान से एक योद्धा विश्व विजय का सपना लेकर एक विशाल सेना के साथ पूर्व की ओर कूच कर चुका था। एशिया महाद्वीप के मध्य-पूर्वी देश उसके आक्रमणों की चपेट में आ गए थे। युद्ध की गरम हवाएं भारत की ओर पश्चिम से आ रही थीं। कई राज्य उजड़ रहे थे।

यूनान का वह दुर्दांत योद्धा था सिकंदर जो महान कहलाया। उसकी सेना विशाल थी और उस सेना की युद्ध पद्धति नवीन थी जो रुढ़िवादी भारतीय शासकों की समझ से परे थी। यूनानी सेना एक ज्योमितिक आकार में आगे बढ़ती थी। उनके सैनिक चमचमाते कवचों से सुरक्षित घोड़ों पर बैठे आक्रमण करते थे। पैदल सेना लंबे भालों से दूर से ही शत्रु को बींध कर गिरा देती थी। जिसका भारतीय व दूसरे देशों की सेनाओं के पास कोई उत्तर न था।

उजड़े लोग शरणार्थी बनकर पूर्व की ओर आ रहे थे। तक्षशिला में भी शरणार्थियों की भीड़ आ घुसी। विश्वविद्यालय परिसर भी शरणार्थियों से भर गया। जिस नगर में केवल शिक्षार्थी आते थे अब वहां रोटी-पानी व आश्रय मांगने वाले आ रहे थे।

समस्या से निपटने के लिए राजा ने अपने विशिष्ट व्यक्तियों की सभा बुलाई व समस्या का समाधान ढूंढ़ा। पड़ोसी राजा भी विचार-विमर्श करने आए। अंत में निर्णय यह लिया गया कि शरणार्थियों को नगर के बाहर एक भूमि में आश्रय दिया जाए। वे नगर में केवल परिचय पत्र दिखाकर ही आ सकते थे, परंतु विश्वविद्यालय परिसर में उनका प्रवेश वर्जित था।

इस प्रकार चाणक्य ने स्वयं देखा कि इस प्रकार की आपात स्थिति उत्पन्न होने पर कौन से कदम उठाए जाने चाहिए।

स्नातक बनने तक चाणक्य ने विद्यालय की शिक्षा के साथ-साथ स्वयं भी विश्लेषक के रूप में बहुत कुछ सीखा।

प्राध्यापक चाणक्य

स्नातक बनने के बाद चाणक्य तक्षशिला विश्वविद्यालय में ही प्राध्यापक बन गए। एक प्राध्यापक के रूप में स्वीकार किए जाने में कोई अड़चन नहीं आई।

स्नातक बनने के अंतिम वर्ष आने तक चाणक्य की विद्वत्ता सब पर जाहिर हो गई थी। सभी अध्यापक तथा छात्र उनका लोहा मानने लग गए थे। अध्यापक तो उन्हें समकक्ष ही मानने लगे तथा छात्र अध्ययन या शोध में निस्संकोच चाणक्य की सहायता लेते थे।

प्राध्यापक के रूप में चाणक्य ने शीघ्र ही अपनी जगह बना ली तथा दूसरे प्राध्यापकों को अपना प्रशंसक बना लिया। विश्वविद्यालय में पढ़ाए जाने वाले विषयों पर तो उनका अधिकार था ही, वहीं वे अन्य सामाजिक, धार्मिक व राजनीतिक विषयों के भी अपनी विलक्षण प्रतिभा के बल पर अच्छे खासे विशेषज्ञ बन गए।

छात्र तो उनकी विद्वत्ता पर मुग्ध थे ही। वे उनके ऐसे अनुयायी बन गए कि बाद में जब चाणक्य पूर्व की ओर प्रस्थान कर गए तो कई छात्र उनकी अध्यक्षता में काम करने वहां पहुंच गए तथा चाणक्य के अभियानों में महत्वपूर्ण रोल अदा किया। भद्रभट्ट व पुरुषदत्त उनमें प्रमुख हैं।

तक्षशिला अब तेजी से गरम हो रहा था। पश्चिम की ओर से युद्ध की झुलसाने वाली गरम हवाएं तूफानी अंदाज में आ रही थीं। यूनानी योद्धा सिकंदर के घोड़ों की टापें सुनाई देने लगी थीं। चाणक्य ने तक्षशिला छोड़ पूर्व की ओर कूच करने का मन बना लिया था। उनके दिमाग में बड़ी-बड़ी योजनाएं थीं एक आदर्श राज्य स्थापित करने की। उन योजनाओं को फलीभूत होने के लिए समय की दरकार थी पर तक्षशिला का तो अपना अंतिम समय आ गया था। यम द्वार पर दस्तक दे रहा था। वहां से खिसकने में ही भलाई थी।

चाणक्य ने सुदूर पूर्व की ओर का रुख किया। यहां मगध साम्राज्य था जिसकी राजधानी पाटलिपुत्र (आज का पटना) थी। वहां का मोह चाणक्य के लिए इसलिए था, कि पाटलिपुत्र के निकट ही उस समय का महान विश्वविद्यालय नालंदा था, जो तक्षशिला से किसी सूरत कम नहीं था। 399 वर्ष ईसा पूर्व एक चीनी घुमंतू इतिहासकार फाहयान ने वहां की यात्रा की थी व पाटलिपुत्र के गुण गाए थे।

पाटलिपुत्र गंगा के किनारे बसा था। इतिहास के दौरों में उसके कई नाम रहे, पुष्पापुर, पुष्पनगर, पाटलिपुत्र और अब पटना है।

वहीं चाणक्य ने धरती के स्तर से कार्य करते-करते ऊपर उठने का मन बना लिया ताकि वह धरती से जुड़ी सच्चाइयों से भी व्यक्तिगत रूप से परिचित हो जाएं। अपनी तक्षशिला की स्नातकता व प्राध्यापकता का हवाला देने के बजाय एक शिक्षक की साधारण नौकरी स्वीकार कर ली।

मगध में धनानंद का भ्रष्ट राज्य था। राजा केवल कर लगाकर धन उगाना व अपना खजाना भरना जानता था। जनता दुखी थी। पर उसका मंत्री समझदार था। मंत्री अमात्य शकटार ने राजा को समझाया कि केवल लूट-खसोट से काम नहीं चलेगा। उन्हें कुछ धन लोक कल्याण तथा पुरस्कार रूप में बांटकर जनता का आक्रोश कम करना होगा। बात राजा की समझ में आ गई। उसने कलाकारों, विद्वानों तथा लोक कल्याण कार्यों के लिए अनुदान देने आरंभ किए। इस बीच चाणक्य अपनी योग्यता से स्थानीय लोगों के दिल में घर कर चुके थे। सामाजिक कार्यों में भी उनकी रुचि थी। वे सामाजिक व प्रशासनिक व्यवस्था सुधारना चाहते थे। उन्होंने प्रमुख लोगों को सुझाया कि राजा द्वारा दिए अनुदानों का दुरुपयोग हो रहा है क्योंकि उपयुक्त व्यवस्था नहीं है। इसके सदुपयोग के लिए विद्वानों व प्रमुख व्यक्तियों की एक समिति होनी चाहिए।

बात सबको जंच गई। विद्वानों ने मिलकर एक संघ बनाया। चाणक्य को अध्यक्ष बनाने में किसी को भी आपत्ति नहीं हुई। कुछ अधिकारियों ने अनुदान की राशियां संघ को दीं। चाणक्य के निर्देशन में उनका अत्यंत रचनात्मक उपयोग हुआ, जिसकी सबने प्रशंसा की।

संघ के कुछ सदस्यों ने सुझाव दिया कि चाणक्य को स्वयं राजा धनानंद से मिलना चाहिए ताकि अधिक अनुदानों की व्यवस्था हो सके। उन्हें यह भी आशा थी कि राजा चाणक्य की योग्यताओं को देखते हुए उन्हें उचित दायित्व सौपेंगे। चाणक्य तैयार हो गए।

ऐसे समय में चाणक्य को आचार्य शकटार से मिलने का विचार आया। वे चाणक्य के सहपाठी व मित्र रह चुके थे। दोनों तक्षशिला में शिक्षा ग्रहण कर चुके थे। शिक्षा पूर्ण करने के पश्चात आचार्य शकटार पहले नंद साम्राज्य में मंत्री बने फिर महामंत्री। इसीलिए तो चाणक्य ने पहले निचले स्तर से कार्य शुरू कर अपनी योग्यता सिद्ध करने की कोशिश की थी। वे बहुत स्वाभिमानी थे। वे पहले ही शकटार से मिलते तो सभी को यह लगता कि चाणक्य अपने मित्र को सीढ़ी बनाकर ऊपर चढ़ गए और शायद उनकी योग्यता का सही मूल्यांकन न होता। परंतु अब मिलना आवश्यक था क्योंकि वे विदेशी आक्रमणकारी सिकंदर की चालों व खतरों से मगध सम्राट को सावधान करना चाहते थे।

एक संदेशवाहक के साथ चाणक्य ने पत्र भेजकर आचार्य शकटार से निजी रूप से

मिलने की इच्छा जताई। शकटार को अपने पुराने सहपाठी की पाटलिपुत्र में उपस्थिति से प्रसन्नता हुई। वैसे संघ के कार्यों का ब्योरा पाकर उन्हें कुछ–कुछ अनुमान तो पहले ही हो गया था कि शायद उसका संचालन–अध्यक्ष चाणक्य उनका तक्षशिला शिक्षा प्राप्ति के दिनों का मित्र ही हो सकता है। वह यह भी जानते थे कि स्वाभिमानवश वह मित्र उनसे सहायता नहीं लेना चाहेगा। शकटार ने सहर्ष चाणक्य को अपने घर आने का निमंत्रण दे दिया।

चाणक्य आए तो शकटार उनसे पुरानी आत्मीयता से मिले और भीतर ले जाकर आदरपूर्वक बिठाया। कुशलक्षेम के पश्चात चाणक्य ने भारत के पश्चिमी भाग के राज्यों की दशा का वर्णन किया कि किन परिस्थितियों में उन्हें तक्षशिला छोड़कर पूर्व की ओर आना पड़ा। उन्होंने यूनानी आक्रमणकारी सिकंदर के अभियान के खतरों की चर्चा भी की।

शकटार ने पूछा, "जरा विस्तार से बताइए कि पश्चिमी भागों में क्या हुआ ? और यह सिकंदर क्या मुसीबत है ?"

चाणक्य ने लंबी सांस लेकर उत्तर दिया, "अमात्य! वही पुरानी कहानी बार–बार दोहराई जा रही है। हमारे शासक आपस के छोटे–छोटे कलहों में उलझे रहते हैं और विदेशी आक्रमणकारियों के लिए अपने द्वार खोल देते हैं। इस बार यह विदेशी आक्रमणकारी कोई साधारण व्यक्ति नहीं है। वह यूनान देश का महायोद्धा सम्राट है। जिसने विश्व विजय की ठान ली है और एक अति विशाल सेना लेकर उसी अभियान पर पूर्व की ओर कूच कर चुका है। उसके सैनिक नए प्रकार के कवचों व आयुधों से सज्जित हैं। उसकी सेना ज्यामितिक संरचनाबद्ध होकर वार करती है और युद्ध की ऐसी पद्धतियों का प्रयोग करती है जिनका हमारी सेनाओं को ज्ञान ही नहीं है। वह अपने सामने आने वाली सारी सेनाओं व राज्यों को रौंदता हुआ हमारी सीमा तक आ पहुंचा है। उसकी शक्ति के सामने पारस के महान साम्राज्य भी टिक नहीं पाए। मिस्त्र का पतन हो चुका। शकस्तान, कंधार और बखत्रिया ढह गए। हिंदुकुश पर्वत पार कर उसने हमारी भूमि पर अपना पैर रखा।"

"तो क्या सिकंदर ने तक्षशिला पर विजय प्राप्त कर ली ?" शकटार ने विस्मित और चिंतित स्वर में पूछा।

"आचार्य! आपको उस विद्यार्थी की याद है जिसका नाम आंभिक था, जब हम तक्षशिला में विद्या ग्रहण कर रहे थे ?"

"मुझे कुछ स्मरण नहीं है।" शकटार ने याद करने का प्रयत्न करते हुए कहा।

"उसकी कहानी का सिकंदर के संदर्भ में बहुत महत्व है।" ऐसा कहकर चाणक्य ने शकटार को आंभिक की कहानी सुनाई।

आंभिक की कथा

"तक्षशिला गांधार राज्य की राजधानी था। गांधार राज्य सिंधु व झेलम नदियों के बीच का प्रदेश था। सिंधु नदी के पश्चिम की ओर का क्षेत्र पश्चिमी गांधार कहलाता था, जो पृथक स्वतंत्र राज्य था। गांधार एक सुखी राज्य था और तक्षशिला विश्वविद्यालय उसका गौरव था। इसी कारण दूसरे राज्यों में उसका नाम सम्मान से लिया जाता था।

झेलम के पूर्व की ओर पुरु का केकय राज्य था। तक्षशिला के यश व प्रसिद्धि के कारण वह गांधार राज्य से जलता था। पुरु एक महत्वाकांक्षी राजा था। उसने अपने आस-पास के कई छोटे राज्यों को साम-दाम व दंड की नीति अथवा युद्ध में परास्त कर केकय में जोड़ अपना विस्तार करने का अभियान चला रखा था। लक्ष्य केकय को साम्राज्य बनाकर राजा से सम्राट बनना था। पुरु के पास चतुर व धूर्त मंत्रियों का दल व योग्य सेनापति था जो पुरु के विस्तारवाद को साकार रूप दे रहे थे। इस दल ने योग्य गुप्तचरों का एक अति प्रभावशाली तंत्र बना रखा था, जो शत्रु देशों में कहीं भी घुसपैठ करने में सक्षम था। मंत्री दल के प्रमुख योजनाकार मुख्यमंत्री इंद्रदत्त थे।

सभी जानते थे कि राजा पुरु की दृष्टि गांधार राज्य पर है। परंतु गांधार छोटा-मोटा अशक्त राज्य नहीं था। उसे हथियाने के लिए दीर्घकालीन योजना चाहिए थी। इंद्रदत्त के गुप्तचरों ने सूचना दी कि गांधार के सेनापति सिंहनाद नीरस एकाकी जीवन व्यतीत कर रहे हैं। कुछ वर्ष पूर्व उनकी प्रेयसी-पत्नी का देहांत हो चुका था। अब उनका विधुर जीवन सूना था। चतुर इंद्रदत्त को यहां अपना पेंच लगाने का अवसर नजर आया।

उनके गुप्तचर दल में एक अति सुंदर युवती थी जो पहले भी कई षड्यंत्रों में सफलतापूर्वक भाग ले चुकी थी। इंद्रदत्त ने उसी युवती को विधुर सिंहनाद के जीवन में घुसपैठ करने का भार सौंपा।

उस गुप्तचर यौवना को अपने कार्य में कोई कठिनाई पेश नहीं आई। कुछ ही समय में सिंहनाद उसके प्रेम जाल में बुरी तरह फंस गए। वह उस यौवना के इशारे पर कुछ भी करने को तैयार थे और अपने कर्तव्यों को भुलाकर उसी के प्रेमरस में डूबे रहने लगे। आखिर वर्षों बाद उनके जीवन में बहार जो आई थी। वह यौवना धीरे-धीरे और गुप्तचरों को ले आई व दूसरे अधिकारियों और मंत्रियों को भी उन्होंने फांस लिया।

गांधार का अधिकतर उच्च शासन तंत्र केकय के गुप्तचरियों के साथ भोग विलास में डूब गया। गुप्तचरों ने पूरे प्रशासन को अपंग बना दिया।

केकय के महामंत्री इंद्रदत्त को यह समय आक्रमण के लिए उपयुक्त लगा। उन्होंने

सेनापति को कार्यवाही करने का संकेत दे दिया। केकय की सेना ने गांधार पर धावा बोला। गांधार द्वारा प्रतिरोध का प्रश्न ही नहीं था क्योंकि वहां का सारा तंत्र केकय के गुप्तचरों के जाल में पहले ही फंस कर निष्क्रिय हो चुका था। केकय सेना ने आसानी से गांधार पर कब्जा जमा लिया। गांधार नरेश बंदी बना लिए गए।

केकय नरेश पुरु ने राजनीतिक दूरदर्शिता का परिचय देते हुए गांधार नरेश को केवल केकय साम्राज्य का आधिपत्य स्वीकार करने व केकय के प्रतिनिधि के रूप में शासक बने रहने का प्रस्ताव दिया। गांधार नरेश ने तुरंत प्रस्ताव स्वीकार ही नहीं किया अपितु राजा पुरु की उदारता से गद्‌गद हो गए व उनके कायल बन गए। यह एक मित्रता संधि थी जो विजेता द्वारा विजित से की थी। जब पुरु स्वयं तक्षशिला पधारे तो गांधार नरेश ने उनका भव्य स्वागत किया। पुरु के मंत्रियों का स्वामी की भांति आदर-सत्कार किया गया।

परंतु गांधार के युवराज आंभिक को यह सब अच्छा नहीं लगा। उसे अपने पिता का शत्रु के सामने गिड़गिड़ाना बहुत खला। उसे क्रोध भी आया कि एक धोखेबाज शत्रु को इस प्रकार सम्मान की दृष्टि से कैसे देखा जा रहा था! उसे तो पुरु एक सांप की तरह नजर आ रहा था जिसने गांधार को डस लिया था। आंभिक का आक्रोश इतना तीव्र था कि उसने मन ही मन पुरु से बदला लेने का मन बना लिया। अपने पिता को पुरु का प्रशंसक बना देख उसका मन क्षोभ से भर गया था।

गांधार के शासन तंत्र को भ्रष्ट कर उसे रौंदने वाले दुष्ट का तक्षशिला में जय-जयकार हो रहा था। आंभिक का तन-मन तो पुरु को देखते ही जलने लगता था।

समय अपनी गति से बढ़ता रहा।

गांधार की पराजय व उसका पड़ोसी राज्य पर आश्रित होना तक्षशिला विश्वविद्यालय पर कोई कुप्रभाव न डाल पाया। विश्वविद्यालय में पढ़ाई पूर्ववत चलती रही। बाहरी परिवर्तनों व हलचलों से विद्यालय को जैसे कोई लेना-देना न हो। शिक्षक शिक्षा प्रदान करते रहे व छात्र अपना-अपना पाठ्‌यक्रम पढ़ते रहे ताकि नियत समय पर वे स्नातक बन सकें।

सच तो यह था कि तक्षशिला की जनता की जीवनचर्या में भी कोई अंतर नहीं आया। प्रशासन भी लगभग पहले जैसा ही था। कोई अंतर था तो केवल यह कि गांधार नरेश अब किसी दूसरे के प्रतिनिधि थे, स्वयंभू शासक नहीं। और यह तथ्य एक अहष्य वस्तु थी—शासकों के बीच का मनोवैज्ञानिक समीकरण—जो आम आदमी के जीवन को नहीं छूता था।

परंतु राजकुमार आंभिक तो आदमी नहीं था। वह उस मनोवैज्ञानिक समीकरण का एक

भाग था। पराजय की याद भर से उसे आत्मग्लानि होने लगती थी। राजकुमार उस समय तक्षशिला विश्वविद्यालय में शिक्षा ग्रहण कर रहा था। उसके मस्तिष्क पटल से राजा पुरु का अहंकार से भरा चेहरा मिटाए न मिटता था जो शायद प्रतिशोध पूरा होने पर ही मिटेगा। राजकुमार आंभिक का मन अब पढ़ाई में नहीं लगता था।

बस अपने कक्ष में बैठा वह कुढ़ता रहता। पुरु से बदला लेने की नई-नई योजनाएं बनाता और उसके सपने उन योजनाओं को विकृत रूप में साकार करते। उसकी हर सांस में प्रतिशोध की फुफकार थी। उसके लिए शब्दकोष के सारे पन्ने कोरे हो चुके थे, केवल दो ही शब्द उसमें बचे रह गए थे—भयानक प्रतिशोध। कभी-कभी लगता कि वह सचमुच विक्षिप्त हो गया है।

यही वह काल था जब तक्षशिला में चाणक्य व शकटार अपने अध्ययन के अंतिम वर्षों में थे। शकटार ने आंभिक की ओर ध्यान नहीं दिया परंतु चाणक्य ने गौर से आंभिक की मानसिक दशा का अध्ययन किया, क्योंकि वह राजनीतिक तथा सामाजिक स्थितियों का विश्लेषण कर रहा था और आंभिक राजनीतिक परिस्थितियों का एक उदाहरण था।

आंभिक कभी-कभी भगवान से बदला लेने का अवसर प्रदान करने की प्रार्थना करता क्योंकि वही अब उसकी प्रतिशोध योजना का सहारा था। उसके पिता गांधार नरेश व उनके मंत्री तो राजा पुरु के भक्त बन गए थे। उनसे आंभिक को कोई आशा नहीं थी। शायद भगवान ने आंभिक की प्रार्थना सुनने का निर्णय कर लिया था, तभी तो आंभिक की इच्छा पूरी करने सिकंदर यूनान से सेना लेकर चल पड़ा था।

राजकुमार आंभिक ने भी सुना कि यूनान का महायोद्धा सिकंदर विश्व विजय अभियान पर एक विशाल अपराजय सेना लेकर भारत देश की सीमाओं के निकट आ पहुंचा है। कोई सिंकदर का प्रतिशोध नहीं कर पाया था। सिकंदर नामक तूफान के आगे बड़े-बड़े साम्राज्य खोखले पेड़ों की तरह उखड़-उखड़ कर गिर रहे थे। उसे रोक पाना किसी के सामर्थ्य की बात नहीं थी।

उसने यह भी सुना कि जो राजा स्वयं पराजय स्वीकार कर सिकंदर की शरण में जाता था, उससे वह मित्रवत व्यवहार करता था व आदरपूर्वक प्रश्रय प्रदान करता था। जो उसके सामने नहीं झुका वह समूल नष्ट कर दिया जाता था। सिकंदर की क्रोधाग्नि में उस अभिमानी को भस्म होना पड़ता था। केवल शासक ही नहीं उसकी प्रजा को भी फल भुगतना पड़ता था जिसे यूनानी सैनिक गाजर-मूली की तरह काट देते थे। वे यूनानी सैनिक, जो सदा चमचमाते जिर्रा बख्तर में सुसज्जित हो दमकते घोड़ों पर सवार रहते।

ऐसे देशों की अभागी जनता भयभीत होकर दूसरे देशों में आश्रय लेने भाग जाती थी। सिकंदरी सेना के आगमन की अफवाह भर से कस्बे खाली हो जाते थे। ऐसे ही शरणार्थी एक बड़ी संख्या में तक्षशिला में भी आ घुसे थे। तब चाणक्य ने स्वयं देखा था कि तक्षशिला शासकों ने किस प्रकार उनके रहने व भोजन की व्यवस्था की थी। शरणार्थी समस्या भारतीय राज्यों के लिए एक नए प्रकार की चुनौती थी। तब चाणक्य अंतिम स्नातक वर्ष में थे।

जब भारतीय शासन व्यवस्था के संचालक शरणार्थी समस्या का हल खोजने के लिए विचार–विमर्श कर रहे थे उसी समय सिकंदर की सेना ने हिंदुकुश पर्वत पार करके भारत की भूमि पर अपना पैर रख दिया था। अब उसके सामने भारतीय राज्यों की शृंखला थी, जिसे उसे तोड़ना था। यह एक विडंबना ही थी कि गांधार नरेश व उनके मंत्री जब सिकंदर के आगमन को अभिशाप मानकर विचार–विमर्श कर रहे थे तब उनका ही राजकुमार आंभिक सिकंदर को वरदान मानकर उसमें अपनी समस्या का समाधान खोज रहा था।

एक–दूसरे स्तर पर भी परिस्थिति बदल रही थी। राज्य के प्रशासकों पर राजकुमार आंभिक का प्रभाव बढ़ता जा रहा था। मंत्रीगण तथा अधिकारी अब राजकुमार का आदर करने लगे थे। कारण स्पष्ट था। राजा बहुत बूढ़े हो चले थे और लक्षण साफ नजर आ रहे थे कि वे अधिक दिन जीने वाले नहीं। आंभिक का सिंहासन पर बैठना अधिक दूर की बात नहीं रह गई थी। सभी को यह महसूस हो गया था कि राजकुमार आंभिक का विश्वास जीतने में ही उनका भविष्य सुरक्षित है। राजकुमार आंभिक से कोई भी संबंध नहीं बिगाड़ना चाहता था। कई अधिकारी तो सीधे राजकुमार से आदेश लेने लगे थे और उसका पालन भी करते यदि वह वर्तमान व्यवस्था के बहुत प्रतिकूल न हो तो।

समय को भांप कर कई युवा राजकुमार की चापलूस मंडली बना चुके थे व निरंतर प्रयास करते थे कि वे आंभिक को घेरे रखें। वे राजकुमार में प्रशंसा योग्य नई–नई खूबियां ढूंढते रहते और गुणगान करते। चढ़ते सूर्य को सभी प्रणाम करते हैं। आंभिक अब पहले जैसा असहाय नहीं महसूस कर रहा था। उसमें नया आत्मविश्वास भरता जा रहा था और उसे अपनी योजना अब ज्यादा सार्थक नजर आने लगी थी।

चापलूस बड़े कांइयां होते हैं। वे अपने स्वामी के मन की बात दूर से ही सूंघ लेते हैं। वे जान गए थे कि उनके राजकुमार सिकंदर के आक्रमण को सकारात्मक दृष्टि से देखते हैं और राजा पुरु से बदला लेना उनका सर्वोच्च लक्ष्य है। अत: वे सिकंदर महान के गुण गाने लगे। सिकंदर को एक अपूर्ण योद्धा साबित करने लिए दूर–दूर से कौड़ियां ढूंढ कर लाते और उससे मैत्री करने के लाभों पर हर प्रकार की दलीलें देते।

एक कहता, ''राजकुमार! हमने अपनी तक्षशिला में आए शरणार्थियों को देखकर जान लिया कि सिकंदर से टक्कर लेने वालों का क्या परिणाम होता है। उससे उलझने वाले कितने मूर्ख थे! अपनी प्रजा को बरबाद कर दिया। हम सिकंदर से मैत्री कर लें तो कम से कम हमारी प्रजा को ऐसे दिन नहीं देखने पड़ेंगे। यह तो आपकी दूरदर्शिता है कि आपने पहले ही उचित मार्ग चुन लिया। अब हमारे गांधार राज्य के उद्धार होने में मुझे जरा भी संशय नहीं है। धन्य हो राजकुमार!''

दूसरा लाल लोहे पर चोट करता, ''एक बार हमारी सिकंदर से मैत्री हो जाए तो हम अति बलशाली हो जाएंगे। जिन राजाओं ने हमारा अतीत में अपमान किया है, हम उनसे प्रतिशोध ले सकेंगे और हम प्रतिशोध लिए बिना नहीं रहेंगे।''

आंभिक सिर हिलाकर सहमति प्रकट करता और कहता, ''वह तो ठीक है, हम जानते हैं। पर हमें करना क्या है और कैसे? यह तो कोई अनुभवी मंत्री ही बता सकता है। यह मैत्री का विषय विधि-विधान से ही तो संभव होगा।''

''उसका प्रबंध तो किया जा सकता है। कोई भी मंत्री हमारा मार्गदर्शन करेगा। आपकी सेवा कौन नहीं करना चाहेगा?'' चापलूस ने आंभिक को आश्वस्त किया और जोड़ा, ''पुरु ने जो आपका अपमान किया है, उसका बदला तो लेना ही होगा।''

''लेकिन क्या मेरे लिए सिकंदर केकय पर आक्रमण करेगा?'' आंभिक ने संदेह व्यक्त किया।

''वह तो अपने स्वार्थ के लिए केकय पर आक्रमण करेगा। हमारी सेना तो यूनानियों की सहायता करेगी। सेना समय पर पुरु पर घातक वार करेगी। स्वामी, यह तो हम जानते ही हैं कि सिकंदर विश्वविजय अभियान पर निकला है। वह हिंदुकुश पर्वत पार कर हमारे देश तक आ पहुंचा है और पूर्व की ओर जाने के लिए उसे केकय, काठगण, शुद्रम, मालवा होते हुए हमारे राज्य से गुजरना होगा। इस प्रकार केकय पर तो उसे आक्रमण करना ही होगा। मित्र देश होने के कारण केकय पर आक्रमण में हम उसकी सहायता करेंगे। हमारी सहायता वह प्रसन्नता से स्वीकार करेगा क्योंकि उससे उसके सैनिकों की क्षति कम होगी। उसे आगे के युद्धों के लिए अपनी सेना बचाए रखनी है। इसमें उसका अपना ही लाभ है। लगे हाथ हमारा काम हो जाएगा। यूनानी सेना की सहायता से हम युद्ध में पुरु को सहज ही परास्त कर देंगे। ऐसा मेरा पूर्ण विश्वास है।''

यह सुनकर आंभिक प्रसन्न हुआ। उसने सिर ऊपर-नीचे छिपकली की तरह हिलाकर चापलूस की कथनी की सराहना की। निस्संदेह वह चापलूस कुछ-कुछ बुद्धि तो रखता ही

था। बात सच भी निकली। एक मंत्री ने राजनयिक परंपरा का वर्णन किया। उसी अनुसार आंभिक ने अपना दूत सिकंदर की ओर पठाया, जो उस समय पश्चिमी गांधार की सीमा पर पड़ाव डाले था। पश्चिमी गांधार की राजधानी पुष्करावली था सिंधु नदी के उस पार। उस देश पर राजा हस्ती का राज्य था।

आंभिक का दूत सकुशल सिकंदर की छावनी में पहुंच गया और उसने अपना परिचय देकर सैनिकों को अपने आने का उद्‌देश्य बताया। सैनिकों के नायक ने उसे सम्राट सिकंदर के खेमे में पहुचा दिया। सिकंदर आंभिक का संदेश पाकर प्रसन्न हुआ। एक और राज्य बिना युद्ध लड़े उसकी झोली में आ गिरा था।

उसने तुरंत अपने दो राजनीतिक दूत आंभिक के दूत के साथ तक्षशिला भेजे ताकि संधि की लिखित रूपरेखा तैयार की जा सके। आंभिक के दूत ने राजकुमार का परिचय यूनानी राजनयिकों से कराया। आंभिक ने उसका उत्साह के साथ स्वागत किया तथा अतिथिगृह में उनको आदरपूर्वक ठहराया।

रात को यूनानी राजदूतों तथा आंभिक व उनके सलाहकारों के साथ मंत्रणा कक्ष में संधिवार्ता आरंभ हुई। अब तक अधिकतर मंत्री राजकुमार के खेमे में शामिल हो गए थे, वे भी वार्ता में सम्मिलित हुए। कुछ सेनानायक भी उपस्थित थे। संधि की रूपरेखा औपचारिक रूप से तय होने लगी।

इस बीच किसी विश्वस्त सैनिक ने गांधार नरेश को महल परिसर में यूनानी सैनिकों की उपस्थिति की सूचना दी। शत्रु सैनिकों के महल में होने की बात से नरेश चौंके। काफी समय वह महल व दरबार में संदिग्ध सी लगती गतिविधियां देख रहे थे जिनसे षड्‌यंत्र की शंका होने लगी थी। सूचना के अनुसार यवन सैनिक राजकुमार की ओर के भाग की ओर जाते देखे गए थे। नरेश का माथा ठनका।

स्वयं जांच करने के उद्‌देश्य से वे महल के उसी भाग की ओर गए जिधर राजकुमार आंभिक के कक्ष थे। नरेश तो यवनों के विरुद्ध पुरु सेना के साथ मिलकर व्यूह रचना की बात सोच रहे थे और इधर कोई यवनों से सांठ-गांठ कर रहा था। कौन? उन्हें समझ नहीं आ रहा था। यह सब क्या हो रहा था? उनका पुत्र आंभिक उनसे दूर-दूर रहता था। मंत्रीगण पहले की भांति उत्साहित नहीं थे। नरेश को ऐसा लगने लगा था कि वे अपनी बात खुलकर कहने से हिचकने लगे थे या कुछ ऐसा आभास मिलता था जो वह कहते थे वह उनके मन की बात नहीं होती थी।

राजकुमार अपने शयनकक्ष में नहीं थे और कक्ष भी खाली थे। हां, मंत्रणा कक्ष में कुछ

संवाद हो रहा था। नरेश ने मंत्रणा कक्ष का द्वार खोला तो भौचक्का रह गए। भीतर राजकुमार, कुछ सेनानायक व उनके अधिकतर मंत्री बैठे यवन दूतों से मंत्रणा कर रहे थे। स्पष्ट था कि कोई षड्यंत्र रचा जा रहा था।

नरेश ने अपनी बूढ़ी थरथराती आवाज में कहा, ''यहां क्या हो रहा है ? यवनों के साथ यह कैसी मंत्रणा चल रही है ? मुझे इसके बारे में क्यों नहीं बताया गया ?''

नरेश के अचानक आ धमकने से मंत्रीगण व सेनानायक सकते में आ गए थे। उन्हें सांप सूंघ गया था। कोई कुछ नहीं बोला। राजकुमार आंभिक ने स्थिति को संभाला। वह खड़ा हुआ व अपने पिता के पास जाकर बोला, ''पिताजी। यह कोई अनुचित कार्य नहीं हो रहा है। आप चिंता न करें। हम महान यूनानी सम्राट सिकंदर के साथ मैत्री संधि की रूप रेखा तैयार कर रहे हैं ताकि युद्ध की विभीषिका की गाज हमारे राज्य पर न पड़े। मैंने आपको इसके बारे में सूचित इसलिए नहीं किया क्योंकि आपका स्वास्थ्य ठीक नहीं है और संभवतः नए युवा की नई परिस्थितयों का ठीक से आकलन करने के लिए युवा दृष्टिकोण की आवश्यकता है।''

गांधार नरेश का शरीर आवेश में कांप उठा, ''मैं अभी इतना वृद्ध नहीं हुआ हूं। सारे षड्यंत्र समझ सकता हूं। हमें यवन दुष्टों से कोई संधि नहीं चाहिए। इनको यहां से निकाल दो। कह दो कि हमारे राज्य में सेना लेकर आए तथा हमें तलवारों के साथ स्वागत करने का अवसर दें।''

यवन राजदूत भौचक्क रह गए और अपमानित भी अनुभव कर रहे थे। उन्हें समझा-बुझा कर क्षमायाचना द्वारा शांत किया गया। उन्हें महल से निकाला नहीं गया अपितु अतिथिकक्ष में ही रखा गया। बाद में राजकुमार ने अपने समर्थकों के साथ गुप्त मंत्रणा की।

इसके बाद कोई ठीक-ठीक नहीं जानता क्या हुआ। सुबह गांधार नरेश अपने शयनकक्ष में मृत पाए गए। उनके शरीर पर कुछ घाव थे। किसी में घाव के कारणों के बारे में प्रश्न पूछने का साहस नहीं था। नरेश को मृत घोषित कर उनका विधिपूर्वक दाह संस्कार कर दिया गया।

आंभिक राजगद्दी पर बैठे। यूनानी राजनयिकों ने सम्राट सिकंदर की ओर से आंभिक को पूर्वी गांधार के महाराजा के रूप में तुरंत मान्यता दे दी। आनन-फानन में मैत्री संधि को अंतिम रूप दे दिया गया तथा सिकंदर की स्वीकृति के लिए भेज दिया गया। राजनयिकों में से एक सिकंदर के राजदूत की हैसियत से तक्षशिला में ही जमा रहा।

जब यह सब घटनाक्रम चल रहा था तो चाणक्य तक्षशिला विश्वविद्यालय में स्नातक

बनने के बाद अध्यापन कार्य कर रहे थे। राजनीतिक घटनाक्रमों पर उनकी नजर रहती थी। विशेषकर सिकंदर के आने के बाद अधिक प्रभावित तथा चिंताग्रस्त हो गए थे। जो कुछ चारों ओर घट रहा था उनके लिए दुख था। स्थिति असहनीय हो गई थी व उन्होंने तक्षशिला से पूर्व की ओर प्रस्थान करने का मन बना लिया था। आंभिक व सिकंदर के बीच हुई मैत्री संधि से उन्हें तीव्र आघात लगा था।

जाने से पहले उन्होंने अपने मित्रों व विश्वस्त छात्रों से कहा, ''सिकंदर एक यवन आक्रांता है। वह विदेशी जीवन, धर्म व संस्कृति का प्रचारक है। वह अति शक्तिशाली, क्रूर प्रशासक व बहुत चतुर है। भारत देश के नरेशों व शासकों को मित्र बनाकर बिना युद्ध लड़े विजय प्राप्त करता जा रहा है। हमारे नरेश इतने स्वार्थी, कूपमंडूक, ईर्ष्यालु तथा झगड़ालू हैं कि एकजुट होकर विदेशी आक्रमणकारी का सामना करने के बजाय वे या तो उसके चरणों में साष्टांग बिछ रहे हैं अथवा अकेले सामना कर धूल चाट रहे हैं। कहीं कोई आशा की किरण नहीं है।

मेरे लिए अपने वैदिक मूल्यों का विनाश किया जाना देखना सहनीय नहीं होगा। मैंने तक्षशिला में आए शरणार्थियों से वार्ता की है। उन्होंने मुझे बताया कि सिकंदर विजित प्रदेशों में किस तरह अपने सैनिकों से सबकुछ नष्ट करवा देता है। मेरे पास इतना समय यहां नहीं है कि नरेशों को अपनी बात समझा सकूं कि सिकंदर से निपटने का एक ही मार्ग है, वह है भारतीय नरेशों का एक होकर आक्रांता को मुंहतोड़ जवाब देना। उनमें इतनी बुद्धि नहीं है कि वे ठीक से समझ सकें कि सिकंदर हमारे लिए कितना भयंकार अभिशाप है। उनमें से आंभिक जैसे कई हैं, जो उस दुष्ट में अपना हित खोज रहे हैं ताकि आपसी प्रतिशोध पूरा कर सकें व एक-दूसरे को नीचा दिखा सकें। इन सबसे मुझे घोर मानसिक क्लेश होता है। मैं इस आशाहीन अंधकार से निकलना चाहता हूं। मुझे यहां से प्रस्थान करना ही होगा।''

''परंतु आचार्य, आप जाएंगे किस दिशा में ?'' एक मित्र ने पूछा।

चाणक्य ने उत्तर दिया, ''मैंने मगध की राजधानी पाटलिपुत्र जाने का निश्चय किया है तथापि वहां का नरेश धनानंद भ्रष्ट, लोभी और कामुक व्यक्ति बताया जाता है। मैं प्रयत्न करूंगा कि पूर्व भारत के राज्य अपनी शक्तियां मगध साम्राज्य की विशाल सेना में मिलाकर एक संगठित शक्ति बनें व सिंकदर का विनाश करें। वहां तक पहुंचने में सिकंदर को समय लगेगा। उसी अंतराल का मैं उपयोग करना चाहता हूं। अगर परमेश्वर की दया दृष्टि रही तो मैं सफल हो जाऊंगा और विदेशी प्रभाव नष्ट हो जाएगा।''

इस प्रकार, सिकंदर के तक्षशिला पहुंचने से पहले ही चाणक्य वहां से रवाना हो गए।

तक्षशिला से चाणक्य केकय देश गए जहां आचार्य इंद्रदत्त ने उनका स्वागत किया। इंद्रदत्त भी तक्षशिला विश्वविद्यालय में ही स्नातक थे। चाणक्य ने इंद्रदत्त को सूचना दी, कि कैसे गांधार अब उनके प्रभाव क्षेत्र में नहीं है। वहीं का नरेश आंभिक सिकंदर से जा मिला है। उन्होंने केकय राज्य पर सिकंदर के आक्रमण के बारे में चेताया। उन्होंने यह भी सुभाव दिया कि केकय को आस-पास के राज्यों के साथ मिल कर संयुक्त सेना गठित करनी चाहिए ताकि वे यूनानी सेना का प्रभावशाली प्रतिरोध कर सकें व सिकंदर को पाठ सिखाएं।

आचार्य इंद्रदत्त ने चाणक्य को आश्वासन दिया कि वह उनके मूल्यवान सुझावों को महाराज पुरु तक पहुंचा देंगे व स्वयं भी उसी मत का समर्थन करेंगे। हालांकि इंद्रदत्त ने कहा कि समय बहुत कम रह गया है। राजाओं को एक मंच पर लाने व आपसी मन-मुटाव भुलाने पर राजी करने में वर्षों का समय चाहिए और सत्य यह भी था कि दो देसी विरोधी राजाओं का मेल कराने के स्थान पर एक कुत्ते और बिल्ली को मित्र बनाना अधिक सरल था।

चाणक्य पूर्व की ओर विभिन्न शासकों को सिकंदर के आक्रमण के विरुद्ध चेतावनी देते हुए चलते गए।

इस बीच राजा आंभिक से संधि होने के बाद सिंकदर पूर्व की ओर कूच करने पर उतावला हो गया। उसने पश्चिमी गांधार के राजा हस्ती को यूनानी साम्राज्य का भाग बनने का निमंत्रण दिया। ऐसा न करने पर यूनानी सेना का वार झेलने के लिए तैयार हो जाने की चेतावनी भी दी।

पश्चिमी गांधार का राजा हस्ती एक स्वाभिमानी शासक था। उसने झुकने से इनकार कर दिया और सिकंदर को युद्ध का न्योता दे दिया। सिकंदर की सेना की एक टुकड़ी ने पुष्पावली पर आक्रमण कर दिया। यूनानी विजय लगभग तय थी। राजा हस्ती की छोटी-सी सेना यूनानी सेनाओं के सामने क्या टिकती ? भारतीय सैनिकों ने पहली बार विदेशी सेना को नए आयुधों के साथ ज्यामितिक व्यूह रचनाओं में आक्रमण करते देखा। हस्ती के सैनिक वीरतापूर्वक लड़े परंतु शीघ्र ही यूनानी उन पर भारी पड़ने लगे।

यूनानियों ने राजा हस्ती को बंदी बनाना चाहा परंतु हस्ती ने लड़ते-लड़ते प्राण देना अधिक श्रेयस्कर समझा। पुष्पावली पर विजय का सिकंदर ने शानदार उत्सव मनाया। उत्सव में राजा आंभिक को मुख्य अतिथि बनाया गया। यूनानी सेना ने आंभिक को पंक्तिबद्ध होकर सलामी थी। सिकंदर ने उसे बराबर के राजा का स्थान दिया व उसके साथ मित्रवत व्यवहार किया। इस आदर-सत्कार से आंभिक गद्गद हो गया। उसे सपने में भी

आशा नहीं थी कि यूनानी सम्राट उसे इतना सम्मान देगा। वह सिकंदर का हृदय से कृतज्ञ हो गया। यह सिकंदर की एक राजनीतिक चाल थी। वह दूसरे राजाओं व नरेशों को संदेश दे रहा था कि सिकंदर के सामने नतमस्तक होने में कितना बड़ा सम्मान है। जो उसके पास आएगा वह मित्रता पाएगा और युद्ध के स्थान पर आदर का लाभ पाएगा।

सिकंदर ने आंभिक के चाचा को पश्चिमी गांधार का 'सटराप' (गवर्नर) नियुक्त किया और आंभिक को एक और कृपा से धन्य कर दिया। सिकंदर के कृपापात्र बनने के महान लाभों का एक और उदाहरण लोगों ने देखा, इसका दूसरे राजाओं पर अनुकूल प्रभाव पड़ा। यह भी यूनानी योद्धा की तुरुप चाल थी। सिकंदर कूटनीति का भी मंजा हुआ खिलाड़ी था। आंभिक को तो यह भी आशा होने लगी कि सिकंदर भारत से लौटते समय सारे विजित क्षेत्रों का शायद उसे सम्राट ही घोषित कर दे!

आंभिक सिकंदर और उसकी सेना को एक जुलूस बनाकर उत्सव मनाता हुआ तक्षशिला ले आया। दरबार में सिकंदर का शाही स्वागत किया गया तथा उसकी वीरता व उदारता की गुणगाथा गाई गई। तक्षशिला की मधुशालाएं तथा मनोरंजन गृह यूनानी सैनिकों के लिए खोल दिए गए। वे यौन क्रीड़ा शालाओं में जी भर कर मौज-मस्ती मना सकते थे। तक्षशिला यवन सैनिकों का क्रीड़ांगन बन गया।

सैनिक तो आमोद-प्रमोद में व्यस्त हो गए। सिकंदर के साथ आर्य साहित्य, कला तथा संस्कृति के विशेषज्ञ विद्वान भी आए थे। सिकंदर ने उनसे भारतीय सभ्यता को यूनानी सभ्यता के प्रभाव में लाने के उपायों को सुझाने का आदेश दिया।

सिकंदर व उसके विद्वानों ने तक्षशिला विश्वविद्यालय की शिक्षा पद्धति तथा पाठ्य पुस्तकों का भी अध्ययन किया। उन्होंने तक्षशिला के आचार्य चाणक्य से मिलने की इच्छा भी प्रकट की। वे चाणक्य के बारे में बहुत कुछ सुन चुके थे। उन्हें यह जानकर काफी निराशा हुई कि आचार्य चाणक्य तक्षशिला से प्रस्थान कर चुके हैं। वास्तव में चाणक्य के प्रस्थान करने का कारण ही सिकंदर का आगमन था। यह बात यवन नहीं जानते थे। आचार्य चाणक्य से बाद में भिन्न परिस्थितियों में उनका सामना तो होना ही था।

पुरु (पोरस) के साथ युद्ध

ग्रीष्म ऋतु का अंत हो चुका था। आकाश में बादलों की टुकड़ियां वर्षा ऋतु का संदेश लेकर आ रही थीं। केकय राज्य पर यवनों के आक्रमण का खतरा मंडरा रहा था।

एक शाम यवन सेनानायकों ने यवन सैनिकों को बताया कि उन्हें रात को झेलम नदी पार करनी है। सम्राट सिकंदर ने केकय पर आक्रमण करने का आदेश दे दिया था। केकय

के राजा पुरु ने सिकंदर का आधिपत्य स्वीकार करने से इनकार कर दिया था। रात को हजारों यवनों ने घोड़ों पर सवार होकर नदी पार की और केकय प्रदेश में घुस गए।

पुरु की सेना किसी और ही स्थान पर यवनों के नदी पार करने की प्रतीक्षा कर रही थी। वह यवनों की छल नीति से अनभिज्ञ थी। यवनों ने ठीक उनके सामने दूसरे तट पर बहुत सी नावें एकत्र कर रखी थीं, यह आभास देने के लिए कि सिकंदर की सेना वहीं से नदी पार करेगी। परंतु यवनों ने उस स्थान से काफी दूर एक स्थल को नदी पार करने के लिए पहले ही चुन रखा था। वहां नदी का पाट बहुत चौड़ा था व पानी की गहराई कम। रात के अंधेरे में भी अश्वारोही सरलता से नदी पार कर सकते थे और यही हुआ भी।

केकय सेना को छले जाने का पता भोर में ही लग गया था, जब उस स्थान से दूर नदी के घाट पर यवन सैनिकों की पंक्तिबद्ध टुकड़ियों का भारी जमावड़ा उन्हें नजर आया। पर अब क्या हो सकता था। बिना युद्ध किए हार मानने का प्रश्न ही नहीं था। केकय सैनिक मरने-मारने की ठान चुके थे। दोनों सेनाएं एक दूसरे पर टूट पड़ीं। पुरु एक हाथी पर सवार होकर अपनी सेना का संचालन कर रहे थे। यवन अश्वारोही सैनिकों के पास लंबे बर्छे तथा जंजीरों से लटकते कांटेदार धातु के गोले थे। बर्छों और गोलों की मार से पुरु की सेना पर भारी मार पड़ने लगी। केकय सैनिक शत्रु के निकट भी नहीं पहुंच पा रहे थे। दूर से ही बर्छे उन्हें बींध डालते अथवा गोले कपालक्रिया कर देते। यवन इस तरह पंक्तिबद्ध थे जैसे अभेद्य मानव दीवार खड़ी हो गई हो। उनके शरीर कवचों के पीछे सुरक्षित थे।

केकय सेनापति ने अपने सैनिकों की दुर्दशा देखकर हाथियों को लाने का आदेश दिया। इस बीच आंभिक की सेना ने भी एक ओर से मोर्चा संभाल लिया तथा केकय सेना पर वार करने लगी। केकय सैनिक एक हजार हाथी ले आए और उन्हें अपने सामने खड़ा कर दिया। अब वे हाथियों की बगलों व उनकी टांगों के पीछे से यवन तथा आंभिक की सेना पर तीर वर्षा करने लगे। इससे यवन चिंतित हो गए। यवन सेना नायकों ने मंत्रणा की व नई युद्ध नीति को अपनाया गया। आंभिक की सेना को दूर से हाथियों पर बाण छोड़ने के लिए कहा गया। स्वयं यवनों ने अपने बर्छे हाथियों पर फेंके। तीरों व बर्छों की मार से आहत हाथी चिंघाड़कर पीछे मुड़े व केकय सैनिकों को कुचलते हुए पलायन कर गए।

केकय सेनापति हत्प्रभ रह गया। उसे समझ ही नहीं आ रहा था कि बचे खुचे सैनिकों का वह कैसे मनोबल बढ़ाए। वे पस्त हो चुके थे। यवनों व आंभिक के सैनिकों ने उन्हें आगे आकर मारना-काटना आरंभ कर दिया।

इस बीच पुरु यवन-आंभिक सैनिकों से घिर चुके थे। उनका हाथी मार गिराया गया।

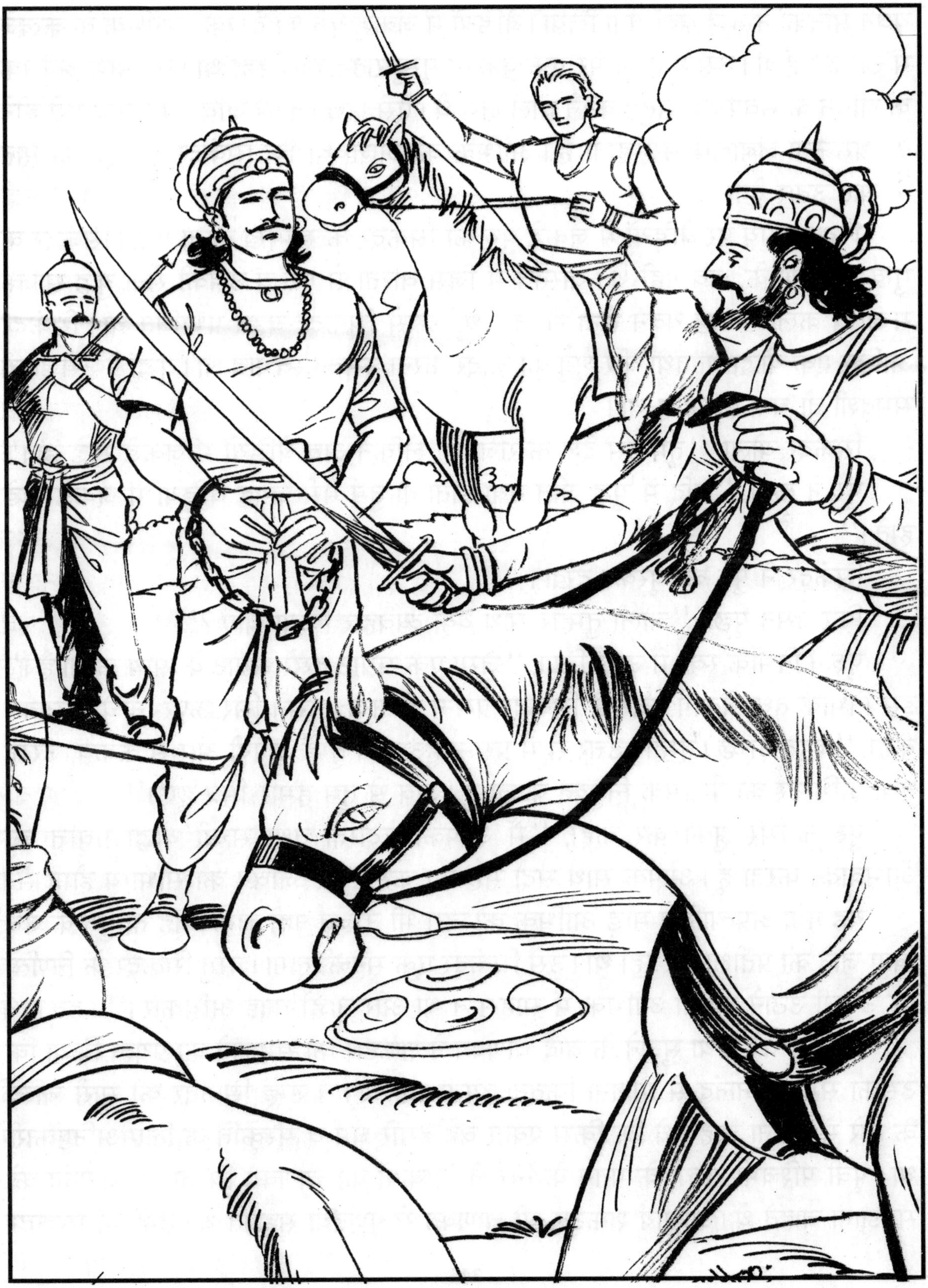

यवन सैनिकों ने उन्हें बंदी बना लिया। बेड़ियों में जकड़े पुरु को देखकर आंभिक के कलेजे में ठंडक पहुंची। उसके होठों पर एक कुटिल मुस्कुराहट खेल रही थी। यह क्षण आंभिक के जीवन के सर्वाधिक संतुष्ट करने वाले क्षण थे। ऐसे क्षण जिनमें जीवन की साध पूरी होने की प्रसन्नता लबालब भरी होती है। आंभिक को आशा थी कि सिकंदर दुष्ट पुरु को मौत के घाट उतार देगा।

नियत समय पर बेड़ियों में जकड़े पुरु को सिकंदर के सम्मुख लाया गया। सिकंदर के मुख पर घृणा के भाव नहीं थे। वास्तव में जिस वीरता से पुरु व उसकी सेना युद्ध साज-सज्जा व कला में श्रेष्ठ यवन सेना से लड़े थे, उससे सिकंदर बहुत प्रभावित था। सिकंदर आखिर एक योद्धा था तथा वीर शत्रु का आदर करना उसका स्वभाव था। युद्धों ने उसे इतना समदर्शी तो बना ही दिया था।

सिकंदर बोला, ''तुम इस देश के राजा थे, लेकिन अब बेड़ियों में जकड़े खड़े हो।''

पुरु ने कहा, ''यदि मैं युद्ध जीत गया होता तो तुम मेरी जगह बेड़ियों में जकड़े खड़े होते।''

सिकंदर ने पुरु को घूरकर देखा।

फिर उसने पूछा, ''बोलो तुम्हारे साथ क्या व्यवहार किया जाए?''

पुरु ने निर्भीक स्वर में उत्तर दिया, ''जैसा एक सम्राट दूसरे सम्राट के साथ करता है।'' इस निर्भीक तथा बेलाग उत्तर से सिकंदर प्रसन्न हो गया। उसने सिर ऊपर-नीचे हिलाकर कहा, ''बहुत अच्छे। तुम्हारे उत्तर से मैं प्रसन्न हुआ। मैं तुम्हें अपनी ओर से केकय, उरसा तथा अभिसार का प्रशासक नियुक्त करता हूं। अब से तुम हमारे मित्र हुए।''

पुरु ने सिर झुका कर कहा, ''मैं आपकी उदारता तथा सच्ची योद्धा प्रवृत्ति का अभिवादन करता हूं। आपके साथ सदा सहयोग करना मेरे जीवन का सौभाग्य होगा।''

यह नया अप्रत्याशित मोड़ आंभिक को जरा भी उचित नहीं लगा। वह तो पुरु के वध किए जाने की प्रतीक्षा कर रहा था। उसे सिकंदर एक सनकी लगा। परंतु सिकंदर के निर्णयों पर उंगली उठाने का तो आंभिक में साहस न था और न ही कोई अधिकार।''

आंभिक की कथा सुनाने के बाद चाणक्य ने शकटार को समझाने का प्रयत्न किया कि उसका सम्राट धनानंद से मिलना कितना आवश्यक था। वे उन्हें सिकंदर की सारी चालों के बारे में बताना चाहते थे कि किस प्रकार वह हमारे धर्म व संस्कृति के लिए अनिष्टकारी था। पूर्वी पश्चिमी राज्यों के पतन के निचले निष्कर्षों को चाणक्य विस्तार से धनानंद को समझाना चाहते थे। आचार्य शकटार भी चाणक्य से पूर्णतया सहमत थे। उन्हें भी सिकंदर

के अभिशाप का आभास हो गया था। आचार्य शकटार बोले, ''मित्रवर! अब मैं जान गया हूं कि आपका सम्राट को वस्तु स्थिति के बारे में सूचना देना कितना आवश्यक है। सम्राट धनानंद जी से भेंट करवाने में कोई अड़चन नहीं है। मैं तो हूं ही। आप कल दरबार में आ सकते हैं। मैं आपका परिचय सम्राट से करवा दूंगा। फिर आप निस्संकोच अपनी बात उनसे कह सकते हैं। मैं अपनी ओर से आपके कथन की पुष्टि करता रहूंगा।''

अपमानित चाणक्य

दूसरे दिन सम्राट धनानंद का दरबार सजा था। सम्राट स्वयं अपने रत्नजड़ित सिंहासन पर विराजमान थे। दरबार में राजसी शान की बहार थी। चारों ओर आंखें चुंधियाने वाली सजावट थी। सम्राट के सिर पर हीरे-जवाहरात से मंडित मुकुट था। गले में बहूमूल्य हार तथा दूसरे आभूषण थे। तन पर मूल्यवान झिलमिलाते वस्त्र थे, जिन्हें बनवाना केवल राजाओं के बस की ही बात थी।

मंत्रीगण, अधिकारी, सेनानायक, भूमिपति, सेठ व दरबारी अपने श्रेष्ठ वस्त्रों तथा आभूषणों से सज्जित अपने-अपने आसनों पर बैठे थे। स्थान-स्थान पर विशेष परिधान पहने संतरी पहरा दे रहे थे। दूसरे दरबारी कर्मचारी अपनी-अपनी जगह अपना कर्तव्य निभा रहे थे।

अमात्य शकटार सम्राट के सिंहासन की बगल में अपने आसन पर बैठे थे।

सम्राट धनानंद यद्यपि बूढ़े थे परंतु उनका व्यक्तित्व भव्य था। अपनी युवावस्था में वह एक बांके सजीले नवयुवक थे। उनके 40 वर्षीय पुत्र में आज वही बांकापन था। धनानंद के भ्रातागण भी अति आकर्षक व्यक्तित्वों के स्वामी थे।

नियत समय पर चाणक्य ने दरबार में पदार्पण किया। शकटार ने दरबान को पहले ही चाणक्य के बारे में बता दिया था। चाणक्य का आ टपकना कुछ ऐसा ही था जैसे हीरे-मोतियों के ढेर में कोयले का टुकड़ा आ गिरा हो। शारीरिक रूप से वह ठिगने, काले व कुरूप थे। कुछ लोगों का कथन है कि उनके मुख पर चेचक के दाग भी थे। वेषभूषा भी उनकी साधारण व्यक्तियों की थी।

दरबार में उपस्थित लोगों ने चाणक्य को उपेक्षा से घूरा। कुछ दरबारी उपहास की दृष्टि से भी देख रहे थे। ऐसे व्यक्तियों की भी कमी नहीं थी जो दबे स्वरों में चाणक्य को देखकर हंस रहे थे। सम्राट धनानंद को उनका आना अनाधिकार चेष्टा लगा। उसके मुख मंडल पर क्रोध के भाव उभरे, भृकुटियां तन गईं।

उस भद्दे व्यक्ति का आगमन उसे दरबार की शान में बट्टा लगने जैसा लगा। फिर

चाणक्य की कुरूपता को देख वह हंसे बिना न रह सका। वह अपनी वीभत्स हंसी द्वारा चाणक्य को दरबार में आने की भूल करने का कठोर दंड दे रहा था।

सम्राट को हंसता देख दरबारी भी खुलकर हंसने लगे। मगध दरबार एक अश्लील अट्टहास से गूंज रहा था।

घोर अपमानित चाणक्य जड़ होकर रह गए थे।

अमात्य शकटार को यह देख बड़ी लज्जा आई। उन्होंने अपने मित्र को बचाने के प्रयत्न में खड़े होकर सबको शांत होने का संकेत कर कहा, ''आदरणीय सभासदो। मैं आपका परिचय तक्षशिला विश्वविद्यालय के महान आचार्य विद्वान चाणक्य से कराना चाहता हूं जो अभी हमारे दरबार में पधारे हैं। ये हमें एक बहुत महत्वपूर्ण मंत्रणा देना चाहते हैं जो हमारे राज्य के लिए लाभदायक सिद्ध होगी।''

धनानंद ने टेढ़ी दृष्टि से आचार्य शकटार को देखा और टिप्पणी की, ''यह कुरूप ब्राह्मण हमें क्या मंत्रणा देगा? मेरे इस सुंदर दरबार में इस भद्दे व्यक्ति का काम नहीं है। हमें तो इसकी यहां उपस्थिति पर ही आपत्ति है।''

दरबारियों ने सम्राट की बात के समर्थन में अपने सिर हिलाए। उधर क्रोध के अतिरेक में आचार्य चाणक्य का सारा शरीर कांप रहा था। ऐसे तिरस्कार तथा अपमान की उन्होंने सपने में भी कल्पना नहीं की थी।

मगध साम्राज्य के दरबार के फूहड़पन से आचार्य शकटार भी आहत थे। उन्हें यह तो पता था कि धनानंद विलासी हैं, लोभी तथा अहंकारी हैं परंतु आज उन्हें पता लगा कि सम्राट में शिष्टाचार की भी इतनी कमी है। उन्हें समझ नहीं आ रहा था कि क्या करें। बात इतनी बिगड़ चुकी थी कि उसे बनाने का कोई उपाय नहीं सूझ रहा था।

फिर भी उन्होंने एक टूटा फूटा प्रयास किया, ''हे सम्राट श्रेष्ठ! इस दरबार में...''

उनका वाक्य पूरा न हो पाया। दरबारियों की खिल्लियों की गूंज में उनका प्रयास छटपटा कर डूब गया।

चाणक्य भी अब चुप नहीं रहने वाले थे। उनका क्रोध शब्दों में ढलकर उनकी जिह्वा से लुढ़क कर बाहर आने के लिए जोर मार रहा था। उन्होंने चीख कर कहा, ''मैं इस दरबार में यह सोचकर आया था कि कदाचित इस स्थान पर एक व्यक्ति का मूल्यांकन उसकी योग्यता अथवा विद्वत्ता पर किया जाता होगा। पर यहां तो सब कुछ विपरीत है। यहां इतना छिछलापन है कि एक मनुष्य को उसके शारीरिक रंग-रूप से तौला जाता है। एक व्यक्ति की बुद्धि व शिक्षा का यहां कोई मोल नहीं है। मूर्खों की सभा है यह दरबार।''

अब तक हंसते दरबारी मौन हो गए थे। सबकी निगाहें सम्राट धनानंद की ओर उठी हुई थीं क्योंकि उन्हें विश्वास था कि वे ऐसी धृष्टता कभी सहन नहीं करेंगे।

धनानंद ने क्रोध से चाणक्य को देखा और फुफकारते हुए बोले, "तुच्छ ब्राह्मण! मेरे दरबार को कुरूप विद्वत्ता की कोई आवश्यकता नहीं है। मगध सम्राट से शिष्टता से वार्ता करो अन्यथा तुम्हें कठोर दंड दिया जाएगा। तुम हो क्या? स्वयं को क्या समझ रहे हो?"

चाणक्य ने घोषणा की, "मैं स्वयं को क्या समझता हूं यही उसका महत्व नहीं है। परंतु सभी यह सुन लो कि मैं इसी दरबार में प्रण करता हूं कि अहंकारी नंद वंश को ही समूल नष्ट करके दिखा दूंगा। एक ऐसा अहंकारी शासक जिसमें विद्वानों का आदर करने की भी समझ नहीं है, वह सिंहासन पर बैठने का अधिकारी नही है। ऐसे शासक का अंत होना ही सबके लिए श्रेयस्कर होगा। जब तक मेरा प्रण पूरा नहीं होता मैं अपनी वेणी नहीं बांधूंगा।"

ऐसा कहकर सबके सामने चाणक्य ने अपनी वेणी खोल दी। सारा दरबार हत्प्रभ होकर देखता रहा। सम्राट क्रोध की मूर्ति बने अपने सिंहासन पर बैठे रहे।

आचार्य शकटार पर तो कुठाराघात ही हो गया था।

अपना प्रण सुनाकर आचार्य चाणक्य वहां से पैर पटकते हुए चले गए।

घटना ने इतनी गंभीरता का रूप ले लिया था कि सब जड़ हो गए थे। न तो चाणक्य को तुरंत दंड दिया गया। ना ही किसी ने उन्हें रोकने का प्रयास किया। दंड तो दिया जाना था पर कुछ समय बाद, जब सबकी सामान्य बुद्धि लौटती व चाणक्य के प्रण की दण्डनीयता समझने की योग्यता आती।

प्रतिशोधक चाणक्य

पांसा फेंका जा चुका था।

अब चाणक्य के लिए पाटलिपुत्र में रहना खतरे से खाली नहीं था। उन्हें धर दबोचने और दण्ड देने के लिए सम्राट के सैनिक किसी भी समय आ धमक सकते थे। अतः चाणक्य ने साधू का वेष धरा और बिना समय खोए नगर छोड़ दिया। सौभाग्यवश नगर के द्वारपाल उन्हें नहीं पहचान पाए, वह बच निकलने में सफल हो गए। चाणक्य नगर से दूर पहुंच एक वीराने में चले जा रहे थे। उन्हें अपने लक्ष्य का पता नहीं था। उनके मस्तिष्क में तो प्रतिशोध की आग धधक रही थी उस पर कई योजनाएं पक रही थीं। कुछ और सोचने की फुरसत कहां थी? बस, पैर बढ़े जा रहे थे दिशा व लक्ष्यहीन होकर।

अचानक उनका एक पैर कंटीली झाड़ी में फंस गया। कांटों ने पैर को छेद दिया। खून की धाराएं बह निकलीं। उस जहरीले पौधे की पत्तियों ने पैर में जलन पैदा कर दी। चाणक्य

ने क्रोधित दृष्टि उस झाड़ी पर डाली, उन्हें उस झाड़ी में राजा महानंद जैसी ही दुष्टता नजर आई। जैसे उस दुष्ट राजा के शब्दों ने उनका हृदय बींधा था व तन-मन में अपमान की तिलमिलाहट व जलन पैदा की थी। उस कंटीली जहर बुझी झाड़ी ने वही हाल उनके पैर का कर दिया था।

अचानक चाणक्य उस पौधे पर टूट पड़े। अपने डंडे से पीट-पीट कर उस पौधे को उन्होंने तार-तार कर दिया। उन पर उस झाड़ी को नष्ट करने का उन्माद-सा सवार हो गया था। तार-तार करने भर से चाणक्य को संतोष नहीं हुआ। उन्होंने झाड़ी के स्थान को खोदना शुरू किया, तब तक दम नहीं लिया जब तक उस झाड़ी की जड़ें तक उन्होंने न उखाड़ फेंकीं। शत्रु को पूरी तरह नष्ट करने के बाद उन्होंने झाड़ी के अवशेषों पर निगाह डाली व संतोष भरी सांस ली। होंठों पर हल्की मुस्कराहट बिखर गई।

तभी उन्हें किसी और की वहां उपस्थिति का आभास हुआ। उन्होंने पाया कि एक युवक बहुत कौतूहल से उनके कार्य-कलापों को देख रहा है। उसकी आंखों में कई प्रश्न चिह्न थे।

चाणक्य ने अपने लहूलुहान पैर की ओर इशारा कर स्पष्टीकरण दिया, "वह पौधा जहरीला व कंटीला था। उसे जड़ से नष्ट करना जरूरी था ताकि वह किसी और को हानि न पहुंचा सके। इसी में बुद्धिमत्ता है।"

त्रुटिहीन संस्कृत में कहे गए शब्दों ने युवक को बता दिया कि काले रंग का बावला सा दिखता व्यक्ति एक उच्च कोटि का विद्वान है। उसने पूछा, "महोदय! आप कौन हैं और क्यों इस वीराने में ठोकरें खाते फिर रहे हैं? यह तो स्पष्ट है कि आप विद्वान हैं।"

चाणक्य ने लंबी सांस भर कर कहा, "युवक! मैं तक्षशिला का प्राध्यापक यहां नए अवसरों की खोज में आया था। मां सरस्वती के पुजारियों की नियति ही ठोकरें खाना और निर्धनता से जूझना है। परंतु तुम कौन हो जो युवावस्था में वीराने की खाक छान रहे हो? लगता है, संभ्रात कुल के हो।"

युवक ने स्वीकार किया, "हे विद्वान! मैं एक कठिन दौर से गुजर रहा हूं। पर मैं अपनी दुर्भाग्यपूर्ण कहानी का भार आप पर नहीं डालूंगा।"

चाणक्य ने आग्रह किया, "मित्र! मैं तुम्हारी व्यथा सुनना चाहता हूं। हो सकता है मैं तुम्हारी समस्या का कोई हल सुझा सकूं। फिर समझदारी इसी में है कि व्यक्ति अपने दुखों में विश्वस्त मित्रों को भागीदार बनने का अवसर दे, भार हल्का करे। विश्वास करो कि मैं कोई गुप्तचर नहीं हूं।"

युवक आश्वस्त हुआ। उसने बताया, "मेरा नाम चंद्रगुप्त है। मैं इसी देश के भूतपूर्व राजा सरवर्थ सिद्धि का पौत्र हूं। उनके दो रानियां थीं—सुनंदा और मौरा। सुनंदा ने नौ पुत्रों को जन्म दिया जो 'नवनंद' कहलाए। मौरा के केवल एक पुत्र हुआ, वही मेरे पिता थे। कालांतर में नवनंदों व मेरे पिता में उत्तराधिकार को लेकर शत्रुता ठन गई। राजगद्दी पर नवनंदों का अधिकार हो गया। मेरे पिता की मृत्यु के बाद नंदों ने मेरे भ्राताओं को मार डाला। मैं किसी प्रकार बच गया। अब मैं अपनी माता के साथ एक ग्राम में गुप्त रूप से रहता हूं। मेरे जीवन का उद्देश्य नंदों से प्रतिशोध लेना है। पर कैसे, यह समझ नहीं आता। यही मेरी कहानी है और यही दुख मेरे जीवन को ग्रस रहा है।"

चाणक्य मुस्कराए। उन्होंने चंद्रगुप्त को सम्राट धनानंद द्वारा किए अपने अपमान की कहानी सुनाई। उन्होंने चंद्रगुप्त को उनके साथ मिलने का सुझाव दिया क्योंकि दोनों का उद्देश्य एक ही था—धनानंद का विनाश करना। चाणक्य ने विश्वास दिलाया कि वह चंद्रगुप्त को मगध राज्य की गद्दी पर बिठाने का चमत्कार कर सकते हैं यदि चंद्रगुप्त पूरी तरह उनका साथ दे।

दोनों चंद्रगुप्त की मां के पास गए। चाणक्य उनसे चंद्रगुप्त को अपना अनुयायी बनाकर ले जाने की आज्ञा मांगना चाहते थे। मां ने सहर्ष अपनी स्वीकृति दे दी। वह स्वयं महानंद से बदला लेना चाहती थी, क्योंकि उसी ने चंद्रगुप्त के नाना अर्थात उनके पिता की हत्या भी करवाई थी।

चाणक्य को यह जानकर प्रसन्नता हुई कि बचपन में खेलों में साथी बालक चंद्रगुप्त को राजा या सेनापति का रोल देते थे। इससे यह प्रमाणित होता था कि चंद्रगुप्त में नेतृत्व का जन्मजात गुण था। जिस व्यक्ति को चाणक्य सम्राट बना देखना चाहते थे उसमें यह गुण होना आवश्यक था। चंद्रगुप्त की माता ने चाणक्य को नंदों की पूरी कहानी सुनाई जैसी उसे बताई गई थी।

नंदों की कहानी

शिशुगुप्त वंश में मगध पर शासन करने वाले नंदवर्धन अंतिम शासक हुए। उन्होंने विलासितापूर्ण व निरंकुश शासन चलाया। नंदवर्धन ने अपने निकट के छोटे-छोटे राज्यों तथा जमींदारियों पर केवल इसलिए चढ़ाई की ताकि वे उनकी सुंदर महिलाएं छीन सकें व अपने जीवन को और रंगीन बना सकें। ऐसे भ्रष्ट शासक थे नंदवर्धन।

एक बार वे अपने राज्य का दौरा कर रहे थे। आधिकारिक रूप से उनकी यात्रा प्रजा के दुख-सुख की खबर लेना था पर असली उद्देश्य उनका राज्य की सुंदरियों पर अपनी

कुदृष्टि डालना था। एक ग्रामीण क्षेत्र में उन्हें एक अनिंद्य सुंदरी नजर आई। ऐसी यौवना उन्होंने अपने जीवन में पहले कभी नहीं देखी थी। उनका कामुक मन उस पर मुग्ध हो गया। उनके इशारे पर यौवना के पति को सैनिकों ने किसी बहाने मार डाला और उस यौवना का अपहरण कर लिया।

वह यौवना कोई उच्च कुल की महिला नहीं थी। वह तो एक चांडाल की पत्नी थी। उसका नाम महामाया था। महामाया को महल में लाया गया और वह नंदवर्धन की अंकशायिनी बन गई।

महामाया अपने मृत पति से बहुत प्रेम करती थी। उसकी मृत्यु को वह कभी भुला न पाई। उसके मन में बदले की आग सदा सुलगती रहती थी। नंदवर्धन की अंकशायिनी बनने के बावजूद वह उसकी मन ही मन शत्रु बनी रही। महामाया साधारण स्त्री नहीं थी। दूसरों को अपने वश में करने की उसमें जन्मजात कला थी। वह वाकपटु भी थी। उसके महल में आने के बाद सब उसके मायावी प्रभाव के अधीन हो गए। महल के सारे कर्मचारी उसके इशारे पर नाचने लगे। नंदवर्धन की दूसरी रानियां उसके आगे बेबस थीं। और सम्राट नंदवर्धन तो उसके हाथ की कठपुतली बन गए थे।

महामाया नंदवर्धन से इतना गुप्त द्वेष रखती थी कि उसने कई बार उसकी हत्या करवाने के प्रयत्न किए परंतु वह षड्यंत्र विफल रहे।

इसी बीच महामाया गर्भवती हो गई तथा उसने एक पुत्र को जन्म दिया। अब उसका सारा ध्यान अपने पुत्र के लालन–पालन पर केंद्रित हो गया। उसे अपना बेटा नंदवर्धन के प्रतिशोध लेने का सर्वोत्तम साधन लगने लगा। अतः किसी दाई या आया की छाया उसने अपने पुत्र पर नहीं पड़ने दी। उसकी देख–रेख का सारा दायित्व राजमहिला होने के बावजूद उसने स्वयं संभाला। बचपन से ही बेटे में उसने नंदवर्धन के विरुद्ध विष भरना आरंभ किया। उसके मस्तिष्क में यह बात बैठा दी गई कि नंदवर्धन वह पशु है जिसे जीने का कोई अधिकार नहीं है।

बेटा नंदवर्धन से घृणा करता बढ़ता रहा। उसने प्रण कर लिया कि जैसे ही उसे अवसर मिलेगा वह नंदवर्धन नामक अभिशाप को धरती पर से मिटा डालेगा। वह अपनी माता महामाया को प्रसन्न देखने के लिए कुछ भी कर सकता था। यदि नंदवर्धन की मृत्यु महामाया की प्रसन्नता का कारण बन सकता था तो ऐसा ही सही। वह उसके जीवन का पहला उद्देश्य बन गया।

जब वह युवावस्था को प्राप्त हुआ तो एक दिन सम्राट नंदवर्धन को अपने कक्ष में उसने

रात को अकेला पाया। वह ऐसा अवसर कैसे खोता? तलवार के एक वार से उसने नंदवर्धन का सिर धड़ से अलग कर दिया।

अब चतुर महामाया ने अपना जाल फैलाया। अफवाह फैला दी गई कि सम्राट का विद्रोहियों ने वध कर दिया है। फिर उसने अपने पुत्र को सिंहासन का उत्तराधिकारी घोषित करवा दिया। उसका बेटा 'महापद्म नंद' की शासकीय उपाधि के नाम से मगध का सम्राट बना।

महापद्मनंद ने अपनी माता के परामर्श पर नंदवर्धन के वफादार तथा सभी विश्वस्त मंत्रियों, सेनानायकों तथा मुख्य अधिकारियों को सम्राट के विरुद्ध विद्रोह के अपराध में कारागार में डलवा दिया। बाद में उन्हें मृत्युदंड दे दिया गया।

इस प्रकार नंद वंश का आरंभ हुआ। महापद्म आरंभ से अच्छा शासक व योद्धा प्रमाणित हुआ। उसने अपनी कुशलता तथा विजयों से मगध को एक शक्तिशाली साम्राज्य बना दिया। आरंभिक सफलता के बाद उसकी नाड़ियों में बहता एक भ्रष्ट व्यक्ति का खून रंग लाने लगा। वह धीरे-धीरे पथभ्रष्ट हो गया। वह स्वयं रंगरलियों में डूबा रहने लगा। उसके मंत्री व अधिकारी छूट पाकर राज्य में लूटपाट मचाने लगे। प्रजा त्रस्त हो गई। पर प्रजा की कोई सुनने वाला नहीं था। शोषण तथा भ्रष्टाचार का सारे मगध में नंगा नाच होने लगा। महापद्म अपने पिता की भांति प्रजा की सुध छोड़कर अपनी कामवासना संतुष्ट करने में लगा रहता।

मगध साम्राज्य में ही पिप्पलिवन नामक एक छोटा-सा राज्य था। सवर्था सिद्धि सूर्यवन उस राज्य का शासक था। उसकी रानी मौरा एक अति सुंदर स्त्री थी। उसकी सुंदरता के चर्चे दूर-दूर तक फैले थे। महापद्म ने भी उसके बारे में सुना और उसे पाने के लिए उसका मन मचल उठा।

महापद्म अपने पिता के पदचिह्नों पर चल रहा था, जैसे अपने पिता का इतिहास दोहराना उसका लक्ष्य बन गया हो। वह भी अपने राज्य की सुंदर युवतियों को अपने सैनिक भेजकर बलपूर्वक उठवाता तथा अपने महल की शोभा बनाता। उसका अंत:पुर सुंदरियों से भरा पड़ा था परंतु उसकी कामवासना थी कि संतुष्ट होने का नाम नहीं लेती थी। अब उस पर मौरा को अपनी अंकशायिनी बनाने की धुन सवार हो गई थी।

एक दिन उसने अपने एक विश्वस्त सेनानायक को पिप्पलिवन पर चढ़ाई कर मौरा को लाने का आदेश दिया। सेनानायक सेना की एक टुकड़ी लेकर पिप्पलिवन की ओर सम्राट के आदेश का पालन करने चल पड़ा। उस समय सूर्यवन कुछ सैनिकों के साथ आखेट पर

गया हुआ था। मगध सैनिकों ने पिप्पलिवन के राजमहल के चारों ओर घेरा डाल दिया। सेनानायक ने महल के रक्षकों को अपने आने का उद्देश्य बताया तथा रानी मौरा को उन्हें सौंपने के लिए कहा। ऐसा न करने पर रानी को बलपूर्वक ले जाने की धमकी दी।

रक्षकों ने इसकी सूचना भीतर जाकर पिप्पलिवन के सेनानायक को दी। सेनानायक ने रानी को सौंपने से साफ इनकार कर दिया तथा युद्ध की चुनौती दी यद्यपि पिप्पलिवन की सेना बहुत छोटी थी। छोटी-सी क्षेत्रीय सेना भला मगध साम्राज्य की सेना की टुकड़ी का कब तक सामना करती ?

जब राजा सूर्यवन आखेट से लौट रहे थे। तो उन्हें दूर से एक सैनिक घोड़े पर उनकी ओर आता दीखा। निकट आने पर उन्होंने पाया कि सैनिक घायल था। सूर्यवन का माथा ठनका।

सैनिक ने पिप्पलिवन राजमहल पर मगध सैनिकों द्वारा हुए आक्रमण के बारे बताया तथा उनका उद्देश्य भी नहीं छिपाया। सूर्यवन को अत्यंत क्रोध आया। उसने अपने घोड़े को ऐड़ लगाकर महल की ओर दौड़ाया। उसके साथ के सैनिकों ने भी उनका अनुसरण किया। घोड़े सरपट दौड़े व शीघ्र ही आखेट दल महल के मुख्य द्वार पर पहुंचा। चारों ओर पिप्पलिवन के सैनिक मरे अथवा जख्मी हुए गिरे पड़े थे। उनमें कुछ मगध के सैनिक भी थे।

तभी उन्होंने मगध सेनानायक को सैनिकों के साथ रानी मौरा को महल से बाहर लेकर आते देखा। सूर्यवन ने उनको ललकारा। दोनों दलों में एक संक्षिप्त युद्ध हुआ। सूर्यवन के साथ केवल आठ-दस अंगरक्षक थे। वे कब तक टिकते ? सूर्यवन को बंदी बना लिया गया। महापद्म नंद ने सूर्यवन को एक अंधकूप में डलवा दिया।

राजा सूर्यवन तथा रानी मौरा का एक रहस्य था जो किसी और के ज्ञान में नहीं था। मौरा गर्भवती थी। यद्यपि गर्भ के लक्षण अभी प्रकट नहीं हुए थे परंतु सूर्यवन और मौरा को गर्भ के बारे में संदेह नहीं था। कभी-कभी यह आभास पति-पत्नी को रतिक्रिया के बाद हो जाता है। सूर्यवन ने कुएं में डाले जाने से पहले एक गुप्त संदेश मौरा के पास भिजवा दिया था कि रानी को अपने गर्भ में पल रही उनकी संतान की रक्षा करनी है और उसके हित के लिए कोई भी समझौता करना पड़े, वह करे।

मौरा को अपने गर्भवती होने पर पूरा विश्वास था। जब महापद्म ने उसे अंत:पुर की सदस्य बनने का निमंत्रण दिया तो वह बिना किसी प्रतिरोध के मान गई।

नियत समय पर मौरा ने एक पुत्र को जन्म दिया। मौरा ने यही बताया कि उसका पुत्र

महाराज महापद्म का ही पुत्र है। अतः उसके बेटे का लालन पालन एक राजकुमार की भांति ही हुआ। स्वयं मौरा को अंतःपुर में रानी का दरजा कभी नहीं मिला। उसे एक दासी ही समझा गया। मौरा को इससे कोई दुख नहीं था। उसका सारा लक्ष्य केवल अपने बेटे को राजकुमार सा जीवन प्रदान करना था ताकि वह शिक्षित हो सके व संभव हो तो अपने वास्तविक पिता की दुर्दशा का प्रतिशोध ले सके।

जब राजकुमार बड़े हो गए तो उनमें विरासत के लिए झगड़े होने लगे। महापद्म के दूसरे बेटे मौरा के बेटे को राजकुमार मानने को कतई तैयार नहीं थे। वे उसे दासी का बेटा ही मानते थे। नंद राजकुमारों ने मौरा तथा उसके बेटे पर अत्याचार करने आरंभ कर दिए।

उनके अत्याचारों से बचने के लिए मौरा ने बेटे समेत राजमहल छोड़ दिया। तब उसने अपने बेटे को सच्चाई बता दी कि उसका वास्तविक पिता राजा सूर्यवन था जो मगध के अंधकूप में कारावास भुगत रहा था।

दोनों मां बेटे पिप्पलिवन चले गए। परंतु अब पिप्पलिवन सूर्यवन के दूसरे बेटों के अधिकार में था। यह सूर्यवन की दूसरी रानी (ज्येष्ठ) से उत्पन्न थे। उन्होंने मौरा के बेटे को सूर्यवन की संतान मानने से इनकार कर दिया। उनका यही कहना था कि मौरा का कथन झूठ है। उसका बेटा महापद्मनंद की ही संतान है। मां बेटे को फिर पाटलिपुत्र लौटना पड़ा। परंतु वे राजमहल नहीं गए। बाहर रह कर ही गुजारा करते रहे। मौरा ने बेटे का विवाह मुरा जाति के एक सरदार की बेटी से कर दिया।

उनके कई बेटे पैदा हुए। इस बीच नंद राजकुमारों को मौरा के बेटे का पता लगा।

वे फिर उन्हें नष्ट करने की योजना बनाने लगे। नंद मौरा के कई पोतों की हत्या करने में सफल हो गए। केवल एक बेटा बचा जो बाद में चंद्रगुप्त नाम से चाणक्य को मिला। नंदों से अपनी जान बचाने के लिए चंद्रगुप्त और उसकी मां एक गांव में गुप्त वेश से साधारण कामगारों के वेश में रहने लगे।

मौरा का निधन हो गया था। चंद्रगुप्त की माता मुरा देवी के पिता की भी नंदों ने हत्या करवा दी थी, इसीलिए वे गुप्तवास द्वारा जीवित बचे रहने में सफल हो गए थे। इन परिस्थितियों में चंद्रगुप्त की सामान्य शिक्षा नहीं हो पाई थी। चंद्रगुप्त ने अपने नाम के साथ मौर्य जोड़ना आरंभ कर दिया था जिसका कारण शायद उसकी दादी मौरा थी या माता मुरादेवी।

चंद्रगुप्त की चाणक्य से मुलाकात तब हुई थी जब चाणक्य सम्राट धनानंद के दरबार में अपमानित होने के पश्चात प्रतिशोध की भावना में जलते हुए निर्जन वन में भटकते हुए एक

कंटीली झाड़ी में अपना पैर जख्मी कर बैठे थे। धनानंद गद्दी का उत्तराधिकारी कैसे बना यह भी एक रोचक कहानी है। कहते हैं कि महापद्म के नौ बेटे हुए। धनानंद उनमें सबसे ज्येष्ठ था और अमूल्यानंद उससे छोटा। जैसे-जैसे महापद्म बूढ़े होते गए उनकी कामुकता बढ़ती गई। विलासिता के अतिरिक्त उन्हें कुछ और सूझता नहीं था। उनके महामंत्री को भी समझ नहीं आ रहा था कि क्या उपाय किया जाए। शासन व्यवस्था नष्ट हो रही थी। जनता पर अत्याचार बढ़ते जा रहे थे। सम्राट केवल चापलूसों तथा दलालों की ही बात सुनते थे।

अब सम्राट के पास केवल दलालों तथा दास व्यापारियों की ही पूछ होती थी। दलाल व्यापारी सुदूर देशों से बढ़िया मदिरा तथा दासियां लेकर आते थे। दूर देशों से खरीद कर लाई बालाओं का महापद्म को चस्का लग गया था। व्यापारियों को सम्राट मुंहमांगे दाम और ढेर सारे पुरस्कार देते थे। महल में वह व्यापारी दलाल बेखटके आया जाया करते थे।

एक ऐसा ही दास व्यापारी सम्राट का खास चहेता बन गया था। वह पहले भी कई बार मदिरा व बालाएं ला चुका था। सम्राट उससे अति प्रसन्न थे। व्यापारी को सम्राट की पसंद नापसंद का अच्छा ज्ञान हो गया था। अत: वह उसी को ध्यान में रखकर माल लाता था।

इस बार भी वह विदेश यात्रा से आया था और सीधे सम्राट से मिलने चला आया था। महल के संतरी उसे जानने लगे थे। वह उन्हें भी उस द्वारा उपहार व इनाम दिया करता था। अत: जब भी वह आता सीधे सम्राट के पास पहुंचा दिया जाता। सम्राट उससे अपने निजी कक्ष में अकेले में ही मिलते थे।

वह बहुत उत्साहित लग रहा था। सम्राट को प्रणाम करने के बाद वह बोला, "महासम्राट, इस बार मैं आपकी सेवा में विशेष उपहार लाया हूं। सुदूर पूर्व में गया था। वहां की सबसे बढ़िया मदिरा खोज लाया हूं। मुद्रा बहुत लगी परंतु सम्राट के लिए तो मुद्राएं कौड़ियों के समान हैं।"

"और क्या लाए हो?" सम्राट ने अधीरता से पूछा।

"और भी बहुत कुछ लाया हूं, सम्राट! एक ऐसा जोड़ा जैसा पहले यहां कभी नहीं आया। बालाएं क्या हैं कि उनके सामने अप्सराएं भी फीकी पड़ जाएं। जब मैं आपकी सेवा में उन्हें प्रस्तुत करूंगा तो निश्चित ही आप प्रसन्न हो जाएंगे।"

"उत्तम! तुम भी हानि में नहीं रहोगे श्रेष्ठी। तुम्हें उचित पुरस्कार मिलेगा सदा की भांति। तो कब ला रहे हो?" कामुक सम्राट की सांसें फूल रही थीं व लार टपक रही थी।

"सम्राट, आप रंगशाला में अकेले रहिए। मैं अर्धरात्रि को आपकी सेवा में सब प्रस्तुत करूंगा," व्यापारी धीमे स्वर में षड्यंत्रकारी की भांति बोला।

सम्राट ने सहमति में सिर हिलाया। व्यापारी अभिवादन करके प्रसन्न मुद्रा में चला गया।

रात को नियत समय पर सम्राट अकेले थे। उनका व्यापारी दलाल अपने वादे के अनुसार प्रस्तुत हुआ। उसके साथ एक सेवक था जो थाली में कुछ उठाए था जिस पर रेशमी कपड़ा पड़ा था। दो आकृतियां भी थीं जो सिर से पैर तक रेशमी आवरण में ढंकी थीं। सम्राट ने ध्यान से उन आकृतियों को देख अनुमान लगाया।

दलाल व्यापारी ने अपने सेवक को संकेत दिया और सेवक ने थाल पर से कपड़ा गिरा दिया। थाल में तीन अति आकर्षक सुराहियां रखी थीं और था एक चांदी का नक्काशीदार गिलास।

व्यापारी बोला, ''सम्राट, यह मदिरा उस देश का उपहार है जहां हंस श्याम होते हैं और काग श्वेत। यह विश्व में सर्वश्रेष्ठ मानी जाती है। रक्ताभ आकाश का सा रंग है इसका।''

सम्राट की दृष्टि तो रेशमी आवरण में ढंकी उन आकृतियों पर जमी थी। बेताबी से बोला, ''उस आवरणों के पीछे क्या है ?'' व्यापारी ने ताली बजाई। आकृतियों ने नाटकीय ढंग से अपने आवरण उतार फेंके।

सम्राट के सम्मुख आभूषणों से सजीं दो किशोरवय की सांचे में ढली सी अति मोहक बालाएं थीं। उन्होंने चुस्त पारदर्शी कपड़े पहन रखे थे।

उन्हें देख सम्राट का हृदय उछलने लगा, वह पलक झपकना भी भूल गया। व्यापारी की आंखें चमक रही थीं।

एक बाला ने अपनी लंबी सुडौल उंगलियों से गिलास उठाया और दूसरी ने एक सुराही उठाकर बड़ी नजाकत से मदिरा की पतली गुलाबी रंग की धार गिलास में उड़ेली। पहली बाला नपे-तुले कदमों से चलकर सम्राट के पास आई और गिलास उनके होंठों से लगा दिया।

सम्राट ने आंखें आनंदमग्न हो बंद कर लीं। मदिरा सचमुच उत्कृष्ट थी। दूसरी बाला सुराही लेकर पास ही खड़ी थी। सम्राट की भूखी निगाहें गिलास वाली बाला के शरीर को घूर रही थीं।

उसके होंठ गुलाब की भोर के ओस में भीगी पंखुड़ियों की तरह दहक रहे थे।

सम्राट से रहा न गया। उन्होंने उसे पास खींचा और अपने बूढ़े होंठ उन युवा होंठों पर रख दिए। समय जैसे ठहर गया।

एकाएक सम्राट को खांसी आई। उनका शरीर कांपने लगा। नेत्र रक्ताभ हो गए। चमड़ी

का रंग नीला पड़ने लगा। देखते ही देखते वे आसन पर लुढ़क गए। एक वीभत्स हिचकी लेकर उनका शरीर निस्पंद हो गया।

वहां उपस्थित बाकी चारों व्यक्ति सम्राट का अंत शांत भाव से देख रहे थे। उनके चेहरों पर संतोष के भाव थे। दलाल व्यापारी ने बालाओं से कहा, ''कार्य संपन्न हो गया। इस दुष्ट को जीवित रहने का कोई अधिकार नहीं था। अब हमें यहां से चलना चाहिए।''

बालाओं ने फिर अपने आवरण ओढ़ लिए व चारों कक्ष से बाहर निकल गए। बाहर मुख्य द्वार पर व्यापारी ने द्वारपालों से कहा, ''सम्राट विश्राम कर रहे हैं। वे कंबोज देश की मदिरा पीकर निद्रामग्न होना चाहते हैं। उन्हें कोई बाधा न पहुंचाए। उन्होंने आदेश दिया है कि कल प्रात: सूर्योदय के समय उन्हें जगाया जाए।''

फिर चारों अंधकार में विलीन हो गए।

वे चार वास्तव में एक पड़ोसी राज्य के गुप्तचर थे। वह राज्य जिसे एक युद्ध में वर्षों पहले महापद्म ने नष्ट कर दिया था। जिन चारों ने सम्राट की हत्या में भाग लिया था उन्होंने उस युद्ध में अपने निकट संबंधी खो दिए थे। यह उनका प्रतिशोध था।

सुबह महामंत्री को किसी आवश्यक कार्य से सम्राट के पास जाना पड़ा। उन्हें एक आपात निर्देश लेना था।

सम्राट के कक्ष का दृश्य देख वे सकते में आ गए। उनकी अनुभवी आंखों ने कक्ष का निरीक्षण किया व ध्यान से सम्राट को देखा। त्वचा का नीला पड़ा रंग देखते ही वे समझ गए कि किसी विष कन्या ने सम्राट की हत्या कर दी है।

वे कुछ देर खड़े सोचते रहे।

फिर किसी निर्णय पर पहुंचकर वे कक्ष से बाहर निकले। महामंत्री ने कक्ष का द्वार बंद कर दिया। उन्होंने सैनिकों को निर्देश दिया कि सम्राट के कक्ष में कोई न जाए। महामंत्री सीधे सबसे ज्येष्ठ राजकुमार धनानंद के महल में गए।

महामंत्री को अनायास आते देख वह चौंका। उसके मुंह से निकला, ''महामंत्री जी... ?''

''हां। आपात स्थिति में महामंत्री को सम्राट के पास मंत्रणा करने आना पड़ता है।''

धनानंद कुछ समझा नहीं, वह बोला, ''सम्राट ? पर मैं तो...''

''अब आपकी बारी सम्राट बनने की आ गई है। सम्राट महापद्म नंद का निधन हो गया है।'' महामंत्री ने सूचना दी।

''क...कैसे ?''

महामंत्री ने समझाया, "सम्राट! यह क्यों और कैसे पर विचार करने का समय नहीं है। विद्रोह न हो और अराजकता न फैले इसलिए हमें तुरंत सम्राट की प्राकृतिक कारणों से मृत्यु की घोषणा करनी है। साथ ही आपके राज्याभिषेक की भी। इसी में हम सबका भला है।"

महामंत्री ने कुछ देर तक फुसफुसाकर धनानंद को समय की गंभीरता तथा राजनीति की आवश्यकताओं के बारे में समझाया।

धनानंद ने ध्यान से उनकी बातें सुनीं।

फिर दोनों उठ खड़े हुए और उस कक्ष की ओर चल पड़े जहां महापद्म नंद का मृत शरीर पड़ा था। रास्ते में भी महामंत्री ने बहुत सी ऊंच-नीच व राजनीतिक आवश्यकताओं की बातें बताईं।

इस प्रकार धनानंद मगध का सम्राट बन गया था। आरंभ में तो वह भी अच्छे शासक का सा व्यवहार करता रहा परंतु शीघ्र ही अपने पिता की राह पर चल पड़ा। बूढ़ी महामाया को यह सब देखकर बहुत दुख होता था।

वह सोचती यह किसके खून का प्रभाव था?

योजनाकार चाणक्य

चाणक्य चंद्रगुप्त को शस्त्र चालन तथा युद्ध कला में पारंगत करने के लिए ट्रेनिंग देना चाहते थे। परंतु सबसे आवश्यक चंद्रगुप्त को विद्यालय की सामान्य शिक्षा देना था जिससे वह बुद्धिमान तथा कुशल प्रशासक बन सके।

इसके लिए वे चंद्रगुप्त को तक्षशिला ले गए व वहां विश्वविद्यालय में प्रवेश दिला दिया। कुछ इतिहासकारों का मत भिन्न है। वे मानते हैं कि तक्षशिला को तब तक विदेशी आक्रमणकारियों ने तहस-नहस कर दिया था। वहां के प्राध्यापक बेकार होकर विभिन्न राज्यों में लावारिसों की तरह भटक रहे थे। चाणक्य उनमें से कुछ को खोज निकालने में सफल हो गए व उन्हें चंद्रगुप्त की शिक्षा का भार सौंप दिया गया। पर इसमें कोई शक नहीं कि चंद्रगुप्त ने लगभग सात वर्ष उच्च शिक्षा ग्रहण करने में लगा दिए। उसके साथ-साथ योद्धा बनने की उनकी ट्रेनिंग भी चलती रही। चंद्रगुप्त में युद्धकौशल की स्वाभाविक प्रतिभा थी अत: निपुण योद्धा बनने में कोई समस्या सामने नहीं आई।

इस बीच यूनान की सेनाएं भारत के राज्यों को रौंदती हुई पूर्व की ओर बढ़ रही थीं। चंद्रगुप्त और चाणक्य ने उनकी रणनीतियों का गहरा अध्ययन किया। साथ ही यह भी देखते रहे कि विजित राज्यों में यूनानी किस प्रकार अपना प्रशासन तंत्र स्थापित करते हैं। यह सब निकट से देखने व जानने के लिए चाणक्य ने चंद्रगुप्त व उनके कुछ साथियों को यूनानी सेना

की टुकड़ी में सैनिक के रूप में भरती भी करवाया। वहां उन्होंने गुप्तचरी के रहस्यों को भी सीखा।

यूनानी विजित क्षेत्रों में प्रशासन खड़ा करते थे व प्रशासन चलाने के लिए एक कमांडर नियुक्त करते थे जिन्हें वे 'स्ट्रॉप' कहते थे। यह स्ट्रॉप यूनानी सेना में भरती भारतीय भी हो सकते थे।

वर्षों अपनी धरती से दूर रह कर विदेशों में लड़ते-लड़ते यूनानी सैनिक थक चुके थे। वे घर लौटना चाहते थे। इसी चाह में अधिकतर बीमार रहते थे। भारत में एक राजा को हराने पर आगे दूसरा शक्तिशाली राजा उनके मार्ग में आ जाता था। इसका कोई अंत ही नहीं आ रहा था। मगध साम्राज्य तक पहुंचते-पहुंचते वे बेदम हो चुके थे। मगध की विशाल सेना से भी उन्हें निपटना बाकी था।

सिकंदर स्वयं बीमार हो चला था। उसने अपने देश लौटने का फैसला कर लिया। उसके लौट जाते ही कई प्रमुख यूनानी स्ट्रॉप विद्रोहों में मारे गए। कई भारतीय स्ट्रॉपों ने स्वयं को स्वतंत्र घोषित कर दिया। कई आपस में ही लड़ने लगे। फिर समाचार आया कि बेबीलोन में बीमार पड़ जाने से सिकंदर की मृत्यु हो चुकी है। इसके साथ ही स्ट्रॉप शासन का अंत हो गया।

स्ट्रॉपों की इन लड़ाइयों में चंद्रगुप्त व उनके साथियों ने खूब मारकाट मचाई। इसी घटनाक्रम में उन्होंने अपनी सेना भी खड़ी कर ली। चंद्रगुप्त ने अपनी जोड़-तोड़ की राजनीति का भी इन युद्धों में भरपूर उपयोग किया।

कूटनीतिज्ञ चाणक्य

अब समय आ गया था जब चंद्रगुप्त व चाणक्य को अपना असली युद्ध मगध साम्राज्य पर अधिकार करने व महानंद को नष्ट करने के लिए लड़ना था। चंद्रगुप्त ने मगध के युवाओं तथा असंतुष्ट तत्वों को अपनी ओर मिला लिया था। युद्धों में टूट कर बहुत से सैनिक, जो लावारिस होकर घूम रहे थे, वे भी चंद्रगुप्त की सेना में आ मिले थे।

चंद्रगुप्त की सेना ने मगध के मध्य भाग से अपना युद्ध आरंभ किया। परंतु उन्हें बार-बार हार का मुंह देखना पड़ा। मगध की सेना विशाल थी, सुगठित थी तथा उन्हें अमात्य जैसे योग्य मंत्री का नेतृत्व प्राप्त था। स्ट्रॉप युद्धों में अर्जित अनुभव व कौशल यहां मगध की सेना के विरुद्ध कुछ काम नहीं आ रहा था। चाणक्य तथा चंद्रगुप्त को फिर से अपनी युद्ध नीति पर विचार करना पड़ा।

निष्कर्ष यह निकला कि राज्य के मध्य से युद्ध लड़ना उनकी भारी भूल थी। वह शेर

को उसकी मांद में जाकर ललकारने जैसी मूर्खता थी। पाटलिपुत्र की सुरक्षा बहुत मजबूत थी। नगर दुर्ग के भीतर बसा था। दुर्ग में प्रवेश के लिए लगभग 64 द्वार थे। दुर्ग की सबसे बड़ी सुरक्षा व्यवस्था दुर्ग के चारों ओर खुदी खाई थी जिसमें पानी भरा रहता था। ऐसा बताया जाता है कि खाई लगभग 300 हाथ चौड़ी और चालीस हाथ गहरी थी। दुर्ग तक पहुंचने के लिए अनेक पुल थे। इन पुलों को चाहने पर ऊपर उठाकर हटाया जा सकता था। जैसे ही चंद्रगुप्त की सेना ने दुर्ग तक पहुंचने का प्रयत्न किया, पुल उठा लिए गए थे। उसकी सेना के पास खाई पार करने का कोई और साधन नहीं था। और क्षेत्रों से मगध की सेना की टुकड़ियों ने आकर उन पर पीछे से आक्रमण किया था। बहुत कठिनाई से चंद्रगुप्त तथा चाणक्य जान बचाकर भागे थे।

अब उन्हें यह समझ आ गई थी कि उन्हें आक्रमण सीमाओं से आरंभ कर राजधानी की ओर बढ़ना चाहिए था। दोनों ने जान बचाने व फिर से संगठित होने के लिए विंध्याचल पर्वत के साथ-साथ कूच किया था। वे कौशांबी होते हुए मायापुरी पहुंचे। फिर वहां से शिवालिक पर्वतमाला के साथ-साथ चलते हुए श्रूहण राज्य में आ निकले। श्रूहण राज्य मगध साम्राज्य की सीमा के साथ लगा देश था। अब वे मगध सेनाओं की पकड़ से बाहर आ गए थे।

श्रूहण में बड़ी संख्या में विभिन्न राज्यों के वे सैनिक जाकर रह रहे थे जो सिकंदर के आक्रमणों में मार खा चुके थे। उनके मनों में सिकंदर से बदला लेने की बहुत तीव्र भावना थी। यूनानी सैनिकों के नाम से ही वे भड़क उठते थे।

यह चाणक्य व चंद्रगुप्त के लिए वरदान साबित हुए। उन्होंने उन सैनिकों को एकत्र कर संगठित किया तथा अपनी नई सेना खड़ी कर दी। सारे सैनिक प्रशिक्षित तो थे ही। केवल उनके लिए आयुध जुटाने पड़े तथा उन्हें मानसिक रूप से एक नई सेना में ढालना पड़ा ताकि वे चंद्रगुप्त के लक्ष्यों में ही अपनी उद्‌देश्य सिद्धि देखें व उसके प्रति प्रतिबद्ध हो जाएं।

चाणक्य व चंद्रगुप्त ने अनुभव किया कि मगध की विशाल सेना से लड़ने के लिए उन्हें अभी और अनुभव प्राप्त करना होगा, समग्र युद्ध नीति तैयार करनी होगी। नई सेनाओं व नरेशों को मित्र बनाकर उनका पूर्ण सहयोग प्राप्त करना होगा। इसके लिए उन्हें कई युद्ध लड़ने होंगे व शासकों को अपना आभारी बनाना होगा। यह सारे उद्देश्य उन्हें यूनानी स्ट्रॉपों के विरुद्ध युद्ध छेड़कर ही प्राप्त हो सकते थे, इससे वे औरों का विश्वास भी जीत सकते थे।

भारत छोड़ने से पहले सिकंदर एक और चाल चल गया था। पाटनप्रस्थ उस राज्य की राजधानी था जहां सिकंदर ने भारत में अपना अंतिम युद्ध लड़ा था। विजय समारोह में

सिकंदर ने अपने सारे स्ट्रॉपों तथा आश्रित भारतीय नरेशों का सम्मेलन भी बुलाया था। समारोह तथा सम्मेलन का सबसे बड़ा उद्देश्य यूनानियों के भारत अभियान में प्राप्त विजय को स्थायी बनाना था। इसके लिए सिकंदर ने एक धूर्त योजना बनाई थी। सम्मेलन में आने वाले भारतीय नरेशों से उसने अपने-अपने क्षेत्र से अधिक से अधिक विवाह योग्य युवतियां लाने का आदेश दिया था। इस प्रकार समारोह में लगभग 700-800 युवतियां लाई गईं और उनका विवाह उन यूनानी सैनिकों से कर दिया गया जिन्हें स्ट्रॉप राज्यों की सुरक्षा के लिए भारत में हीं रहना था।

इस प्रकार यूनानी खून का भारतीय खून से मिलन हो जाता और एक ऐसी पीढ़ी पैदा होती जिसमें भारत-यूनानी संस्कृति का संगम होता। इसी प्रकार पीढ़ियां समय के साथ-साथ आगे बढ़ती जातीं और यूनानी प्रभाव का भारत में विस्तार होता जाता।

सिकंदर ने अपने सबसे योग्य सेनानी फिलिप को वाहीर क्षेत्र का स्ट्रॉप नियुक्त किया। उसे एक विशाल यूनानी सेना के साथ भारत में ही रहना था। उसकी अपनी राजधानी स्थित सैनिक छावनी में पचास हजार सैनिक थे। सिकंदर ने गुप्त रूप से फिलिप को यह भी संकेत दिया था कि उससे जितने अधिक हो सके उसको अधिक यूनानी सैनिकों का विवाह भारतीय युवतियों से करवाना है।

फिलिप एक वीर योद्धा था।

परंतु वर्षों के निरंतर युद्धों से वह ऊब चुका था और मन थक गया था। सिकंदर के प्रस्थान करते ही वह सुख ढूंढ़ने लग गया। स्थानीय राजा तो भ्रष्ट व विलासी थे ही। उन्होंने फिलिप के मुंह को भी विलासी जीवन का खून चखा दिया। अब फिलिप सैनिक कम और भोगी अधिक बन गया। उसके सेनानायकों ने भी उसी का अनुसरण कर लिया। खाना, पीना व भोग विलास उनकी दिनचर्या बन गया।

केकय देश की राजधानी को ही फिलिप ने अपना केंद्र बना रखा था। राजा पुरु का राजमहल उसके लिए खाली कर दिया गया था। उसी में फिलिप का डेरा था। राजा पुरु को यह बात बहुत चुभती थी। आरंभ में सिकंदर ने उसे जो मान दिया था वह धीरे-धीरे कम होता गया व सिकंदर के सेनानायक व अधिकारी स्वामियों का सा व्यवहार करने लगे थे। राजा पुरु भी यूनानियों से अब चिढ़ने लगा था। वह यूनानियों को अपने राज्य से भगाने का अवसर तलाश करने लगा था।

महल के साथ ही एक हाट लगता था जहां स्थानीय लोग तथा व्यापारी वह सारा सामान लाते थे जिन्हें यूनानी खरीदते थे। हाट में कभी-कभी बिकने के लिए दास-दासियां भी

आती थीं। एक दिन एक दास-दासियों का व्यापारी आया। वह हाट में बहुत ही सुंदर दासियों और हृष्ट-पुष्ट दासों का समूह लेकर आया था।

एक यूनानी सैनिक ने बूढ़े व्यापारी का माल देखा। उसे बहुत आश्चर्य हुआ! उसने बिकने के लिए आई इतनी सुंदर युवतियां तथा इतने स्वस्थ दास पहले कभी नहीं देखे थे। उसका मन दासियों के रूप में बेचने के लिए आई युवतियों पर आ गया।

उसने बूढ़े व्यापारी से उनके गुण व मूल्य पूछे। उसने एक दासी की ओर संकेत किया और बोला कि उसे वह ठीक दाम पर मिल जाए तो बहुत दास-दासियों को वह महल में बिकवा सकता है, क्योंकि महल को कर्मचारियों की आवश्यकता है।

बूढ़े व्यापारी ने सिर हिलाकर कहा कि पहले वह कुछ दासियां महल में बिकवा दे तो फिर उसे उसकी मनपसंद की चीज उपहार में कम दामों पर मिलेगी।

सैनिक व्यापारी को लेकर महल के अधिकारियों को दिखाने ले चला। दासियों का झुंड व पांच-छह दास भी साथ गए। यूनानी अधिकारी व सेनानायक स्ट्रॉप फिलिप के साथ बैठे कुछ मंत्रणा कर रहे थे।

सैनिक ने जाकर उनसे दासियों के बारे में बताया। सबकी निगाहें दासियों के झुंड पर पड़ीं। उनकी सुंदरता देख वे मुग्ध हो गए।

यूनानी भाषा में कई द्विअर्थी टिप्पणियां की गईं।

बूढ़े व्यापारी ने विनती की, ''यूनानी सम्राटगण! ये साधारण बालाएं नहीं हैं। इन्हें गायन, नृत्य तथा राजसी पुरुषों का मनोरंजन करने की शिक्षा दी गई है। यदि आज्ञा हो तो एक नृत्य प्रस्तुत कर इसका प्रमाण देंगी। तब आप स्वयं उसकी उपयोगिता समझेंगे तथा मूल्यांकन करेंगे।''

यूनानियों ने एक-दूसरे की ओर देखा। फिलिप ने सिर हिलाकर अपनी सहमति दी।

दासियों ने एक सामूहिक नृत्य प्रस्तुत किया। नृत्य एक वीर रस के गीत पर आधारित था। दासी बालाएं कटार और तलवारें लेकर नृत्य कर रही थीं। यूनानी मंत्रमुग्ध होकर नाच देख रहे थे। नृत्य के एक विशेष बिंदु पर आते ही अकस्मात किसी ने कुछ गुप्त संकेत दिया। उसके साथ ही नृत्य करती बालाएं यूनानियों पर कटारें व तलवारें लेकर टूट पड़ीं। नृत्यांगनाओं की नायिका करभिका ने पलक झपकते फिलिप के सीने में कटार भोंककर उसका काम तमाम कर दिया। दूसरे अधिकारी भी मार डाले गए। दल के साथ भीतर आए दासों ने महल के भीतर स्थित अंगरक्षकों को मार डाला।

जो दास बाहर हाट में रह गए थे उन्होंने अपने गुप्त आयुध निकाल कर महल के बाहर

तैनात यूनानी सैनिकों को मार डाला अथवा बंदी बना लिया। बाद में रस्योद्घाटन हुआ। दासियां वास्तव में प्रशिक्षित सैनिक थीं। बिकने वाले आए दास भी छद्मवेशी सैनिक थे। वे सब चुने हुए लड़ाकू थे। बूढ़ा व्यापारी और कोई नहीं छद्मवेश में स्वयं चंद्रगुप्त थे।

पुरु के सैनिक भी इस अभियान में सम्मिलित थे।

यूनानी सेना की छावनी में अब तक जो कुछ महल में घटा उसका समाचार नहीं पहुंचा था। सैनिक घटनाक्रम से बेखबर आराम कर रहे थे अथवा क्रीड़ा आदि कार्य कलापों में व्यस्त थे। अकस्मात छावनी पर चंद्रगुप्त तथा पुरु की सेनाओं ने दो ओर से आक्रमण कर दिया। यूनानी बेखबर पकड़े गए। उन्हें ठीक से संभलने का अवसर नहीं मिला। पचास हजार सैनिकों में से हजारों गाजर–मूली की तरह काट डाले गए। हजारों ने आत्मसमर्पण कर दिया या बंदी बना लिए गए। अनेक सेना कमांडर चंद्रगुप्त या पुरु की सेना में सेवा करने के लिए तैयार हो गए।

केकय एक बार फिर स्वतंत्र होकर पुरु का देश बन गया। राजा पुरु की सहमति से चंद्रगुप्त तथा चाणक्य ने उनके 40 वर्षीय पुत्र पर्वतक को सम्राट घोषित कर दिया तथा विधिवत सिंहासन पर बिठाया। इस उपकार के बदले पर्वतक ने सदा चंद्रगुप्त का साथ निभाने का वचन दिया। स्ट्रॉप फिलिप की हत्या करने वाली बाला करभिका कठ राज्य की राजकुमारी थी। फिलिप ने एक युद्ध में उसके पिता और भाई को मार डाला था। उसी का वह प्रतिशोध ले रही थी।

इस घटना के पश्चात चंद्रगुप्त तथा करभिका काफी निकट आ गए थे। उनके मध्य प्रेम का अंकुर फूटने लगा था।

चाणक्य की निगाहों से उनका प्रेम छिपा न रहा। परंतु उन्हें इसमें कोई आपत्ति नहीं थी।

करभिका का सारा परिवार युद्धों की भेंट चढ़ चुका था। चाणक्य ने उसे अपनी पुत्री घोषित कर उसे मानसिक संबल प्रदान किया था।

स्ट्रॉप फिलिप से निपटने के बाद चाणक्य व चंद्रगुप्त ने दूसरे यूनानी कमांडर युदिथमस को चुनौती देने का मन बनाया। युदिथमस सिंधु नदी के पार एक बड़ी सेना लेकर डेरा डाले बैठा था। वह एक कुशल योद्धा था। यह संभावना थी कि फिलिप की मृत्यु का समाचार पाकर वह फिर केकय पर अधिकार करने व यूनानी वर्चस्व को स्थापित करने आएगा! चाणक्य ने परामर्श दिया कि उसे सिंधु तट पर ही रोकना होगा। वह इस पार आ गया तो यूनानी समर्थक फिर से संगठित हो सकते थे और समस्याएं खड़ी कर सकते थे।

करभिका ने भी युदिथमस के विरुद्ध युद्ध भूमि में जाने का मन बना लिया। वह चंद्रगुप्त

के साथ ही बनी रहना चाहती थी। चंद्रगुप्त श्रूहण, वतिक, केकय, कलूट व कश्मीर की सेनाओं का एक विशाल संयुक्त दल लेकर सिंधु नदी के तट पर पहुंचा। तट के दूसरी ओर युदिथमस यूनानी सेना के साथ मोर्चा संभाले था। यूनानियों के अधीन की पश्चिमी गांधार, बखट्रिया और हरुली राज्यों की सेनाएं भी उसके साथ थीं।

इतिहास में यह स्पष्ट उल्लेख नहीं मिलता कि किस दल ने सिंधु नदी पार कर दूसरे दल पर आक्रमण किया। आक्रमण हुआ और युद्ध भी। तर्कसंगत मत यही है कि यूनानी सेना ने नदी पार की होगी क्योंकि उनके पास नदियां पार करने की क्षमता थी, साधन थे व प्रचुर अनुभव था। यूनानियों को उनके विश्वविजय अभियान के कारण यह सब लाभ प्राप्त हुए थे।

युद्ध में चंद्रगुप्त की सेनाओं ने यूनानी सेनानायक को मार गिराने में सफलता प्राप्त की। यह कार्य संभवतः पूरी यूनानी सेना के इस पार आ पाने से पहले किया गया होगा। युदिथमस की मृत्यु से यूनानी सेना का मनोबल चूर–चूर हो गया। वे पश्चिमी तट की ओर पीछे हट गए। उनकी भारत मूल की सेनाओं ने चंद्रगुप्त के सामने आत्मसमर्पण कर दिया। फिलहाल अब यूनानी हमले का खतरा टल गया था क्योंकि समाचार आया कि यूनानी सैनिक अपने देश जाने के लिए लौट रहे थे। वे अर्थहीन युद्धों में और जानें नहीं गंवाना चाहते थे।

सिकंदर की पहले ही मृत्यु हो चुकी थी।

यूनानियों से निपटने के बाद अब चंद्रगुप्त व चाणक्य को अपना मूल उद्देश्य प्राप्त करना था और वह मूल उद्देश्य था मगध की राजधानी पाटलिपुत्र पर अधिकार करके नए साम्राज्य की रचना करना।

धनानंद का अंत

इस बीच पाटलिपुत्र में भी काफी कुछ घट चुका था। पुराने सम्राट का अंत हो गया था व अब वहां नया शासक था।

जैसे कि पहले वर्णन किया जा चुका है कि महापद्म के नौ बेटे थे। धनानंद उन सबमें ज्येष्ठ था। महापद्म की जब एक विषकन्या ने षड्यंत्र रचकर हत्या कर दी थी तब महामंत्री की सहायता से धनानंद मगध की गद्दी पर बैठा था।

आचार्य शकटार महापद्म के मंत्रिमंडल में मंत्री थे। बहुत से इतिहासकार उन्हें ही महापद्म का महामंत्री मानते हैं। कुछ इतिहासकार मानते हैं कि वे केवल एक मंत्री थे और महामंत्री धनानंद के शासन काल में ही बने। पर एक बात सर्वसम्मत है कि शकटार एक

बहुत महत्वपूर्ण मंत्री थे जिनका सम्राट पर अत्यधिक प्रभाव रहता था। मगध साम्राज्य के कई मंत्री व दरबारी शकटार के प्रभाव से प्रसन्न नहीं थे। उन्हीं लोगों में से एक थे आचार्य वक्रसार, जो धनानंद के कनिष्ठ भ्राता समूल्यानंद के गुरु थे। समूल्यानंद को भी धनानंद तथा आचार्य शकटार की जोड़ी पर आपत्ति थी। वह समझता था कि शकटार के कारण ही राज्य की व्यवस्था खराब हो रही है।

वक्रसार के पुत्र राक्षस समूल्यानंद के सहपाठी व अंतरंग मित्र थे। वक्रसार को राजनीति का मंजा हुआ खिलाड़ी माना जाता था। उनके दांव-पेंचों के कई प्रशंसक थे।

उनका पुत्र राक्षस उनसे भी बढ़कर धूर्त व योग्य था। कुछ लोग तो यही मानते थे कि वक्रसार की सारी नीतियां वास्तव में राक्षस के मस्तिष्क की ही उपज थीं।

पिता-पुत्र चाहते थे कि समूल्यानंद सम्राट बने ताकि मगध में उन्हीं की तूती बजे। पर समस्या थी कि धनानंद व शकटार का क्या किया जाए। उन्हें वैसे हटाना संभव नहीं था। कुछ टेढ़ी चाल चलना आवश्यक था।

रक्षस ने अपना दिमाग लड़ाना शुरू किया। धनानंद की कमजोरी उसकी कामुकता थी तथा उसी का उपयोग किया जा सकता था।

महापद्म भी तो इसी कमजोरी का शिकार बना था।

वसंतोत्सव के अवसर पर राजमहल में विशेष समारोह हो रहे थे जिसमें एक अति सुंदर चंचल यौवना इधर-उधर इठलाती फिर रही थी। धनानंद की उस पर स्वाभाविक ही निगाह पड़ गई तथा उसकी लार टपकने लगी। उस नवयौवना का नाम सुभाषिणी था और वह राक्षस द्वारा वहां इसी प्रयोजन से नियुक्त की गई थी कि कामुक सम्राट को ललचाए।

योजना सफल हो गई थी।

सम्राट धनानंद ने ऐसे ही कार्यों के लिए रखे एक विश्वस्त सेवक से कहा कि वह उस नवयौवना से मेल कराने की जुगत भिड़ाए। इस कार्य में कोई अड़चन नहीं थी। राक्षस तो चाहता ही यही था।

सुभाषिणी से मेल कराने का प्रबंध एक विशेष कक्ष में किया गया। उस कक्ष का अच्छी तरह निरीक्षण किया गया ताकि कोई षड्यंत्र न रचा जा सके। सम्राट महापद्म की हत्या के बाद महामंत्री की आज्ञा पर बहुत सावधानी बरती जाने लगी थीं। सुभाषिणी को उस कक्ष में भेजे जाने से पूर्व उसके होंठों की जांच की गई। विष के कोई लक्षण नहीं मिले।

वह कक्ष में प्रविष्ट हुई। सम्राट पहले ही वहां आसन पर विराजमान थे। यौवना बाल ठीक करने की मोहक मुद्राएं बनाती हुई सम्राट तक पहुंची। उन मुद्राओं के दौरान उसने

अपने बालों में छिपा कर रखी विष बुझी सलाइयां निकाल ली थीं। उसने बिजली की तेजी से सलाइयों से सम्राट का शरीर कई स्थान से बींध डाला।

एक चीख के साथ सम्राट धनानंद ढेर हो गए। विष अति घातक था। उनकी चीख सुनते ही रक्षक पहरेदार भीतर दौड़े और सुभाषिणी को उन्होंने खून सनी सलाइयों के साथ आक्रामक मुद्रा में मृत सम्राट के पास खड़े पाया।

राक्षस उस पर टूट पड़े और तलवारों से उसके टुकड़े कर दिए गए।

राक्षस की योजना सफल हो गई थी। उस धूर्त ने ऐसा कोई सूत्र नहीं छोड़ा था, जो उसका संबंध हत्यारिनी सुभाषिणी से जोड़ सके। उसका चयन ही इस कारण हुआ था।

सुभाषिणी का परिवार धनानंद के अत्याचारों का शिकार होकर नष्ट हो चुका था। सुभाषिणी के जीवन का ध्येय अब केवल धनानंद से प्रतिशोध लेना रह गया था और वह प्रतिशोध राक्षस की सहायता से पूरा हुआ। पर उसे कभी यह ज्ञात नहीं हुआ कि राक्षस उसे अपनी कठपुतली बनाकर अपना हित साध रहा था। इसी का नाम तो कूटनीति है।

धनानंद की मृत्यु के पश्चात स्वाभाविक रूप से समूल्यानंद सम्राट की गद्दी पर बैठे। उनके गुरु वक्रसार को तो महामंत्री बनना ही था। आचार्य शकटार को सम्राट की सुरक्षा में असफल रहने के अपराध में कारागार में डाल दिया गया।

अब मगध में आचार्य वक्रसार की तूती बोलने लगी। पर परदे के पीछे वास्तविक शासक राक्षस ही था। गुरु वही कुछ करते जो उनका बेटा राक्षस उन्हें करने के लिए कहता।

राक्षस मूलतः योग्य, बुद्धिमान व दक्ष योजनाकार था। इसलिए समूल्यानंद के आरंभिक शासन काल में कई अच्छे कार्य भी हुए। मगध की आर्थिक स्थिति सुधरी। प्रजा भी सुखी हुई। पर फिर विलासी खून रंग लाया सब बंटाधार हो गया।

समूल्यानंद भी अपने भाई और पिता के समान ही भ्रष्ट निकला। कुछ समय सीधी चाल चलने के बाद वह भी टेढ़ी चाल चलने लगा। भ्रष्ट जीवन तथा विलासिता में वह पूरी तरह डूब गया। प्रशासन का एक बड़ा भाग उसकी विलासित की मांगें पूरी करने में लग गया। शासन फिर प्रभावहीन हो गया। अत्याचार बढ़ने लगे।

आचार्य वक्रसार भी विलासी समूल्यानंद की हठ बुद्धि के आगे लाचार हो गए।

राक्षस ने हताशा में अपना माथा पीट लिया।

मगध का युद्ध

इस बार चाणक्य तथा चंद्रगुप्त ने अपनी युद्ध नीति बदल दी थी। उन्होंने सीमाओं पर आक्रमण किया तथा सीमावर्ती क्षेत्रों को स्वतंत्र किया। इसी तरह पूरे क्षेत्रों पर विजय प्राप्त

करते हुए वे राजधानी तक पहुंचना चाहते थे। चंद्रगुप्त ने युद्ध की कमान संभाली तो चाणक्य ने कूटनीतिक दायित्व संभाला। चाणक्य ने अपने दूतों द्वारा जनता में विलासी व भ्रष्ट नंद सम्राट के विरुद्ध प्रचार कराया तथा लोगों की सहानुभूति जीतने का प्रयत्न किया। इसका सकारात्मक प्रभाव भी पड़ा तथा युवावर्ग का एक बड़ा भाग चंद्रगुप्त का समर्थक हो गया व उसकी सेना में सम्मिलित भी हो गए। कई सीमावर्ती जिले सरलता से जीत लिए गए और चंद्रगुप्त की सेना आगे कूच कर गई।

इस बार चंद्रगुप्त की सेना विशाल थी। पश्चिमी अभियान में बने मित्र व सहयोगी सेनाओं समेत उनके साथ थे।

उनमें मुख्य पुरु के बेटे पर्वतक भी थे।

राक्षस ने चंद्रगुप्त द्वारा किए आक्रमण के बारे में सुना तो तुरंत प्रतिकार करने की योजनाओं में जुट गया। उसकी बुद्धि तीव्र थी व उसके पास आज्ञाकारी तथा विश्वसनीय अनुयायियों का शक्तिशाली दल था। उसने मगध साम्राज्य में योग्य गुप्तचरों का जाल भी बिछा रखा था। शीघ्र ही उसने चंद्रगुप्त की शक्ति, सैन्य रचना तथा संगठन का आकलन गुप्तचरों द्वारा दी सूचनाओं के आधार पर कर लिया।

राक्षस ने अपने विशेष गुप्तचर दस्ते को पर्वतक के सैनिक शिविर में घुसपैठ कराया। गुप्तचरों में कांटे साफ करने वाले भी थे। वे पर्वतक की हत्या करने में सफल हो गए। बाकी प्रचारक गुप्तचरों ने केकय सैनिक शिविर में यह अफवाह फैला दी कि चंद्रगुप्त के मार्गदर्शक चाणक्य ने ही पर्वतक की हत्या करवाई है क्योंकि वह अपने शिष्य चंद्रगुप्त को मगध साम्राज्य अर्थात भारत का सम्राट हर मूल्य पर बनाना चाहते थे। पर्वतक को हटाना उन्हें इसलिए आवश्यक लगा क्योंकि वह सम्राट पद का चंद्रगुप्त से अधिक वैध दावेदार था। वह सम्राट पुरु अथवा पोरस का बेटा था।

दलील बहुत शक्तिशाली थी। उसे आसानी से काटना संभव नहीं था। चाणक्य को भी मानना पड़ा कि उनका पाला एक चतुर मस्तिष्क से पड़ा है।

केकय सैनिक खेमे में रोष छा गया। चंद्रगुप्त के विरुद्ध विद्रोह की बातें होने लगीं। चाणक्य ने सैनिकों को समझाने व ठंडा करने का हर संभव प्रयत्न किया।

पर्वतक के बेटे मलयकेतु को केकय का नया सम्राट घोषित कर दिया गया। केकय सैनिकों के सामने ही उसका राजतिलक किया गया। सैनिकों का रोष कुछ ठंडा पड़ा। मलयकेतु शत्रु की चाल समझ चुका था।

उसने अपने सैनिकों को शत्रु की चाल का खुलासा कर विद्रोह समाप्त कर दिया।

इस बार चंद्रगुप्त एक और भूल कर गया था। वे व उनकी सेनाएं प्रदेश मुक्त करा कर आगे बढ़ते जा रहे थे और विजित प्रदेश खाली छोड़ते जा रहे थे। उनके जाने के बाद मगध साम्राज्य के वफादार तत्व फिर संगठित हो जाते और चंद्रगुप्त की आगे बढ़ती सेना पर पीछे से घातक हमला करते। चाणक्य को पता लगा कि नंद साम्राज्य के प्रति लोगों का मोह अभी पूरी तरह भंग नहीं हुआ था। राक्षस ने प्रशासन में प्रभावी सुधार किए थे तथा आर्थिक नीतियां अपनाई थीं जिनसे प्रजा को काफी राहत मिली थी। जनता राक्षस के प्रभावहीन हो जाने के बावजूद उसका अब तक सम्मान करती थी।

चाणक्य को यह जानकर प्रसन्नता ही हुई कि मगध में कोई तो है जो प्रजा की सोचता है और कुछ करने का प्रयत्न करता है।

चाणक्य ने चंद्रगुप्त से विजय अभियान का पुनर्नियोजन करवाया। अब वे विजित प्रदेशों को खाली नहीं छोड़ते थे। वे अपनी सैनिक टुकड़ियां एक योग्य सेनानायक के अधीन छोड़ जाते थे। सेनानायक नागरिक प्रशासन का जानकार भी होता था। उसका दायित्व प्रशासन को अपने प्रभाव में लाकर चंद्रगुप्त का वर्चस्व स्थापित करना होता था। साथ ही उसे यह देखना था कि मगध के नंद साम्राज्य के हितैषी तत्व संगठित न होने पाएं और मगध के टूटे सैनिकों को अपनी सेना में स्थान दे उन्हें लावारिस न छोड़े।

यह नई नीति बहुत सफल रही। विजित क्षेत्रों में चंद्रगुप्त का शासन जड़ें जमाने में सफल हो गया तथा पीछे से आक्रमण की कोई संभावना शेष नहीं रही।

अब चंद्रगुप्त की सेना निश्चिंत होकर पाटलिपुत्र की ओर अभियान जारी रख सकी और वहां पहुंचने में सफल हो गई। इस अभियान में स्थान-स्थान पर मगध सेना को पराजय का सामना करना पड़ा। वह क्षत-विक्षत होती जा रही थी। इस बीच चाणक्य का नंद शासन के विरुद्ध प्रचार अभियान भी जारी रहा। इससे आम जनता की सहानुभूति भी चंद्रगुप्त के पक्ष में होती जा रही थी।

पाटलिपुत्र के दुर्ग के चारों ओर की सुरक्षा खाई में पानी शोण नदी से जाता था। चाणक्य के परामर्श व दूसरे सैन्य विशेषज्ञों के मतानुसार चंद्रगुप्त ने शोण नदी पर पत्थर व मिट्टी से बांध बनवाकर नदी के पानी का बहाव रुकवा दिया व पानी दूसरी दिशा में बहने लगा।

खाई में पानी का स्तर घटता गया। फिर इतना कम हो गया कि दुर्ग के द्वारों के सामने की खाई को मिट्टी द्वारा पाटकर आने-जाने के लिए पट्टियों का निर्माण संभव हो पाया। पट्टियां इतनी ठोस थीं कि उन पर से हाथी भी किले तक जा सकते थे। खाई पार कर चंद्रगुप्त की सेना ने दुर्ग के द्वारों को तोड़ डाला व भीतर प्रविष्ट हो गई।

मगध के नंदों की बची-खुची सेना दुर्ग के भीतर अंतिम रक्षा पंक्ति के रूप में तैनात थी। पर वह चंद्रगुप्त की विजयी सेना के प्रवाह के सामने कितनी देर टिकती?

दुर्ग पर शीघ्र ही चंद्रगुप्त की पताका फहराई गई।

सम्राट समूल्यांनद को बंदी बना लिया गया। आचार्य शकटार को कारागार से मुक्ति मिली। उन्होंने आचार्य चंद्रगुप्त का आभार प्रकट किया।

चंद्रगुप्त उस अंधकूप में गए जहां उनके पितामह सूर्यवन के बंदी होने की बात वर्षों से कही जाती रही थी। वहां उन्हें केवल एक नरकंकाल मिला। चंद्रगुप्त ने उस नरकंकाल के चरण भावनावश छुए और उसके विधिवत दाह-संस्कार की क्रिया पूर्ण करवाई।

उधर चाणक्य ने समूल्यानंद तथा उसके बाकी जीवित भ्राताओं को मृत्युदंड की घोषणा करवाई। वे शत्रु का समूल नाश करवाने में विश्वास रखते थे। सांप को अधमरा छोड़ना कोई बुद्धिमानी का लक्षण नहीं है। आचार्य वक्रसार तथा उनका पुत्र राक्षस हाथ नहीं आए।

चंद्रगुप्त की सेना के पाटलिपुत्र पहुंचने से पहले ही दोनों पलायन कर भूमिगत हो गए थे। इससे चाणक्य कुछ निराश हुए।

वे एक बार राक्षस से भेंट करना चाहते थे।

सारे कार्य संपन्न होने के पश्चात चंद्रगुप्त मौर्य के मगध साम्राज्य के सम्राट के रूप में राजतिलक की तैयारियां आरंभ हुईं। राजकुमारी करभिका मगध सम्राट की महारानी बनने के सपने देखने लगी।

इससे पहले चंद्रगुप्त मौर्य का राजतिलक हो पाता एक गंभीर समाचार पाटलिपुत्र वासियों को मिला। इससे चंद्रगुप्त व चाणक्य चिंतित हो उठे।

राजतिलक समारोह स्थगित करना पड़ा।

समाचार यह था कि यूनान से एक और सम्राट, जो सिकंदर की भांति ही शूरवीर था, एक विशाल सेना लेकर पुनः भारत विजय के अभियान पर निकल पड़ा था और वह सारे साम्राज्यों पर विजय प्राप्त करता हुआ हिंदुकुश पर्वत पार कर रहा था।

चंद्रगुप्त के लिए सम्राट की गद्दी पर बैठने से पहले इस नई समस्या का समाधान करना आवश्यक था।

सिकंदर की मृत्यु के बाद यूनान में उसके उत्तराधिकारियों में कलह फूट गई थी। सिकंदर के साम्राज्य के पांच टुकड़े हो गए थे। परंतु उन पांच टुकड़ों में एक बहुत शक्तिशाली था। वास्तव में वही सिकंदर की महानता व परंपरा का वारिस था। वहां के सम्राट का नाम था सेल्यूकस, जो सिकंदर की भांति शूरवीर और बलशाली था। वह भी

विश्वविजय अभियान पर निकल पड़ा। वह भारत भूमि को अपने पूर्वज सिकंदर की विरासत मानकर दोबारा उस पर यूनानी झंडा फहराना चाहता था।

चंद्रगुप्त तथा चाणक्य के लिए चिंता का विषय यह था कि विदेशी आक्रांता हर बार नए युद्ध आयुधों तथा नई युद्ध पद्धतियों लेकर आते थे, जिसका भारतीय शासकों के पास कोई उत्तर नहीं होता था।

चाणक्य ने कहा कि उन्हें हर अवस्था में पहले सेल्यूकस से निपटना होगा वरना उनकी अब तक की सफलताएं अर्थहीन हो जाएंगी।

चंद्रगुप्त फिर अपनी सारी सेना लेकर सेल्यूकस का सामना करने चल पड़ा। यूनानी आक्रांता को भारत भूमि में पैठ बनाने देना खतरे से खाली नहीं था। योजना उसे सीमा पर ही टक्कर देने की थी। कई सप्ताहों की यात्रा के बाद चंद्रगुप्त की सेना सिंधु तट के निकट पहुंची।

सेल्यूकस सिंधु नदी के पूर्वी तट तक पहुंच गया था। उसके साथ एक विशाल सेना थी। दोनों सेनाओं में युद्ध छिड़ गया। युद्ध कई दिन चला। पलड़ा बार-बार बदलता रहा। अंत में चंद्रगुप्त की सेना यूनानी सेना पर भारी पड़ने लगी। यद्यपि यूनानी सेना अधिक आधुनिक हथियारों से लैस थी। उसके उत्तर में चंद्रगुप्त के पास सेना की संख्या अधिक थी।

अंत में सेल्यूकस को बंदी बना लिया गया।

अब प्रश्न यह था कि आगे क्या किया जाए, क्योंकि इस युद्ध के कई पहलू थे। सेल्यूकस को पराजित करना समस्या का अंतिम हल नहीं था। भारतीय नरेशों तथा विद्वानों की एक सभा बुलाई गई जिसमें चाणक्य ने अपने विचार रखे। उनका कहना था—

'यूनान व भारत की समस्या बहुत उलझ गई है। सिकंदर के आक्रमण, यवनों के वर्षों भारत में रहने तथा दोनों भूभागों की संस्कृतियों के मिलाप से नई स्थिति उत्पन्न हो गई है। यूनानी भावनात्मक रूप से भारत से जुड़ गए हैं और हमारे भू-भाग को अपना अंग समझने लगे हैं। यह बात नीतिगत रूप से कितनी भी अनुचित व असंगत हो, पर एक ठोस तथ्य बन गया है। सिकंदर के स्ट्रॉपों को हमने समाप्त कर दिया तो अब सेल्यूकस आया है।

यदि हम सेल्यूकस को बंदी बनाकर रखते हैं अथवा मृत्युदंड देते हैं तो सेल्यूकस का उत्तराधिकारी प्रतिशोध लेने या भारत भूमि को फिर विजित करने के लिए आएगा। इसका कोई अंत नहीं होगा। हमारे देश के नरेशों के सिर पर यवन आक्रमण का खतरा सदा तलवार की भांति लटकता रहेगा।

हमारे देश में कोई साम्राज्य स्थिर नहीं हो पाएगा। उसका सारा अस्तित्व यवन खतरों

से निपटने में ही चुक जाएगा। कैसे हम सुचारु शासन व्यवस्था स्थापित कर पाएंगे व आर्थिक उन्नति कर पाएंगे यदि हमारी सारी शक्ति यवन आक्रमणों के प्रतिरोध में लगी रहेगी?

हमें इस समस्या का कोई स्थायी हल खोजना पड़ेगा ताकि हम आक्रमणों के भय से मुक्त हो जाएं।'

चाणक्य का कथन सही था। सभी नरेश तथा राजनीतिक विद्वान पूर्णतः सहमत थे। पर वह स्थायी हल क्या हो सकता था?

बहुत विचार मंथन के पश्चात निष्कर्ष यह निकाला गया कि मैत्री संबंध स्थापित किए जाएं। मैत्री संबंध किसी ऐसे ठोस आधार पर हों जिससे युद्धों की संभावना ही समाप्त हो जाए।

इसका पाठ यूनानियों से ही लिया गया।

किसी ने सुझाया कि विवाह संबंध मैत्री का सबसे ठोस आधार होता है। सेल्यूकस की बेटी हेलेना अपने पिता के साथ अभियान में आई थी। वह युवा थी और सुंदर भी। यदि उसका विवाह चंद्रगुप्त मौर्य से हो जाए तो भारत व यूनान एक पवित्र संबंध में बंध जाएंगे, फिर शत्रुता का प्रश्न ही नहीं उठेगा।

चाणक्य को यह सुझाव बहुत उचित व बुद्धिमत्तापूर्ण लगा। चाणक्य ने सुझाव चंद्रगुप्त मौर्य के सामने रखा परंतु वह उलझन में पड़ गया।

वह करभिका को क्या उत्तर देगा?

चाणक्य ने कहा कि देश हित व्यक्तिगत स्वार्थों से ऊपर होना चाहिए। भावी सम्राट को इतना बलिदान देने में संकोच नहीं करना चाहिए।

विवाह का प्रस्ताव सेल्यूकस के सामने रखा गया। उसने यह संबंध सहर्ष स्वीकार कर लिया।

चाणक्य ने सारी परिस्थिति करभिका के सामने रखी। करभिका स्वदेश हित के लिए अपने प्रेम का बलिदान देने के लिए तैयार हो गई।

अब सारी बाधाएं दूर हो गई थीं।

चंद्रगुप्त मौर्य तथा हेलेना का विवाह धूमधाम से संपन्न हो गया। विवाह के बाद चंद्रगुप्त मौर्य का राज्याभिषेक हुआ। राज्याभिषेक समारोह तक सेल्यूकस भारत में ही रहे। उनकी पुत्री भारत के सर्वाधिक विशाल साम्राज्य मगध की महारानी बन गई।

दोनों पक्षों के मध्य दशकों से चला आ रहा संघर्ष तथा टकराव का इतिहास समाप्त हो

गया। नरम मधुर संबंधों का एक नया अध्याय आरंभ हो गया था। दोनों जातियों के लिए यह एक सुखद अनुभव था।

सम्राट चंद्रगुप्त मौर्य ने स्वाभाविक रूप से अपने गुरु चाणक्य को प्रधानमंत्री का पद संभालने का अनुग्रह किया। उन्हें अपने गुरु से अधिक विश्वस्त व कुशल राजनीतिक और कहां मिलता।

चाणक्य ने प्रधानमंत्री बनना स्वीकार किया। अब वे अपनी सारी संविधान संचालित राजशाही तथा अर्थतंत्र व नागरिक नियमावली की परिकल्पनाएं व्यावहारिक रूप में लागू कर सकते थे।

अपने सर्वांगीण संविधान को लागू करने के अलावा चाणक्य ने मगध साम्राज्य के विस्तार के लिए अपनी कूटनीति का खुला प्रयोग किया। पड़ोसी राज्यों को मगध की अधीनता स्वीकार करने के लिए उन्हें बाधित किया गया। जो नहीं झुके उन्हें या तो सैनिक अभियान में नष्ट किया गया या विद्रोह करवाकर हरा दिया गया। सभी राज्यों को मगध साम्राज्य का अंग बनाया गया और एक विशाल सार्वभौम साम्राज्य उभरकर सामने आ गया, जिसका विस्तार ईरान, कन्याकुमारी, मध्य एशिया, तिब्बत व पूर्व में आज के वियतनाम-थाईलैंड तक था और उसके एकछत्र सम्राट थे चंद्रगुप्त मौर्य, चाणक्य के शिष्य।

अब चाणक्य अपने संविधान व अर्थतंत्र को लिखित रूप में एक शास्त्र के रूप में ढालना चाहते थे। अब तक वे परिकल्पना रूप में अलिखित था। शासन के समयकाल में जो अनुभव हुए तथा परिकल्पनाओं में अव्यावहारिक संदर्भों को संशोधित करना भी आवश्यक था। वे सर्वांगीण अर्थशास्त्र लिखना चाहते थे जो औरों के लिए एक नीतिग्रंथ बने। उसके लिए समय चाहिए था। सम्राट चंद्रगुप्त उन्हें समय नहीं दे सकते थे, क्योंकि प्रधानमंत्री के रूप में उनका पूर्णकालिक प्रशासक बने रहना साम्राज्य के लिए आवश्यक था।

तो इसका हल क्या था?

नीतिज्ञ चाणक्य

चाणक्य भी जानते थे कि सम्राट चंद्रगुप्त की सुरक्षा के लिए भी उनका प्रधानमंत्री पद पर बने रहना आवश्यक था। चंद्रगुप्त की जान लेने के कई प्रयास किए गए थे। परंतु चाणक्य की कड़ी सुरक्षा व्यवस्था के कारण वह प्रयास विफल रहे।

हत्या के प्रयास अधिकतर राक्षस द्वारा किए गए थे। वह कहीं गुप्त स्थान पर जाकर स्थापित हो गया था तथा कुछ अपने पुराने सैनिकों को संगठित करने में सफल हो गया था।

कहीं से वह आत्मघाती दस्ते भेज कर चाणक्य के लिए समस्याएं पैदा कर रहा था। वह योग्य था, अच्छा योजनाकार था तथा अपने भूतपूर्व स्वामी समूल्यानंद का अब भी वफादार था तथा अपना कर्तव्य निभा रहा था।

एक दिन गुप्तचरों ने चाणक्य को बताया कि राक्षस अपनी पत्नी तथा बच्चों को साथ नहीं ले जा पाया था। उसकी पत्नी व बच्चे उसके एक विश्वस्त साथी चंदनदास के संरक्षण में छोड़ दिए गए थे।

वे अब भी उसी मित्र के पास थे।

अब चाणक्य के हाथ में तुरुप का पत्ता आ गया था। उन्होंने चंदनदास को बंदी बना लिया तथा राक्षस के बीवी-बच्चों को अपने कब्जे में कर लिया।

चंदनदास को मृत्युदंड की घोषणा की गई। उस पर सम्राट के विरुद्ध शत्रु के साथ-साथ देशद्रोह करने का अभियोग लगाया गया था। मृत्युदंड की घोषणा का राज्य भर में खूब प्रचार किया गया।

राक्षस अपने सिद्धांतों का बहुत पक्का था। उसे यह कैसे गवारा होता कि उसके कारण उसके घनिष्ट मित्र की जान जाए? उसे बचाने के लिए वह कुछ भी कर सकता था।

इस तथ्य को चाणक्य जानते थे।

मृत्युदंड दिए जाने के दिन से काफी पहले ही राक्षस ने आत्मसमर्पण कर दिया और विनती की कि उसके मित्र चंदनदास को छोड़ दिया जाए, क्योंकि वह निर्दोष था। राक्षस ने सारे इल्जाम अपने सिर पर ले लिए।

राक्षस को चाणक्य के सामने लाया गया।

चाणक्य ने पूछा, ''क्या तुम सचमुच अपने मित्र की जान बचाना चाहते हो?''

राक्षस ने उत्तर दिया, ''हां, उसके लिए मैं कुछ भी कर सकता हूं। उसे दिया गया मृत्यु दंड मैं भुगतने के लिए तैयार हूं। वास्तव में ही मेरे प्रति मित्रता निभाने के अतिरिक्त चंदनदास ने कोई अपराध नहीं किया है।''

चाणक्य मुस्कुराए, ''राक्षस! हम तुम्हारे मित्र को तथा तुम्हारे परिवार को क्षमादान दे सकते हैं यदि तुम मेरी शर्तें मान लो।''

''शर्त? मैं तो मृत्युदंड के लिए भी तैयार हूं।''

''मैं तुम्हारे प्राण नहीं मांग रहा हूं।'' चाणक्य बोले।

राक्षस ने चौंककर चाणक्य की ओर देखा। क्या चाणक्य ने मृत्युदंड से भी कठोर दंड सोच रखा था उसके लिए? यातनाएं??

"फिर?" राक्षस ने प्रश्न किया।

"मैं तो चाहता हूं कि तुम मगध साम्राज्य के प्रधानमंत्री पद का कार्य-भार संभालो। हमें तुम्हारी योग्यता तथा निष्ठा की आवश्यकता है। जो वफादारी तुमने राजा समूल्यानंद के प्रति दिखाई, अब वही तुम्हें सम्राट चंद्रगुप्त मौर्य के प्रति दिखानी होगी।" चाणक्य ने अपना प्रस्ताव रखा।

चाणक्य की बात पर रक्षस अवाक रह गया। भला उसे यह उत्तरदायित्व स्वीकार करने में क्या आपत्ति हो सकती थी?

इसके पश्चात राक्षस ने मगध साम्राज्य के प्रधानमंत्री का कार्यभार संभाला। चाणक्य स्वयं एक मंत्री बन गए।

वास्तव में चाणक्य राक्षस की योग्यता का बहुत आदर करते थे और उसकी निष्ठा के प्रति आश्वस्त थे कि उत्तरदायित्व संभालने के बाद वह चंद्रगुप्त मौर्य का सच्चा हितैषी बन जाएगा।

अब चाणक्य के पास अपने सारे शास्त्र लिखने का समय मिल गया और इसी काल में उन्होंने अपने चर्चित ग्रंथ लिख डाले।

संकटग्रस्त चाणक्य

उस काल में जहर देकर मारना हत्या का सबसे अधिक प्रचलित साधन था। राज परिवारों में एक-दूसरे का पत्ता साफ करने के लिए विष का ही प्रयोग किया जाता था। शासकों को सबसे अधिक खतरा विष दिए जाने का ही होता था, क्योंकि राजा अथवा सम्राट द्वारा खाए जाने वाले हर भोजन की जांच लगभग असंभव होती थी। चाणक्य को भी यही डर लगा रहता था कि कोई चंद्रगुप्त को विष न दे दे।

उन्होंने इसका एक उपाय सोच लिया और शाही भोजनालय के मुख्य बावर्ची को विश्वास में लेकर सम्राट को उन्हें बताए बिना प्रतिदिन खाने में विष की अल्प मात्रा देने का प्रबंध कर दिया।

तब यह विश्वास किया जाता था कि रोज किसी व्यक्ति को थोड़ा-थोड़ा विष दिया जाए तो उसके शरीर में विष निरोधक शक्ति पैदा हो जाती है और फिर चाणक्य स्वयं भी कुछ जड़ी-बूटी व दवा की चिकित्सा का ज्ञान रखते थे।

इसी बीच एक बार सम्राट चंद्रगुप्त की महारानी ने सम्राट की थाली में से कुछ खाना लेकर खाया। उन पर विष का प्रभाव हुआ और वह मर गई। उस समय वह गर्भवती थी और प्रसूतिकाल के काफी निकट थी।

इस घटना से चाणक्य हत्प्रभ रह गए।

उन्होंने मृत महारानी का पेट चीर कर उनके गर्भाशय से बच्चा निकालने का राजवैद्य को आदेश दिया। यदि संभव हुआ तो वह बच्चे को बचाना चाहते थे। पेट व गर्भाशय चीर कर बच्चा निकाला गया। चमत्कार यह हुआ कि बच्चा जीवित निकला। चीर-फाड़ के दौरान बच्चे के शरीर पर बिंदु के आकार का एक गड्ढा पड़ गया।

उसे देख चाणक्य ने उसका नाम ही 'बिंदुसार' रख दिया।

बिंदुसार जब युवावस्था में पहुंचे तो सम्राट चंद्रगुप्त ने वानप्रस्थ आश्रम में जाने का मन बना लिया। राक्षस की मृत्यु हो चुकी थी। चंद्रगुप्त ने राजपाट अपने बेटे बिंदुसार को सौंप दिया व स्वयं एक जैन संत के साथ कर्नाटक में श्रावण बेलागोला नामक स्थान पर रहने के लिए चले गए। कुछ समय के बाद चंद्रगुप्त ने जैन परंपरा का पालन करते हुए भोजन पानी त्याग दिया व निर्वाण को प्राप्त हुए।

इधर बिंदुसार ने शासन भार संभाला तथा कुछ नए मंत्री नियुक्त किए। चाणक्य एक मंत्री के पद पर बने रहे।

नए मंत्री चाणक्य से जलते थे। उनका खयाल था कि चाणक्य मगध साम्राज्य का स्वयं को निर्माता समझकर बड़े पितामह की तरह व्यवहार करते हैं तथा नए मंत्रियों की योग्यता को सदा कम करके आंकते हैं।

सुबंधु नामक एक मंत्री तो चाणक्य से बहुत चिढ़ते थे। सम्राट बिंदुसार तो चाणक्य का स्वाभाविक आदर करते ही थे, क्योंकि वे ही उनके पिता के मागदर्शक रहे थे।

एक दिन सुबंधु ने सम्राट के कानों में जहर घोल दिया कि चाणक्य ने ही उनकी माता को विष देकर मारा था। बिंदुसार ने अपनी माता की पुरानी परिचारिकाओं को बुलवाया और पूछताछ की। उन्हें सुबंधु पहले ही खरीद चुका था।

परिचारिकाओं ने सुबंधु के दावे का समर्थन किया। इससे सम्राट बहुत क्रोधित हुए।

सम्राट के क्रोधित होने का समाचार सुनकर चाणक्य को अत्यंत क्षोभ हुआ। मगध साम्राज्य के निर्माता को अपने जीवन के अंतिम पड़ाव पर एक खूनी होने का लांछन घोर अपमान लगा।

उन्हें सारे संसार से विरक्ति होने लग गई। चाणक्य ने दुखी होकर अपनी सारी संपत्ति गरीबों में बांट दी या अनाथालयों तथा धार्मिक संस्थानों को दान कर दी।

इसके पश्चात उन्होंने उपले और लकड़ियां मंगवाकर चिता बनवाई और उस पर आमरण अनशन पर बैठ गए।

इधर महल के एक पुराने सेवक ने सम्राट बिंदुसार को उनकी माता की मृत्यु का सच्चा हाल सुनाया और यह भी राज खोला कि कैसे चाणक्य के आदेश पर मृत महारानी का पेट चीर कर बिंदुसार को बचाया था। सच्चाई जानकर सम्राट सकते में आ गए।

उन्हें सुबंधु की दुष्टता पर बहुत क्रोध आया।

सुबंधु को बुलाकर खूब फटकारा गया और आदेश दिया गया कि वह जाकर चाणक्य से क्षमा याचना करे व उनका अनशन तुड़वाए वरना उसे मृत्युदंड दिया जाएगा।

सुबंधु दौड़ा-दौड़ा चाणक्य के पास पहुंचा, जो चिता पर बैठे थे। उसने चाणक्य से गिड़गिड़ाकर क्षमादान मांगा लेकिन चाणक्य नहीं पसीजे। उन्होंने दुष्ट मंत्री को वहां से चले जाने के लिए कहा।

मंत्री सुबंधु लौटकर सम्राट के पास गया और चाणक्य के हठ की बात सुनाई। सम्राट ने एक बार फिर मंत्री को लताड़ा और किसी भी तरह चाणक्य को मनाने का आदेश दिया।

इस बार मंत्री ने रो-रो कर क्षमा मांगी। उसकी दशा देखकर चाणक्य को दया आ गई और उन्होंने क्षमा दान देकर बात समाप्त की। इस पर सुबंधु ने घोषणा की कि चाणक्य को समारोहपूर्वक चिता पर से उतारा जाएगा।

यह सब उसकी चाल थी। वास्तव में उसका दिल साफ नहीं था। उसे चाणक्य के कारण नीचा देखना पड़ा, गिड़गिड़ाना पड़ा।

इस कारण वह चाणक्य से पहले से भी अधिक घृणा करने लगा था।

समारोह की प्रक्रिया में उसने कुछ ऐसा प्रबंध किया कि चिता में रखे उपले सुलग गए। लोग व चाणक्य यही समझते रहे कि धुआं धूप-अगरबत्ती का है। तभी हवा चली और सारी चिता एकदम भभक उठी। चाणक्य लपटों में घिर गए और देखते ही देखते उनकी काया राख की ढेरी में बदल गई।

इस प्रकार भारतीय इतिहास का महान कूटनीतिज्ञ तथा संविधान व अर्थशास्त्री घृणा व ईर्ष्या की आग की आहुति बन गया।

आदमी की हत्या की जा सकती है परंतु विचारों की नहीं। विचारधारा अमर है। चाणक्य अपनी नीतियों और शास्त्रों द्वारा सदा भारतीयों का मार्गदर्शन करते रहेंगे।

चाणक्य नीति की बढ़ती लोकप्रियता इसका जीता-जागता प्रमाण है।

❑❑

चाणक्य के शास्त्र

चंद्रगुप्त को सम्राट के रूप में स्थापित करने के बाद चाणक्य अपने राजनीति एवं अर्थव्यवस्था संबंधी विचारों को ग्रंथ रूप में ढालना (रचना) चाहते थे, जिससे आने वाली पीढ़ी लाभान्वित हो सके। लेकिन प्रधानमंत्री पद एवं चंद्रगुप्त की सुरक्षा का उत्तरदायित्व उनके आड़े आ रहा था। अनायास ही जब राक्षस द्वारा प्रधानमंत्री पद का दायित्व ग्रहण कर लिया गया तो वे इस ओर से निश्चिंत हो गए। अब उनके पास पर्याप्त समय था, और उन्होंने अपनी वर्षों की महत्वाकांक्षा को पुस्तक (ग्रंथ) रूप में ढालना शुरू कर दिया।

अर्थशास्त्र

चाणक्य का अर्थशास्त्र 15 खंडों में लिखा एक वृहद ग्रंथ है जिसमें 180 अध्याय तथा 150 भाग हैं। इस अर्थशास्त्र में एक राजशाही का पूरा संविधान है, जिसमें राजा के कर्तव्य, मंत्रिमंडल, शासन व्यवस्था का पूरा चित्रण है। आर्थिक व्यवस्था की पूरी रूपरेखा है। अर्थ तंत्र के अधिकारियों व कर वसूली की विशद व्याख्या है। इस भाग में खनन, धातुओं, रत्नों, उपरत्नों, खनिज संपदा, खनन व्यवस्था तथा धातुओं के उद्योग का भी वर्णन है। देखा जाए तो यह शायद विश्व का प्रथम राजनीतिक संविधान तथा अर्थव्यवस्था का विधि-विधान है।

चाणक्य नीति

चाणक्य नीति उनके द्वारा लिखी सर्वाधिक लोकप्रिय व पढ़ी जाने वाली रचना है। इसमें उन्होंने सभी शास्त्रों का सार, जीवन के मूल्य सूत्रों के रूप में संस्कृत दोहों व चौपाइयों की शैली में प्रस्तुत किए हैं। इसे पढ़कर एक आम आदमी जीवन में सफलता, उचित व अनुचित, नैतिक या अनैतिक, धर्म या अधर्म, बुद्धिमानी या मूर्खता, लाभदायक या हानिकारक, अच्छा या बुरा, उपयोगी या अनुपयोगी की पहचान कर सकता है। इन सूत्रों में चाणक्य ने शिक्षा पर बहुत जोर दिया है। वे कहते हैं कि शिक्षा में ही व्यक्ति का असली

उद्धार है। पुस्तक में कुछ पूर्वाग्रह युक्त बातें भी हैं जो शायद आधुनिक जगत की कसौटी पर खरी न उतरें। पर आम तौर पर सूत्र बहुत तर्कसंगत हैं।

पंचतंत्र कथाएं

बहुत से इतिहासकारों का मत है कि विश्व प्रसिद्ध पंचतंत्र की कथाएं आचार्य चाणक्य ने ही विष्णुगुप्त नाम से लिखी थीं। दंत कथा है कि एक राजा के चार बेटे थे, बड़े शरारती व निकम्मे। शिक्षा प्राप्त करने में उन्हें कोई रुचि नहीं थी। कई अध्यापकों ने उन्हें पढ़ाना चाहा, पर वे स्वयं राजकुमारों के कारनामों से आतंकित होकर सिर पर पैर रख भाग निकले।

राजा ने पुरस्कार की घोषणा की कि जो विद्वान उनके चार चिकने घड़ों पर अक्ल का पानी चढ़ा देगा उसे वे बड़ा पुरस्कार देंगे।

चुनौती स्वीकार कर विष्णुगुप्त सामने आए। पर उन्होंने पहले ही साफ बता दिया कि वह धन के लोभी नहीं हैं। वे यह कार्य केवल इसलिए कर रहे हैं ताकि राजकुमारों के कपालों के अंदर पड़े पत्थर से जनता लहूलुहान न हो जाए।

उन्होंने शिक्षा का एक नया ही उपाय आजमाया। राजकुमारों को वे कहानियां सुनाते जिनके पात्र पशु–पक्षी, पेड़–पौधे व कीट–पतंग होते। कहानियों में चतुराई, सूझबूझ, नीति तथा नैतिक मूल्यों से भरे संदेश होते।

उन्हीं कहानियों को सुन–सुन कर राजकुमार ज्ञानवान व नीतिवान बन गए।

इन्हीं चमत्कारी कहानियों को पंचतंत्र शीर्षक से जाना जाता है। यह कहानियां सबको इतनी भायीं कि विश्व की सारी भाषाओं में इनका अनुवाद हो गया और यह विश्व बाल साहित्य खजाने के अनमोल मोती बन गए।

यदि सचमुच विष्णुगुप्त चाणक्य ही थे तो मानना होगा कि चाणक्य के रूप में भारत में एक ऐसे बहुआयामी व्यक्ति पैदा हुए जिनका हर आयाम अद्‌भुत था व उनकी रचनाशक्ति अद्वितीय थी।

❑❑❑